소중한 마음을 담아

_____ 님께 드립니다.

세상에 하나뿐인
내 아이를 위한

# 성장앨범 &
# 돌잔치

서혜진 · 이성훈 · 김네아 공저 | 기획 [사람과사람]

성안당 .com | ILOVESARAM 사람과사람

**세상에 하나뿐인 내 아이를 위한**
**성장앨범 & 돌잔치**

2007년 4월  5일 1판 1쇄 인쇄
2007년 4월 10일 1판 1쇄 발행

| | |
|---|---|
| 지 은 이 | 서혜진, 이성훈, 김네아 공저 |
| 펴 낸 이 | 이종춘 |
| 펴 낸 곳 | 성안당 .com |
| 주    소 | 경기도 파주시 교하읍 문발리 출판문화정보산업단지 536-3 |
| 전    화 | (031) 955-0511 |
| 팩    스 | (031) 955-0510 |
| 등    록 | 1973. 2. 1 제13-12호 |
| 홈페이지 | www.cyber.co.kr |
| 도서 내용 문의 | jinicool@hanmail.net |
| 수신자 부담 서비스 | 080-544-0511 |

| | |
|---|---|
| I S B N | 978-89-315-4948-5 |
| 정    가 | 22,000원 |

Staffs

**기획 사람과사람** 홍종남 | **책임** 최옥현, 배경회 | **진행** 최동진, 김네아 | **교정 · 교열** 안종군 | **디자인** D_box | **제작** 구본철 | **출력** 이펙

**도움을 주신 분들** | SK네트웍스(주) 스코피사업팀 김환, 최정석, 조안나 | (주)한국품텍 김준형, 채동균, 이용욱 | 와우풍선 | 꿈꾸는파티풍선&꿈돌상 | 사랑일기 |
돌잔치동영상 이태원 | 베베맘 | 키키돌잔치세상 | 벼리네스토어 | 바탕메이크업 | 포토앤베이비 | 김현수 | 문선미 | 김정화

프로 주부의 경험을
여러분의 실력으로 만들어 드립니다.

이  책은

• 초보자의 눈높이에 맞춰 포토샵을 쉽게 설명하였습니다.
• 성장 앨범에서 만삭 앨범까지 다양한 압축 앨범 제작 방법을 담았습니다.
• 돌잔치 소품 제작 노하우 및 돌잔치 알짜 정보를 수록하여 부모님의 고민을 덜어 드립니다.

이  책 으 로  당 신 의  실 력 을  보 여 주 세 요 .

성안당 .com    사람과사람

**이 책에 도움을 주신 아기들과 부모님의 명단입니다.**
유광재, 안소의, 현아 아기 | 임완재, 김병화, 유진 아기 | 강현덕, 박지선, 은비 아기 | 박규식, 정현숙, 범준 아기 | 왕현재, 김태미, 소윤 아기 | 강형석, 유옥상, 하균·호균 아기 | 백명호, 임선희, 은별 아기 | 임재문, 이희애, 나영 아기 | 정동문, 오승주, 은수 아기 | 문형옥, 김정화, 지윤 아기 | 소순규, 김미자, 수한 아기 | 김동현, 김희정, 래현 아기 | 정진항, 임유진, 지원 아기 | 김기철, 김정심, 지호 아기 | 박정호, 이현주, 민주 아기 | 이병호, 김선희, 도원 아기 | 채종득, 박진희, 민혁 아기 | 이민호, 이은경, 현우 아기 | 이순성, 박은주, 하은 아기 | 윤운수, 박미정, 혜원 아기 | 소순택, 서혜진, 수혁·수연 아기 | 정영일, 김보영, 희성 아기 | 김태훈, 황지현, 형준 아기 | 동승모, 이종미, 예은 아기 | 이용호, 이은주, 나현 아기 | 권오중, 조진희, 수하 아기 | 김건우, 박현정, 아린 아기 | 윤홍열, 유경화, 종희 아기 | 손은선 아기 | 홍유현 아기

**서혜진**(진꿀)　4년 전 큰 아이의 돌잔치를 남부럽지 않게 차려주고 싶은 마음에 포토샵을 공부하기 시작했습니다. 포토샵 책을 네 권이나 사 보았지만 처음에는 용어와 문구들이 너무 어려워 포기할까 하는 마음을 꾹꾹 누르며 공부를 해야 했습니다. 그렇게 큰 아이와 둘째 아이의 돌잔치를 치루고 나니 어느 정도 포토샵에 자신감이 생기더군요. 돌잔치를 준비하며 다음 카페 『키키 세상』과 인연을 맺게 되었고, 엄마들이 자신감을 갖고 도전을 하길 바라는 마음으로 엄마들을 위한 강좌를 올리게 되었습니다.

이 책에서는 아이를 보느라 시간이 절대적으로 부족한 엄마들을 위해 포토샵을 꼭 알아야 하는 기능 위주로 가능한 쉽게 설명하였습니다. 책을 충실히 따라만 하면 멋진 돌잔치 소품과 개성이 넘치는 성장 앨범을 만들 수 있습니다. 이 책이 아이를 위해 밤새워 돌잔치와 성장 앨범을 준비하는 부모들에게 조금이나마 도움이 되었으면 합니다. 끝으로 이 책을 쓰느라 많이 돌봐주지 못한 내 보물들 수혁이, 수연이에게 미안함과 사랑을 전하고, 아이들을 돌봐준 남편과 시어머니께 감사의 말을 전합니다. 또 저의 첫 도전에 응원을 아끼지 않은 다음 까페 『키키세상』 가족들과 키키님에게 고마움을 전합니다.

**이성훈**(ds2gwn@naver.com)　초등학교 시절 처음 아버지의 카메라를 보고 호기심에 만지작거리던 제가 이젠 카메라를 손에서 뗄 수 없는 지경에 이르렀습니다. 많은 사람들과 사진으로 교류하고, 아기들의 사진을 찍으며 그 눈망울에서 순수함을 배우고 있습니다. 이런 생활이 행복하고 즐겁기에 어린 시절부터 사진에 대한 관심을 갖도록 해주신 아버지께 감사를 드립니다. 많은 사람들이 저에게 '좋은 사진'이란 무엇이냐고 묻습니다. 좋은 사진은 따로 있지 않습니다. 미래의 어느 날, 자신이 찍어놓은 사진을 보며 미소 짓고 추억할 수 있다면 그보다 더 좋은 사진이 있을까요? 그리고 저는 아빠, 엄마에게 감히 말씀드리고 싶습니다. 세상에서 가장 좋은 아기 사진은 아기를 세상에서 가장 사랑하는 아빠, 엄마인 당신들이 촬영한 사진이라고 말입니다. 이 책을 쓰면서 밤늦도록 긴식을 준비해 주고, 조언을 아끼지 않은 사랑하는 아내 수경이에게 고마움을 전합니다. 또 여러 가지로 도움을 준 포토앤베이비와 내 사진의 고향인 8명의 사진작가모임 LuMass 멤버들, 그 중에서도 지속적인 모니터링을 해주신 동진이형에게 특별히 감사의 말을 전합니다.

## 돌잔치 준비 대표 카페인 다음 『키키세상』의 회원들의 사랑으로 이 책은 만들어졌습니다.

『키키세상』의 운영자이자, 이 책의 저자인 서혜진 님의(진꿀) 강좌를 통해 포토샵을 배운 회원들의 의견을 들어 보았습니다. 카페를 사랑하고 관심을 가져준 회원 여러분께 깊이 감사드립니다.

● 바나나부인  포토샵을 전혀 모르고 살다가 돌잔치 준비를 하면서 『키키세상』을 통해 포토샵을 배우게 되었어요. 간간이 도움 받던 것이 책 한 권으로 나오게 된다니 좋은 일이네요.

● 지후사랑맘  돌잔치를 준비하는 엄마들 사이에서 『키키세상』 모르면 간첩이죠. 많은 엄마들이 『키키세상』에서 도움을 얻었듯이 다른 엄마들도 이 책을 통해서 자신감을 가지고 돌잔치를 준비하게 될 것 같아요.

● 나준맘  진꿀님에게 질문을 드린 적이 있는데 설명을 잘해주셔서 잘 해결했답니다. 제가 초보인데도 이해하기 쉽게 도와주신 것을 보면, 이 책에도 많은 보물이 담겨져 있으리라 믿습니다.

● 터프우진맘  『키키세상』은 한마디로 돌잔치 준비를 위한 백과사전, 진꿀님은 백과사전 편집인이라 표현할 수 있을 것 같아요. 버릴게 한 가지도 없는 알찬 카페, 그리고 카페지기입니다.

● 유라지성맘  진꿀님의 책으로 돌잔치 뿐 아니라 앞으로도 일 년에 한 번씩 우리 아이들의 성장 앨범이나 사진 보드를 만들어 주면 어떨까 싶어요.

● 도원스맘  『키키세상』 덕에 포토샵을 배우게 되었고, 하나하나 막히는 것들을 풀어갈 수 있었어요. 아가 사진을 정리하고 앨범 만드는 것이 훨씬 쉬워질 것 같아 기대가 됩니다.

● 지원사랑  포토샵에 무지하던 제가 진꿀님 덕분에 포토샵에 눈을 뜨게 되었죠. 이 책이 돌잔치 준비하는 엄마들에게 포토샵의 네비게이션이 되어주길 바랍니다.

● 초코우유  대단한 실력쟁이인 진꿀님의 노하우가 가득담긴 책이라니... 기대만땅입니다.

● 희야리니  돌잔치에 꼭 필요한 성장 앨범과 돌잔치 소품을 만들며 포토샵을 배우는 구성이라니, 정말 강추입니다.

● –무니  돌잔치 준비하는 일선에서 직접 겪어보고, 만든 책이니만큼 돌잔치 준비와 앨범 편집까지 무리 없이 마칠 수 있도록 잘 설명된 책일 거라고 믿습니다.

● 천사엄마  포토샵에 대해 알고 싶어 서점에 들러 여러 권의 책을 보았는데 저처럼 살림만 하는 주부들은 아무리 봐도 어렵더라고요. 아마 진꿀님은 이런 주부의 마음을 잘 알고 쉽게 집필하셨으리라 생각해요.

● 러브빈  돌잔치를 앞두고 막막했던 심정을 누구보다 잘~ 알기에 정말 필요한 내용이라고 생각되네요.

● 이쁜천사예림맘  포토샵 전문 서적들도 많지만, 엄마의 입장으로 만든 책이니 더 눈에 쏙쏙 들어오고 이해하기도 쉬울 것 같아요.

● 규니맘~♥  진꿀님의 책 한 권이면 돌잔치 뚝딱! 저 같은 초보엄마에겐 적격입니다.

● 영재맘73  진꿀님의 노하우가 숨어 있는 책을 만나게 되다니, 올해 베스트셀러가 될 것 같은 예감입니다. 잘 할 수 있을 것 같은 용기가 불끈불끈 솟아나는 거 있죠?

● 우기짱  항상 진꿀님의 글을 읽으면서 도움을 많이 받았는데, 드디어 돌잔치를 준비하는 모든 초보엄마들을 거두기로 하셨군요.

● 윤원준맘  사막에서 오아시스를 만난 기분이 아마 이런 기분이지 않을까 싶어요. 저뿐 아니라 모든 엄마들에게 정말 반가운 소식이 아닐 수 없네요.

## 이 책의 품질은 문선미, 김미옥 님이 보장합니다.

이 책을 진행하는 데에는 문선미, 김미옥 님이 베타테스터로 참여했습니다. 베타테스터 제
도는 이 책을 출간하기 전에 책의 내용을 초보자들이 따라할 수 있는지를 미리 점검하는 과
정입니다. 다음은 베타테스트를 마친 문선미, 김미옥 님의 소감입니다.

아이가 태어나고 처음 맞이하는 생일, 바로 돌잔치 날은 아이와 부모
모두에게 뜻 깊은 날입니다. 아이에게 정성이 가득 담긴 선물을 주고
싶은 것이 부모의 마음인데, 저 또한 아기에게 좋은 선물을 해 주고
싶다는 기대로 베타테스트에 임하게 되었습니다. 사진 보드를 만들
때 가장 손이 많이 가고 힘들었지만, 완성하고 나니 정말 뿌듯하더
군요.
아이를 키우면서 학원을 다니거나 책 보는 것이 힘든데, 이 책은
꼭 필요한 내용만 담아 시간적인 부담을 덜어 주었습니다. 돌잔치
소품을 만드는 것뿐만 아니라 앞으로도 아이의 성장에 맞춰 앨범
을 만들어 줄 수 있으니 포토샵을 배우길 참 잘했다는 생각이 드
네요.
쉽게 따라할 수 있는 포토샵 책을 찾는 이들에게 꼭 필요한 책이
라고 생각합니다.

문선미 님(미소 엄마, julietsun@empal.com)

문선미 님이 만든 엘리베이터 안내문입니다.

포토샵을 배우려다 포기한 경험이 있어 베타테스트를 잘 해낼 수 있을지 걱정이 앞섰습니다. 그런데 그동안의 포토샵 책들은 초보자가 보기에 내용이 어려워서 포기하게 됐던 것에 반해 이 책은 저와 같은 엄마들을 위한 책이기 때문에 어렵지 않게 따라할 수 있었습니다. 또 포토샵의 많은 기능을 가르쳐 주기보다는, 실제 성장 앨범과 돌잔치 소품을 만드는 과정을 따라하며 배우기 때문에 흥미를 가질 수 있었습니다. 책에 나오는 샘플들도 여러 돌잔치 사이트에서 봐왔던 것과 달리 참신하고 예쁜 것들이 많아서 좋네요.

포토샵에 막연한 두려움을 가진 사람들에게 참 좋은 안내서가 되리라 생각합니다.

김미옥 님(아인 엄마, na801215@nate.com)

김미옥 님이 만든 성장 앨범입니다.

**Part 04** | 사진 중심의 심플한 성장 앨범

Lesson
**01**

율동감 있는 하늘색 배경

Lesson
**02**

꽃밭에서 노는 공주님

사

**Lesson 03**

하얀 모자가
어울리는 아가씨

---

**Beautiful Dreamer**

**Lesson 04**

초록이 싱그러운
공원에서

**Lesson 05**

우리는 사이좋은 형제

*Lovely Brother*

**Lesson 06**

인형하고 나하고

Lesson
07

흑백영화처럼

혼자해 보세요
01

내 꿈은 발레리나

혼자해 보세요
**02**

나는야 꼬마 타잔

cute baby *So Su Han*

혼자해 보세요
**03**

1인 4색

Lesson
**01**

여는 페이지

Lesson
**02**

프로필 페이지

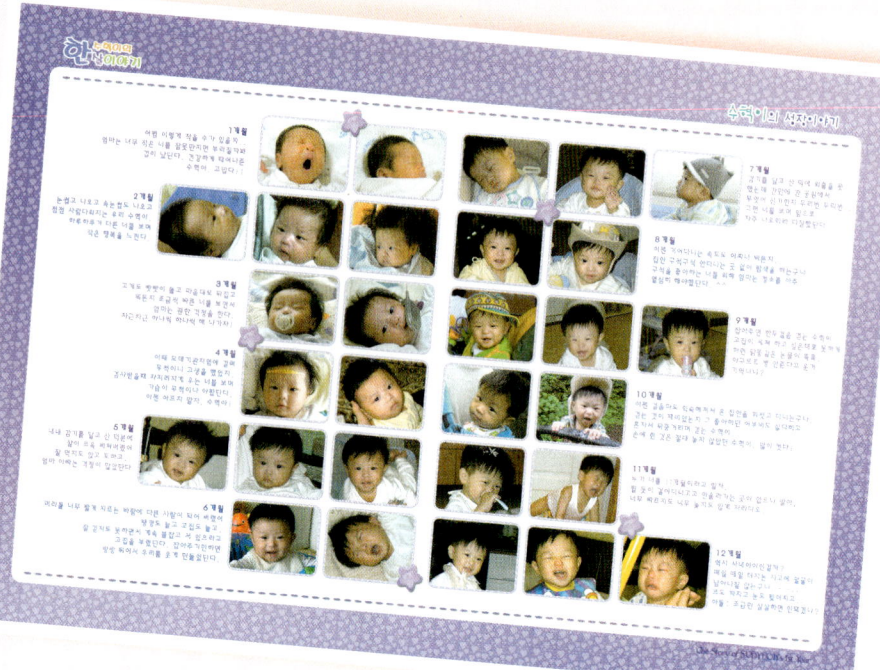

**Lesson 03**

**성장 이야기 페이지**

**Lesson 04**

**하루 일과 페이지**

Lesson
**05**

감동의 순간 페이지

Lesson
**06**

아이 만화 페이지

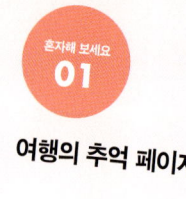

여행의 추억 페이지

닫는 페이지

**Lesson 01**

아빠, 엄마는
널 사랑한단다

**Lesson 02**

아가야, 어디만큼 왔니?

혼자해 보세요
**01**

**너를 기다리는 이 순간**

혼자해 보세요
**02**

**엄마와 함께**

**기지개 펴보자**

혼자해 보세요
**03**

엄마 목소리가 들리니?

**Part 07** | 정성이 묻어나는 돌잔치 소품

# INVITATION

사랑하는 저희 딸 지윤이의 첫번째 생일잔치에 초대합니다.
철없는 저희에게 부모란 이름을 선물하고 사랑과 감사를 알게
해 준 지윤이가 어느새 첫돌을 맞았습니다. 바쁘시더라도
부디 오셔서 지윤이가 밝고 건강하게
잘 자랄 수 있도록 축복해주세요.
아빠 *** 엄마 ***

♥ 2007. 3. 8 오후 6시 첫돌하우스
♥ 아빠 000-123-1234 엄마 000-123-1235
♥ 지하철 2호선 서울대입구역 0번출구

Lesson
**01**

두근두근 초대장

## 감 사 장

최고의 외할아버지 외할머니사

곱게 키우신 소중한 딸
제게 보내주시어 멋진 가정 이루고
귀한 소율이를 얻었습니다.
소율이가 태어나 지금껏 자라기까지는
아버님, 어머님의 크신 사랑이 있었습니다.
부족한 사위지만 늘 친자식처럼 일깨워주시고
감싸주시는 두분은 이세상에 계시는
또 한분의 저의 부모님이십니다.
비록 지금은 많이 모자라고 부족하지만
앞으로도 더욱 노력하여 받아들처럼
든든한 사위가 되겠습니다.
부디 오래 건강하시어 저희가 더 멀지고
행복한 가정 이루는 모습 꼭 지켜봐 주십시오.
앞으로도 우리 가족을 더욱 아끼고 사랑하며
가족에게 최선을 다하는 모습
보여드리겠습니다.
소율이의 첫 생일을 받아
그간 표현하지 못한
감사와 사랑의 마음을 전합니다.
감사드립니다.

2006년 10월 28일
사위 홍길동 올림

Lesson
04

일 년을 한눈에 보는 사진 보드

Lesson
05

영화 속 주인공 포스터

혼자해 보세요

01

엘리베이터 안내문

은별이의 첫돌잔치에
오신 것을 환영합니다.

◎ 아빠 : 백아빠
◎ 엄마 : 이엄마
◎ 아가 : 백은별
◎ 에메랄드 B홀
◎ 6:00 - 9:00

3층으로 오세요

★ 돌잔치 100배 즐기기 ★

**포토 갤러리**
은별이의 24개월이 담긴 사진보드와 성장앨범
셀프액자가 준비되어 있습니다.
예쁘게 봐주세요. ^^

**돌잡이 이벤트**
과연 은별이가 무엇을 잡게 될까요? 예상되는
것에 번호표를 넣어주세요.
맞추신 분께 소정의 선물을 드립니다~

**덕담 한 마디**
은별이가 지금처럼 건강하고 밝게 자랄 수
있도록 덕담엽서에 좋은 말씀 남겨주세요.
은별이에게 커다란 선물이 될 것입니다.

★ 은별이를 소개 합니다 ★

이 름 : 백은별 Back Eun Byeol
혈액형 : 엄마를 닮아 B형
태어난 날 : 2005.08.15 AM 10:18
출생시 체중, 신장 : 2.98kg 51cm
현재 체중, 신장 : 9.5kg, 78cm
12간지 : 닭띠
별자리 : 처녀자리
출생시특징 : 통통하여 큰아이 길었음
버 릇 : 떼쓸 땐 우는척하기
특 기 : 노래 율동하기,웃기
성 격 : 예민하고 호기심 왕성
좋아하는 것 : 엄마, 목욕, 산책
싫어하는 것 : 우유먹기, 기저귀갈기

★ 감사합니다 ★

바쁘신 와중에도
은별이의 첫 생일잔치에
참석해 주셔서 감사합니다
따뜻한 마음으로 사랑을 베풀줄 아는
마음 착하고 건강하고 씩씩한
은별이로 잘 키우겠습니다.
앞으로도 지켜봐 주시고
많은 격려 부탁 드립니다.
늘 건강하시고 행복 하세요.

2007년 1월 기일
아빠 백은택, 엄마 서혜진

혼자해 보세요

02

손님을 배려하는 테이블 안내문

혼자해 보세요
03

미소가 번지는 덕담 엽서

혼자해 보세요
04

돌잡이 이벤트 보드

목 차

목 차

부록 CD에는 이 책에서 사용할 프로그램과 예제 파일이 들어 있습니다.
이 책을 따라하면서 꼭 필요한 파일이므로 참고하도록 하세요.

## 부록 CD에 있는 예제 파일

 경로 : 부록 CD

부록 CD에는 이 책의 학습을 위해 필요한 예제 파일과 결과 파일이 들어 있습니다. 각
각의 파일을 적절하게 사용하면 더 효율적으로 학습할 수 있습니다.

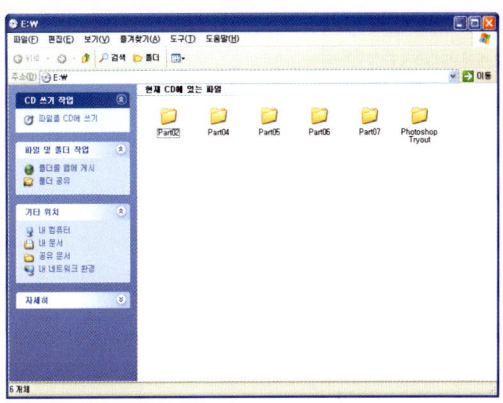

> **주의하세요**  파일 경로에서 부록 CD\Sample이란 부록 CD 안에 있는 Sample이
> 란 의미입니다. 따라서 부록 CD\Sample\Part04\0401.jpg인 경우, 부록 CD 안에
> Part04 폴더를 열어 해당 예제 파일을 사용하면 됩니다.

## 부록 CD에 있는 프로그램

 경로 : 부록 CD\Photoshop TryOut

본 부록 CD에 있는 포토샵 CS2는 시험 버전으로, 30일 동안만 정품처럼 사용할 수
있습니다. 프로그램을 설치한 후 30일의 테스트 기간이 끝나면 포토샵 CS2 시험 버
전을 컴퓨터에 재설치해도 사용할 수 없습니다.

프로그램 설치와 관련된 내용은 Part 02를 참고하세요.

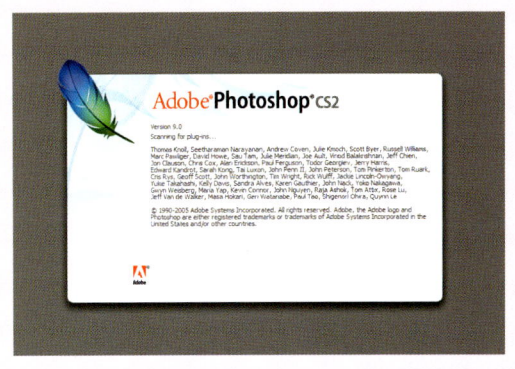

이 책은 저자의 풍부한 경험에서 얻은 테크닉을 독자에게 제공하는 실용서입니다.

## Lesson
독자 여러분이 쉽게 따라할 수 있도록 각 프로젝트를 Lesson 단위로 묶었습니다.

## 들어가는 말
Lesson에서 배울 내용을 간결하게 설명합니다.

## 결과 파일 경로
Lesson에서 완성한 예제의 결과 파일 경로를 알려 줍니다.

## 미리 보기
Lesson에서 만들 예제를 미리 보기로 확인합니다.

## Page
표시된 쪽으로 이동하면, 자세한 설명을 볼 수 있습니다.

이 책은 구성 방식이 과학적이기 때문에 더욱 효율적으로 학습할 수 있습니다.
수많은 독자들이 읽고, 쉽게 눈에 쏙 들어온다고 감탄한 이 책의 구성을 직접 확인해 보세요.

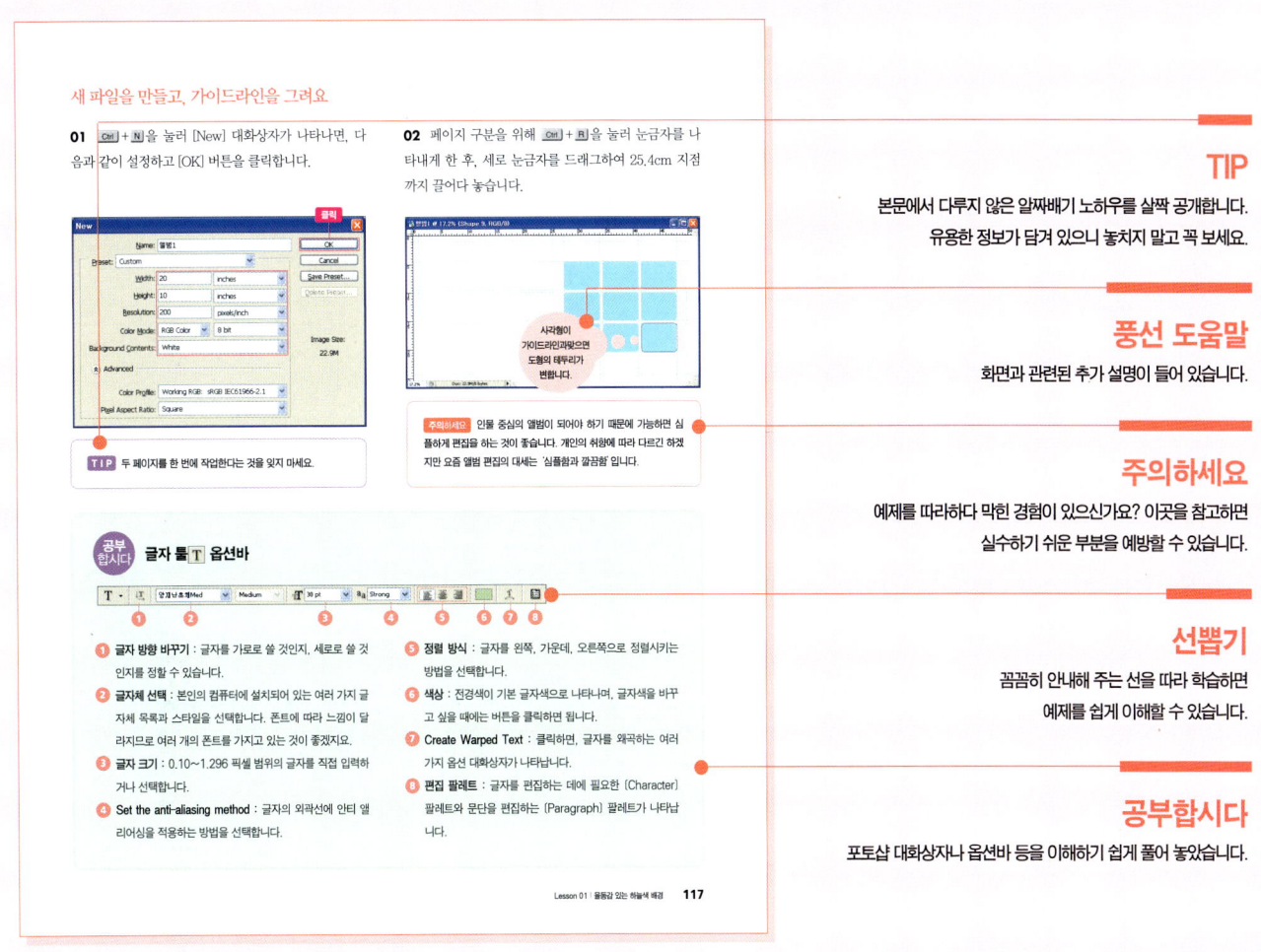

**TIP**

본문에서 다루지 않은 알짜배기 노하우를 살짝 공개합니다.
유용한 정보가 담겨 있으니 놓치지 말고 꼭 보세요.

**풍선 도움말**

화면과 관련된 추가 설명이 들어 있습니다.

**주의하세요**

예제를 따라하다 막힌 경험이 있으신가요? 이곳을 참고하면
실수하기 쉬운 부분을 예방할 수 있습니다.

**선뽑기**

꼼꼼히 안내해 주는 선을 따라 학습하면
예제를 쉽게 이해할 수 있습니다.

**공부합시다**

포토샵 대화상자나 옵션바 등을 이해하기 쉽게 풀어 놓았습니다.

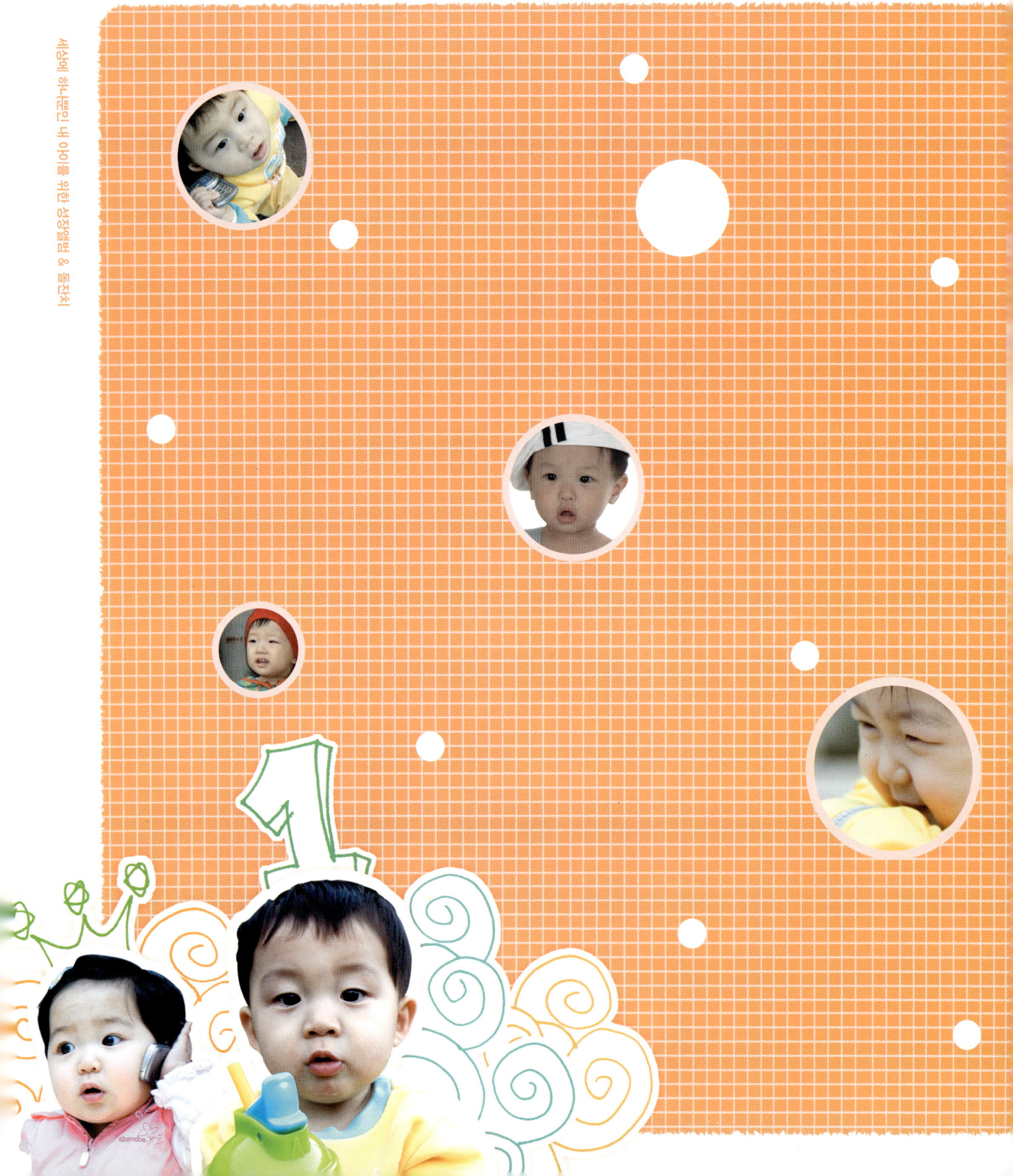

# Part 01

# 성장 앨범을
# 만들기 전에

Lesson 01 | 성장 앨범 살펴보기

# 성장 앨범 살펴보기

성장 앨범은 말 그대로 아기가 자라나는 모습을 담은 앨범을 말합니다. 성장 앨범은 대부분 만삭, 탄생, 50일, 백일, 200일, 첫돌순으로 구성됩니다.

전문 스튜디오에 의뢰하여 만드는 성장 앨범은 사진의 질이나 앨범 디자인이 좋기는 하지만 가격이 비싼 것이 단점입니다. 그렇다면, 이번 기회에 엄마가 평소 디지털카메라로 찍은 사진이나 사진관에서 사진을 찍은 후에 받은 시디롬을 이용해서 엄마표 성장 앨범을 만들어 보는 것은 어떨까요? 비용 절감은 물론, 의미 있는 작업이 될 것입니다.

요즘에는 성장 앨범을 직접 만드는 사람들이 점차 늘어나고 있기 때문에 앨범 제작 업체도 많이 생겨나고 있습니다. 인터넷 검색을 통해 각 업체의 제작 가격과 디자인, 품질 등을 비교해 본 후에 신중하게 선택하기를 바랍니다.

대부분의 성장 앨범은 압축 앨범으로 제작됩니다. 스튜디오 앨범 역시 압축 앨범 형태입니다. 그럼 압축 앨범이 무엇인지 살펴볼까요?

## 압축 앨범이 뭔가요?

압축 앨범은 양면 테이프를 이용하여 사진을 붙이는 것이 아니라 인화한 사진을 앨범의 내지와 압축하여 하나의 내지로 만든 다음, 압축된 사진을 특수 코팅하여 앨범으로 제작하는 방식입니다.

압축 앨범의 가장 큰 장점은 오랫동안 보관할 수 있다는 점과 화질 손상이 거의 없다는 점입니다. 기존의 제본식 앨범은 시간이 지날수록 접착력이 약해져 사진이 떨어지거나, 코팅이 되지 않아 사진의 색이 누렇게 변하는 경우가 있었습니다. 반면에 압축 앨범은 사진을 아주 두꺼운 종이에 압축하여 만들기 때문에 내구성이 뛰어나며, 잘 휘거나 주름도 생기지 않고, 사진에 코팅이 되어 있기 때문에 화질 손상도 거의 없습니다.

또, 단순히 사진만 나열하는 것이 아니라 포토샵을 이용하여 편집을 하기 때문에 앨범을 보다 멋있고 아름답게 꾸밀 수 있습니다.

압축 앨범 디자인의 예

## 압축 앨범에는 어떤 것이 있나요?

압축 앨범의 종류는 표지 재질, 앨범 표지 방식, 이음새 제본 방식에 따라 나눌 수 있습니다. 앨범 표지의 재질은 대부분 합성 피혁이 주를 이루지만 캔버스나 패브릭 등도 있습니다. 최근에는 아예 표지를 책처럼 만들어 주는 곳도 있으므로 취향에 따라 선택을 하면 됩니다.

앨범 표지 방식은 보통 2단, 3단으로 나누어지며, 겉에 사진을 끼울 수 있게 제작된 것을 '프레임' 이라고 합니다. 2단 앨범은 일반적인 책과 같이 심플한 스타일이고, 3단 앨범은 표지에 자석이 있어 한 단을 더 열 수 있는, 다시 말해 내지를 전체적으로 감싸는 스타일을 말합니다.

2단 앨범          2단 프레임 앨범          3단 앨범          3단 프레임 앨범

이음새 제본 방식에는 '원 페이지 제본 방식' 과 '파노라마 제본 방식' 이 있습니다. 원 페이지 제본 방식은 두 페이지가 한 장으로 되어 있기 때문에 앨범을 펼쳤을 때에 이음새가 전혀 보이지 않으며, 파노라마 제본 방식은 앨범을 펼쳤을 때에 이음새가 기존 앨범보다는 작지만 약 1mm 정도 벌어집니다. 가격은 원 페이지 제본 방식이 조금 더 비싸지만, 큰 차이가 나지 않으므로 가능하면 원 페이지 제본 방식을 선택하는 것이 좋습니다. 인터넷을 통해 앨범 제작을 의뢰할 때에는 반드시 원 페이지 제본 방식인지를 확인하기 바랍니다.

# 앨범 크기는 어떻게 정하나요?

앨범을 제작할 때에는 제일 먼저 앨범의 크기를 정하는 것이 좋습니다. 어느 정도 작업이 진행된 상황에서 앨범의 크기를 바꾸려면 시간이 많이 걸릴 뿐만 아니라 과정 또한 복잡하기 때문입니다. 앨범 업체에 따라 제작이 불가능한 앨범 크기가 있을 수 있으므로 반드시 확인하세요.

앨범이 너무 크면 부담스러우므로, 중간 정도의 크기가 좋습니다. 이왕이면 아이들도 쉽게 꺼내 볼 수 있는 크기가 좋겠지요. 성장 앨범의 크기는 10×10inch나 8×10inch를 추천합니다. 참고로 8inch는 20.32cm이고 10inch는 25.4cm입니다. 실제로 보면 작다는 느낌을 가질 수 있지만, 앙증맞고 귀엽습니다.

인치를 센티미터로 변환하는 방법은 '인치×2.54' 입니다.

● **A4와 비교했을 때 앨범 크기**

10×10inch(25.4×25.4cm)　　8×10inch(20.32×25.4cm)　　9×12inch(22.86×30.48cm)　　8×12inch(20.32×30.48cm)

# 편집할 때 주의할 점을 알려 주세요

## ● 두 페이지를 한 번에 작업합니다.

앨범을 원 페이지 방식으로 제작할 때에는 두 페이지를
한 번에 작업합니다. 즉, 10×10inch 크기의 앨범인 경우
에는 포토샵의 캔버스 크기를 가로 20inch, 세로 10inch
로 설정해 놓고 작업을 합니다.

간혹 첫 페이지와 마지막 페이지는 한 페이지씩 작업해
달라는 업체도 있기는 하지만 대부분의 업체에서는 첫
페이지와 마지막 페이지를 속지로 연결합니다.

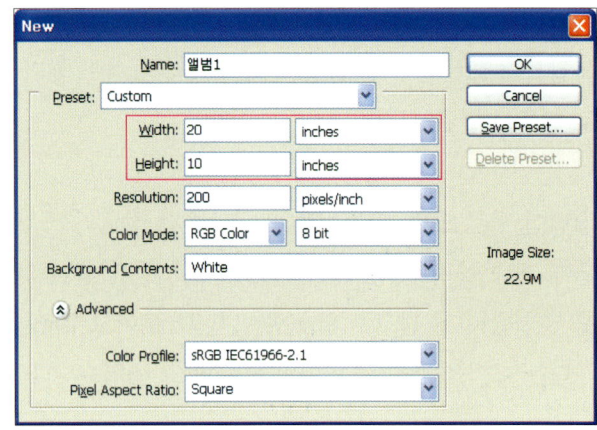

## ● 해상도는 200~300dpi 정도로 설정합니다.

해상도는 200dpi 정도로 설정합니다. 일반 디지털카메
라로 찍은 사진을 이용하여 앨범을 만들 경우에는 더욱
그러합니다. 해상도를 너무 높게 설정하면, 사진을 많
이 확대해야 하므로 이미지가 깨집니다. 해상도가 높다
고 해서 반드시 화질이 좋은 것은 아닙니다. 원본 사진
의 크기가 크다면 상관없지만, 일반 디지털카메라로 찍
은 사진을 고해상도로 작업하기에는 부적당합니다. 단,
앨범 제작 업체에서 300dpi를 요구하는 곳이 있으므
로, 앨범 제작 전 업체를 먼저 선정하여 업체에서 원하
는 해상도로 작업하세요.

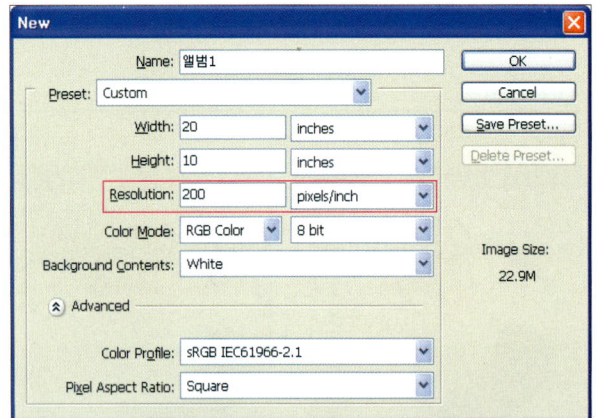

● **편집할 때에 여백을 줍니다.**

압축 앨범은 제작 방식의 특성상 제본할 때에 사진의 상하좌우가 조금씩 잘려 나갑니다. 잘려 나가는 수치는 업체별로 조금씩 다르지만 대략 0.3cm~0.7cm 정도입니다. 그러므로 앨범 작업을 할 때에는 1cm 정도의 여유를 두고 작업을 하는 것이 좋습니다. 여기서 여유를 두고 작업한다는 것은 여백 부분을 흰 공간으로 남겨 두라는 뜻이 아니라 사진을 지면에 모두 채우되 가장자리가 잘려 나갈 것을 예상하여 글씨나 라인을 넣지 말아야 한다는 뜻입니다. 그러기 위해서는 미리 상하좌우 1cm 지점에 가이드라인을 만들어 두는 것이 좋습니다.

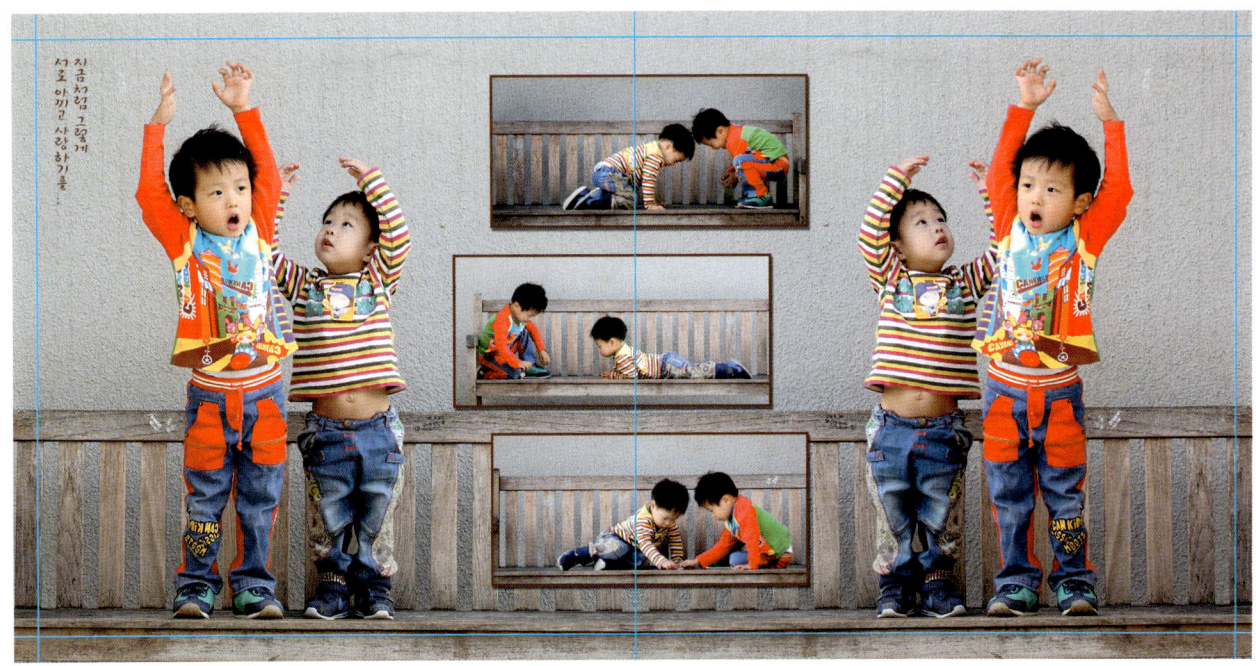

● **접히는 부분에는 아기 얼굴을 넣지 않습니다.**

두 페이지를 한 번에 작업하게 되므로 가운데에 접히는 부분이 생기는데, 이 부분에는 아기 얼굴을 넣지 않는 것이 좋습니다. 어쩔 수 없이 앨범이 접히는 곳에 아기 사진이 들어간다 하더라도 얼굴은 피해서 넣어 주세요. 예쁜 아기 얼굴이 쭈글쭈글해지니까요.

# 앨범 업체에는 어떻게 보내죠?

앨범을 편집할 때에는 수시로 저장을 하여 만일의 사태에 대비합니다. 편집이 끝난 다음에는 PSD 파일로 저장한 후, 이를 다시 JPG 파일로 변환합니다. 앨범 업체에는 JPG 파일을 보냅니다.

PSD 파일은 레이어가 모두 남아있기 때문에 쉽게 수정을 할 수 있지만, JPG 파일은 레이어가 모두 한 개로 합쳐지기 때문에 추후 수정하기가 어렵습니다. 따라서 저장을 할 때에는 반드시 PSD 파일과 JPG 파일, 이렇게 두 개의 파일로 저장해야 합니다.

page JPG 파일로 저장하는 방법은 129쪽을 참고하세요.

**TIP** 입소문난 앨범 제작 업체

● 스코피 http://www.skopi.com
SK네트웍스(주)에서 운영하는 사이트로, OK캐시백으로 적립 및 결제가 가능합니다. 앨범 종류가 다양하여 선택의 폭이 넓습니다.

● 본스토리 http://www.bornstory.com
가격이 다소 비싸지만, 품질이 뛰어납니다.

● 이지프린트 http://www.ezprint.net
포토샵을 다루지 못하는 사람도 쉽게 앨범을 만들 수 있을 만큼 템플릿이
다양합니다.

● 디펠 http://www.dipel.co.kr
인화질이 좋으나 코팅이 약간 번들거리는 느낌이 있습니다.

● 나노앨범 http://www.nanoalbum.com
좋은 품질과 후불제 서비스가 특징이며, 배송이 빠릅니다.

● 헬로북 http://www.hellobook.net
앨범 제작 크기가 다양하지 않은 단점이 있지만, 가장 저렴한 가격으로 앨
범을 제작할 수 있습니다.

1

# Part 02

# 포토샵과
# 인사하세요

# 포토샵 CS2,
# 내 컴퓨터에 설치하기

Lesson

포토샵을 본격적으로 시작하기 전에 우선 프로그램을 설치해야겠죠? 처음 프로그램을 설치하는 사람에게는 프로그램 설치가 어렵게 느껴질 수 있습니다. 하지만 자신감을 가지고 따라해 보면 생각만큼 어렵지 않다는 걸 알게 될 거에요. 이번 레슨에서는 부록 CD에 있는 포토샵 트라이아웃 버전을 이용하여 포토샵 CS2를 설치해 보겠습니다.

**01** 부록 CD를 CD-ROM 드라이브에 넣고 Photoshop TryOut\Photoshop CS2 폴더 안의 Setup.exe 파일을 더블클릭하면 몇 초 후 자동으로 다음과 같은 화면이 나타나면서 설치가 시작됩니다.

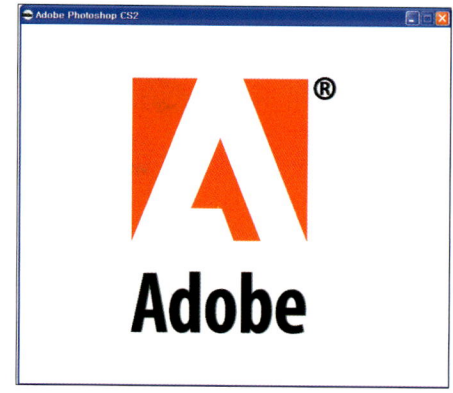

**02** 포토샵 설치 화면이 나타나면 언어를 'Korean' 으로 선택한 후, [OK] 버튼을 클릭합니다.

**03** [사용권 계약] 대화상자에서 ADOBE 소프트웨어 사용권 계약서를 읽어본 후에 [동의] 버튼을 클릭합니다.

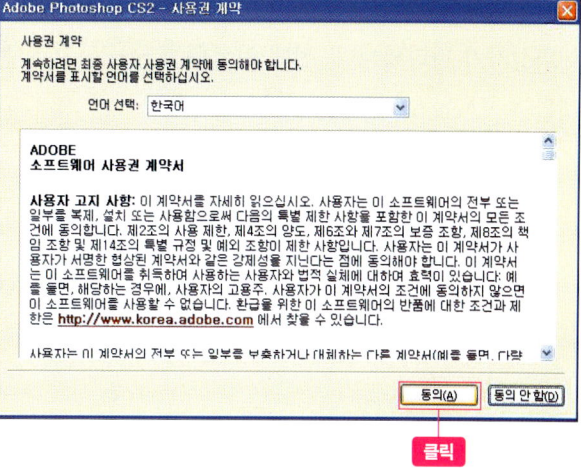

**04** 여러 가지 프로그램 중 'Install Photoshop CS2'를 클릭합니다.

**05** 설치에 필요한 파일을 복사하는 과정이 진행됩니다.

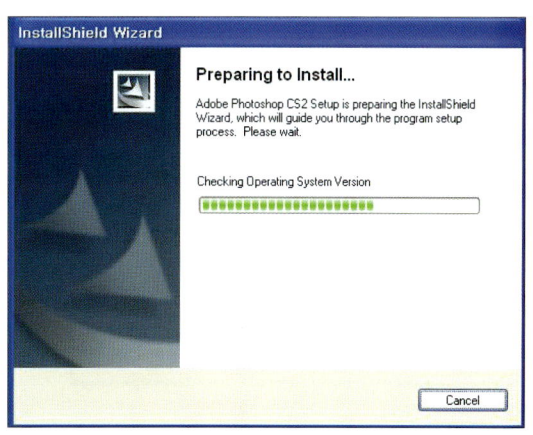

**06** [Setup] 대화상자가 나타나면, [Next] 버튼을 클릭합니다.

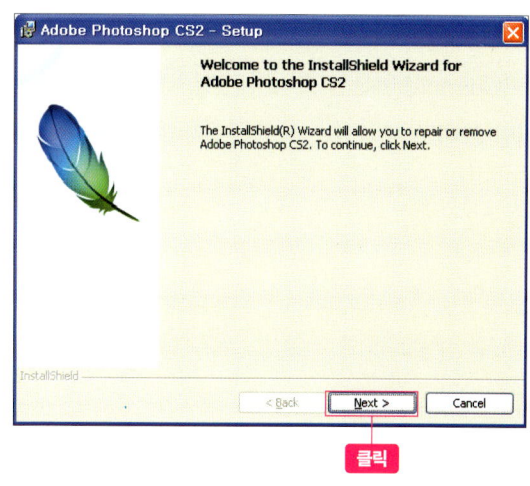

**07** 계약서의 언어를 선택하는 [License Agreement] 대화상자가 나타납니다. 선택 언어를 'Korean'으로 선택한 후, [Accept] 버튼을 클릭합니다.

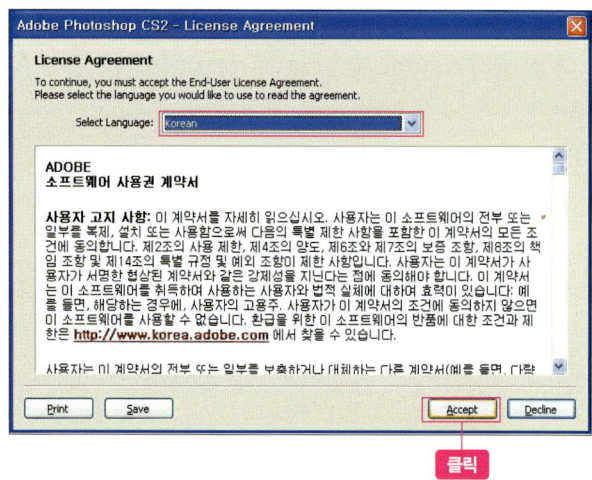

**08** [Customer Information] 대화상자가 나타나면 사용자의 인적 사항을 입력합니다. 그런 다음, 'Install 30-day trial version'을 선택하고 [Next] 버튼을 클릭합니다.

❶ **User Name** : 사용자의 이름을 입력합니다.
❷ **Organization** : 사용자의 소속을 입력합니다.
❸ **Install 30-day trial version** : 30일 동안만 사용할 수 있습니다.
❹ **I have a serial number, install full version** : 정품 사용 시에 시리얼 넘버를 입력합니다.

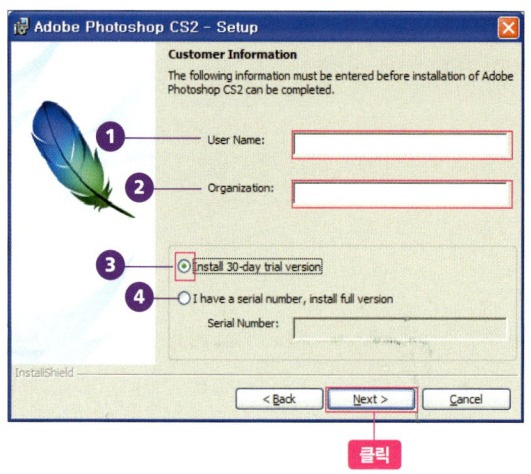

**09** [Destination Folder] 대화상자가 나타나면, 포토샵 프로그램 설치 위치를 확인한 후 [Next] 버튼을 클릭합니다. [Change] 버튼을 클릭하면 설치할 폴더를 바꿀 수 있지만 그대로 설치하는 것이 좋습니다.

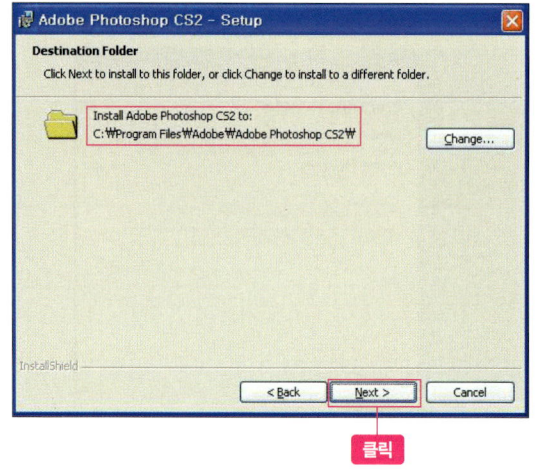

**10** 각 이미지 파일을 실행시켰을 때 자동으로 연결될 프로그램을 선택하는 대화상자가 나타납니다. 기본값을 그대로 두고 [Next] 버튼을 클릭합니다.

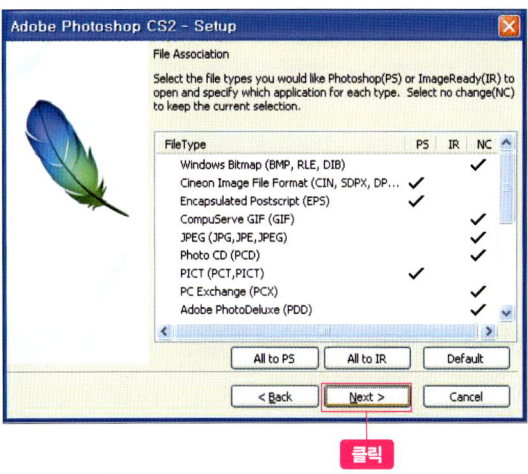

클릭

**11** 포토샵 프로그램을 설치하기 위한 준비가 끝났다는 [Ready to Install the Program] 대화상자가 나타납니다. [Install] 버튼을 클릭하여 설치를 시작합니다.

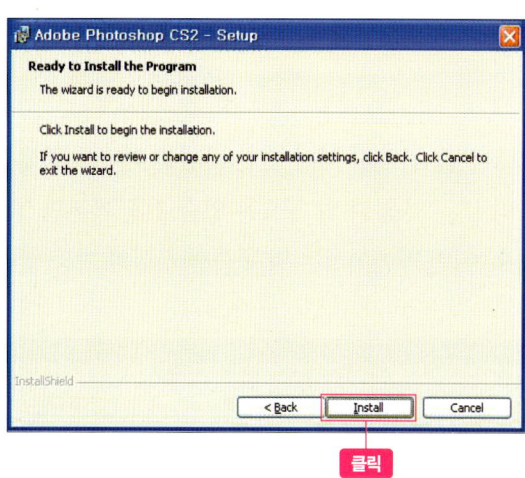

클릭

**12** 포토샵 프로그램의 설치가 진행됩니다.

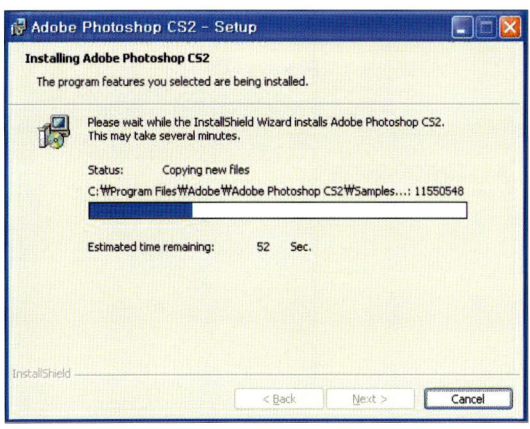

**13** 프로그램 설치가 완료되었다는 대화상자가 나타납니다. 'Show the readme file'의 체크 표시를 클릭하여 해제한 후, [Finish] 버튼을 클릭합니다.

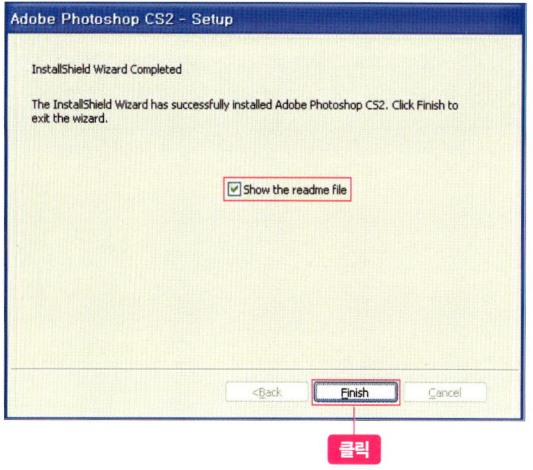

클릭

# 포토샵
# 화면 살펴보기

처음 포토샵을 접하게 되면 낯선 화면과 메뉴들 때문에 많이 당황할 것입니다. 하지만 포토샵의 모든 것을 다 알 필요는 없습니다. 기본만 알아도 얼마든지 앨범을 만들 수 있으니까요. 이번 레슨에서는 먼저 화면 구성과 기능에 대해 간단하게 살펴보겠습니다.

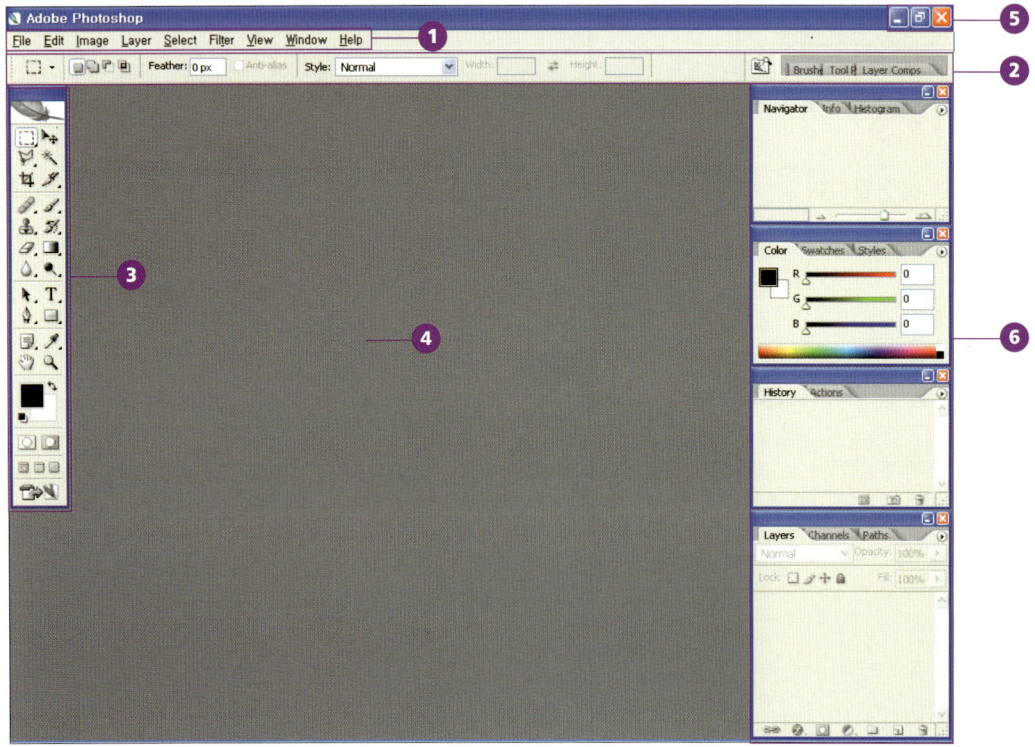

**❶ 메뉴 표시줄** : 포토샵의 기능을 항목별로 정리해 놓은 곳입니다. 각 메뉴를 클릭하면, 세부 항목을 볼 수 있습니다.

**❷ 옵션바** : 툴박스에서 툴을 선택하면, 그 툴의 세부 옵션이 나타납니다.

**❸ 툴박스** : 포토샵에서 자주 사용하는 기능들을 한 곳에 모아 놓은 곳입니다. 이름 그대로 붓, 지우개, 돋보기, 자 등을 모아 놓은 도구 상자라고 생각하면 됩니다.

**❹ 이미지 작업 창** : 포토샵에서 불러 온 이미지 파일이나 새 창이 나타납니다.

**❺ 최소화, 최대화, 닫기 버튼** : 포토샵 창을 화면에 꽉 차게 보이도록 최대화하거나 윈도우의 시작 표시줄에만 보이도록 최소화하거나 포토샵 작업을 끝낼 때에 사용합니다.

**❻ 팔레트** : 작업을 좀 더 편리하게 할 수 있도록 중요한 기능을 모아 놓은 곳입니다.

# 툴박스 뜯어보기

도화지에 그림을 그리려면 여러 가지 도구들이 필요하듯 포토샵 작업에도 도구가 필요
합니다. 툴박스는 포토샵에서 필요한 도구들을 모아 놓은 곳으로, 아이콘 모양만으로
도 그 기능을 짐작할 수 있도록 구성되어 있습니다.

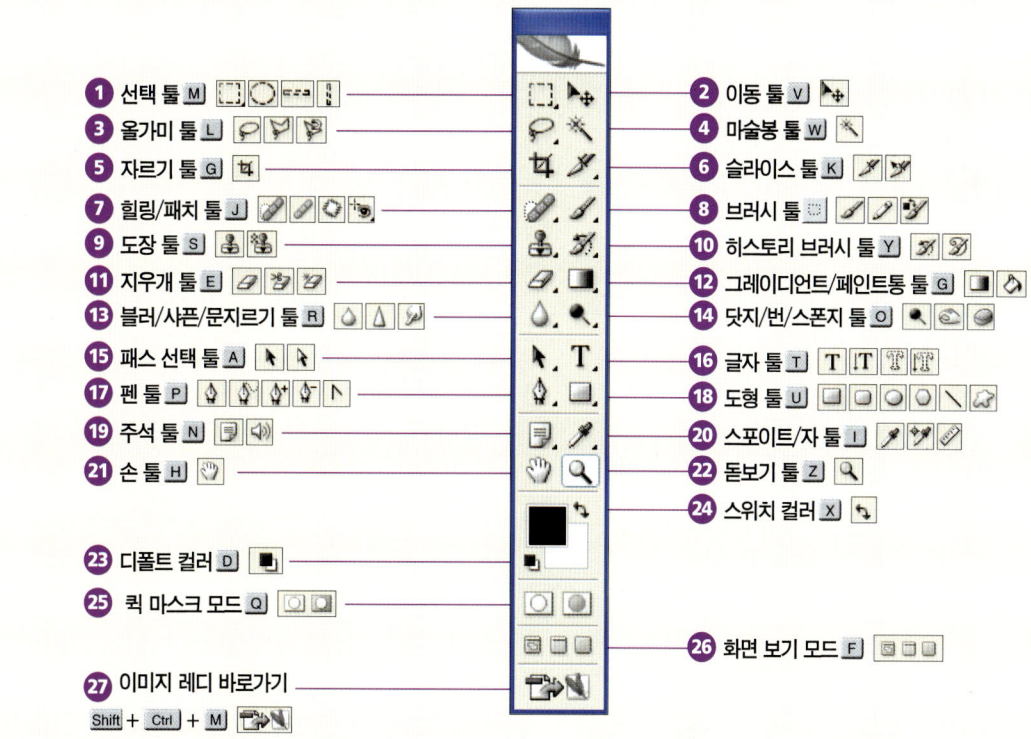

**1 선택 툴** M : 사각형이나 원 모양으로 선택한 후에 효과를 주거나 잘라 낼 수 있습니다.

**2 이동 툴** V : 선택한 부분이나 레이어를 원하는 곳으로 이동할 수 있습니다.

**3 올가미 툴** L : 작업 영역을 원하는 모양대로 자유롭게 선택할 수 있습니다.

**4 마술봉 툴** W : 비슷한 색상값을 가진 영역을 한 번에 선택할 수 있습니다.

**5** **자르기 툴** G ⬚ : 원하는 부분을 마우스로 드래그하여 이미지의 원하는 부분만 남기고 나머지를 잘라 낼 수 있습니다.

**6** **슬라이스 툴** K ⬚⬚ : 웹용 이미지를 만들 때에 그림을 분할합니다. 이미지를 분할하면 로딩 시간을 단축할 수 있습니다.

**7** **힐링/패치 툴** J ⬚⬚⬚⬚ : 이미지의 특성(그림자, 배경, 조명, 질감 등)을 유지하면서 이미지를 복제할 수 있습니다. 이 툴을 이용하면 상처나 잡티 등을 쉽게 없앨 수 있습니다.

**8** **브러시 툴** ⬚ ⬚⬚⬚ : 붓이나 연필을 이용하여 그림을 그리는 것과 같은 효과를 줄 수 있습니다.

**9** **도장 툴** S ⬚⬚ : 도장을 찍듯이 이미지의 일부를 복사하여 다른 부분에 붙여 넣을 수 있습니다. 패러디 포스터를 수정하거나 잡티를 제거할 때, 똑같은 이미지를 넣어 줄 때에 많이 사용합니다.

**10** **히스토리 브러시 툴** Y ⬚⬚ : 브러시 툴⬚과 사용법은 같지만 이전 작업을 취소하고 이미지를 복구하는 데에 사용합니다.

**11** **지우개 툴** E ⬚⬚⬚ : 필요 없는 이미지를 지울 수 있습니다.

**12** **그레이디언트/페인트통 툴** G ⬚⬚ : 하나의 색이 자연스럽게 다른 색으로 변하는 효과를 주거나 선택 영역에 색을 채워 넣을 수 있습니다.

**13** **블러/샤픈/문지르기 툴** R ⬚⬚⬚ : 거친 이미지를 부드럽게 만들거나 흐린 이미지의 경계선을 뚜렷하게 만들거나 손가락으로 문지른 것과 같은 효과를 줄 수 있습니다.

**14** **닷지/번/스폰지 툴** O ⬚⬚⬚ : 이미지의 명도를 밝게 하거나 어둡게 하고, 채도값을 변경할 수 있습니다.

**15** **패스 선택 툴** A ⬚⬚ : 도형 툴⬚이나 펜 툴⬚로 그린 이미지에 사용하며, 패스를 선택하거나 변형할 수 있습니다.

**16** **글자 툴** I ⬚⬚⬚⬚ : 글자를 입력할 수 있습니다.

**17** **펜 툴** P ⬚⬚⬚⬚⬚ : 벡터 방식의 패스를 그리는 툴로, 이미지를 선택하거나 그림을 그릴 수 있습니다.

**18** **도형 툴** U ⬚⬚⬚⬚⬚⬚ : 벡터 방식을 이용하여 다양한 형태의 도형을 그리는 툴로, 사용자의 필요에 따라 도형의 크기나 모양을 조절할 수 있습니다.

**19** **주석 툴** N ⬚⬚ : 간단한 메모를 남길 수 있습니다. 화면상에는 나타나지만 출력을 할 때에는 보이지 않습니다.

**20** **스포이트/자 툴** I ⬚⬚⬚ : 이미지에서 원하는 색을 추출할 때에 사용하는 툴로, 이미지의 색상 중에서 원하는 색을 클릭하면 해당 색상을 전경색으로 설정할 수 있습니다.

**21** **손 툴** H ⬚ : 이미지가 화면보다 커서 한 화면에 다 보이지 않을 때에 보고 싶은 방향으로 이미지를 이동할 수 있습니다. 어떤 툴을 선택하고 있더라도 Spacebar 를 누르면 손 툴이 선택됩니다.

**22** **돋보기 툴** Z ⬚ : 이미지의 원하는 부분을 확대하거나 축소해서 볼 수 있습니다.

**23** **디폴트 컬러** D ⬚ : 클릭하면 기본색인 검은색과 흰색으로 돌아갑니다.

**24** **스위치 컬러** X ⬚ : 클릭하면 전경색과 배경색을 바꿉니다.

**25** **퀵 마스크 모드** Q ⬚⬚ : 마스크 효과를 나타내거나 훨씬 정밀하게 이미지를 선택할 때에 사용합니다. 이미지의 모양대로 사진을 오릴 때에 유용합니다.

**26** **화면보기 모드** F ⬚⬚⬚ : 작업에 알맞게 작업 창을 조절하는 툴로, 표준 화면 모드, 전체 화면 모드, 메뉴바를 포함한 모드 등으로 바꿀 수 있습니다.

**27** **이미지 레디 바로가기** Shift + Ctrl + M ⬚⬚ : 현재 작업 중인 이미지의 레이어 상태를 유지하면서 이미지 레디 CS2에서 작업할 수 있습니다.

---

**TIP** 툴을 자세히 보면 아이콘의 오른쪽 아래에 삼각형 버튼이 표시되어 있습니다. 이것은 해당 툴 안에 또 다른 툴이 있다는 의미입니다. 포토샵에는 툴박스의 종류가 많기 때문에 비슷한 종류끼리 묶어 놓은 것이지요. 숨어 있는 툴을 선택하는 방법은 간단합니다. 사각형 선택 툴⬚을 오래 클릭하고 있으면, 그 안에 숨어 있는 툴이 나타납니다. 또는 마우스 오른쪽 버튼을 클릭해도 숨어 있는 툴이 나타납니다. 이 중에서 원형 선택 툴⬚을 클릭하면 툴 색상이 하얗게 반전되면서 선택됩니다.

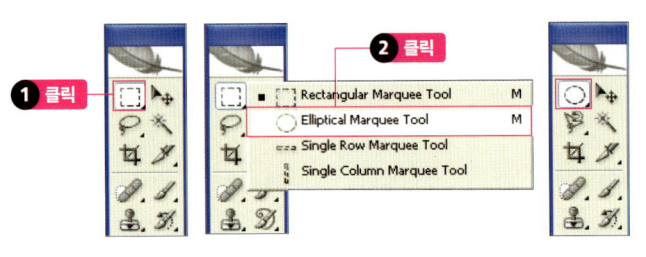

# 레이어 이해하기

이번에는 포토샵을 설명할 때마다 어김없이 등장하는 레이어에 대해 알아보겠습니다. 포토샵 작업을 수월하게 하기 위해서는 레이어에 대해 알고 있어야 하는데, 여기서 레이어는 '투명 필름'이라고 생각하면 됩니다.

레이어는 각각의 이미지를 포함하고 있는데, 겹쳐놓고 보면 한 장으로 보이지만, 실제로는 여러 장의 투명한 필름들이 층층이 쌓여 있는 것입니다. 이렇듯 이미지가 여러 투명 필름으로 나누어져 있기 때문에 수정, 편집, 합성 등을 보다 쉽게 할 수 있습니다.

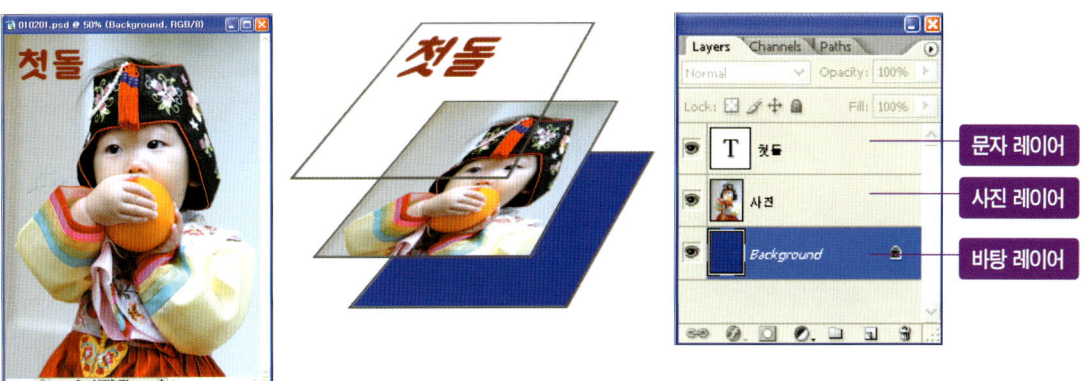

위의 이미지는 한 장으로 이루어진 것처럼 보이지만 실제로는 바탕 레이어, 사진 레이어, 문자 레이어 이렇게 세 개의 레이어가 겹쳐져서 만들어진 것입니다. 다시 말해서 사진 위에 바로 글씨를 쓴 것이 아니라 사진 위에 투명 필름을 얹고, 그 위에 글씨를 쓴 것이라 생각하면 됩니다. 눈에는 안 보이지만 바닥에도 바탕 필름이 있습니다. 레이어의 순서는 포토샵 화면 오른쪽 아래에 있는 [레이어] 팔레트를 통해 알 수 있습니다.

이제 아기 사진 일부분을 지워 보겠습니다.

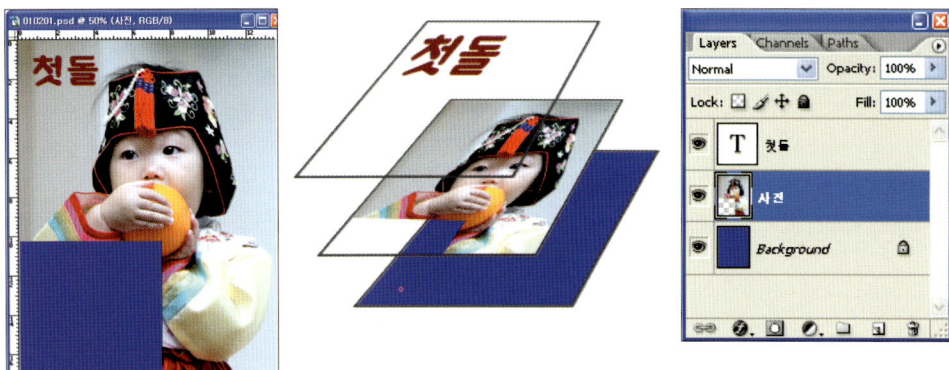

아기 사진이 지워진 부분에 사진 레이어 밑에 있던 바탕 레이어가 나타납니다. 아기 사진에 가려서 보이지 않았던 것인데 사진을 지움으로써 비로소 나타난 것입니다. 바탕을 파란색으로 칠해 놓았기 때문에 파란색이 나타난 것일 뿐 원래는 흰색이 나타납니다. 그럼 이번에는 레이어의 순서를 바꿔 보겠습니다.

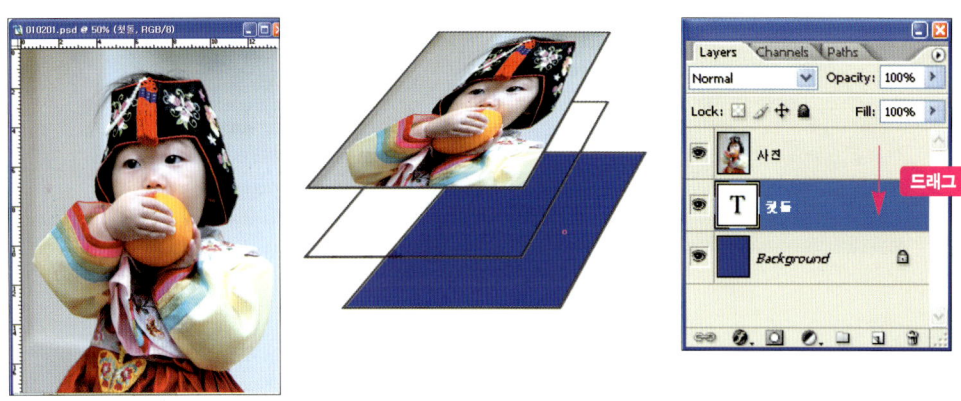

[레이어] 팔레트에서 문자 레이어인 첫돌을 선택하여 사진 레이어 밑으로 드래그하면 레이어의 순서가 바뀌게 됩니다. 그러면 글자가 사진 레이어에 가려서 보이지 않게 되지만 지워진 것은 아니랍니다. 작업을 하다가 이미지를 분명히 옮겼는데 레이어가 안 보이는 경우는 레이어의 순서가 잘못되었기 때문입니다. 이처럼 레이어는 개별적인 이미지들이 쌓여서 하나의 이미지를 만드는 것입니다. 아울러 각각의 이미지에 효과를 주어 다양한 이미지를 만들 수도 있답니다. 이제 어느 정도 레이어에 대한 개념이 잡히셨나요?

# Levels를 이용하여
# 초 간단 사진 보정하기

대부분의 디지털 카메카로 촬영한 사진들은 조명을 제대로 갖춰놓고 촬영하지 않은 이상 지나치게 밝거나 어둡습니다. 그 상태로 출력한다면 당연히 출력물의 완성도가 떨어지겠지요. 아기 사진은 다소 밝은 느낌이 드는 것이 좋습니다. 사진의 밝기만 좀 더 밝게 해 주어도 훨씬 좋은 결과물을 얻을 수 있습니다. 전문가들은 아주 섬세하게 보정을 하지만, 여기에서는 간단하고 쉬운 보정 방법에 대해 알아보겠습니다.

● **결과 파일 경로** │ 부록 CD\Sample\Part02\After\0103.jpg

➤ Before

➤ After

**01** [File] 메뉴의 [Open]을 클릭합니다.

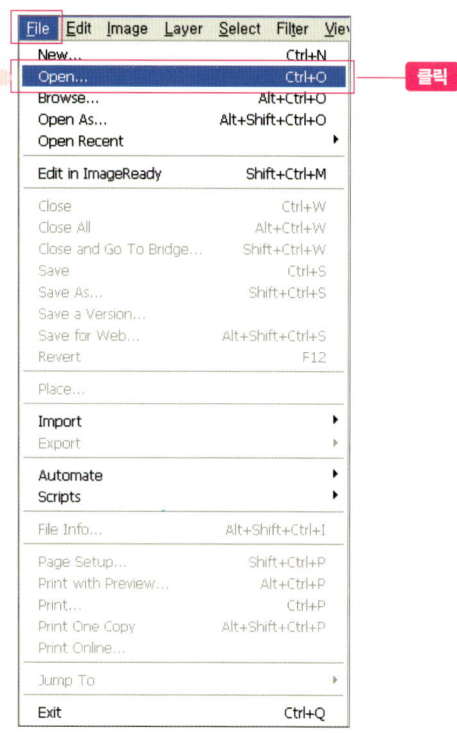

단축키는
Ctrl + O 입니다.
단축키를 외워 두면 아주
편리하답니다.

클릭

**02** [Open] 대화상자에서 부록 CD\Sample\Part02\
0103_01.jpg를 선택한 후, [열기] 버튼을 클릭합니다. 불
러 온 이미지가 많이 어둡습니다.

**03** [Image] 메뉴의 [Adjustments − Levels]를 클릭합
니다.

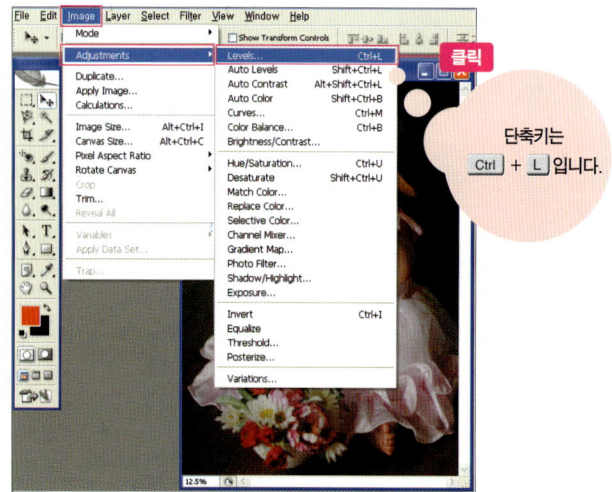

클릭

단축키는
Ctrl + L 입니다.

**04** [Levels] 대화상자가 나타나면 Preview에 체크 표시를 한 후, 오른쪽 밝은 톤의 슬라이더를 실제로 시작되는 곳까지 드래그합니다. 이미지가 조금 밝아졌지요?

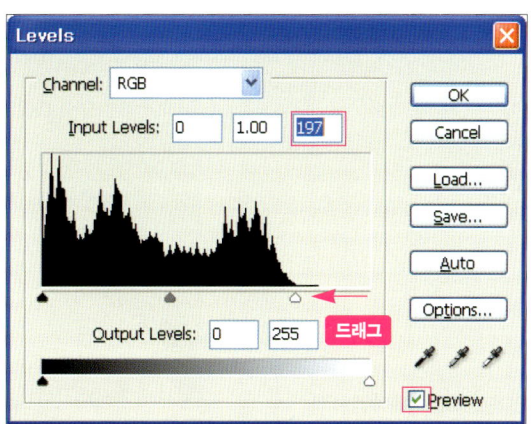

**05** 이번에는 중간 톤의 슬라이더를 왼쪽으로 드래그합니다. 이미지가 전체적으로 더욱 밝아졌습니다.

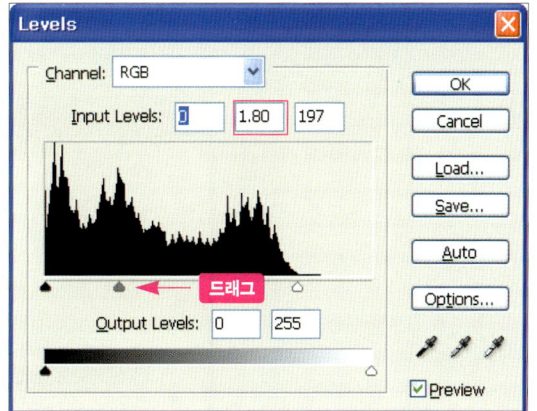

**06** 이번에는 어두운 부분을 조절해 볼까요? 왼쪽에 있는 어두운 톤 슬라이더를 오른쪽으로 약간만 드래그합니다. 작업 창의 이미지가 마음에 들었을 때에 드래그를 멈추고, [OK] 버튼을 클릭합니다.

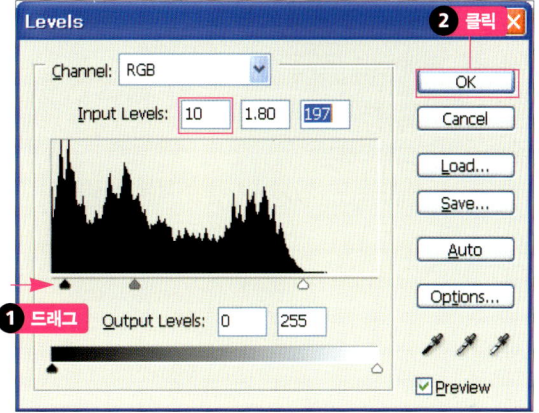

**07** 이미지가 화사해졌습니다.

> **TIP** Ctrl + S 를 눌러 저장하게 되면 원본 파일 위에 수정한 파일을 덮어 쓰게 되므로, 사진 수정을 한 후에는 Shift + Ctrl + S 를 눌러 다른 이름으로 저장하세요.

### 공부합시다 (Levels) 대화상자

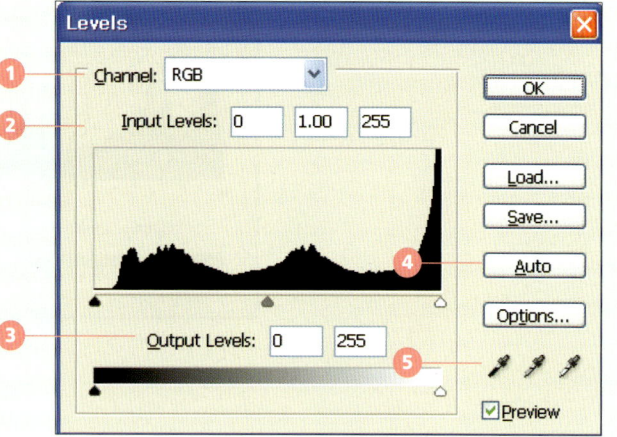

1. **Channel** : 보정할 이미지의 채널을 선택합니다.
2. **Input Levels** : 값을 직접 입력하여 적용할 수도 있고, 슬라이더를 조절하여 적용할 수도 있습니다. 물론 슬라이더를 조절하는 것이 더 편합니다. 왼쪽의 섀도 슬라이더는 어두운 톤 영역을, 가운데 중간 톤 슬라이더는 중간 톤 영역을, 오른쪽의 하이라이트 슬라이더는 밝은 톤 영역을 조절합니다.
3. **Output Levels** : 이미지 전체의 명도를 조절하지만 이미지의 채도를 낮추기 때문에 자주 사용하지는 않습니다.
4. **Auto** : 이미지의 명도 대비를 자동으로 설정합니다. 간단한 방법으로 설정은 할 수 있지만, 자신이 원하는 명도 대비를 얻을 수는 없습니다.
5. **색상 스포이트** : 스포이트로 선택한 픽셀을 기준으로 명암 단계를 재조정합니다.

# Curves를 이용하여
# 초 간단 사진 보정하기

앞에서는 Levels를 이용해 사진을 보정해 보았습니다. 이번에는 Curves를 이용하여 보다 세밀하게 보정할 수 있는 방법에 대해 알아보겠습니다. 이번에 배우게 될 Curves 가 앞에서 배운 Levels보다 더 세밀하게 조정할 수는 있지만 포토샵을 처음 배우는 초보 엄마들은 기본적인 것만 알아도 된답니다.

● **결과 파일 경로** | **부록 CD\Sample\Part02\After\0104.jpg**

➡ **Before**

➡ **After**

**01** Ctrl + 이 를 눌러 부록 CD\Sample\Part02\ 0104_01.jpg를 불러 옵니다.

**02** [Image] 메뉴의 [Adjustments – Curves]를 클릭합니다.

**03** [Curves] 대화상자가 나타나면, 그래프의 가운데 부분을 위쪽으로 드래그합니다. 이미지가 마음에 들면 드래그를 멈춘 후, [OK] 버튼을 클릭하세요.

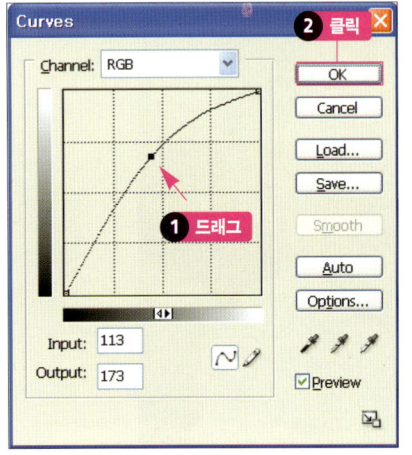

**04** [Image] 메뉴의 [Adjustments – Brightness/Contrast]를 클릭합니다.

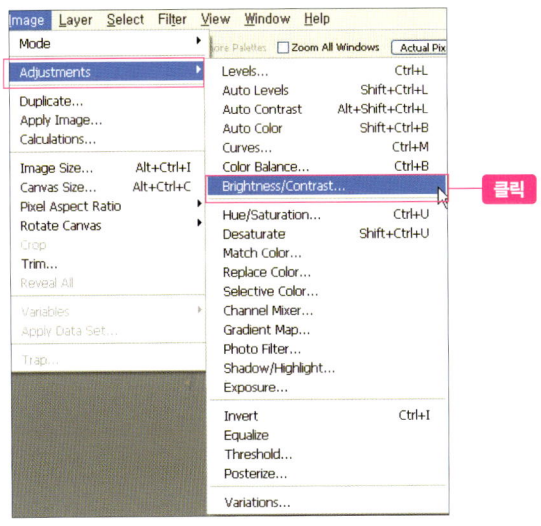

**05** [Brightness/Contrast] 대화상자가 나타나면, 슬라이드 바를 오른쪽으로 약간씩 움직여서 밝기와 대비를 조절한 후, [OK] 버튼을 클릭합니다.

 **〔Curves〕 대화상자**

① **Channel** : 각각의 채널을 선택하여 보정할 수 있습니다.

② **Y축** : 이미지 전체의 명도 조절 축으로, 위쪽으로 올라갈수록 전체 이미지가 밝아집니다.

③ **X축** : 이미지 전체의 색상 대비값을 조절합니다. 왼쪽으로 갈수록 이미지 전체의 대비가 강해집니다.

④ **Auto** : 자동으로 이미지의 색상 대비를 설정할 수 있습니다.

⑤ **색상 스포이트** : 스포이트로 선택한 픽셀을 기준으로 명암 단계를 재조정할 수 있습니다.

⑥ **패스와 연필 버튼** : 연필 버튼을 클릭하면 그래프 영역에 직접 드래그하여 그릴 수 있습니다. 이 경우 그래프가 부드럽지 않지만, 패스 버튼을 클릭하면 알맞은 영역 안에 포인트가 생기기 때문에 그래프가 좀 더 부드러워집니다.

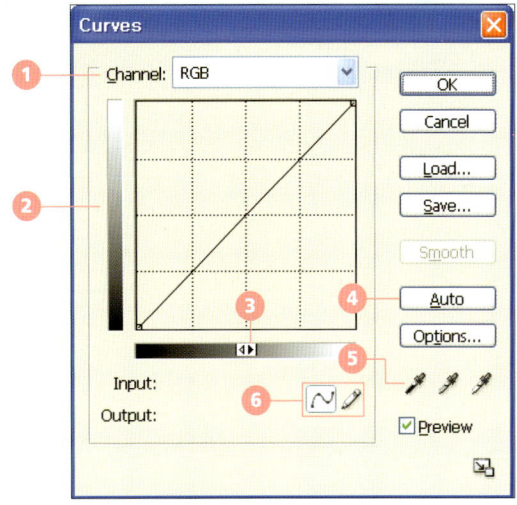

**06** 이미지가 밝아졌습니다.

**TIP** 결과물의 차이가 크지 않기 때문에 〔Curves〕를 사용해도 되고, 〔Brightness/Contrast〕나 〔Levels〕만 사용하여 보정해도 됩니다. 작업 창을 보면서 많이 연습해 보세요. 또 전체적으로 밝고 대비가 약간 강한 이미지가 좋다는 사실을 잊지 마세요.

 **〔Brightness/Contrast〕 대화상자**

〔Brightness/Contrast〕는 섬세하게 보정하지 못하지만 가장 간단한 방법으로 이미지를 밝게 만들 수 있습니다. Brightness는 이미지 전체의 밝기를 조절하고 Contrast는 이미지의 명암 대비를 조절합니다. 슬라이드 바를 오른쪽(+)으로 드래그할수록, 즉 수치가 커질수록 이미지는 밝아지고 대비는 높아집니다.

① **Brightness** : 이미지의 밝기를 조절할 수 있습니다.
② **Contrast** : 이미지의 대비를 조절하여 선명도를 조절할 수 있습니다.
③ **Preview** : 체크 표시를 하면 효과를 적용한 이미지를 미리 볼 수 있습니다.

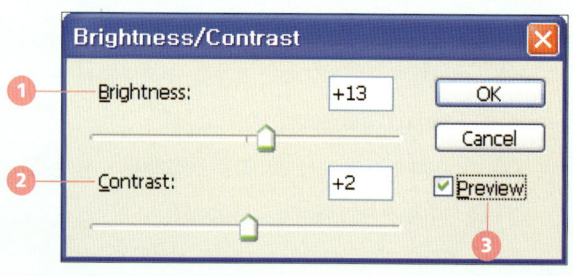

# 침 자국 없애기

아기 얼굴에 모기 물린 자국이나 손톱에 긁힌 상처, 태열기가 있는 사진들을 보면 정말
속상하지요. 또 침 흘리는 사진들은 왜 이렇게 많은지……. 포토샵을 이용하면 이 모든
것을 한방에 해결할 수 있답니다. 예쁜 우리 아기 얼굴을 깨끗하게 만들어 보세요.

● 결과 파일 경로 | 부록 CD\Sample\Part02\After\0105.jpg

➡ **Before**

➡ **After**

**01** `Ctrl` + `O`를 눌러 부록 CD\Sample\Part02\ 0105_01.jpg를 불러 옵니다. 왕자님이 침을 흘렸네요. 침을 깨끗하게 지워 볼까요?

**02** 툴박스에서 돋보기 툴 🔍을 클릭한 후 입 주위를 클릭하면 선택한 부분을 중심으로 화면이 확대됩니다. 입 주위가 보다 잘 보이도록 작업 창의 크기를 가로로 조금 늘려 주세요.

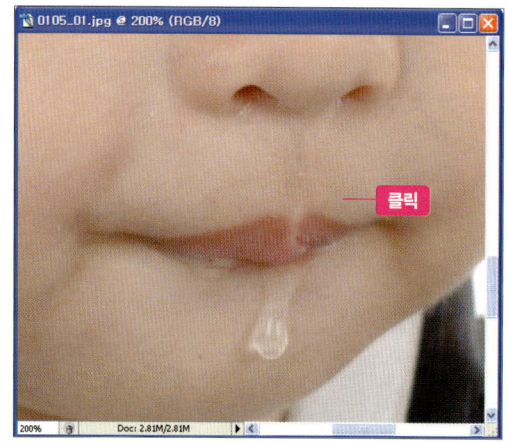

> **TIP** 상처를 보정할 때에는 이미지를 100% 이상 확대하는 것이 좋습니다. 이미지를 100%로 만드는 데에는 툴박스의 돋보기 툴 🔍 을 더블클릭하는 방법, 옵션바의 `Actual Pixels` 를 클릭하는 방법, 돋보기 툴 🔍 을 여러 번 클릭하는 방법 등이 있습니다.

**03** 툴박스에서 힐링 브러시 툴 🖌을 클릭합니다. 그런 다음, 옵션바에서 브러시의 드롭다운 버튼을 클릭하여 Diameter를 '10'으로 설정합니다.

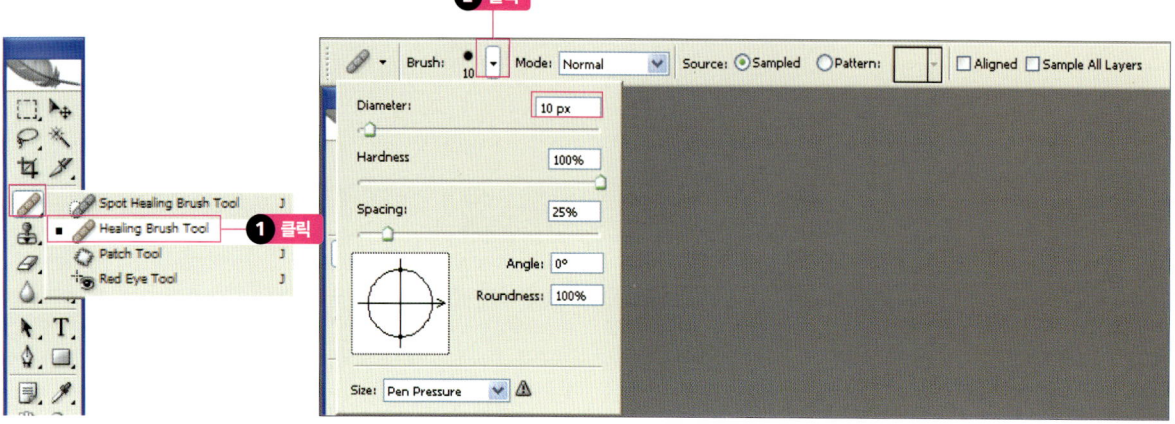

**04**  `Alt`를 누른 상태에서 턱 근처의 가장 깨끗한 피부를 골라 클릭합니다. 그런 다음, `Alt`에서 손을 떼고 침 부분을 드래그하세요. 그러면, 처음 클릭한 부분의 깨끗한 피부가 침 부분에 복사되면서 침이 없어집니다.

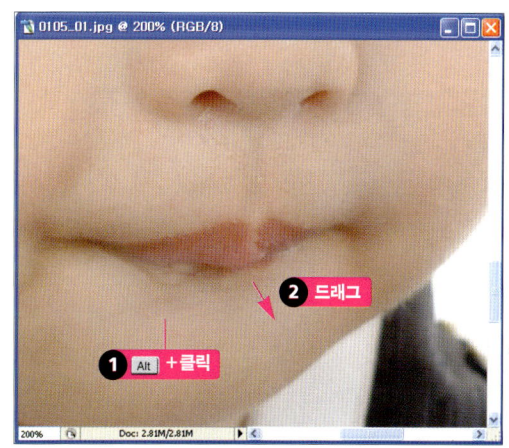

> **TIP** 드래그하면서 지워 나가다가 깨끗한 피부 외에 다른 것이 복사되는 경우에는 마우스에서 손을 떼고 다시 `Alt`를 눌러 기준 위치를 새로 정한 후에 지워 나갑니다.

**05**  이번에는 브러시의 크기를 좀 더 작게 하여 입술에 있는 침을 지워 보겠습니다. 입술의 경계 부분이기 때문에 조금 신경을 써서 지워야만 합니다. 옵션바에서 브러시의 드롭다운 버튼을 클릭하여 Diameter를 '5'로 설정합니다.

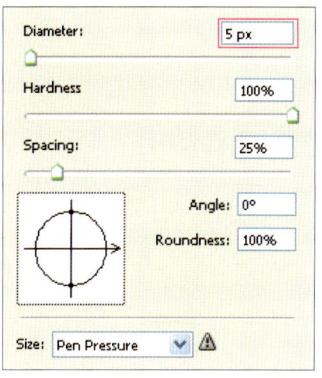

**06**  전과 마찬가지로 `Alt`를 눌러 입 주변의 깨끗한 피부를 클릭한 후, 입술 아랫부분의 침 자국에 드래그를 합니다.

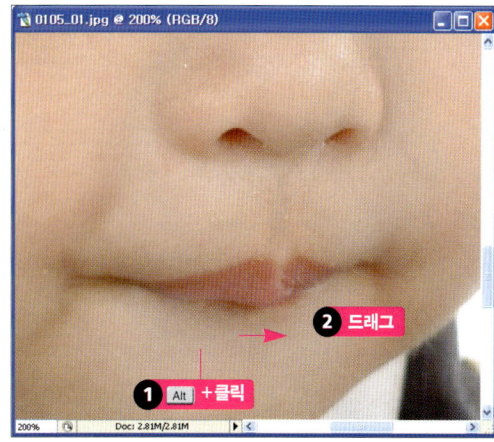

> **TIP** 만약, 기존 피부와 약간의 경계 부분이 생겼다면 툴박스에서 블러 툴을 선택하고, 옵션바의 Strength를 '30'으로 설정한 후, 경계 부분을 살짝 드래그하세요. 너무 많이 드래그하면 오히려 어색하므로 주의하세요.

**07** 결과물을 볼까요? 침 자국이 감쪽같이 없어졌지요?

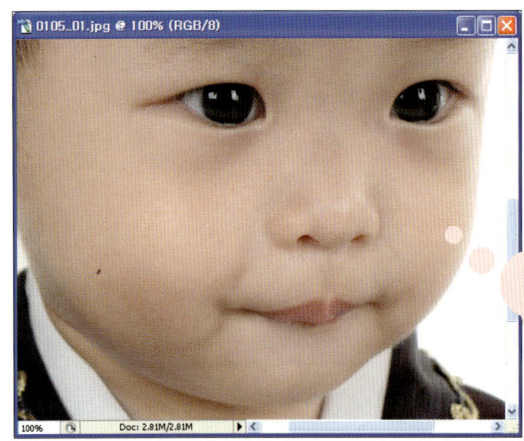

항상 보정이 끝난 후엔
화면을 100%로 놓고
결과를 확인하세요.

**공부
합시다** 힐링 브러시 툴 ✎ 옵션바

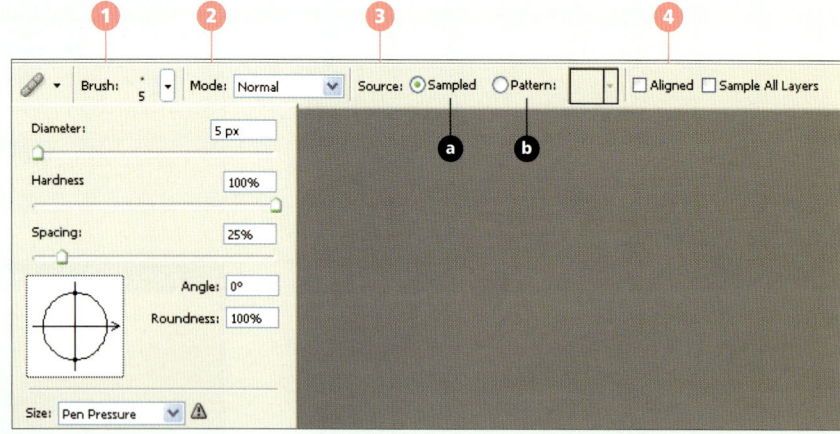

**1** **Brush** : 브러시의 크기와 모양을 결정합니다.

**2** **Mode** : 복사한 이미지를 기존의 이미지에 복사하는 방식
을 결정합니다.

**3** **Source** : 복사하는 대상을 결정합니다.

ⓐ **Sampled** : Alt 를 누른 상태에서 마우스를 클릭한 이
미지를 복사합니다.

ⓑ **Pattern** : 패턴 스탬프 툴과 같이 선택한 이미지를 복
사할 환경에 최적화하여 복사합니다.

**4** **Aligned** : 체크 표시를 하면, 복사 대상이 이미지 샘플인
경우 이미지 샘플과 처음 클릭하여 드래그한 간격을 기준으
로 복사합니다.

# 빨간 눈동자를
# 검은 눈동자로 만들기

08 Lesson

어두운 밤이나 실내에서 플래시를 터트려 사진을 찍으면 눈이 빨갛게 되는 적목 현상이 종종 나타납니다. 표정은 좋은데 눈이 빨갛게 나와 못쓰게 된 사진이 있다면, 이제 포토샵을 이용해서 수정해 보세요. 생각보다 쉽게 고칠 수 있답니다.

결과 파일 경로 | 부록 CD\Sample\Part02\After\0106.jpg

미리 보기

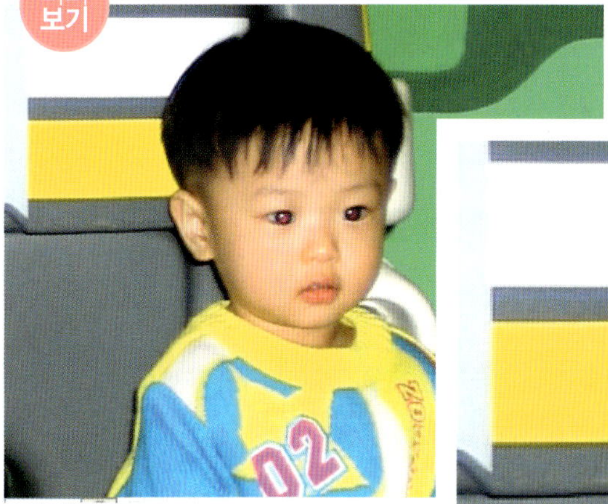

Before

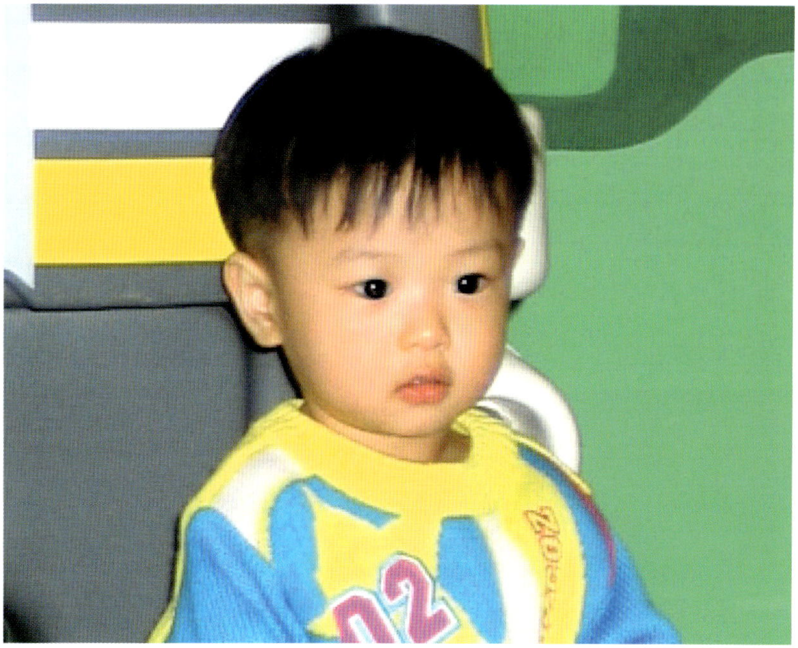

After

**01** Ctrl + O 를 눌러 부록 CD\Sample\Part02\0106_01.jpg를 불러 옵니다. 아기 눈에서 마치 광선이 뿜어져 나오는 것 같지요?

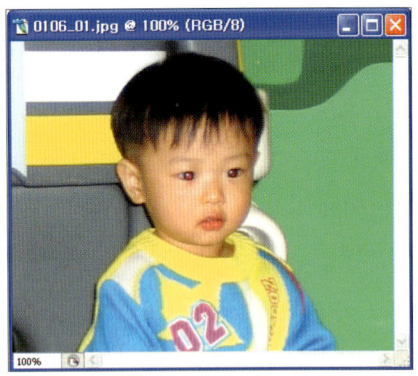

**02** 눈 부분을 자세히 보기 위해 툴박스에서 돋보기 툴 🔍 를 클릭한 후, 눈 주위를 두 번 클릭합니다.

**03** 툴박스에서 레드 아이 툴 🔴 을 클릭한 후, 옵션바에서 Pupil Size는 '70', Darken Amount는 '70' 으로 설정합니다. 눈동자의 크기에 따라서 치수는 달라질 수 있습니다.

> **TIP** 옵션바의 Pupil Size는 눈동자의 크기를 정하는 것이고 Darken Amount는 눈동자의 어두운 정도를 나타내는 것입니다.

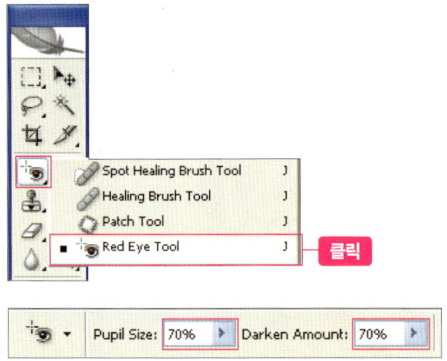

**04** 왼쪽과 오른쪽의 눈동자 정중앙 부분에 마우스 클릭합니다.

**05** 빨간색 눈동자가 검은색 눈동자로 바뀌었습니다.

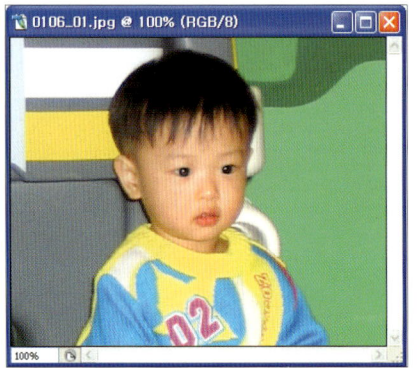

# 쉽게 아웃포커싱 효과주기

전문가들이 찍은 사진을 보면 아기 얼굴을 뚜렷하게 강조하고 주변을 흐리게 하는 사진들이 많이 있습니다. 그런 사진들은 아기의 얼굴을 더욱 돋보이게 합니다. 일반 카메라로 이런 아웃포커싱 효과를 흉내 내기가 쉽지는 않지만, 포토샵으로는 얼마든지 가능하답니다. 이번에는 아웃포커싱 기법의 사진을 만들어 보겠습니다.

🔴 **결과 파일 경로** | 부록 CD\Sample\Part02\After\0107.jpg

➡ Before

➡ After

**01** Ctrl + O 를 눌러 부록 CD\Sample\Part02\ 0107_01.jpg를 불러 옵니다.

**02** 툴박스에서 올가미 툴 을 선택한 후, 옵션바의 Feather는 '30' 으로 설정합니다.

클릭

**03** 아기 주위의 한 점을 클릭한 후 마우스를 누른 채 로 드래그하여 처음 시작한 위치까지 되돌아옵니다. 선 택 영역이 만들어졌습니다.

잘못 선택되었다면
Ctrl + D 를 눌러
선택을 해제한 다음,
다시 선택하세요.

2 드래그

1 클릭

**04** [Select] 메뉴의 [Inverse]를 클릭하면 선택 영역이 반전됩니다.

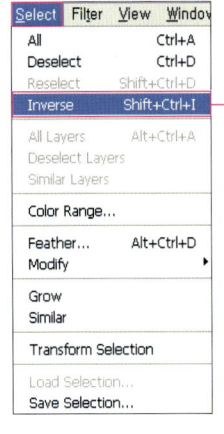

클릭

단축키는
Shift + Ctrl + I 입니다.
종종 사용하므로
외워 두세요.

**05** [Filter] 메뉴의 [Blur – Gaussian Blur]를 클릭합니다. [Gaussian Blur] 대화상자가 나타나면 Radius를 '3'으로 설정한 후, [OK] 버튼을 클릭하세요.

> **TIP** Radius의 수치가 커질수록 더욱 흐려집니다. 사진의 크기에 따라 달라지므로 대화상자의 이미지를 보면서 적절하게 조절하세요.

**06** Ctrl + D 를 눌러 선택 영역을 해제합니다.

**07** 아기 경계선 부분이 조금 어색하지요? 툴박스에서 블러 툴을 클릭한 다음, 옵션바에서 브러시 크기는 '21', Strength는 '50'으로 설정합니다.

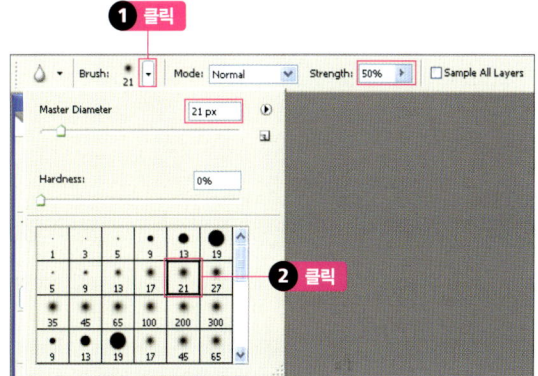

**08** 아기 경계선 부분과 조금 전 선택이 안 된 어깨 부분을 드래그하여 뭉개 주면, 보다 자연스러운 아웃포커싱 효과가 만들어 집니다.

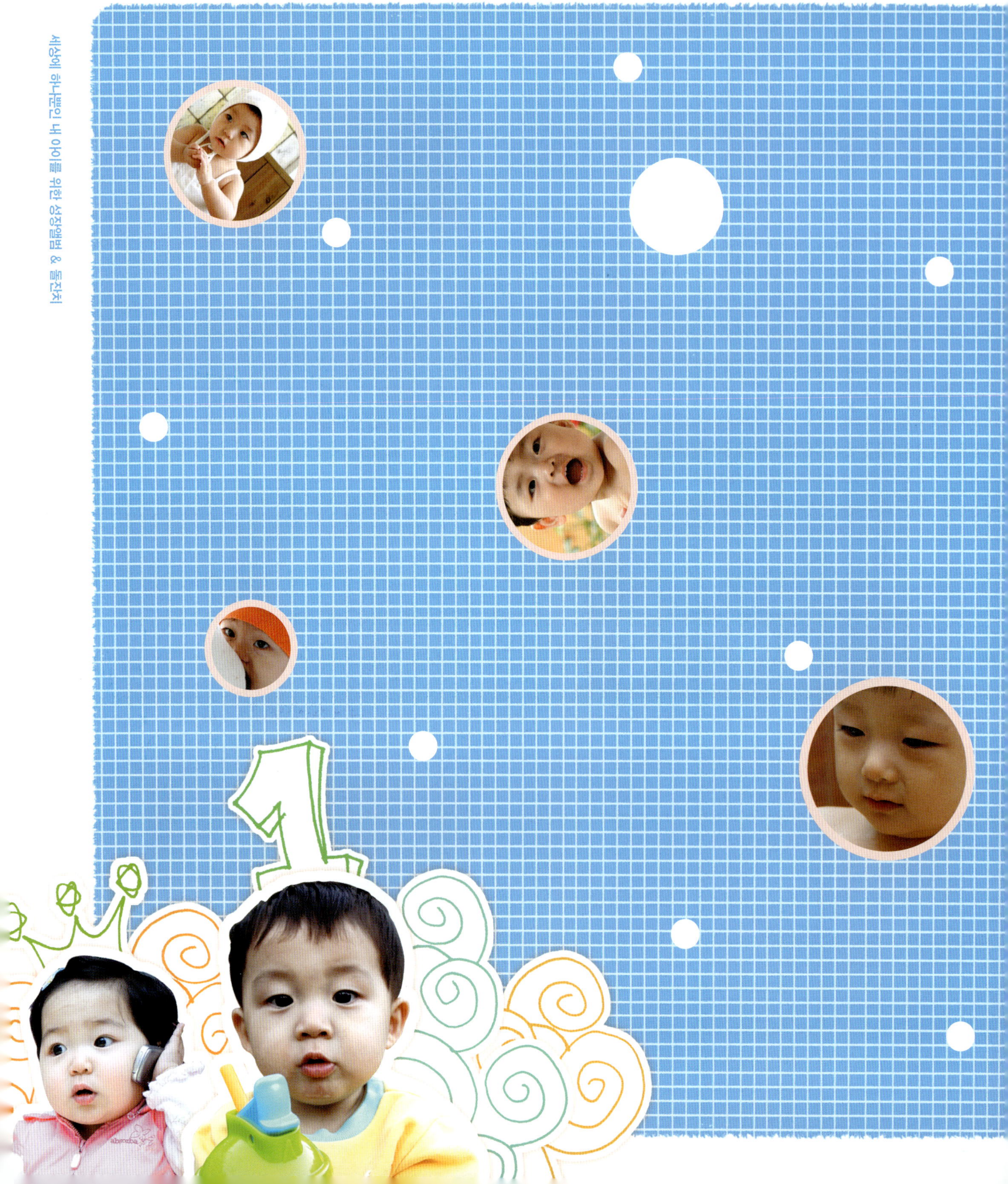

# 사진 촬영,
# 배워보면 쉬워요

# 사진 촬영 전
# 기본기 다지기

자동차를 운전하기 위해서는 차에 대한 기본 상식이 있어야 하고, 자동차를 움직이는 기술 또한 알고 있어야만 합니다. 사진을 촬영하는 일도 이와 마찬가지로 사진을 촬영하는 도구인 카메라에 대한 기본 상식과 카메라로 촬영한 결과물, 즉 사진에 대한 이해가 필수입니다. 이번 레슨에서는 디지털 카메라와 사진에 대해 알아보겠습니다.

## 콤팩트 디지털 카메라와 DSLR 카메라, 뭐가 다르죠?

두 종류의 카메라 모두 사진 데이터를 필름이 아닌 디지털화된 매체에 저장한다는 것은 똑같습니다. 하지만 콤팩트 디지털 카메라는 어릴 적에 많이 사용했던 '필름 자동 카메라'에 비유할 수 있으며, DSLR(Digital Single Lens Reflex) 카메라는 그 전 세대 부모님들이 쓰시던 렌즈를 교환할 수 있는 '수동 카메라'에 비유할 수 있습니다.

콤팩트 디지털 카메라는 가격이 저렴하고, 무게가 가벼워 쉽게 휴대할 수 있으며, 누가 촬영해도 보통 이상의 사진을 얻을 수 있습니다. 하지만 사용자가 표현하고자 하는, 깊이 있는 사진을 얻기에는 부족한 면이 많습니다.

반면 DSLR 카메라는 값이 비싸고, 부피가 크고 무거워서 휴대하기 힘들며, 카메라에 대한 지식을 가지고 있지 않을 경우 보통 수준의 사진도 얻기 힘듭니다. 그러나 화질이 뛰어나고 사용자의 의도대로 원하는 사진을 촬영할 수 있는 장점을 가지고 있습니다.

# 디지털 카메라의 기능에 대해 알려 주세요

필름 카메라를 쓰던 시절에는 짧게는 하루, 길게는 일주일 정도를 기다려 인화지로 된 사진을 받아볼 수 있었습니다. 필름 카메라의 경우에는 현상과 인화를 하기 전까지 사진의 상태를 전혀 알 수 없고, 설사 잘못 촬영한 것을 알더라도 사용한 필름 위에 다시 촬영할 수 없습니다. 하지만, 디지털 카메라는 촬영 후 바로 사진을 확인할 수 있고, 잘못된 사진이라면 삭제하고 다시 촬영할 수 있습니다.

콤팩트 디지털 카메라는 초보자도 쉽게 조작할 수 있도록 카메라의 버튼마다 그림이 표시되어 있기 때문에 그림의 의미만 알면 카메라를 조작할 수 있고, 처음 접하는 카메라라도 큰 어려움 없이 조작하여 원하는 사진을, 원하는 때에 촬영할 수 있습니다.

## ● 콤팩트 및 DSLR 카메라 조작 버튼 및 메뉴 아이콘 설명

아래 아이콘들은 카메라에 그려져 있는 버튼 표시와 카메라 메뉴얼에 표시된 그림들입니다.

|  |  |  |  |
|---|---|---|---|
| ◘ | 사진 촬영 모드 | ⚡ | 플래시 발광 오토 |
| ▣ | 동영상 촬영 모드 | ⚡ | 플래시 강제 발광 |
| ⬤ | 음성 녹음 | ⚡S | 플래시 슬로 싱크로 모드 |
| P | 프로그램 촬영 모드 | ◉ | 플래시 적목 감소 현상 모드 |
| Av | 조리개 우선 촬영 모드 | ▱ | 스티치 모드(이미지 합성 파노라마) |
| Tv | 셔터 스피드 우선 촬영 모드 | ▲ | SCN(씬)모드의 풍경 모드 |
| M | 메뉴얼 촬영 모드 | ♙ | 인물 모드 |
| SCN | 씬(미리 정해진 프로그램) 촬영 | ▣ | 야경+인물 모드 |
| AUTO | 자동 촬영 모드 | ☼ | 석양 모드 |
| B | BULB(셔터를 누른 동안 노출) | ☃ | 설경 모드 |
| AEL | AE-Lock(노출 고정) | 🌴 | 바닷가 모드 |
| AEB | AE-Bracketting(노출값 브라케팅) | ✳ | 파티 모드 |
| AWB | 자동 화이트 밸런스 | ▣ | 야경 모드 |
| ◉ | 중앙 중점 측광 또는 포커스 표시 | ▤ | 목록 |
| [ ] | 평균(멀티패턴) 측광 | ☀ | 불꽃놀이 모드 |

| | | | | |
|---|---|---|---|
| ⬚ | 스팟 측광 또는 포커스 표시 | 🌅 | 역광 인물 모드 |
| ISO AUTO | 감도 설정 자동 | 🌄 | 새벽 모드 |
| ISO 50 | 감도 50 | 🌷 | 접사 모드 |
| ISO 100 | 감도 100 | 🏛 | 박물관 모드 |
| ISO 200 | 감도 200 | 🗐 | 연사(연속 촬영) |
| ISO 400 | 감도 400(800~1600도 있음) | 🗐H | 고속 연사 |
| ☀ | 화이트 밸런스 태양광 | 🗐L | 저속 연사 |
| ☁ | 화이트 밸런스 흐림(구름) | 🗐M | 중간 속도(사용자 설정) 연사 |
| ⛰ | 화이트 밸런스 그늘진 곳 | 🗐UH | 제한된 연사 |
| ☀ | 화이트 밸런스 형광등 | 🔍 | 저장된 사진 리뷰 시 확대 |
| ☀ | 화이트 밸런스 백열등 | CF Type I | CF typeI의 메모리 지원 슬롯 |
| 🏞 | 화이트 밸런스 사용자 설정 | CF Type II | CF typeII의 메모리 지원 슬롯 |
| ⏱2 | 셀프타이머 2초 | SD | SD type의 메모리 지원 슬롯 |
| ⏱10 | 셀프타이머 10초 | MMC | MMC type의 메모리 지원 슬롯 |
| ✋ | 카메라 흔들림(손떨림) 방지 모드 | ⇋2.0 | USB 2.0 지원 표시 |
| 🚫 | 플래시 발광 금지 | 🎙 | 리모콘 |

## 어떤 것이 좋은 카메라죠?

디지털 카메라가 널리 보급되고, 고화소화되면서 많은 사람들이 신제품으로 출시되는 카메라를 선호합니다. 카메라 제조 회사에서 한 달이 멀다 하고 새로운 카메라를 선보이고 있고, 근래에 들어서는 콤팩트 디지털 카메라 가격대의 DSLR 카메라도 쏟아져 나오고 있습니다. 하지만 비싼 카메라, 최신 기종의 카메라를 가지고 있다고 해서 좋은 사진, 멋진 사진이 그냥 나올까요? 대답은 '아니오' 입니다. 아무리 최신 카메라를 가지고 있다고 하더라도 사용법을 숙지하고 있지 않다면 소용없는 일일 것입니다. 최신 카메라가 좋은 사진을 만드는 것이 아니라 가족과 함께 하는 소중한 순간에 내 곁에 있는 카메라가 이 세상에서 가장 좋은 카메라입니다.

# 멋진 폼으로 촬영하고 싶어요

대부분의 사람들이 콤팩트 카메라를 사용하면서 가장 많이 범하는 실수가
바로 촬영할 때의 자세입니다.

오른쪽 사진은 대다수의 콤팩트 디지털 카메라 사용자들이 사진을 촬영할
때에 카메라를 잡는 모습을 연출한 것입니다. 팔이 몸에서 떨어져 피사체를
향하고 있기 때문에 좌우상하로 심하게 흔들릴 우려가 많은 자세입니다.

● **촬영할 때 카메라는 최대한 흔들림 없이 단단하고 견고하게 들고 있어야 합니다.**

팔을 최대한 당긴 다음, 몸에 밀착시켜 카메라의 흔들림을 최대한 방지해야 합니다.
쉬운 것 같지만 가장 어렵고 중요한 부분입니다.

카메라를 잡을 때에 오른쪽 사진과
같은 자세를 취한다면 흔들림을 충분
히 예방할 수 있습니다. 또 촬영 시점
에서 숨을 잠시 멈추고 셔터 버튼을
언제 누르는지 모를 정도로 살짝 누
르는 연습을 하는 것이 좋습니다.

● **뷰파인더가 있는 카메라라면, 뷰파인더에 눈을 대고 촬영을 합니다.**

액정 모니터로 보는 화상은 실시간 화상 같아 보이지만 실제로는 그렇지 않습니다. 빠
르게 지나가는 자동차를 촬영해 보면 이를 쉽게 알 수 있습니다. 액정으로 차가 들어왔
을 때 셔터 버튼을 누르면 이미 자동차는 프레임을 벗어나 버린 상태의 사진이거나 자
동차의 뒤 범퍼만 조금 찍히는 경우가 많습니다. 이런 현상을 액정 모니터의 랙, 또는
셔터의 랙이라고 합니다. 그렇기 때문에 액정 모니터로 보면서 빠른 물체를 촬영하면
열에 아홉은 실패합니다. 이럴 때에 대부분의 촬영자들은 카메라를 탓합니다. 카메라
의 성능을 제대로 알지도 못한 채 말이지요. 뷰파인더가 있는 카메라라면, 반드시 뷰파
인더에 눈을 대고 촬영을 하는 것이 좋습니다. 카메라의 성능이 좋지 않아 생기는 셔터
랙은 어쩔 수 없더라도, 피사체가 액정 모니터에 표시되는 시간의 랙은 피하여 촬영할
수 있기 때문입니다.

# 셔터와 반 셔터의 차이가 뭔가요?

간혹 "반 셔터를 누른 후...."라고 설명을 하면, "반 셔터가 어디 있나요?"라고 질문하는 사람들이 있습니다. 반 셔터는 따로 있는 것이 아니고, 셔터를 약 1/3에서 반 정도까지 눌렀을 때를 의미하는데, 단순히 셔터를 반쯤 누른 것만을 의미하는 것이 아닙니다. 셔터를 반 정도 누르면 카메라는 피사체와의 거리를 판단하여 피사체에 초점을 맞추는 작업에 들어가며, 초점이 맞으면 사용자에게 알려 줍니다. 보통은 "삐빅"하는 비프음과 함께 카메라 액정의 포커스 표시가 빨간색에서 녹색으로 바뀌게 됩니다. 이 때가 바로 반 셔터가 눌러진 상태이고, 카메라 내부적으로는 피사체에 초점을 맞추고, 감도, 셔터 스피드, 조리개값을 결정하여 촬영할 준비가 완료된 것입니다. 이렇게 단지 셔터를 반쯤 누른 간단한 행동이지만 카메라 내부적으로는 아주 복잡한 일들이 일어나는 것입니다. 반 셔터를 누른 후에 촬영힐 최종 구도를 결정한 후 셔터를 완전히 누르면 사진이 촬영됩니다.

# 플래시가 꼭 필요한가요?

사진은 빛을 담아 기록하는 작업입니다. 밝은 대낮이나 야외의 경우 빛은 충분합니다. 여름날 아주 맑은 날씨에는 빛이 넘쳐날 정도입니다. 그러나, 실내이거나 야간의 경우 사물을 구분하고 물건을 확인하는 데에는 지장이 없지만 사진을 촬영하기 위한 빛은 거의 전무하다고 해도 과언이 아닙니다. 어두운 곳에서의 촬영은 대낮에 비해서 몇 배 또는 몇 십 배에 해당하는 긴 노출을 필요로 합니다. 긴 노출 시간동안 촬영자는 당연히 카메라를 들고 있어야 하는데, 그러다 보면 카메라는 흔들릴 수밖에 없습니다. 그렇다면 일반적으로 흔들림 없이 사진을 촬영할 수 있는 조건은 무엇일까요? 바로 셔터 스피드를 1/60초 이상 확보하는 것입니다.

그렇다면 과연 1/60 이상의 셔터 스피드로 촬영하면서 사진을 어둡지 않게 촬영할 수 있는 방법은 무엇일까요? 바로 플래시입니다. 빛을 담는 사진에서 빛이 없으니 플래시를 사용하여 인위적으로 빛을 만들어 내는 것입니다. 이러한 이유 때문에 어두운 실내에서는 플래시가 필요한 것입니다.

빛을 보다 많이 확산시켜 밝고, 부드러운 사진을 얻고자 할 때에는 천장이나 벽 등에 플래시를 바운스시켜야 하는데, 내장된 플래시는 전면으로 발광하도록 고정되어 있기 때문에 천장을 향하여 발광할 수 없습니다. 따라서, 내장형 플래시 보다는 외장형이면서 최소한 상하 90도 정도 움직임이 가능한 플래시를 사용하는 것이 좋습니다.

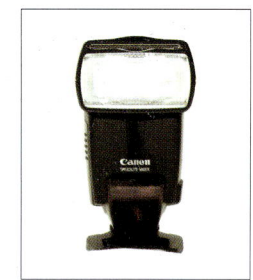

고가의 밝은 렌즈를 가지고 플래시 없이 촬영하는 것보다는, 렌즈는 어두울지라도 값싼 플래시를 사용하여 촬영한 사진이 훨씬 좋습니다. 카메라에 맞는 고가의 전용 플래시는 아니더라도 중소업체에서 생산하는 값싼 플래시라도 있다면, 실내에서 사진을 촬영하는데 큰 도움이 될 것입니다. 플래시는 가격이 비쌀 것이라 생각하기 쉬우나 시중에 4~6만원대의 저렴한 외장형 플래시도 판매되고 있으니 이 중에서 여러분에게 맞는 가격대의 플래시를 구입하면 됩니다.

---

**TIP** 노출 보정이란?

카메라는 촬영하려는 구도에서 카메라로 들어오는 빛의 양에 따라 셔터 스피드와 조리개값을 계산한 후, 촬영자가 셔터를 눌렀을 때에 그 값에 의하여 사진을 메모리에 저장합니다. 이 때에 계산된 셔터 스피드와 조리개값은 가장 일반적으로 밝게 나오도록 카메라 내부에 프로그램되어 있습니다. 그러나 역광과 같이 강한 빛이 들어오면 전반적으로 밝지 않은 상태라도 밝은 것으로 판단하여 조리개를 조이고 셔터 스피드를 고속으로 계산하여 촬영되도록 합니다. 또, 아주 밝은 눈밭같은 경우에는 너무 밝기 때문에 오히려 어둡게 촬영하려고 합니다. 이처럼 카메라가 임의로 계산한, 일반적으로 밝게 나올 수 있는 조리개 수치와 셔터 스피드보다 노출을 더하거나 덜하도록 조정하는 것을 노출 보정이라고 합니다.

---

● **역광 촬영을 하고 싶어요.**

맑은 날에 하늘이나 바다를 배경으로 인물 촬영을 하면 주변의 밝은 빛 때문에 인물의 얼굴 부분이 어둡게 나옵니다. DSLR 카메라 또는 콤팩트 디지털 카메라라도 노출 보정이 가능한 카메라의 경우에는 노출 보정을 약 0.5~1스탑 정도로 하여 촬영을 하면 얼굴이 심하게 어두워지는 것을 방지할 수 있습니다. 그러나 보급형 콤팩트 디지털 카메라에서는 노출 보정 기능이 거의 없습니다. 자동으로 촬영되는 간단한 기능들로 이루어졌기 때문입니다. 그럼 역광에는 무조건 어둡게 촬영해야 할까요? 콤팩트 디지털 카메라로 역광 촬영을 하려면 플래시를 강제로 발광시키면 됩니다. 이 때에는 인물의 눈이 밝은 곳에 있기 때문에 동공이 작아져 적목 감소 기능을 사용할 필요가 없습니다. 이렇게 하면 인물 주위의 배경도 적당한 노출로 촬영되고, 인물의 얼굴 또한 그늘지지 않고 선명하게 촬영할 수 있습니다.

▲ 카메라 : Casio Exlim Z40 콤팩트 디지털 카메라 | 감도 : ISO 50(사용자 설정) | 촬영 모드 : 자동 | 기타 설정 : 사진 저장 2:3 비율(사용자 설정), 플래시 발광 금지

▲ 카메라 : Casio Exlim Z40 콤팩트 디지털 카메라 | 감도 : ISO 50(사용자 설정) | 촬영 모드 : 자동 | 기타 설정 : 사진 저장 2:3 비율(사용자 설정) | 플래시 강제 발광.

> **주의하세요** 플래시를 강제로 발광해서 촬영할 때에 피사체와 카메라가 너무 가까우면 피사체가 플래시를 강하게 받아 노출 오버될 수 있으므로 주의해야 합니다.

디지털 이전의 사진은 대부분 필름으로 촬영되었는데, 필름은 제각기 빛에 얼마나 민감하게 반응하느냐에 따라 일정한 규격의 수치로 표현합니다. 이 때 사용하는 수치의 규격이 바로 ISO의 규격인 것입니다. 즉, ISO 100, ISO 200 등이 아니라 감도 100, 감도 200, 감도 400 등이 맞는 표현입니다. 그러므로 "ISO를 몇으로 설정하고 촬영했나요?"라는 말은 잘못된 말이고, "감도를 ISO 몇으로 설정하고 촬영하였습니까?"가 맞는 말입니다. 디지털 사진에서도 필름의 감도처럼 감도를 설정하여 사용할 수 있습니다.

> **TIP** 플래시 강제 발광이란?
> 콤팩트 디지털 카메라의 경우 자동으로 촬영하는 경우가 대부분인데, 낮과 같은 밝은 환경에서는 플래시가 발광되지 않습니다. 필요에 따라 플래시가 무조건 발광하도록 하고 싶다면, 플래시 버튼을 눌러 ⚡ 표시가 되도록 카메라를 설정한 후, 셔터 버튼을 누르면 됩니다.

감도가 높을수록 어두운 곳에서도 밝게 촬영할 수 있지만 사진을 형성하는 기초 단위인 화소들의 입자가 거칠어져 거친 사진이 되기 쉽고, 반대로 감도가 낮으면 입자가 곱기 때문에 더욱 선명하고 부드러운 느낌의 사진을 담을 수는 있지만 셔터 스피드를 확보하기 어렵기 때문에 주로 밝은 대낮의 야외 촬영에 사용됩니다.

## ● 아기 눈이 빨갛게 나와요

사진을 촬영했을 때 마치 영화에서 눈으로 레이저 광선을 쏘는 듯 눈이 빨갛게 나오는 것을 '적목 현상'이라고 하는데, 이런 경우는 대부분 어두운 곳에서 나타납니다. 이는 사람의 눈도 카메라의 조리개처럼 어두운 곳에서는 동공을 많이 열어 빛을 많이 받아들이고, 밝은 곳에서는 그 반대로 동공을 많이 조여서 빛을 조금만 받도록 자동 조절되기 때문입니다. 그래서 저녁에 사진을 촬영할 때에 플래시가 발광되면 눈의 동공이 많이 열려 있어서 망막의 모세 혈관들이 촬영되기 때문에 적목 현상이 나타납니다. 이런 현상을 방지하려면 카메라의 플래시 모드를 ◉로 표시하여 적목 감소 모드로 촬영하면 카메라의 셔터를 눌렀을 때 플래시가 예비 발광을 합니다. 그런 다음 두 번째 셔터가 열리면서 본 발광을 하여 촬영하기 때문에, 첫 번째 밝은 빛에 눈 안의 동공이 축소되도록 하고, 두 번째 발광 때에 실제 촬영이 이루어져서 적목 현상을 예방할 수 있습니다. 적목 감소 모드로 촬영하면 100% 적목을 없앨 수는 없지만, 일반 플래시 촬영보다 훨씬 나은 결과를 얻을 수 있습니다. 플래시의 예비 발광은 한 번 발광되는 경우와 여러 번 연속으로 발광하는 경우 등 카메라마다 다릅니다.

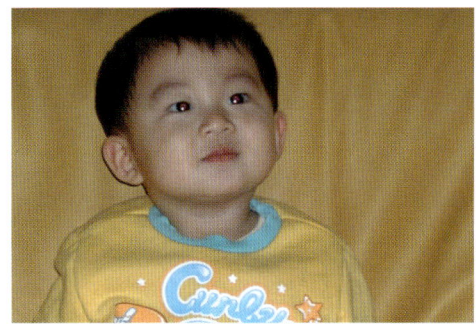

▲ 카메라 : Casio Exlim Z40 콤팩트 디지털 카메라 | 감도 : ISO 50(사용자 설정) | 촬영 모드 : 자동 | 기타 설정 : 사진 저장 2:3 비율(사용자 설정), 어두운 실내에서 플래시 강제 발광

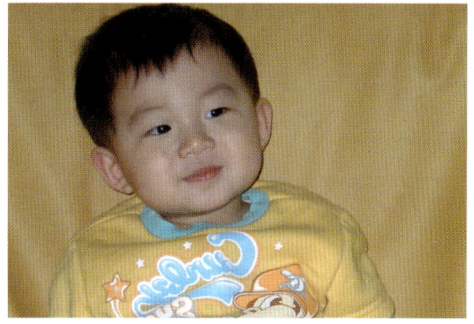

▲ 카메라 : Casio Exlim Z40 콤팩트 디지털 카메라 | 감도 : ISO 50(사용자 설정) | 촬영 모드 : 자동 | 기타 설정 : 사진 저장 2:3 비율(사용자 설정)

> **TIP** 사진 저장 2:3 비율?
>
> DLR과 콤팩트 디지털 카메라의 CCD는 크기뿐만 아니라 가로, 세로의 비율도 다릅니다. 인터넷 인화업체에서 인화를 할 때에 콤팩트 디지털 카메라로 촬영한 디지털 사진을 일반 사진 포맷인 4×6 사이즈로 인화하면 위 아래는 잘리고 좌우는 여백이 많이 남게 나옵니다. 또, 그것을 방지하려고 '이미지 풀'로 인화하면 사진의 네 방향이 잘리지는 않지만 이상하게 사진이 더 작고 상하좌우 여백이 많이 나옵니다. 이것은 DSLR의 화상 저장 비율은 2:3이며, 콤팩트 카메라의 화상 비율은 DSLR의 화상 비율에 비해서 좌우가 더 짧고, 위 아래가 더 긴 1:1.3 비율이기 때문입니다. 그래서 콤팩트 디지털 카메라로 촬영할 때에 사용자 설정에서 화상 저장 비율을 2:3으로 하여 촬영하였습니다.

## ● 심령 사진처럼 촬영돼요

보급형 콤팩트 디지털 카메라는 플래시가 직광으로 발광되기 때문에 저녁 촬영이나 실내 촬영에 플래시를 사용하면 인물이나 피사체가 창백하게 나오고 피사체의 뒤쪽은 어둡게 나오는 이른바 '동굴 현상'이 나타납니다. 이런 현상을 싫어하는 대부분의 사람들은 플래시를 끄고 촬영을 합니다. 플래시 촬영보다 따뜻한 느낌도 들고 전체적으로 뒤편까지 다 나오기 때문입니다. 이 때 중요한 사실을 잊고 촬영을 하면 이른바 '심령 사진'이 나오게 됩니다. 일반적으로 카메라는 어두운 곳에서 촬영하려고 시도하면 사진을 밝게 촬영하기 위해 셔터 스피드를 길게 조절하도록 프로그램되어 있습니다. 어두운 실내에서는 1/30~1/5 정도까지 셔터 스피드가 자동으로 떨어지는데 이 때, 촬영하는 사람이나 피사체인 사람 모두 1/30~1/5 정도의 시간동안 움직이지 않고 가만히 있기란 거의 불가능합니다. 그래서 촬영자가 흔들리고, 사물이 아닌 이상 피사체도 흔들리기 때문에 사람들의 모습, 뒷배경 등이 이중, 삼중으로 상이 맺히게 됩니다.

이를 방지하고자 할 때에 제일 중요한 것이 셔터 스피드를 확보하는 일인데, 셔터 스피드는 촬영 감도, 조리개와 관련이 깊습니다. 보급형 콤팩트 디지털 카메라의 경우 거의 대부분 조리개를 가진 어두운 렌즈이기 때문에 조리개를 더 여는 것은 불가능하며, 고작 할 수 있는 방법은 감도를 높이는 것뿐입니다. 감도를 높여 촬영하면 셔터 스피드가 확보되기 때문에 덜 흔들릴 수 있습니다. 물론 그보다 더 확실한 셔터 스피드 확보는 빛을 확보하는 것입니다. 비슷한 장소라도 가로등이나 실내의 조명 바로 아래 등과 같이 빛을 찾아서 촬영하고, 만약 빛이 없을 경우 플래시를 사용하는데, 보통 1.5m 이내에서는 플래시가 피사체에 너무 강하게 도달하므로 1.5m~2m 이내에서 플래시 촬영을 하는 것이 좋습니다.

## 아기를 돋보이게 촬영하고 싶어요

내 아이가 예뻐 보이기 원하는 것은 모든 엄마들의 바람일 것입니다. 몇 가지 테크닉만 알면 훨씬 좋은 사진을 얻을 수 있음에도 그 몇 가지를 몰라 같은 실수를 반복하고 있지는 않은가요?

이번에는 아웃 포커싱, 배경 단순화, 캐치라이트의 개념을 확실히 이해하여 아기를 더욱 돋보이도록 촬영해 보겠습니다.

### ● 아웃 포커싱

아기 사진도 당연히 인물 사진의 한 부분입니다. 인물 촬영에 있어서 가장 중요한 것은 주 피사체인 '인물'의 부각이겠지요. 아기를 일정한 프레임의 사진 틀 속에서 확연히 돋보이도록, 또 사진을 보았을 때 아기의 얼굴과 표정에 시선이 가도록 촬영하려면 어떻게 해야 할까요? 콤팩트 디지털 카메라에서는 조금 힘들지만 '아웃 포커싱' 또는 '인 포커싱'으로 아기 이외의 배경이나 전경은 뿌옇고, 흐릿하게 나오도록 촬영한다면 설사 배경이 정리되지 않은 상태라 하더라도 인물이 돋보일 것입니다.

아웃 포커싱은 조리개를 최대한 열어 수치를 최소 수치로 할수록, 셔터 스피드는 최대한 짧게 할수록, 카메라와 피사체의 거리보다 피사체와 배경들의 거리가 많이 떨어져 있을수록 확실히 나타납니다. 이렇게 촬영하려면 좁은 공간보다는 들판이나 곧은 가로수 길처럼 넓은 공간이 좋고, 셔터 스피드를 최대한 짧게 끊어야 하므로 어두운 곳 보다는 최대한 밝은 곳이 좋습니다. 렌즈 또한 조리개 최소 수치가 낮은 밝은 렌즈를 장착하여야 합니다.

인 포커싱은 아웃 포커싱과 촬영 방법이 같습니다. 다만 카메라, 피사체, 배경의 거리가 아웃 포커싱과는 반대가 되도록 촬영을 하면 됩니다.

▲ 아웃 포커싱(배경이 흐려지게)　　▲ 인 포커싱+아웃 포커싱(전경, 배경이 모두 흐려지게)
카메라 : Nikon D70 | 감도 : ISO 200 | 렌즈 : Nikon 85mm F1.4 | 조리개 : f1.4 | 셔터 속도 : 1/1250 | 화이트 밸런스 : 색 온도 3800K
| 촬영 모드 : 조리개 우선(A) | 기타 설정 : 노출 보정 -0.3EV

아웃 포커싱과 반대되는 개념으로 전경, 배경, 주 피사체 모두 또렷하게 나오는 것을 '팬 포커싱' 이라고 하며, 주로 광각 렌즈로 풍경 사진을 촬영할 때에 많이 사용합니다. 팬 포커싱은 조리개를 중간 이상의 수치로 올려놓고, 셔터 스피드를 최대한 느리게 촬영하여야 합니다. 또한 전경, 피사체, 배경의 거리가 서로 멀지 않아야 팬 포커싱이 가능합니다.

▲ 팬 포커싱 | 카메라 : Casio Exlim Z40 콤팩트 디지털 카메라 | 감도 : ISO 50(사용자 설정) | 촬영 모드 : 자동 | 기타 설정 : 사진 저장 2:3 비율(사용자 설정)

## ● 배경 단순화

아웃 포커싱이 안 되는 카메라이거나, 피사체와 배경이 가까울 수 밖에 없는 경우 등의 이유로 아웃 포커싱이 안 되는 환경이라면 아예 아기를 배경에 바로 밀착시키거나 가까이에서 촬영합니다. 이 때 배경은 단순한 곳을 찾아야 합니다. 화사한 단색의 건물 벽면이나 예쁜 출입문, 예쁜 모양의 기둥, 단순한 계단, 심지어 버스 정류장의 광고판 앞 등도 좋은 배경이 됩니다. 단순한 배경에서 촬영할 때에는 피사체와의 거리가 너무 멀어지지 않도록 해야 합니다. 상체, 상반신, 무릎, 전신 등을 구분하여 촬영을 하고, 촬영 시 사진의 여백 부분을 아기의 시선 쪽으로 두어 촬영을 하면 안정감 있고 멋진 사진을 얻을 수 있습니다.

아래 사진은 사람들이 많이 지나다니는 공원에서 촬영한 것입니다. 하지만 아기를 돋보이게 하기위해 공원의 벽을 이용해서 촬영하였습니다.

▲ 카메라 : Nikon D200 | 렌즈 : Nikon AF 85mm F1.4 | 조리개 : f1.4 | 셔터 스피드 : 1/125 | 화이트 밸런스 : 색 온도 4500K | 촬영 모드 : 조리개 우선 모드

## ● 캐치라이트

사람의 눈은 빛을 받으면 밝게 빛나고, 빛이 밝게 반사된 눈은 그렇지 않은 눈보다 훨씬 또렷하고 생생하게 살아있는 느낌을 줍니다. 내 아기의 사진을 촬영하는데 흐릿한 눈빛보다는 초롱초롱한 눈빛으로 보이도록 해야 하지 않을까요?

이렇게 눈동자에 태양, 백열등, 스트로보 빛 등의 광원이 비춰서 반짝이는 모양을 '캐치라이트' 라고 합니다. 캐치라이트의 키포인트는 바로 빛이 있는 위치를 잘 인지하고 있어야 하고, 그 빛을 향해 아이의 눈이 약 35~65도 정도의 각도로 향하도록 해야 합니다. 그러자면, 아기의 얼굴은 턱이 약간 들리는 정도가 되어야 할 것이고 아기가 그런 자세를 하기 위해서는 아기의 시선을 유도하는 무엇인가가 그 정도 높이에 위치해야 합니다. 생후 일 년이 안 된 아기들은 움직임, 소리 등에 민감하게 반응하기 때문에 아빠나 이모, 삼촌 등 촬영자 이외의 사람이 앉아 있다가 아기를 부르면서 일어나면 아기는 그 쪽을 보게 되고 그 방향에 빛이 있다면 캐치라이트가 들어간 아기의 눈빛을 포함하여 촬영할 수 있을 것입니다. 가끔 맑은 날 아기를 클로즈업해서 촬영을 할 때에 하늘의 밝은 빛과 함께 촬영하는 엄마, 또는 아빠의 모습도 아기의 눈 속에 표현되기도 한답니다.

아래 두 사진은 같은 사진입니다. 왼쪽이 촬영된 원본이고 오른쪽은 포토샵에서 캐치라이트를 없앴습니다. 느낌이 많이 차이나지요? 이처럼 캐치라이트는 사진 속의 인물을 예쁘고 생동감 있게 보이도록 합니다.

▲ 카메라 : Nikon D200 | 감도 : ISO 250 | 렌즈 : Nikon AF-s 28-70mm F2.8 | 조리개 : f3.5 | 셔터 속도 : 1/60 | 화이트 밸런스 : 색온도 3800K | 촬영 모드 : 매뉴얼(M) | 기타 설정 : Nikon SB-800 천정 바운스 +03.EV

천정 바운스란, 본체에 내장된 플래시가 아닌 외장형의 플래시들을 사용할 때에 플래시 빛이 직광으로 발광되지 않고 실내에서 천정에 발광되도록 플래시 헤드의 각도를 90도 위로 세운 다음 발광시켜 그 빛들이 여러 방향으로 퍼지면서 피사체 방향으로 모이도록 하는 방법을 말합니다. 빛이 직선으로 피사체에 도달하지 않고 산란되어 부드럽게 피사체에 도달하기 때문에 피사체 뒤로 그림자도 생기지 않고 얼굴이 번들거리지도 않으며, 눈에 적목 현상도 생기지 않고 밝은 사진을 얻을 수 있습니다.

이 때에 주의할 것은 아무래도 빛이 직접 피사체에 도달하지 못하기 때문에 사진이 어둡게 나올 수 있으므로, 플래시 광량을 +0.3~+1.0까지 조절해 주어야 합니다. 이는 카메라나 플래시에서 모두 조정 가능합니다. 또 피사체와 플래시의 거리가 멀어지면 75도~45도까지 플래시 헤드의 각도를 움직여 플래시를 떠난 빛이 청전에 반사된 후, 피사체에 도달하는 각도가 45~65도 정도 되도록 해야 합니다.

**❶ 플래시 가로 샷의 직광**

**❷ 세로 샷의 직광**

**❸ 가로 샷의 90도 천정 바운스**

플래시 헤드가 90도로 천정을 향해 서 있도록 조정

**❹ 세로 샷의 90도 천정 바운스**

플래시 헤드가 90도로 천정을 향해 서 있도록 조정

**❺ 가로 샷의 45도 천정 바운스**

거리가 멀 경우 헤드를 45도로 바운스

**❻ 세로 샷의 45도 천정 바운스**

거리가 멀 경우 45도로 바운스

▲ **천정 바운스로 촬영한 사진** | 카메라 : Nikon D200 | 감도 : ISO 200 | 렌즈 : Nikorr AF-s 28-70 F2.8 | 조리개 : f3.5 | 셔터 속도 : 1/60 | 화이트 밸런스 : 4000K | 촬영 모드 : 매뉴얼(M) | 기타 설정 : SB-800 천정 바운스 +0.3EV

빛이 부드럽게 퍼져서 사진 전체가 밝고 부드러운 모습으로 촬영되었습니다.

▲ **직광으로 촬영한 사진** | 카메라 : Nikon D200 | 감도 : ISO 200 | 렌즈 : Nikon AF-s 28-70 F2.8 | 조리개 : f3.5 | 셔터 속도 : 1/60 | 화이트 밸런스 : 4000K | 촬영 모드 : 매뉴얼(M) | 기타 설정 : SB-800 직광 0EV

빛이 고루 퍼지지 않고 강하게, 일정 부분에 모이는 듯한 느낌이며, 피사체 뒤에는 항상 검은 그림자가 생겨서 보기 좋지 않습니다.

## 색다르게 촬영하고 싶어요

보통 사진을 촬영할 때 아기의 얼굴, 상반신, 전신 등을 주로 촬영하게 되는데, 아기의 어렸을 때 손과 발, 눈 등 각 신체 부분별로 촬영하여 놓으면 색다른 느낌을 줄 수 있습니다.

훗날에 자신의 어릴 적 앙증맞은 손과 발 사진을 보면 좋은 추억거리가 되겠지요. 손을 촬영할 때에는 엄마나 아빠의 손으로 아기의 손을 감싸는 모습으로 하고, 아래쪽에는 단색의 천이나 쿠션 등으로 배경을 만들어 촬영하면 멋진 작품을 만들 수 있습니다. 밝은 곳에서 조리개를 많이 열어 놓고 촬영하거나 스트로보를 쓴다면 스트로보를 천정에 바운스시키고, 스트로보 발광을 +0.3EV~+0.7EV 정도로 조정하여 촬영합니다.

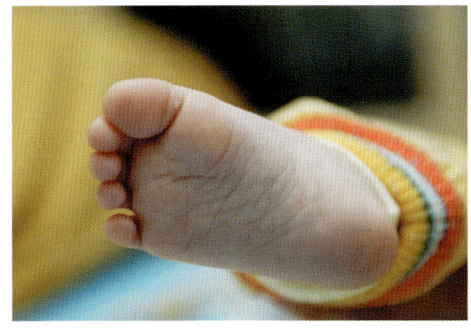

▲ 카메라 : Nikon D200 | 감도 : ISO 200 | 렌즈 : Nikon AF-s 28-70 F2.8 | 조리개 : f2.8 | 셔터 속도 : 1/250 | 화이트 밸런스 : 색 온도 4000K | 촬영 모드 : 메뉴얼(M) | 기타 설정 : Nikon SB-800 플래시 천정 바운스 +0.3EV

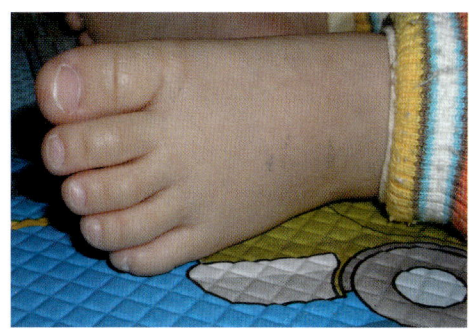

▲ 카메라 : Casio Exlim Z40 콤팩트 디지털 카메라 | 감도 : ISO 50(사용자 설정) | 촬영 모드 : 자동 | 기타 설정 : 사진 저장 2:3 비율(사용자 설정), 접사 모드, 플래시 강제 발광

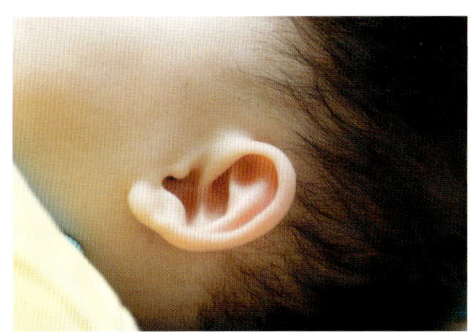

▲ 카메라 : Nikon D200 | 감도 : ISO 200 | 렌즈 : Nikon AF-s 28-70 F2.8 | 조리개 : f4 | 셔터 속도 : 1/60 | 화이트 밸런스 : 색 온도 4000K | 촬영 모드 : 매뉴얼(M) | 기타 설정 : Nikon SB-800 천정 바운스 +0.3EV

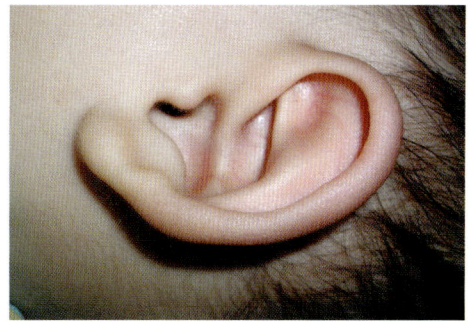

▲ Casio Exlim Z40 콤팩트 디지털 카메라 | ISO 50(사용자 설정) | 사진 저장 2:3 비율(사용자 설정) | 접사 모드 | 플래시 강제 발광

◀ 카메라 : Nikon D200
감도 : ISO 200
렌즈 : Nikon AF-s 28-70 F2.8
조리개 : f4
셔터 속도 : 1/60
화이트 밸런스 : 색 온도 4000K
촬영 모드 : 매뉴얼(M)
기타 설정 : Nikon SB-800, 천정 바운스+0.3EV

엄마 또는 아빠의 손으로 아기의 손, 발을 감싸고 있는 모습이 참으로 따뜻한 느낌을
줍니다. 엄마, 아빠의 손과 아기의 손을 같이 펴고 촬영하거나 발을 나란히 하고 촬영
해도 좋은 멋진 추억이 될 것입니다.

# 최고의 스튜디오는
# 우리 집

아기 사진을 촬영할 때에 가장 중요한 것은 무엇일까요? 카메라, 조명, 멋진 스튜디오, 예쁜 의상, 최고의 사진기사, 이 모든 것이 다 중요하지만 그 무엇보다 중요한 것은 바로 주 모델인 '아기' 입니다. 아기의 컨디션이 좋지 못하다면 사진을 촬영하는 것 자체가 불가능하기 때문입니다.

아기의 컨디션을 가장 좋게 하기 위한 것 중 제일 우선은 무엇일까요? 바로 환경의 변화가 없어야 한다는 것입니다. 실제로 돌잔치 당일 낮까지만 해도 잘 놀고 웃던 아기들이 돌잔치 시간에는 울고, 보채다 지쳐서 잠이 들어버립니다. 환경이 너무나 급격하게 변했기 때문입니다. 우리 집은 '편안함' 에 있어서는 어느 곳보다 좋은 장소입니다. 세상에서 가장 멋진 '최고의 스튜디오' 는 우리 집인 것입니다. 이번 레슨에 나오는 사진들은 실제 가정에서 촬영한 것입니다. 예제들을 보고 따라하면서 우리 집을 훌륭한 스튜디오로 삼아 생생한 아기의 모습을 담아 보도록 하겠습니다.

## 아기를 다시 한 번 바라보세요

아기 사진을 촬영할 때에 일반 인물 촬영과 비교해서 가장 먼저 생각해야 할 부분이 있습니다. 지금 옆에 있는 여러분의 아기를 보세요. 무엇을 느껴지나요? 귀엽고, 사랑스럽다, 예쁘다일 것입니다. 하지만 사진 촬영을 염두에 두고 다시 한 번 보세요.

아기는 우리 집에서 제일 작다!

얼핏 생각하면 협소한 집안에서는 아웃 포커싱을 해서 배경을 흐릿하게 표현하기도 힘들고, 야외 공원의 멋진 배경도 없기 때문에 예쁜 사진이 나올 수 없을 것 같습니다. 그러나 아기는 몸집이 작기 때문에 배경으로는 생각지도 못했던 집안의 곳곳이 멋진 배경이 되어 준답니다.

## 우리집 벽, 문들을 멋진 배경으로

안방 창 커튼을 배경으로 플래시를 천정에 바운스시켜 촬영하였습니다. 소품으로 들고 있는 조그만 풍선 하나가 아기의 귀여운 느낌을 살려 줍니다. 이렇게 활짝 웃게 하려면, 아빠의 도움이 필요하겠지요?

 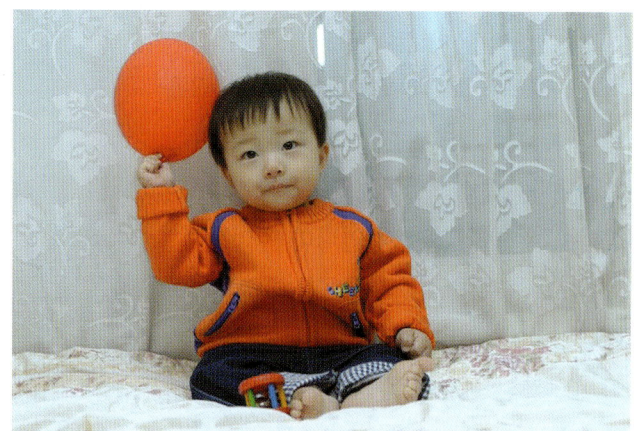

▲ 안방 커튼을 배경으로. | 카메라 : Nikon D200 | 감도 : ISO 200 | 렌즈 : Nikon AF-s 28-70 F2.8 | 조리개 : f4 | 셔터 속도 : 1/60 | 화이트 밸런스 : 색 온도 3800K | 촬영 모드 : 매뉴얼(M) | 기타 설정 : SB-800 천정 바운스 +.0.3EV

엄마, 아빠 침대 위에서 촬영한 모습입니다. 로만쉐이드는 접히지 않도록 완전히 다 내려서 펴놓은 상태로 촬영을 하여야 합니다. 요즘 아기들은 휴대폰을 참 좋아합니다. 휴대폰 벨소리에 귀를 기울이고, 밝은 LCD 화면을 신기해하며 쳐다보기도 합니다. 또 아빠, 엄마가 전화하는 모습을 아기들은 잘 기억해서 "여보세요~"라고 하면 어느새 전화기를 귀에 대고 흉내를 낸답니다. 외출할 때 장난감은 잊고 안 가져갈 수 있지만 핸드폰은 꼭 챙겨가지요? 이렇게 핸드폰을 이용하면 천진난만한 아기의 모습을 이끌어 낼 수 있습니다.

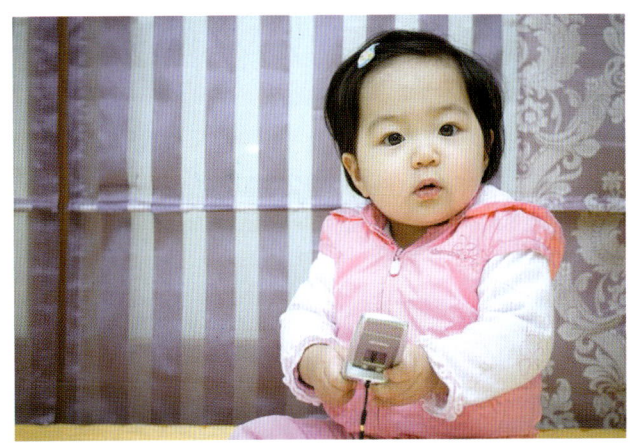 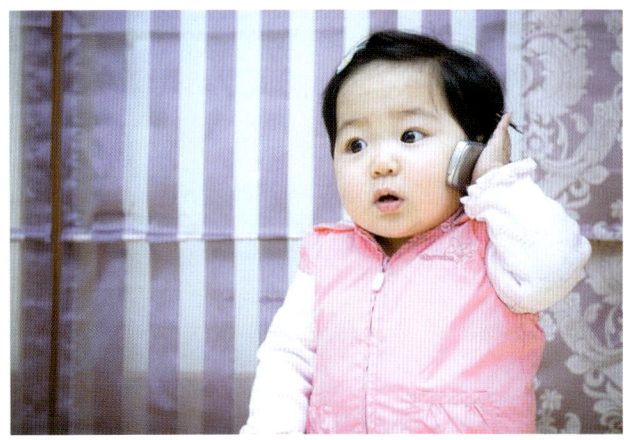

▲ 안방 로만쉐이드를 배경으로. | 카메라 : Nikon D200 | 감도 : ISO 200 | 렌즈 : Nikon AF-s 28-70 F2.8 | 조리개 : f3.5 | 셔터 속도 : 1/60 | 화이트 밸런스 : 색 온도 3800K | 촬영 모드 : 매뉴얼(M) | 기타 설정 : Metz 45CL-1 천정 바운스

대부분의 집은 방마다 약간씩 다른 분위의 벽지가 도배되어 있습니다. 이미 각 방마다 약간씩 다른 분위기의 배경지가 준비되어 있는 것입니다. 아기의 몸보다 약간만 큰 공간만 확보되어 있다면 각 방의 벽은 훌륭한 스튜디오 배경지가 되어 줍니다.

거실 벽을 배경으로 ▶

카메라 : Nikon D200
감도 : ISO 200
렌즈 : Nikon AF-s 28-70 F2.8
조리개 : f4
셔터 속도 : 1/60
화이트 밸런스 : 색 온도 4000K
촬영 모드 : 매뉴얼(M)
기타 설정 : SB-800 천정 바운스

아빠가 부르는 소리에 쳐다보는 아기의 모습입니다. 이 때 중요한 것은 아기가 침대 위에 있기 때문에 아빠가 앉은 자세에서 아기를 부르면 아기의 얼굴은 아빠의 얼굴, 즉 현재 촬영하는 카메라와 같은 위치를 향할 것입니다. 이렇게 눈높이를 맞춰야 똘망똘망한 아기의 눈에 캐치라이트를 함께 담아 낼 수 있습니다. 아래를 보거나 너무 위를 쳐다본다면 눈에 캐치라이트가 생기지 않았겠지요. 무엇인가 호기심에 가득 찬 눈빛으로 아빠가 있는 방향을 쳐다보는 아기의 모습이 귀엽습니다.

▲ 아기용 벽지를 배경으로. | 카메라 : Nikon D200 | 감도 : ISO 200 | 렌즈 : Nikon AF-s 28-70 F2.8 | 조리개 : f4 | 셔터 속도 : 1/60 | 화이트 밸런스 : 색 온도 3800K | 촬영 모드 : 매뉴얼(M) | 기타 설정 : SB-800 천정 바운스 +0.3EV

아기는 아빠를 보고 환하게 웃고 있습니다. 아기를 촬영할 때에 아빠, 엄마의 촬영 보조 역할이 중요합니다. 아기가 조금만 움직여도 배경을 벗어나기 때문에 아기의 관심을 끌 수 있는 물건이나 소리로 아기의 시선을 사로잡는 것이 중요합니다.

▲ 안방 문을 배경으로. | 카메라 : Nikon D200 | 카메라 감도 : ISO 200 | 카메라 렌즈 : Nikon AF-s 28-70 F2.8 | 카메라 조리개 : f4 | 카메라 셔터 속도 : 1/60 | 카메라 화이트 밸런스 : 색 온도 3800K | 카메라 촬영 모드 : 매뉴얼(M) | 카메라 기타 설정 : SB-800 천정 바운스 +0.3EV

▲ 주방 벽을 배경으로 | 카메라 : Nikon D200 | 감도 : ISO 200 | 렌즈 : Nikon AF-s 28-70 F2.8 | 조리개 : f4 | 셔터 속도 : 1/60 | 화이트 밸런스 : 색 온도 3800K | 촬영 모드 : 매뉴얼(M) | 기타 설정 : SB-800 천정 바운스+0.3EV

◀ 안방 문을 배경으로.

카메라 : Nikon D200
감도 : ISO 200
렌즈 : Nikon AF-s 28-70 F2.8
조리개 : f3.5
셔터 속도 : 1/60
화이트 밸런스 : 색 온도 3800K
촬영 모드 : 매뉴얼(M)
기타 설정 : Metz 45CL-1 천정 바운스

붙박이장은 벽면 전체를 차지하는 넓이와 높이때문에 가로 샷뿐 아니라 세로 샷도 좋습니다. 위의 사진은 아빠가 아기를 서서 부르고 셔터를 누른 것입니다. 이와 같은 사진을 촬영할 때에 주의해야 할 점은 미리 방향을 생각해 두고 여백을 둘 방향으로 아기의 하체를 약 30~45도 정도 비스듬하게 앉힌 다음, 하체의 방향에서 아기를 부르거나 장난감 등으로 시선을 유도해야 아기의 시선 방향으로 여백을 둘 수 있다는 것입니다.

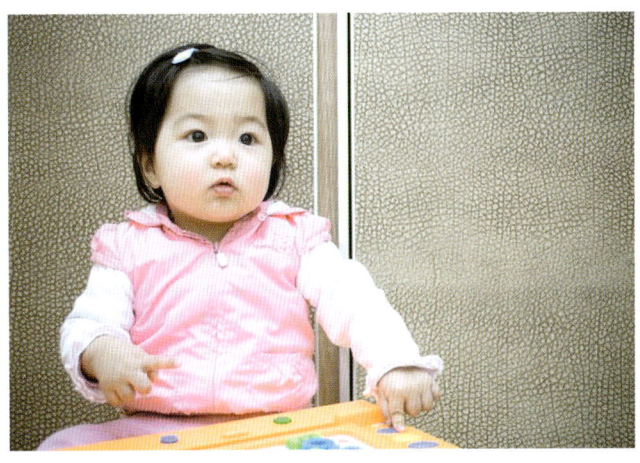

◀ 붙박이장을 배경으로.

카메라 : Nikon D200
감도 : ISO 200
렌즈 : Nikon AF-s 28-70 F2.8
조리개 : f3.5
셔터 속도 : 1/60
화이트 밸런스 : 색 온도 3800K
촬영 모드 : 매뉴얼(M)
기타 설정 : Metz 45CL-1 천정 바운스

아기들이 아직은 혼자 서는 것이 힘듭니다. 주변의 지형 지물을 이용하면 서서 사진을 촬영할 수 있습니다. 이 사진은 거실과 주방 쪽의 인테리어 기둥을 이용해서 아기가 혼자 서도록 한 후에 촬영한 것입니다.

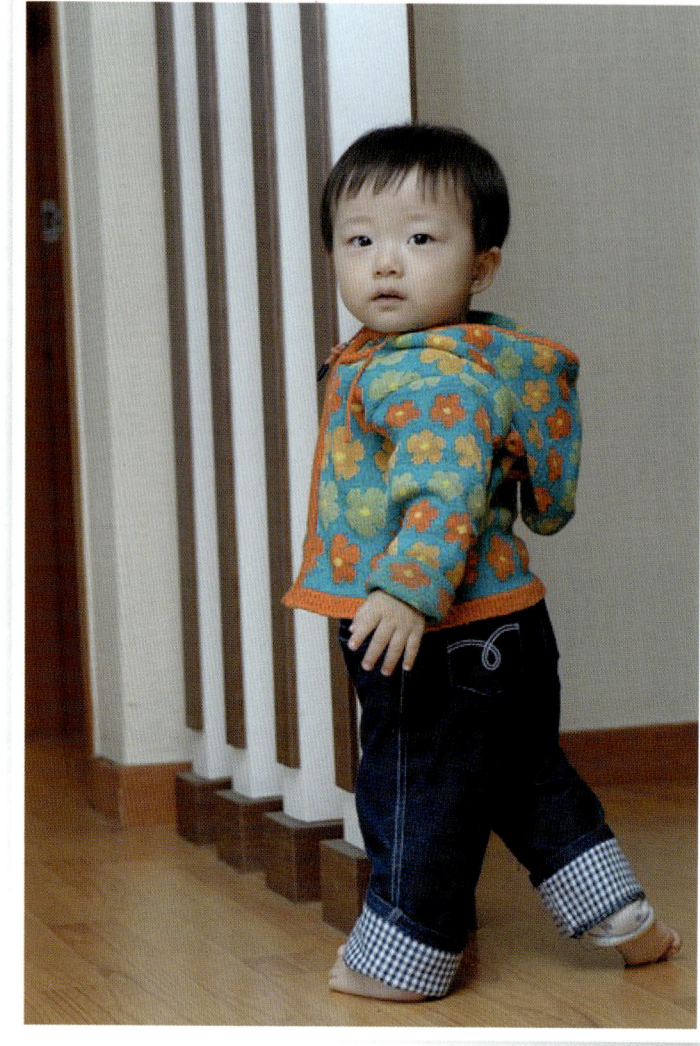

**주방 기둥을 배경으로. ▶**

카메라 : Nikon D200
감도 : ISO 200
렌즈 : Nikon AF-s 28-70 F2.8
조리개 : f4
셔터 속도 : 1/60
화이트 밸런스 : 색 온도 4000K
촬영 모드 : 매뉴얼(M)
기타 설정 : SB-800 천정 바운스

## 소파, 이불, 대형 쿠션 등은 좋은 소품

거실의 소파는 소파의 재질에 따라 각각 다른 느낌의 연출 사진을 얻을 수 있습니다. 페브릭 소파라면 포근한 느낌의 사진을 얻을 수 있고, 가죽 소파라면 고급스런 분위기의 사진을 얻을 수 있습니다. 또 소파에 예쁜 색의 러그나 넓은 천, 예쁜 캐릭터가 그려진 큰 타월을 깔고 사진을 촬영해도 좋습니다. 평소 앉아서 쉬던 소파가 스튜디오에서 촬영한 것 같은 근사한 소품이 됩니다.

▲ 거실 가죽 쇼파 위에서

카메라 : Nikon D200 | 감도 : ISO 200 | 렌즈 : Nikon AF-s 28-70 F2.8 | 조리개 : f4 | 셔터 속도 : 1/60 | 화이트 밸런스 : 색 온도 3800K | 촬영 모드 : 매뉴얼(M) | 기타 설정 : SB-800 천정 바운스 +0.3EV

▲ 푹신한 침대 위에서

## 거실과 안방의 채광을 최대한 이용하세요

베란다 창은 집에서 제일 큰 채광창입니다, 이곳에 아이를 앉히거나 서게 한 후, 따사로운 태양빛을 받고 있는 아기의 모습을 다양한 각도에서 촬영해 보세요. 실내의 정돈된 분위기와 따뜻한 채광이 어우러져 색다른 분위기를 낼 수 있습니다. 안방 쪽의 채광은 보통 침대 머리 쪽으로 내려앉습니다. 이 때 아기를 침대에 세우고 머리받이를 잡고 서게 한다든지, 머리받이 쪽으로 아기를 앉히고 자연 채광의 빛을 이용하여 촬영을 하면 포근한 느낌의, 때로는 화사하고 신비스런 느낌의 사진을 담아 낼 수 있습니다.

◀ 베란다 창 앞에서

카메라 : Nikon D200
감도 : ISO 250
렌즈 : Nikon AF-s 28-70 F2.8
조리개 : f2.8
셔터 속도 : 1/250
화이트 밸런스 : 색 온도 3800K
촬영 모드 : 조리개 우선(A)
기타 설정 : SB-800 천정 바운스
노출 보정 : +0.7EV

## 욕실은 최고의 스튜디오

집안에서 가장 밝게 표현될 수 있는 곳이 바로 욕실입니다. 욕실은 작은 스트로보를 터뜨려도 좁은 공간으로 인해 빛이 아주 밝게 표현됩니다. 스트로보를 천정 쪽에 또는 한쪽 벽면을 향해 바운스시키면서 아기를 다양한 각도와 여러 포즈로 촬영해 보세요.

▶ 카메라 : Nikon D200
감도 : ISO 250
렌즈 : Nikon AF-s 28-70 F2.8
조리개 : f2.8
셔터 속도 : 1/60
화이트 밸런스 : 색 온도 4000K
촬영 모드 : 매뉴얼(M)
기타 설정 : SB-800 천정 바운스 +0.3EV

공간이 좁기 때문에 프레임이 자유롭지 못하지만 좁은만큼 빛이 더욱 밝게 표현되고, 다른 여러 가지 빛들이 차단되어 아기의 피부 톤이 잘 표현되며, 아기가 장난치는 모습과 밝게 웃는 모습 등을 쉽게 담아 낼 수 있습니다.

 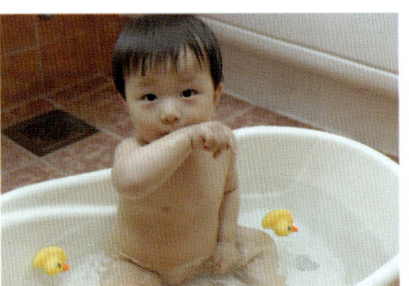 

# 아기에겐 엄마 화장대도 재미난 놀이터

요즘 화장대들은 예쁘고, 고풍스러운 느낌이 있습니다. 꼭 멋진 화장대가 아니더라도 큰 거울이 달려 있고, 엄마와 아기가 같이 할 수 있기에 재미난 사진을 연출할 수 있습니다. 화장대에 엄마가 앉아서 아이를 무릎에 서게 하거나 화장대가 조금 넓다면 화장대 거울을 보고 올라서거나 앉아 있도록 한 후, 거울 속에 비친 아기를 화장대 45도 각도에서 촬영하면 아기의 뒷모습과 정면 거울에 비친 모습이 멋진 모습으로 연출됩니다.

▲ 카메라 : Nikon D200 | 감도 : ISO 200 | 렌즈 : Nikon AF-s 28-70 F2.8 | 조리개 : f3.5 | 셔터 속도 : 1/60 | 화이트 밸런스 : 색 온도 4000K | 촬영 모드 : 매뉴얼(M) | 기타 설정 : Metz 45CL-1 천정 바운스

▲ 카메라 : Nikon D200 | 감도 : ISO 200 | 렌즈 : AF-s 28-70 F2.8 | 조리개 : f4 | 셔터 속도 : 1/60 | 화이트 밸런스 : 색 온도 3700K | 촬영 모드 : 매뉴얼(M) | 기타 설정 : SB-800 천정 바운스 +0.3EV

집에서 가장 큰 거울 중 하나인 엄마의 화장대에 앉아서 놀고 있는 아기를 촬영했습니다. 아기는 누굴 보고 있을까요? 실제로는 아빠, 엄마를 보고 있습니다. 그러나 마치 자기 자신을 거울로 보는 듯합니다. 혼자 있지만 마치 두 아이가 놀고 있는 듯한 느낌도 들지요? 아빠나 엄마의 무릎에서 아기와 함께 놀이를 하는 모습도 좋습니다.

## 고이 잠든 침대를 공주와 왕자의 침실로

아기가 침대에서 고이 잠든 모습은 마치 천사와 같습니다. 세상의 어느 아기인들 내 아기처럼 예쁜 모습으로 새근새근 잠을 잘까요? 이 사랑스런 모습을 그대로 카메라에 담아봅시다. 여름이라면 얇은 옷에 배만 살짝 덮어둔 채로 촬영해도 좋고, 가을, 겨울이라면 옷을 입힌 채로 촬영하거나 예쁜 아기 이불을 겨드랑이까지 덮어준 후 촬영하면 좋을 것입니다.

◀ 카메라 : Nikon D200
감도 : ISO 200
렌즈 : Nikon AF-s 28-70 F2.8
조리개 : f4
셔터 속도 : 1/60
화이트 밸런스 : 색 온도 3800K
촬영 모드 : 매뉴얼(M)
기타 설정 : SB-800 천정 바운스 +0.3EV

▲ 카메라 : Casio Exlim Z40 콤팩트 디지털 카메라 | 감도 : ISO 50(사용자 설정) | 기타 설정 : 사진 저장 2:3 비율(사용자 설정), 플래시 발광(첫 번째 사진), 플래시 발광 금지(두 번째 사진)

## 아기는 우는 얼굴도 예뻐요

아기의 웃는 사진만 좋은 추억을 남길 수 있는 것은 아닙니다. 때로는 아이가 울고 있는 모습도 훗날 웃으면서 함께 볼 수 있는 재미있는 사진이 됩니다.

으앙~ 씽크대 위에서 안 놀아 준다고 떼쓰는 모습입니다. 그래도 귀엽기만 하죠?

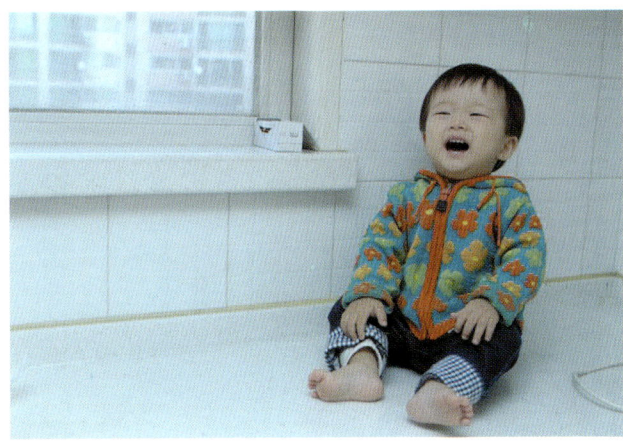

◀ 카메라 : Nikon D200
감도 : ISO 200
렌즈 : Nikon AF-s 28-70 F2.8
조리개 : f4
셔터 속도 : 1/60
화이트 밸런스 : 색 온도 3800K
촬영 모드 : 매뉴얼(M)
기타 설정 : SB-800 천정 바운스+0.3EV

## 아빠, 엄마 품에서 맘마 먹는 아기

아빠, 엄마 품에 안겨 아기가 우유를 먹는 장면이나, 곤히 잠든 모습은 평온해 보입니다. 아이도 부모 품에 있을 때 심리적 안정감을 느끼기 때문에 보다 자연스러운 표정을 담을 수 있습니다. 엄마 품에서 우유 먹는 아기 눈망울이 초롱초롱하고 예쁘지요?

◀ 카메라 : Nikon D200
감도 : ISO 200
렌즈 : Nikon AF-s 28-70 F2.8
조리개 : f4
셔터 속도 : 1/60
화이트 밸런스 : 색 온도 3800K
촬영 모드 : 매뉴얼(M)
기타 설정 : SB-800 천정 바운스+0.3EV

# 집 이외의 실내장소에서

실내 놀이터의 배색은 원색에 가깝거나 화려한 색들로 되어 있고, 아기들도 신이 나서 놀기 때문에 생생한 표정을 담아 낼 수 있습니다.

볼풀에서 신나게 노는 아기의 모습입니다. 촬영자가 구도를 잡고 있고, 다른 한 사람이 아기를 부를 때에 촬영을 합니다. 아기가 카메라나 아빠, 엄마를 보는 모습뿐만 아니라, 혼자서 신나게 웃으며 노는 모습도 보기 좋습니다.

◀ 카메라 : Nikon D200
  감도 : ISO 200
  렌즈 : Nikon AF-s 28-70 F2.8
  조리개 : f4
  셔터 속도 : 1/60
  화이트 밸런스 : 색 온도 3800K
  촬영 모드 : 매뉴얼(M)
  기타 설정 : SB-800 천정 바운스+0.3EV

# 실외에서 우리 아기를
# 최고의 모델로

실내에서나 실외에서나 가장 중요한 것은 주 피사체가 되는 아기의 모습을 어떻게 돋보이게 할 것인가 입니다. 아기의 표정이 예쁘게 나오려면 당연히 아기가 호기심을 가질 만한 장소가 좋을 것이고, 그러한 장소라도 해가 중천에 떠있을 때이거나, 흐린 날이거나, 해가 지고 어둑어둑할 때라면 좋은 사진을 만들기는 힘들겠지요. 미리 좋은 날씨, 좋은 시간, 좋은 장소를 물색하고 아기의 옷, 소리나는 장난감, 소품을 준비하여 촬영한다면 훨씬 멋진 아기 사진을 남길 수 있을 것입니다. 다음 예제 설명과 사진을 보고 아웃 포커싱과 촬영 시 구도에 따른 변화 등에 대해 알아보겠습니다.

# 아기는 놀이터를 좋아해요

놀이터에 나가면 아기는 신나게 웃고 재미있어 합니다. 그러나 사람이 많고 주위에 사물이 많은 놀이터에서는 아기를 따로 부각시키기 어렵습니다. 끊임없이 뒤편으로 사람들이 오가고, 많은 아기들이 함께 노는 공간이기 때문입니다. 이럴 때에는 피사체인 아기를 기준으로 심도를 최대한 얇게 조리개를 개방하고 셔터 스피드를 빨리 해서 촬영하면 초점을 맞춘 아기만 또렷하고 뒤편의 배경, 오가는 사람들의 모습은 뿌옇게 처리되어 실제 사람들이 오가는 상황일지라도 아기의 모습을 충분히 돋보이게 할 수 있습니다.

아파트 단지 내의 놀이터입니다. 미끄럼틀에 앉혀 놓고 아빠가 일어서서 부를 때에 촬영한 것입니다. 맑은날 야외이기 때문에 감도를 ISO 100으로 최대한 낮추고 아기 외의 배경을 아웃 포커싱으로 흐릿하게 하여 주제인 아기를 강조하기 위해 심도는 얇게 설정(줌 렌즈를 최대한 당겨 70mm에서 조리개를 가능한 많이 열어)하여 촬영하였습니다. 이 사진을 촬영할 당시에 사용한 렌즈는 AF-s 28-70으로 최대 개방 조리개가 f2.8입니다. 그러나 개방하여 촬영할 경우 아기가

▲ 카메라 : Nikon D200 | 감도 : ISO 100 | 렌즈 : Nikon AF-s 28-70 F2.8 | 조리개 : f3.2 | 셔터 속도 : 1/500 | 화이트 밸런스 : 색 온도 4000K | 촬영 모드 : 조리개 우선(A) | 기타 설정 : 노출 보정 +0.3EV

조금 움직이거나 하면 아기의 얼굴에 초점이 맞지 않을 수 있기 때문에 조리개를 한 단계 조여서 촬영하였습니다. 또, 너무나 개방하여 배경이 완전히 흐릿하게 촬영된다면, 사진 촬영하는 장소를 알아보지 못할 정도가 되기 때문에 먼 훗날 사진을 보았을 때, 도대체 어디서 촬영한 것인지를 알아 볼 수 없으므로 좋은 촬영 방법이 아닐 것입니다. 주제를 제외한 배경이, 또는 전경이 적당히 흐릿해 질 정도로 촬영하는 것이 스냅 사진을 촬영할 때에 주의할 점 중 하나입니다.

아래 첫 번째 사진은 놀이터 바닥에서 흙장난을 하던 중 아빠가 부르자 쳐다보는 장면입니다. 아기 얼굴에 장난치다만 흔적이 역력하지요? 금방이라도 다시 흙을 손에 쥐고 놀 것 같습니다. 두 번째 사진은 아빠와 함께 시소를 타는 모습입니다.

카메라 : Nikon D200
감도 : ISO 200
렌즈 : Nikon AF-s 28-70 F2.8
조리개 : f3.2
셔터 속도 : 1/500
화이트 밸런스 : 색 온도 4000K
촬영 모드 : 조리개 우선(A)
기타 설정 : 노출 보정 +0.7EV

카메라 : Casio Exlim Z40 콤팩트 디지털 카메라
감도 : ISO 50(사용자 설정)
촬영 모드 : 자동
기타 설정 : 사진 저장 2:3 비율(사용자 설정), 접사 모드, 플래시 강제 발광

콤팩트 디지털 카메라는 원하는 사진을 담는 데에 약간의 제약을 가지고 있긴 하지만 아기의 모습을 사진으로 남기는 데에는 큰 어려움이 없습니다. 다만, 카메라 특성상 아웃 포커싱이 거의 불가능한 것이 단점입니다. 콤팩트 디지털 카메라로 아기 사진을 촬영할 때에 가장 주의해야 할 점은 앞에서도 강조했듯이 피사체 이외에도 거의 팬-포커싱으로 평범한 사진이 되기 쉬우므로 아기의 배경을 최대한 단순한 곳으로 선택해야 합니다. 또, 거의 노출 보정 기능이 없기 때문에 배경보다 얼굴이 어둡게 나올 수 있는 상황에서 노출 보정이 필요하다면 강제로 플래시를 발광시켜 촬영해야 합니다.

# 공원은 화사한 야외 스튜디오

요즘의 공원은 조경이 너무나 잘 되어 있어서 추운 겨울만 아니라면 녹색의 나무들과 잔디밭을 쉽게 접할 수 있습니다. 앞에서도 말했지만 아기 사진 뿐만 아니라 인물 사진의 경우 배경이 단순하고 예쁜 곳을 찾아야 합니다. 예쁘기만 하고 너무 화려하거나 너무 복잡한 곳보다는 단순하고 반복적인 모습의 배경을 찾아내어 촬영하면 아기의 모습을 또렷하게 하면서 예쁜 배경과 잘 어우러진 사진을 촬영할 수 있습니다.

카메라 : Nikon D200
감도 : ISO 100
렌즈 : Nikon AF 85mm F1.4
조리개 : f2
셔터 속도 : 1/640
촬영 모드 : 조리개 우선(A)
화이트 밸런스 : 색 온도 4000K
기타 설정 : 노출 보정 +0.7EV

경기도 일산 근처의 한 공원입니다. 도착한 시간이 마침 오후 시간이었기 때문에 공원 입구에서 역광 상태로 촬영하였습니다.

카메라 : Casio Exlim Z40 콤팩트 디지털 카메라
감도 : ISO 50(사용자 설정)
촬영 모드 : 자동
기타 설정 : 사진 저장 2:3 비율(사용자 설정), 플래시 강제 발광

DSLR의 아웃 포커싱 효과를 보기 힘든 콤팩트 카메라의 전형적인 특성으로 뒤편의 공원에 걸어 다니는 사람들의 모습이 정리되지 않은 느낌을 줍니다. 어쩔 수 없이 사람들이 다니지 않을 때 촬영해야 하겠지요? 하지만 조금만 더 시각을 달리한다면 사람들이 다닐 때라도 콤팩트 디지털 카메라를 이용하여 아기의 모습이 확실히 돋보이도록 촬영할 수 있습니다.

첫 번째 사진에서는 역광에 노출 보정이 되지 않기 때문에 플래시를 강제로 발광시켜서 아기의 얼굴이 완전히 어둡게 나오는 것을 방지하였습니다. 두 번째 사진 역시 콤팩트 디지털 카메라의 단점을 최대한 감소시켜 촬영하기 위해 아웃 포커싱 등으로 배경을 정리하는 것이 아니라 구도로 주 피사체를 부각시키면서 배경이 정리되도록 촬영하였습니다.

오른쪽 첫번째 사진은 마찬가지로 공원 입구 노을이 질 무렵의 역광입니다. +1.0EV로 노출 보정을 하여 아기의 얼굴이 역광에 어둡게 나오지 않도록 하는 것이 포인트입니다. 아기의 환한 미소는 시선을 유도하는 아빠의 몫이겠지요.

아직 혼자 설 수 없는 아기라면 주변의 지형지물을 이용하여 혼자 설 수 있도록 하여 촬영하면 됩니다. 주의할 것은 사물을 잡고 서있다가도 아기들은 다리에 힘이 없기 때문에 바로 주저앉거나 쓰러질 수 있으므로 빨리 촬영을 하도록 하고, 다른 한 사람은 아기가 다치지 않도록 주위에 서 있어야 합니다.

◀ 카메라 : Nikon D200 | 감도 : ISO 100 | 렌즈 : AF 85mm F1.4 | 조리개 : f1.8 | 셔터 속도 : 1/250 | 촬영 모드 : 조리개 우선(A) | 화이트 밸런스 : 색 온도 4500K | 기타 설정 : 노출 보정 +1.0EV

▲ 카메라 : Nikon D200 | 감도 : ISO 100 | 렌즈 : AF 85mm F1.4 | 조리개 : f2 | 셔터 속도 : 1/160 | 화이트 밸런스 : 색 온도 4500K | 촬영 모드 : 조리개 우선(A)

평범한 공원의 보도블록 위지만 아기의 환한 미소와 함께 담아 내면 작품이 됩니다. 공원 조형물을 배경으로 하여 약간의 아웃 포커싱을 사용하여 아기의 모습을 또렷하게 잡았습니다. 보통 아기들이 서거나 걷기 시작할 때 쯤에는 가만히 앉아 있는 상태로 사진을 촬영하기가 매우 힘듭니다. 이 때, 손에 장난감이나 호기심을 유발할 만한 물건을 쥐어 주어 움직임이 적어지도록 하고, 아빠나 주위 사람이 시선을 끌 만한 행동이나 물건으로 시선을 유도하면서 촬영을 합니다.

▲ 카메라 : Nikon D200 | 감도 : ISO 100 | 렌즈 : AF 85mm F1.4 | 조리개 : f2 | 셔터 속도 : 1/160 | 화이트 밸런스 : 색 온도 4500K | 촬영 모드 : 조리개 우선(A)

▲ 카메라 : Nikon D200 | 감도 : ISO 100 | 렌즈 : AF 85mm F1.4 | 조리개 : f1.8 | 셔터 속도 : 1/90 | 화이트 밸런스 : 자동(Auto) | 촬영 모드 : 조리개 우선(A)

◀ 카메라 : Nikon D200
감도 : ISO 200
렌즈 : AF 85mm F1.4
조리개 : f1.8
셔터 속도 : 1/160
화이트 밸런스 : 자동(Auto)
촬영 모드 : 조리개 우선(A)

한 사람은 비눗방울을 만들고 한 사람은 아기를 촬영합니다. 아기와 비눗방울이 참 잘 어울리네요. 물방울 만드는 소품은 학교 앞 문방구나 동대문 등의 문구 도매점, 장난감 도매점에서 쉽게 구할 수 있습니다.

오른쪽 첫 번째 사진은 공원에서의 일반적인 아기 사진 촬영 형태입니다. 아기의 눈에 캐치라이트도 들어갔고 적당한 여백도 있지만, 오히려 그 여백에 있는 사람들의 모습으로 인해 주 피사체인 아기에게 시선이 가지 않습니다.

두 번째 사진은 뒤쪽에 움직이는 사람들이 보이지 않도록 아기에게 훨씬 더 다가갔기에 첫 번째 사진보다 더욱 정리되고, 아기에게 시선이 자연스럽게 이동되어 아기가 훨씬 돋보이는 느낌이 듭니다.

이렇게 같은 카메라로 사진을 촬영하더라도 어떻게 촬영하느냐에 따라 느낌이 많이 달라집니다. 언제 어디서든, 주 피사체를 향해 과감하게 다가가서 촬영하여 보면 더욱 좋은 사진을 얻을 수 있을 것입니다.

▲ 카메라 : Casio Exlim Z40 콤팩트 디지털 카메라 | 감도 : ISO 50(사용자 설정) | 촬영 모드 : 자동(Auto) |
기타 설정 : 사진 저장 2:3 비율(사용자 설정) 플래시 강제 발광

휴대폰을 가지고 노는 모습을 하이앵글로 촬영한 사진입니다. 아기들을 하이앵글로 촬영하면 더 귀여운 모습을 담아 낼 수 있습니다.

카메라 : Casio Exlim Z40 콤팩트 디지털 카메라 ▶
감도 : ISO 50(사용자 설정)
촬영 모드 : 자동(1/80, f2.6)
기타 설정 : 사진 저장 2:3 비율(사용자 설정), 플래시 강제 발광

▶ 카메라 : Nikon D200
감도 : ISO 200
렌즈 : AF 85mm F1.4
조리개 f1.8
셔터 속도 : 1/160
화이트 밸런스 : 자동(Auto)
촬영 모드 : 조리개 우선(A)

혼자 놀고 있는 아기의 모습이 자연스럽고 사랑스럽습니다. 야외 촬영이지만 해질 무렵이어서 셔터 스피드 확보를 위해 감도를 200으로 설정하여 촬영하였습니다.

▲ 카메라 : Casio Exlim Z40 콤팩트 디지털 카메라 | 감도 : ISO 50(사용자 설정) | 촬영 모드 : 자동(1/60, f2.6) | 기타 설정 : 사진 저장 2:3 비율(사용자 설정), 플래시 강제 발광

## 배경을 잘라내고 아기를 돋보이게

많은 사람이 왕래하는 거리에서는 배경을 단순화하거나 배경을 흐릿하게 하기가 힘듭니다. 이럴 때에는 최대한 광각 모드에서 아기의 얼굴만 위에서 아래로 내려 보면서 촬영하면 색다른 사진을 얻을 수 있습니다.

◀ 카메라 : Casio Exlim Z40 콤팩트 디지털 카메라 |
감도 : ISO 50(사용자 설정) | 촬영 모드 : 자동 |
기타 설정 : 사진 저장 2:3 비율(사용자 설정), 플래시 강제 발광

◀ 카메라 : Casio Exlim Z40 콤팩트 디지털 카메라 |
감도 : ISO 50(사용자 설정) | 촬영 모드 : 자동 |
기타 설정 : 사진 저장 2:3 비율(사용자 설정), 플래시 강제 발광

첫 번째의 사진은 콤팩트 디지털 카메라의 최대 장점이자 단점인 짧은 초점거리로 인해 아웃 포커싱이 되지 않는 사진의 확실한 예입니다. 주제를 확연히 예쁘게 표현하면서 주위의 배경 등을 주제보다 확실히 덜 느껴지도록 표현하고 싶다면 주변을 정리하는 구도를 이용하여 촬영을 하거나 아예 배경이 아주 먼 곳에서 촬영해야 합니다. 두 번째 사진은 아기의 시선을 머리 바로 위로 향하도록 하면서 주위의 배경을 정리하여 촬영하였습니다.

아래 사진은 장소가 산기슭에 위치한 공원이고 해질 무렵이 되니 셔터 스피드 확보가 어려워서 감도를 200으로 올리고 촬영하였습니다. 주변의 모든 것을 정리하여 촬영하고자 할 때에는 DSLR에 광각 렌즈를 사용하여 피사체에 아주 근접하게 다가가서 촬영하면 됩니다. 이 사진은 탐론 17-35렌즈를 사용하였는데, 이 렌즈의 최대 초점 거리는 줌 전 영역(17mm~35mm)에서 30cm입니다. 아주 근접한 상황에서 주제인 아기의 모습을 담을 수 있기 때문에 주변의 사물과 사람들의 방해를 받지 않습니다.

엄마 품에 안겨서 아빠를 보며 미소 짓는 아기의 모습입니다. 대부분의 사람들은 아기를 아빠나 엄마 등 어른들로부터 떼어 놓고 독사진을 촬영하려고 합니다. 그러나 아기들은 아빠나 엄마 등 좋아하는 사람에게 안겨 있을 때에 보다 안정적이며, 얼굴 표정이나 몸짓들이 자연스러워집니다. 생각을 달리해서 오히려 이런 상태에서 아기에게 다가가 아기의 모습만 화면에 꽉 차도록 담아 내는 것도 좋은 방법입니다.

▶ 카메라 : Nikon D200
감도 : ISO 200
렌즈 : 탐론 AF 17-35mm F2.8-4
조리개 : f4
셔터 속도 : 1/100
화이트 밸런스 : 자동(Auto)
촬영 모드 : 조리개 우선(A)

▶ 카메라 : Nikon D200
감도 : ISO 200
렌즈 : 탐론 AF 17-35mm F2.8-4
조리개 : f4
셔터 속도 : 1/100
화이트 밸런스 : 자동(Auto)
촬영 모드 : 조리개 우선(A)

## 도심 속의 고궁 산책길에서

가끔 명절을 전후로, 또는 주말에 고궁을 찾아 갈 때에 아기에게 한복을 입혀 보는 것은 어떨까요? 가족이 함께 또는 아기 혼자 고궁의 정원에서 촬영을 하면 우리 나라의 미를 흠뻑 머금은 이미지를 담아 낼 수 있습니다.

돌잔치 날 오후 경복궁을 찾았습니다. 한복을 곱게 차려입은 아기가 너무 예쁩 니다.

▲ 카메라 : Nikon D200 | 감도 : ISO 2000 | 렌즈 : Nikon AF 85mm F1.4 | 조리개 : f2 | 셔터 속도 : 1/1000 | 촬영 모드 : 조리개 우선(A) | 화이트 밸런스 : 색 온도 4000K

## 일상에서 찾아낸 특별한 공간

멋진 공원의 야외 결혼식장이나 멋진 퍼 레이드가 있는 테마 공원이 아니더라도 우리 아기와 함께 할 수 있는 공간이라면 어디든 촬영 장소로 활용할 수 있습니다. 매일 아침 눈을 뜨면 신문을 가지러 나가 는 현관이나, 아파트 앞 화단, 심지어 엘 리베이터 안 등도 훌륭한 촬영 장소가 될 수 있습니다.

▲ 카메라 : Nikon D200 | 감도 : ISO 100 | 렌즈 : Nikon AF-s 28-70 F2.8 | 조리개 : f3.2 | 셔터 속도 : 1/500 | 촬영 모드 : 조리개 우선(A) | 화이트 밸런스 : 색 온도 4000K | 기타 설정 : 노출 보정 +0.3EV

평범한 생활 속의 한 장면을 담아 보세요. 위의 사진은 놀이터에 나가는 길에 유모차에 타고 있는 아기가 환하게 웃는 모습을 클로즈업해서 촬영한 것입니다. 아빠가 함께 놀아 주며 이동하고 있기 때문에 아기의 표정이 밝고, 시선이 아빠를 향해 있어서 자연스럽게 아기의 눈에 캐치라이트가 담겼습니다.

아파트 현관을 나서자마자 바로 앞 화단에서 촬영하였습니다. 멀리가지 않아도, 예쁜 곳을 찾지 않더라도 흔히 지나던 장소에서도 아기의 예쁜 추억을 사진으로 남길 수 있습니다. 아침 시간이라 셔터 스피드 확보를 위해 감도를 200으로 설정하고, 화이트 밸런스를 수동으로 색 온도값 4000K에 맞추어 촬영했습니다. 화이트 밸런스를 Auto로 해서 촬영하였을 때 주제의 색상이 너무 다르게 촬영된다면 색 온도로 직접 설정하는 것이 더 정확할 수 있습니다. 이른 아침이나 노을이 질 무렵, 늦은 오후 등에 화이트 밸런스를 Auto로 하여 촬영하면 눈에 거슬릴 정도로 파랗거나 붉게 촬영되는 경우가 있습니다.

▲ 카메라 : Nikon D200 │ 감도 : ISO 200 │ 렌즈 : AF-s 28-70mm │ 조리개 : f3.2 │ 셔터 속도 : 1/160 │ 화이트 밸런스 : 색 온도 4000K │ 촬영 모드 : 조리개 우선(A)

◀ 카메라 : Nikon D200
감도 : ISO 200
렌즈 : AF-s 28-70mm
조리개 : f3.2
셔터 속도 : 1/160
화이트 밸런스 : 색 온도 4000K
촬영 모드 : 조리개 우선(A)

아파트 뒤편의 길입니다. 그냥 산책만 하는 길이지만 아기를 앉히고 사진을 촬영하니
아기도 신이 나서 줄을 당기는 놀이를 합니다. 활기찬 분위기의 사진이 되었습니다.

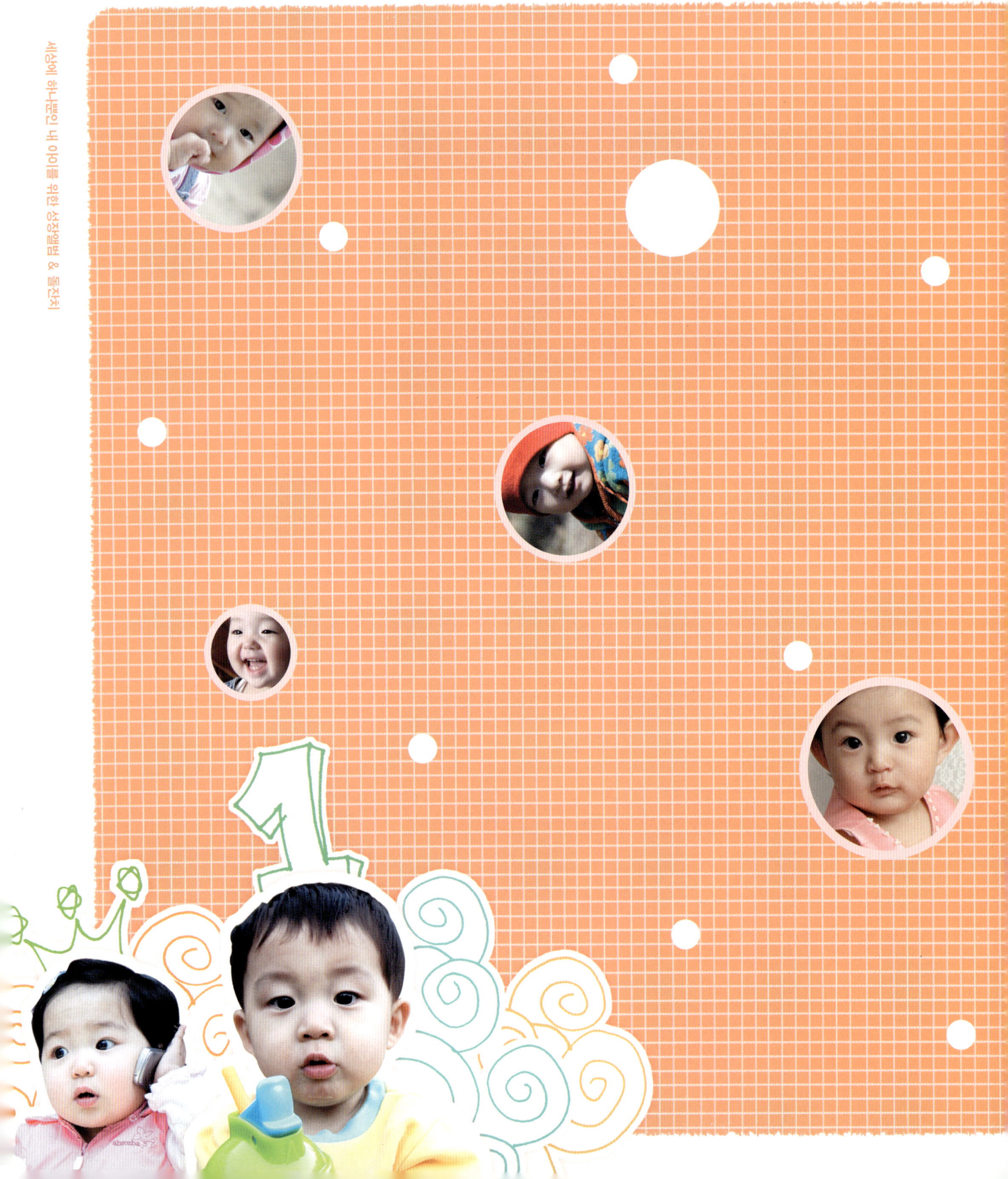

# 사진 중심의
# 심플한 성장 앨범

# 율동감 있는
# 하늘색 배경

심플한 디자인의 성장 앨범 편집에 도전해 볼까요? 사실 앨범을 편집할 때에 사용하는 포토샵의 기능은 그다지 많지 않습니다. 기본적인 몇 가지 기능만 잘 알면, 여러분도 멋진 엄마표 앨범을 만들 수 있습니다. 이번에는 요즘 가장 인기 있는 10×10inch의 앨범을 만들어 보겠습니다.

● **결과 파일 경로** | 부록 CD\Sample\Part04\After\0401.jpg

## 새 파일을 만들고, 가이드라인을 그려요

**01** `Ctrl` + `N`을 눌러 [New] 대화상자가 나타나면, 다음과 같이 설정하고 [OK] 버튼을 클릭합니다.

> **클릭**

> 드롭다운
> 버튼을 클릭하면
> 단위를 바꿀 수
> 있습니다.

> **TIP** 두 페이지를 한 번에 작업한다는 것을 잊지 마세요.

**02** 페이지 구분을 위해 `Ctrl` + `R`을 눌러 눈금자를 나타내게 한 후, 세로 눈금자를 드래그하여 25.4cm 지점까지 끌어다 놓습니다.

> **드래그**

**03** 이제 편집 여백 선을 표시해 보겠습니다. 상하좌우 각 테두리에서 1cm씩 떨어진 지점에 가이드라인을 만듭니다.

> **TIP** 돋보기 툴 🔍 을 더블클릭하여 작업 창을 100%로 놓고 가이드라인을 만들면 보다 정확하게 작업할 수 있습니다.

> **❶ 드래그**
> **❷ 드래그**

> **TIP** 인물 중심의 앨범이 되어야 하기 때문에 가능하면 심플하게 편집을 하는 것이 좋습니다. 개인의 취향에 따라 다르긴 하겠지만 요즘 앨범 편집의 대세는 '심플함과 깔끔함'입니다. 과도한 장식이나 디테일한 꾸밈보다는 레이아웃을 단순하게 하고 라인 정도만 넣어 줍니다. 여기에 아이에게 해 주고 싶은 말을 넣어 주면 더욱 의미가 있겠지요. 앨범에 들어간 문구는 다음 카페 '키키세상'에서 인용하였습니다.

**04** 오른쪽 페이지를 분할하여 9개의 사각형을 만들어 보겠습니다. 먼저, 세로 눈금자를 드래그하여 27.5cm, 34cm, 34.5cm, 41cm, 41.5cm, 48cm 지점에 각각 가이드라인을 만듭니다.

**05** 위쪽 눈금자를 드래그하여 4.5cm, 9.5cm, 10cm, 15cm, 15.5cm, 20.5cm 지점에 각각 가이드라인을 만듭니다.

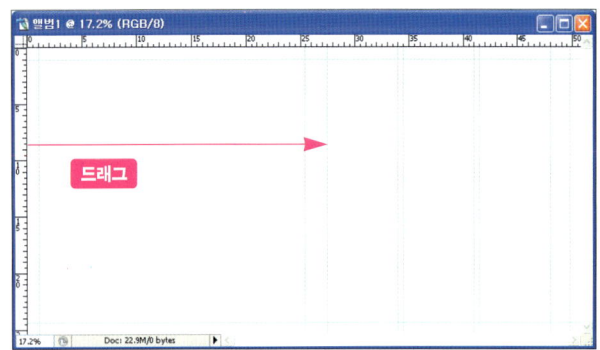

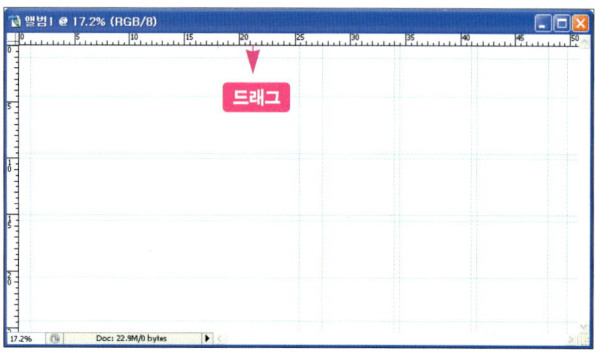

**06** 툴박스에서 모서리가 둥근 사각형 도형 툴 □ 을 선택합니다.

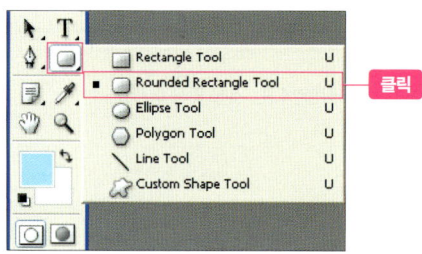

**07** 옵션바에서 Radius를 '40'으로 설정하고, Color 항목 옆에 사각형을 클릭하여 [Color Picker] 대화상자가 나타나면 색상을 '#98dffd'로 변경한 후, [OK] 버튼을 클릭합니다.

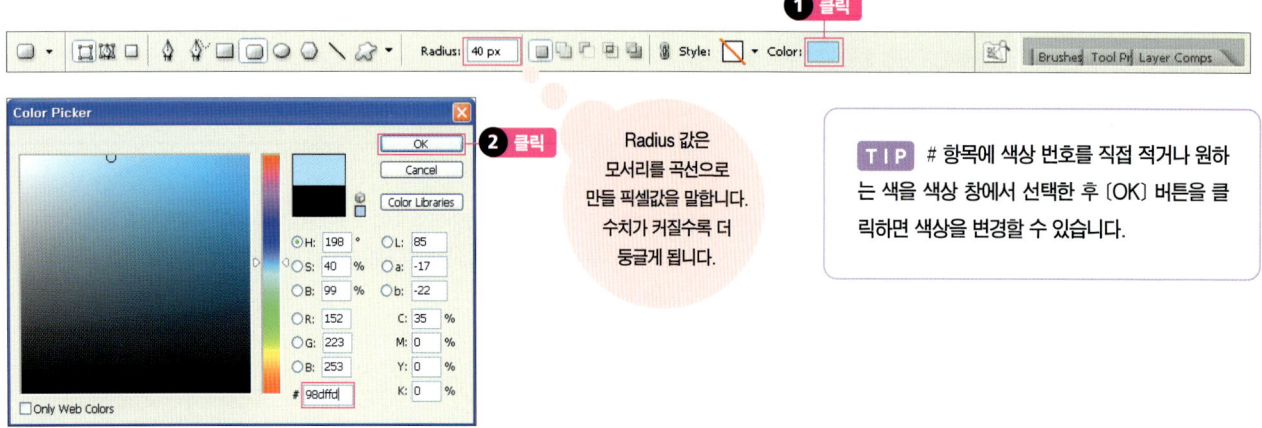

Radius 값은 모서리를 곡선으로 만들 픽셀값을 말합니다. 수치가 커질수록 더 둥글게 됩니다.

**TIP** # 항목에 색상 번호를 직접 적거나 원하는 색을 색상 창에서 선택한 후 [OK] 버튼을 클릭하면 색상을 변경할 수 있습니다.

**08** 시작점을 드래그한 후, 가이드라인에 맞추어 사각형을 그립니다.

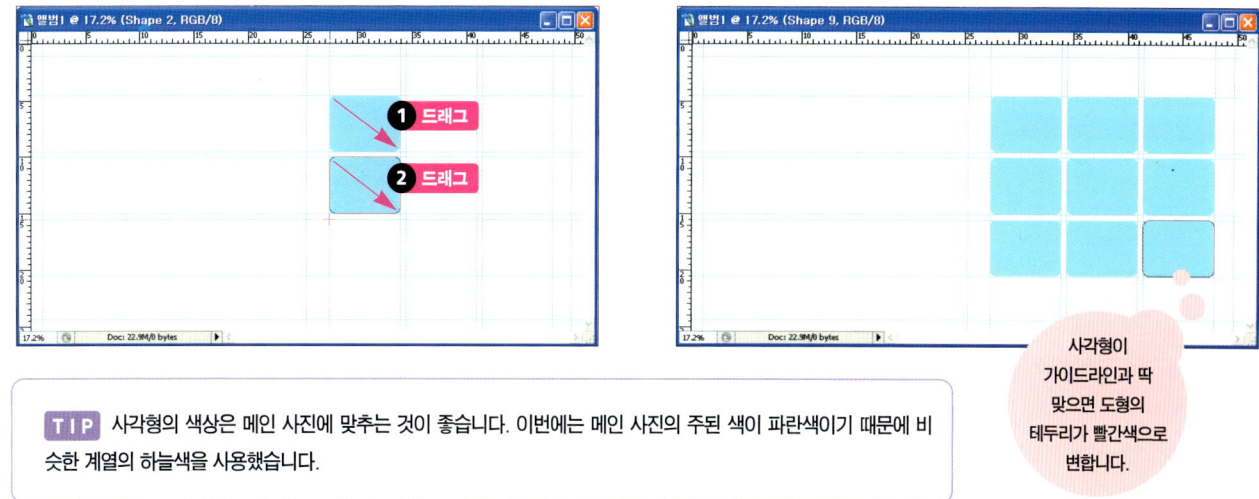

사각형이 가이드라인과 딱 맞으면 도형의 테두리가 빨간색으로 변합니다.

> **TIP** 사각형의 색상은 메인 사진에 맞추는 것이 좋습니다. 이번에는 메인 사진의 주된 색이 파란색이기 때문에 비슷한 계열의 하늘색을 사용했습니다.

## 사진을 넣어요

**01** Ctrl + O를 눌러 부록 CD\Sample\Part04\0401_ 01.jpg를 불러 옵니다. 그런 다음, 이동 툴을 선택하고 사진을 앨범 작업 창의 왼쪽으로 드래그하여 옮깁니다.

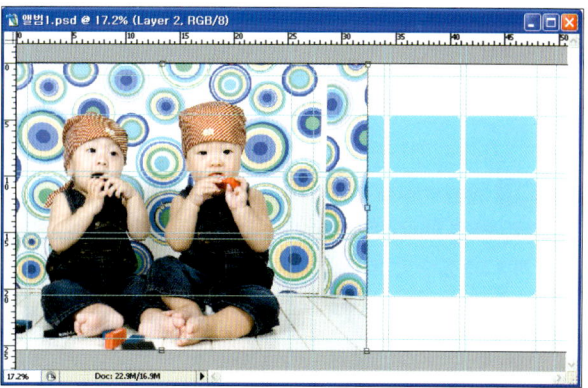

> **TIP** 예제 샘플은 미리 보정 작업을 한 것이기 때문에 보정할 필요가 없지만, 여러분의 아기 사진을 넣을 때는 원본 사진의 밝기, 색상 등을 보정해야 합니다. 조금 밝고 선명한 것이 출력했을 때 보다 예쁘게 나온답니다. 사진의 간단한 보정방법은 Part 02를 참고하세요.

**02** 앨범보다 사진의 크기가 조금 작으므로 약간 크게 해 만들어 볼까요. `Ctrl`+`T`를 눌러 조절점이 나타나면 모서리에 마우스를 올려놓고, `Shift`를 누른 채로 바깥쪽으로 드래그합니다.

`Shift` + 드래그

`Shift`를 누르면서 드래그해야 가로 세로 비율이 변하지 않습니다.

**03** 페이지 구분선을 벗어난 부분을 지우겠습니다. 사각형 선택 툴 을 클릭한 후 가운데 가이드라인에 맞추어 구분선 밖으로 벗어난 부분을 드래그합니다.

드래그

**04** `Delete`를 눌러 지우고, 다시 `Ctrl`+`D`를 눌러 선택을 해제합니다. 이제 가이드라인이 필요 없어졌으므로 `Ctrl`+`H`를 눌러 없앱니다.

> **TIP** `Ctrl` + `H`를 누르면 가이드라인이 나타나고, 다시 `Ctrl` + `H`를 누르면 없어집니다. 평상시에는 없앤 채로 작업하다가 필요할 때 꺼내 사용할 수 있습니다.

**05** [레이어] 팔레트의 레이어 중에서 오른쪽 사각 박스의 왼쪽 모서리 부분 레이어를 찾습니다. Ctrl 을 누른 채 회색의 벡터 마스크 부분을 클릭하면 사각형 모양이 점선으로 선택됩니다.

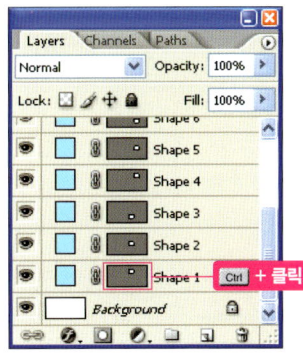 

**TIP** 레이어가 너무 많아 복잡해서 못 찾겠다고요? 회색 벡터 마스크 부분을 보면 위치를 어느 정도 알 수 있습니다. 그래도 모르겠다면 레이어 앞에 있는 눈 아이콘 👁을 클릭해 보세요. 눈 아이콘 👁이 사라지면 해당 레이어가 작업 창에서 없어집니다. 눈을 껐다 켰다 하면서 해당 레이어를 찾아보세요.

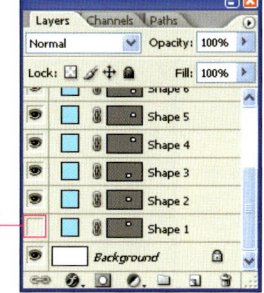 

**06** Ctrl + O 를 눌러 부록 CD\Sample\Part04\0401_02.jpg를 불러 옵니다. 그런 다음, Ctrl + A 를 눌러 전체 선택을 하고, Ctrl + C 를 눌러 복사합니다.

**07** 다시 앨범 작업 창으로 돌아온 후, Shift + Ctrl + V 를 눌러 선택 영역 안으로 복사한 이미지를 붙여넣기하고, 이동 툴 ⊹을 이용하여 위치를 적절하게 조절합니다.

**08** [레이어] 팔레트에서 가운데 사각 박스 부분의 레이어를 찾은 후, 회색의 벡터 마스크 부분을 Ctrl 을 누른 채로 클릭하여 선택 영역으로 설정합니다.

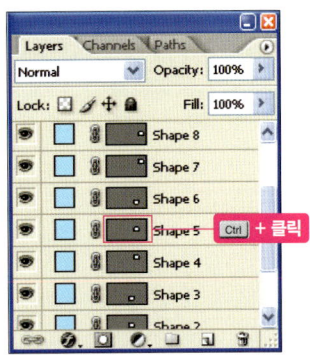 

**09** Ctrl + O 를 눌러 부록 CD\Sample\Part04\0401_03.jpg를 불러 옵니다. 그런 다음, Ctrl + A 를 눌러 전체 선택을 하고, Ctrl + C 를 눌러 복사합니다.

**10** 다시 앨범 작업 창으로 돌아온 후, Shift + Ctrl + V 를 눌러 선택 영역 안으로 복사한 이미지를 붙여넣기합니다.

**11** 아기 사진이 크게 들어갔으므로 Ctrl + T 를 누른 후, Shift 를 누른 채로 조절점을 드래그하여 크기를 줄입니다. 그런 다음, Ctrl + Enter 를 눌러 적용한 후, 위치를 적절하게 조절합니다.

**12** [레이어] 팔레트에서 오른쪽 윗부분의 사각 박스 레이어를 찾은 후, Ctrl 을 누른 채 회색의 벡터 마스크 부분을 클릭하여 선택 영역으로 설정합니다.

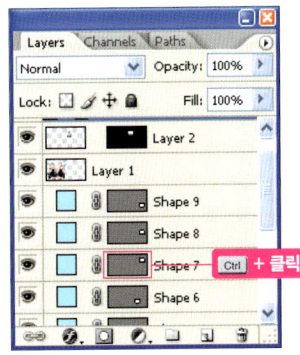 

**13** Ctrl + O 를 눌러 부록 CD\Sample\Part04\0401_04.jpg를 불러 온 후, 사각형 선택 툴을 클릭하고, 오른쪽 아기의 얼굴 부분을 드래그하여 선택합니다. 그런 다음, Ctrl + C 를 눌러 복사합니다.

**14** 다시 앨범 작업 창으로 돌아온 후, Shift + Ctrl + V 를 눌러 선택 영역 안으로 복사한 이미지를 붙여넣기합니다. 아기 얼굴이 조금 크게 들어갔으므로 Ctrl + T 를 누른 후, Shift 를 누른 채로 조절점을 드래그하여 크기를 줄이고, 이동 툴을 이용하여 위치를 적절하게 조절합니다.

TIP  Ctrl + V : 붙여넣기
Shift + Ctrl + V : 선택 영역 안에 붙여넣기

**15** 얼굴이 안쪽을 향하는 것이 더 안정감 있어 보이겠죠? [Edit] 메뉴의 [Transform – Flip Horizontal]을 클릭하면 사진의 좌우가 바뀝니다.

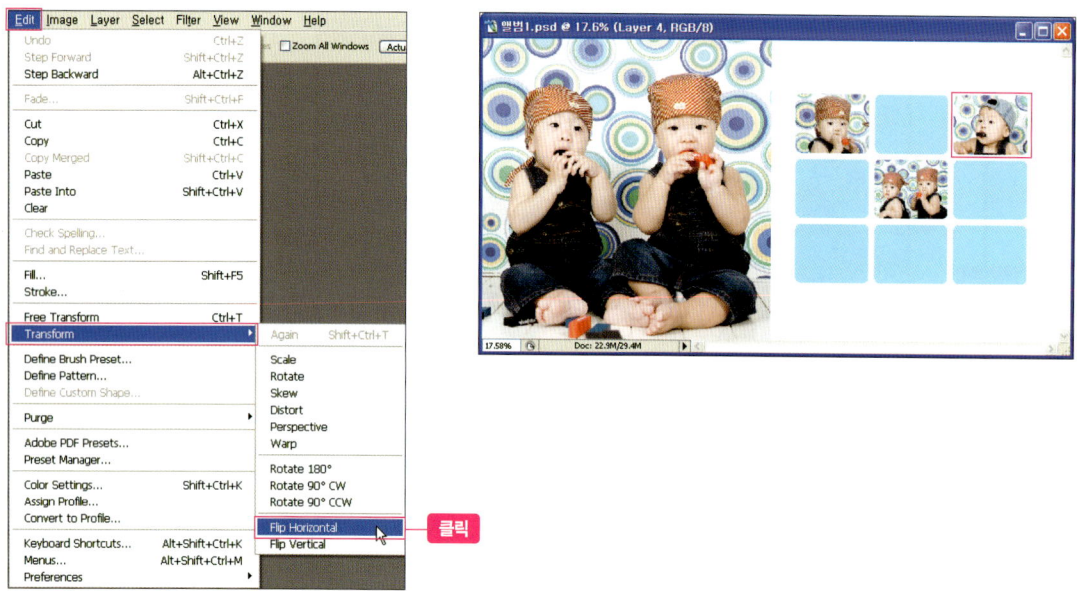

**16** [레이어] 팔레트에서 왼쪽 아래 모서리 부분의 사각 박스 레이어를 찾은 후, 회색의 벡터 마스크 부분을 Ctrl 을 누른 채로 클릭하여 선택 영역으로 설정합니다.

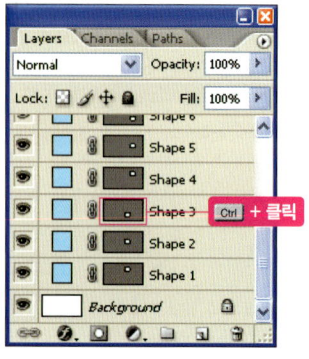

**17** '0401_04.jpg'로 돌아온 후, Ctrl + D 를 눌러 먼저 선택된 것을 해제합니다. 다시 사각형 선택 툴 🔲 을 클릭한 후, 이번엔 왼쪽 아기 얼굴 부분만 드래그합니다. 그런 다음, Ctrl + C 를 눌러 복사합니다.

**18** 다시 앨범 작업 창으로 돌아온 후, Shift + Ctrl + V 를 눌러 선택 영역 안으로 복사한 이미지를 붙여넣기합니다. 역시 아기 얼굴이 조금 크게 들어갔으므로 Ctrl + T 를 누른 후, Shift 를 누른 채로 조절점을 드래그하여 크기를 줄이고, 이동 툴 ✛ 을 이용하여 위치를 적절하게 조절합니다.

> **TIP** 툴박스의 다른 툴을 사용하는 도중에 Ctrl 을 누르면 언제라도 이동 툴 ✛ 을 사용할 수 있습니다.

**19** 부록 CD\Sample\Part04\0401_05.jpg를 불러옵니다. 그런 다음, 앞에서 한 것과 같은 방법으로 오른쪽 아래 모서리 부분의 사각 박스에 사진을 삽입합니다.

> **TIP** 앨범 두 페이지에 넣는 사진의 개수는 특별한 경우를 제외하고는 3~6개 정도가 적당합니다. 또, 같은 옷이나 비슷한 분위기의 사진을 같은 페이지에 넣는 것이 완성도 높이는 데에 도움이 됩니다.

## 테두리를 그리고, 글자를 입력해요

**01** 사진에 상자와 같은 하늘색으로 테두리를 넣겠습니다. 오른쪽 모서리 사각 박스가 선택된 상태에서 [레이어] 팔레트 아래쪽의 [Add a layers style] 버튼 ![fx]을 클릭한 후, [Stroke]를 클릭합니다.

**02** [Layer Style] 대화상자가 나타나면, 화면과 같이 설정하고 [OK] 버튼을 클릭합니다.

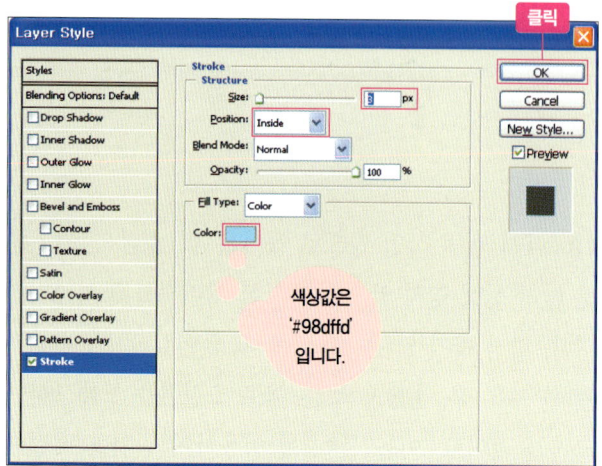

**03** 사진 안쪽으로 테두리가 그어진 것이 보이지요? 이제 레이어 스타일을 복사하여 나머지 사진들에도 적용해 보겠습니다.

**04** [레이어] 팔레트에서 방금 스타일을 준 Layer 6의 이름 부분에 마우스 오른쪽 버튼을 클릭하여 팝업 메뉴가 나타나면, [Copy Layer Style]을 클릭합니다.

**05** Layer 5를 클릭한 후 Shift 를 누른 채 Layer 2를 클릭합니다. Layer 5부터 Layer 2까지 모두 선택됩니다.

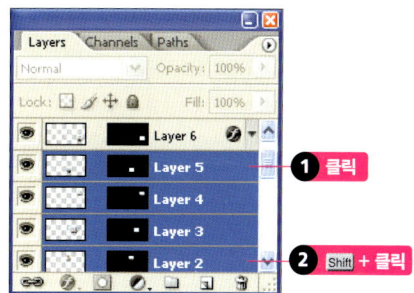

> **TIP** 한 개의 레이어를 클릭한 후 Shift 를 누른 채 다른 레이어를 클릭하면 그 사이에 있는 모든 레이어가 선택됩니다. 반면 한 개의 레이어를 클릭한 후 Ctrl 을 누른 채 다른 레이어를 클릭하면 클릭한 레이어만 선택이 됩니다. 즉, Ctrl 은 레이어를 한 개씩 선택하거나 한 개씩 선택 해제할 때, Shift 는 여러 개의 레이어를 동시에 선택하거나 동시에 선택 해제할 때 사용됩니다.

**06** 마우스 오른쪽 버튼을 눌러 [Paste Layer Style]을 선택합니다. 레이어 스타일이 복사되어 적용된 것을 볼 수 있습니다.

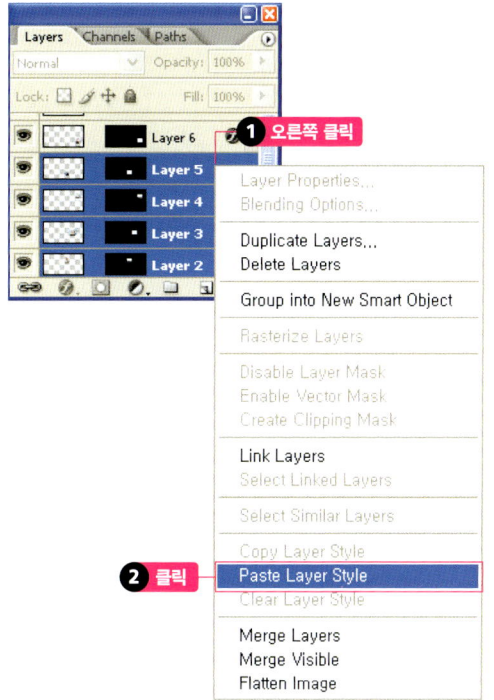

**07** 툴박스에서 문자 툴 **T** 을 선택한 후, 옵션바에서 다음과 같이 설정합니다.

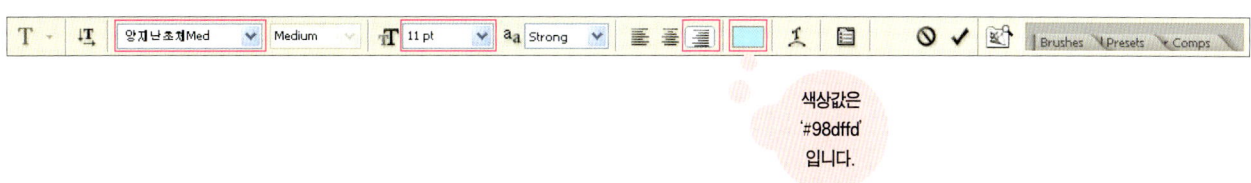

색상값은 '#98dffd' 입니다.

**08** 오른쪽 아래 부분을 클릭하고 내용을 입력한 후, 옵션바의 적용 버튼 ✔을 클릭합니다.

참 좋은 아침을 만나 싱그러운 세상과 인사하며 오늘은 더 좋은 뭔가 있을 거라 믿지 또, 웃지

참 예쁜 내 아이를 안아 사랑스런 눈길로 입 맞추며 오늘은 더 밝은 하루가 될 거라고 믿지 또, 웃지

네 가슴이 따뜻한 만큼 또 뛰는 만큼 행복한 나 이렇게 널 꼭 안고서 보면서 더 깨끗해지지

하루에 한 번은 널 꼭 안아 주지 눈빛과 인사하지 하루에 한 번은 널 꼭 안아 주지 눈빛과 얘기하지

▶ '아이사랑송'의 가사입니다. 여러분이 아기에게 하고 싶은 말을 직접 써 넣으면 더 좋겠지요.

---

**TIP** 기본적으로 폰트명은 영문으로 보이지만, 한글 폰트명으로도 변경할 수 있습니다. 폰트명을 한글로 보이게 하는 방법에 대해 알아보겠습니다.

**01** [Eidt] 메뉴의 [Preference – Type]을 클릭합니다.

**02** [Preferences] 대화상자가 나타나면, Show Font Names in English의 체크 표시를 해제한 후 [OK] 버튼을 클릭합니다.

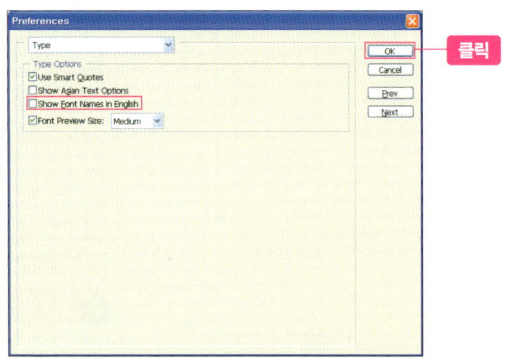

**03** 다음과 같이 폰트명이 한글로 표시됩니다.

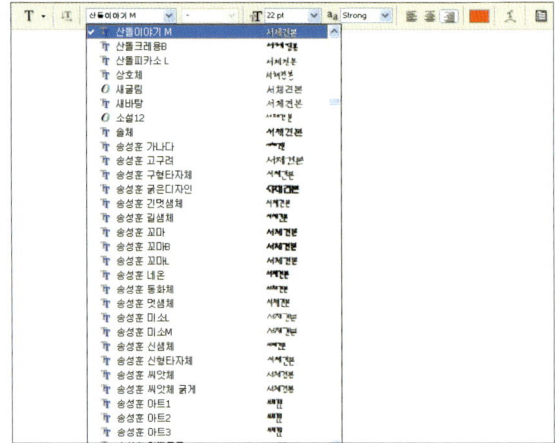

**09** 이동 툴  을 이용하여 사진과 문구의 오른쪽 라인을 맞춥니다.

**10** 완성되었습니다. Ctrl + S 를 눌러 PSD 파일로 저장합니다.

> **TIP** 항상 모든 작업이 끝난 후에는 돋보기 툴 🔍 을 더블클릭하여 작업 창을 100%로 만든 후, 전체적으로 이미지의 깨짐이나 잘못된 점은 없는지 확인합니다. 이 과정을 거쳐야 출력이나 인화 시 어떻게 나오는지 알 수 있고, 미세한 부분도 확인할 수 있기 때문입니다.

## JPG 파일로 변환해요

**01** 앨범 제작업체에 보내려면, JPG 파일로 변환하여 저장해야 합니다. [File] 메뉴의 [Save As]를 클릭하여 다른 이름으로 저장합니다.

클릭

단축키는
Shift + Ctrl + S
입니다.

**02** [Save As] 대화상자에서 Format을 'JPEG'로 선택한 후, [저장] 버튼을 클릭합니다.

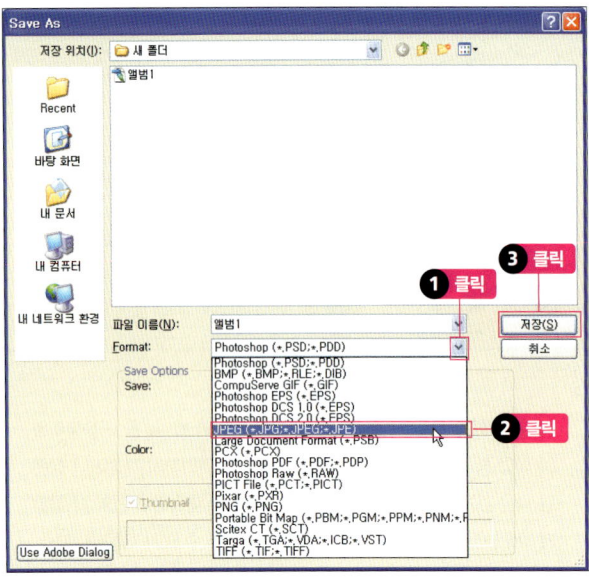

**03** [JPEG Options] 대화상자가 나타나면 Quality를 '12'로 설정한 후, [OK] 버튼을 클릭합니다.

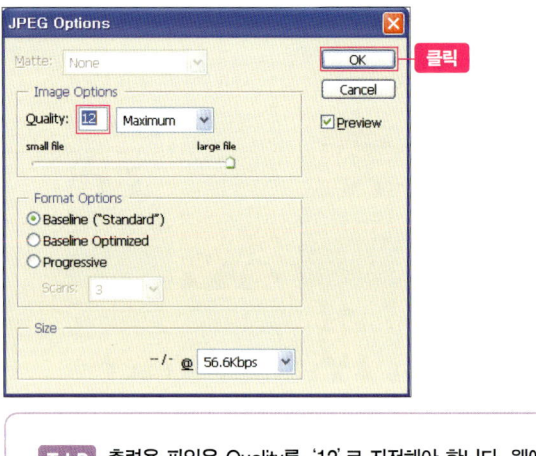

**TIP** 출력용 파일은 Quality를 '12'로 지정해야 합니다. 웹에 올릴 경우에는 조금 낮게 '10'으로 지정해도 무방합니다.

**04** Ctrl + O 를 누르면, '앨범1.psd' 파일과 '앨범1 copy.jpg' 파일이 있는 것을 확인할 수 있습니다.

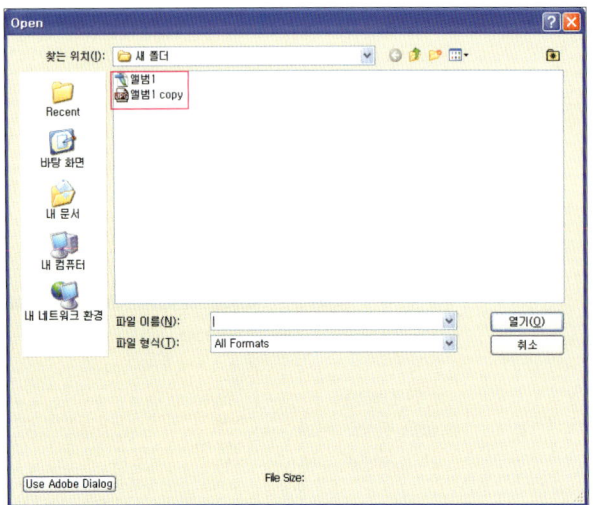

**TIP** PSD 파일은 각각의 레이어의 속성을 그대로 가지고 있기 때문에 수정하기가 매우 편리합니다. 하지만 용량이 크기 때문에 앨범 업체에서는 JPG 파일로 받습니다. JPG 파일은 고해상도의 색상을 표현할 수 있으면서도 압축률이 좋기 때문에 용량이 작습니다. 하지만 레이어가 하나로 합쳐지기 때문에 각각의 이미지를 수정하기에는 어려움이 많습니다. 그러므로 작업이 끝난 뒤에는 반드시 PSD 파일로 저장을 한 다음, 다시 JPG 파일로 저장하여 두 개의 파일 포맷을 가지고 있는 것이 좋습니다.

**〔Layer Style〕대화상자**

레이어 스타일은 레이어 이미지를 설정하는 효과입니다. 채널과 필터보다 훨씬 간단하고, 효과를 쉽게 설정할 수 있을 뿐만 아니라 원본 이미지를 손상시키지 않은 상태에서 수정을 할 수 있습니다. 배경 레이어에는 레이어 스타일을 적용할 수 없고, 하나의 레이어 이미지에 다양한 스타일을 함께 적용할 수 있습니다. 많이 사용되므로 반드시 알아 두세요.

● Drop Shadow : 그림자 효과를 줍니다.

● Inner Shadow : 안쪽으로 그림자 효과를 줍니다.

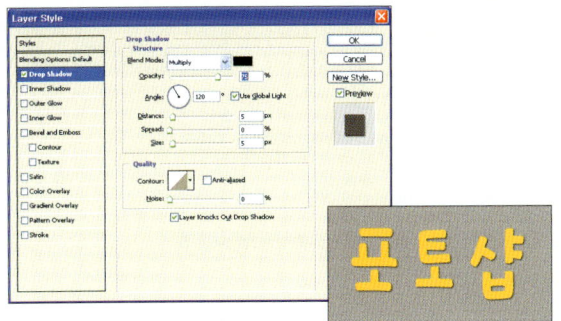

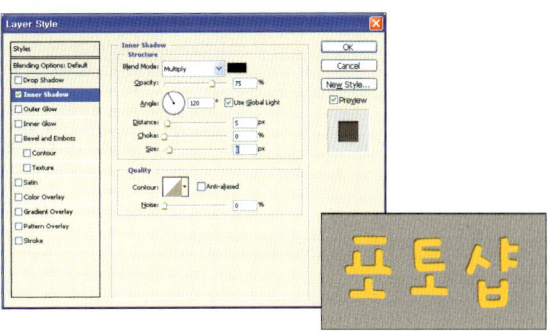

● Outer Glow : 바깥쪽으로 색이 퍼지는 효과를 줍니다.

● Inner Glow : 안쪽으로 색이 퍼지는 효과를 줍니다.

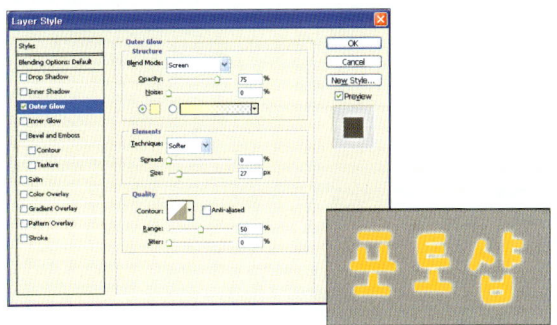

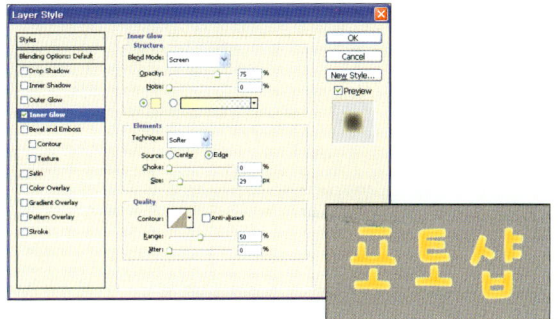

● Bevel and Emboss : 이미지에 입체감을 줍니다.

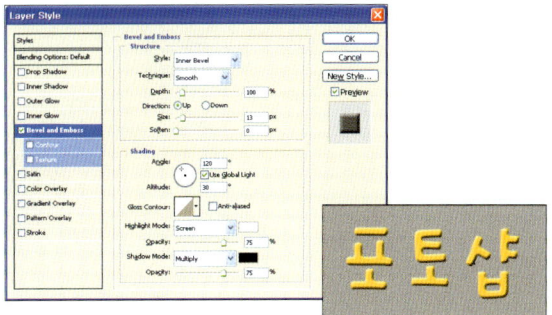

● **Satin** : 금속 질감이나 매끈한 옷감의 질감을 표현합니다.

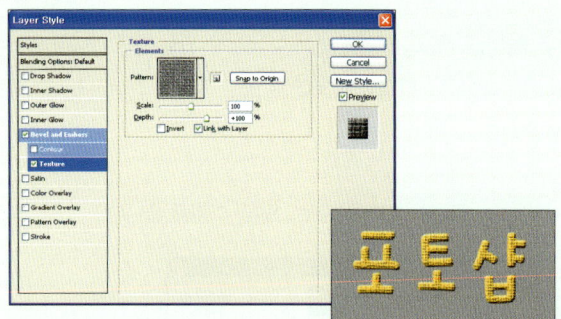

● **Color Overlay** : 선택한 색상을 채웁니다.

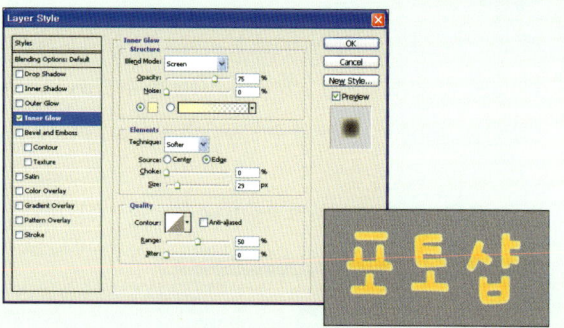

● **Gradient Overlay** : 선택한 그레이디언트 모양으로 색상을 채웁니다.

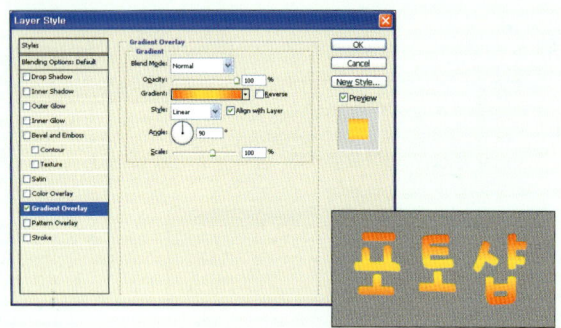

● **Pattern Overlay** : 선택한 패턴을 채웁니다.

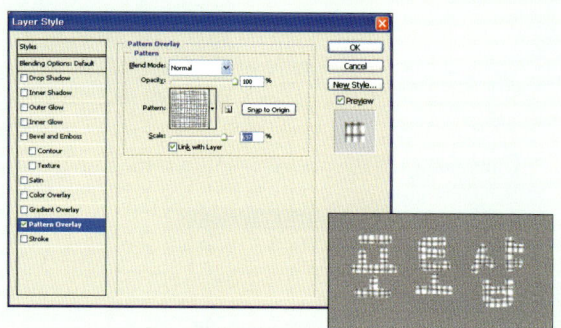

● **Stroke** : 선택한 컬러로 테두리를 만듭니다.

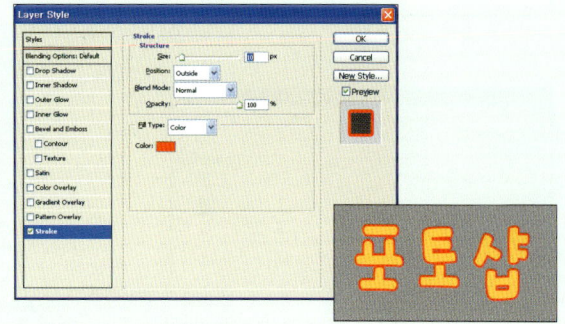

● **Style** : 다양한 스타일을 선택하여 사용하거나 자신의 스타일을 따로 저장하여 사용할 수 있습니다.

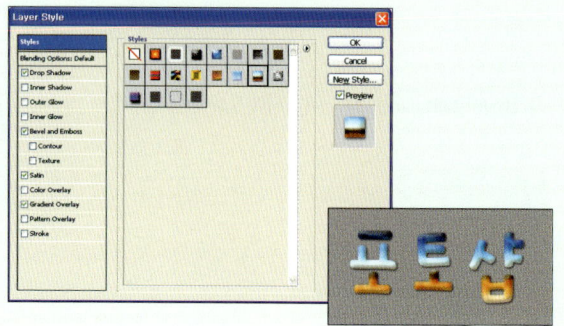

# 꽃밭에서 노는 공주님

야외 촬영한 사진을 가지고 앨범을 만들어 보겠습니다. 야외의 배경을 살리기 위해 전체적인 풍경이 담긴 사진을 크게 넣고 표정이 살아있는 아기 얼굴을 작게 넣어 볼게요. 아기 사진을 고를 때 환하게 웃는 모습만 넣는 것보다는 우는 표정, 뚱한 표정을 함께 넣는 것이 더 재미있는 앨범이 된답니다. 그럼 시작해 볼까요?

● **결과 파일 경로** | 부록 CD\Sample\Part04\After\0402.jpg

## 새 파일을 만들고, 메인 사진을 넣어요

**01** `Ctrl` + `N`을 눌러 [New] 대화상자가 나타나면, 다음과 같이 설정하고 [OK] 버튼을 클릭합니다.

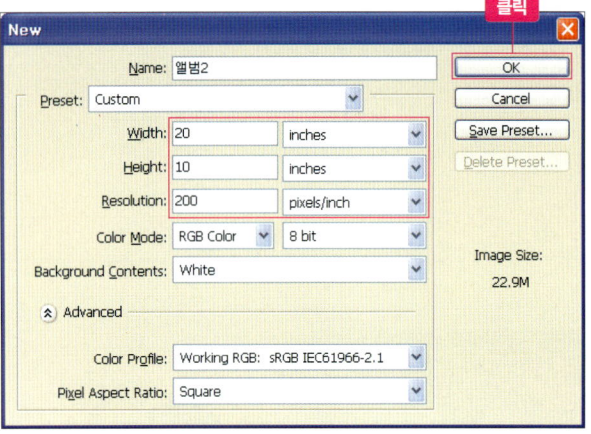

**02** `Ctrl` + `R`을 눌러 눈금자를 나타나게 한 후, 다음과 같이 가이드라인을 만듭니다. 이 치수는 편의상 임의로 정한 것입니다. 여러분이 직접 크기를 정해서 만들어도 됩니다. 단, 가운데 페이지 구분선과 상하좌우 여백 1cm는 변함이 없습니다.

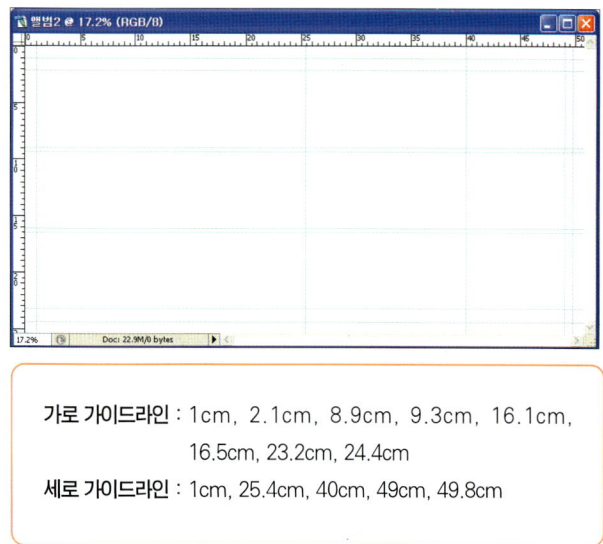

**가로 가이드라인** : 1cm, 2.1cm, 8.9cm, 9.3cm, 16.1cm,
16.5cm, 23.2cm, 24.4cm

**세로 가이드라인** : 1cm, 25.4cm, 40cm, 49cm, 49.8cm

**03** [레이어] 팔레트에서 [Create a new layer] 버튼을 클릭하여 새 레이어를 만든 후, 전경색을 클릭합니다.

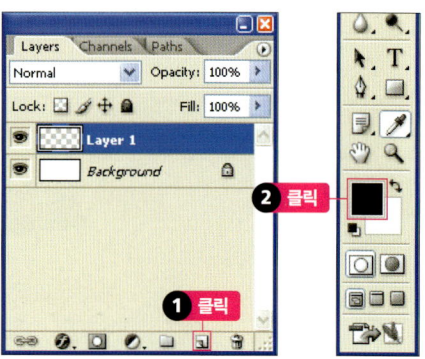

**04** [Color Picker] 대화상자가 나타나면 색상을 '#ffdfe7'로 변경한 후, [OK] 버튼을 클릭합니다.

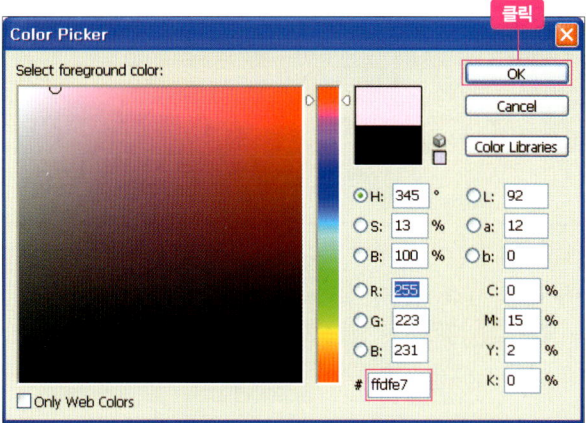

**05** 툴박스에서 페인트통 툴 ◇ 을 선택하고 작업 창을 클릭하여 전경색으로 채웁니다.

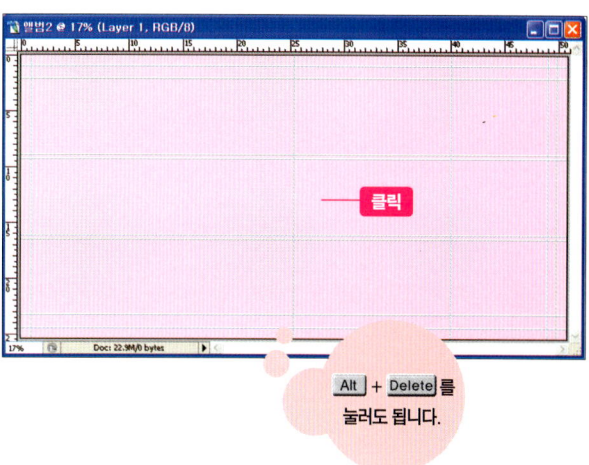

Alt + Delete 를 눌러도 됩니다.

**06** Ctrl + O 를 눌러 부록 CD\Sample\Part04\0402_01.jpg를 불러 옵니다. 이동 툴 ▶⊕ 을 이용하여 불러 온 이미지를 앨범 작업 창으로 드래그한 후, 위치를 적절하게 조절합니다.

> **TIP** 가운데 접히는 선과 위, 아래, 왼쪽의 잘려 나가는 여백을 잘 생각하며 위치를 정하세요.

**07** [레이어] 팔레트에서 [Add a layer mask] 버튼 ⊙ 을 클릭하여 레이어 마스크를 만듭니다.

클릭

> **TIP** [Add a layer mask] 버튼 ⊙ 을 클릭하면 전경색과 배경색은 자동으로 흑백이 됩니다. 마스크 영역은 흑백으로 표현되기 때문입니다.

**08** 툴박스에서 그레이디언트 툴  을 선택한 후, 작업 창 오른쪽에서 왼쪽으로 길게 드래그하여 지웁니다. 한 번 드래그 해 보고, 어색하다 싶으면 다시 드래그하여 부드럽게 지웁니다.

TIP 그레이디언트 샘플은 두 번째에 있는 'Foreground to Transparent'를 선택하세요.

## 작은 사진을 넣어요

**01** 툴박스에서 사각형 도형 툴  을 클릭한 후, 가이 드라인에 맞추어 사각형 세 개를 그립니다. 틀만 만들고 나중에 삭제할 것이기 때문에 색상은 흰색만 아니면 어떤 색이든 상관없어요.

**02** [레이어] 팔레트에서 맨 위 사각형 레이어의 회색 벡터 마스크 부분을 Ctrl 을 누른 채 클릭하여 선택 영역으로 설정합니다.

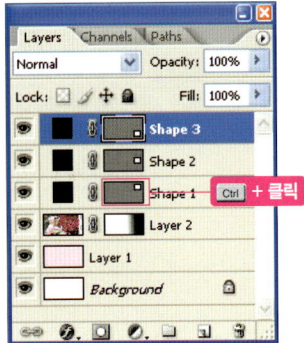
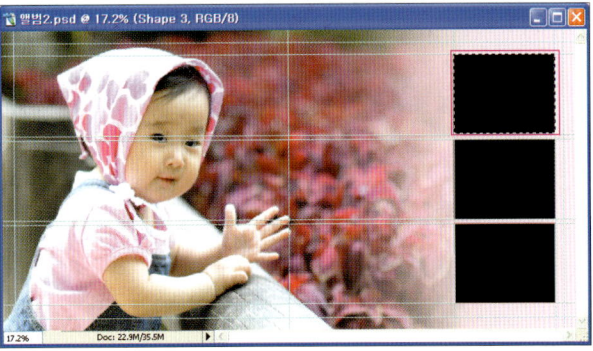

**03** Ctrl + O 를 눌러 부록 CD\Sample\Part04\0402_ 02.jpg를 불러 옵니다. 그런 다음, Ctrl + A 를 눌러 전체 선택을 하고, Ctrl + C 를 눌러 복사합니다.

**05** 같은 방법으로 '0402_03.jpg' 와 '0402_04.jpg' 를 불러 온 후, 나머지 선택 영역 안에 붙여넣기합니다.

> TIP 화면이 복잡하므로 Ctrl + H 를 눌러 가이드라인을 없앤 다음에 작업을 하세요.

**06** 이제 레이어를 정리해 보겠습니다. [레이어] 팔레트의 [Create a new group] 버튼 🗀 을 클릭하여 새 그룹을 만듭니다.

**04** 앨범 작업 창으로 돌아온 후, Shift + Ctrl + V 를 눌러 선택 영역 안으로 복사한 이미지를 붙여넣기하고, 이동 툴 ➕ 을 이용하여 위치를 적절하게 조절합니다.

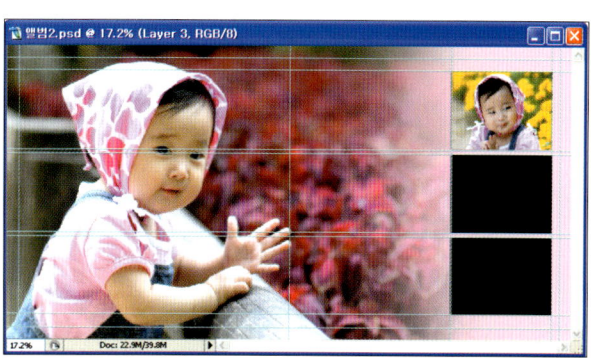

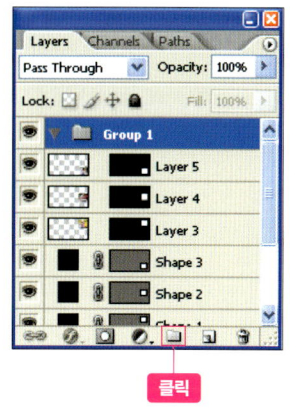

클릭

**07** Shape 1 레이어를 선택한 후, `Shift`를 누른 채,
Shape 3을 클릭합니다. 함께 선택되면 드래그를 하여
Group 1 폴더 안으로 넣습니다.

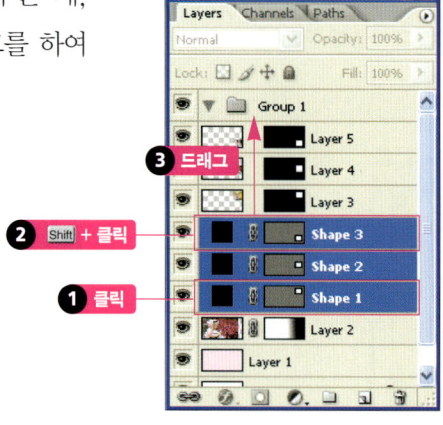
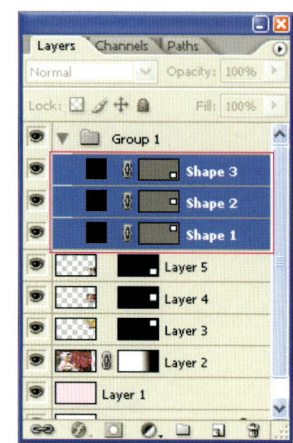

**08** 이제 Group1 폴더 앞 삼각형▼을 클릭하여 내용을 숨기고 눈 아이콘◉을 클릭하여 이미지가 보이지 않도록 합
니다. 이미지 창에서 약간씩 보이던 테두리가 보이지 않는 것을 확인할 수 있습니다.

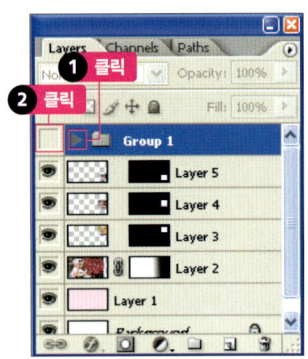

**09** `Ctrl`+`O`를 눌러 부록 CD\Sample\Part04\0402_
05.jpg를 불러 옵니다.

**10** 툴박스에서 자르기 툴  을 클릭한 후, 옵션바에서 다음과 같이 설정합니다.

**11** 작업 창에서 자를 영역을 왼쪽 위에서 오른쪽 아래로 드래그하여 선택합니다. 잘려 나갈 영역이 어둡게 나타납니다. 자른 위치가 마음에 든다면 Ctrl + Enter 를 눌러 적용하고, 마음에 들지 않는다면 Esc 를 누른 후, 다시 드래그합니다.

**12** 이동 툴 을 클릭하여 자른 이미지를 앨범 작업 창으로 옮긴 후, 위치를 적절하게 조절합니다.

**13** Ctrl + T 를 누른 다음, 모서리 부분에 마우스를 이동하면 마우스 포인터가 로 바뀌면서 회전할 수 있는 상태가 됩니다. 이 때 위쪽으로 약간 드래그하여 이미지를 적당하게 기울인 다음, Ctrl + Enter 를 눌러 적용합니다.

# 테두리를 그리고, 글자를 입력해요

**01** 이제 사진에 테두리를 넣겠습니다. 방금 작업한 작은 사진부터 해 볼까요? [레이어] 팔레트 아래쪽의 [Add a layer style] 버튼 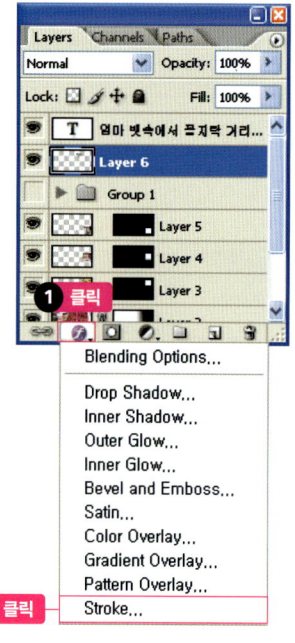을 클릭한 후 [Stroke]를 선택합니다. [Layer Style] 대화 상자가 나타나면, Size는 '6', 색상은 '#ffffff'로 설정하고 [OK] 버튼을 클릭합니다.

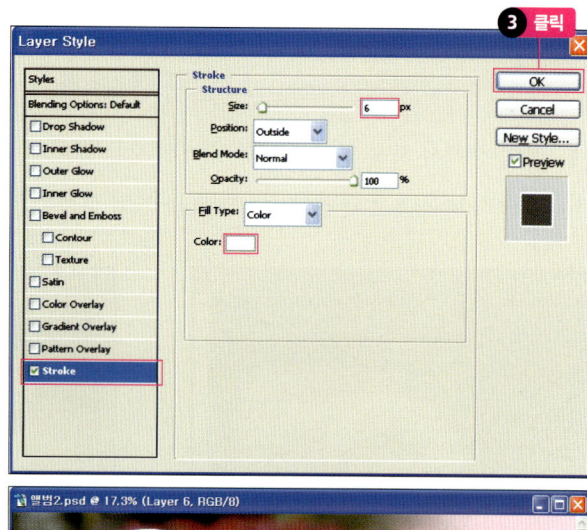

**02** [레이어] 팔레트에서 Layer 3을 클릭합니다. [레이어] 팔레트 아래쪽의 [Add a layer style] 버튼 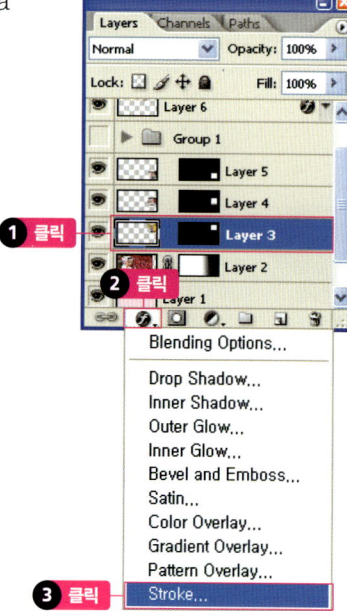을 선택한 후, [Stroke]를 클릭합니다.

**03** [Layer Style] 대화상자가 나타나면 다음과 같이 설정하고, [OK] 버튼을 클릭합니다.

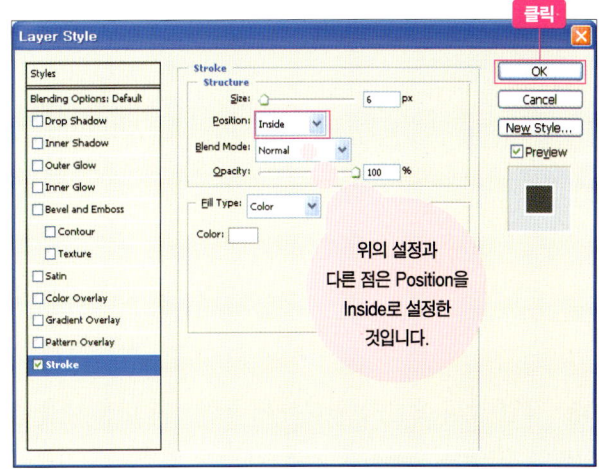

위의 설정과 다른 점은 Position을 Inside로 설정한 것입니다.

**04** 오른쪽 맨 위 사진에도 흰색 테두리가 생긴 것을 알 수 있습니다.

**05** 마찬가지 방법으로 나머지 사진에도 흰색 테두리를 넣습니다.

**06** 툴박스에서 문자 툴 T 을 클릭합니다. 그런 다음, 옵션바에서 다음과 같이 설정한 후, [캐릭터] 팔레트 버튼 을 클릭합니다.

글자체는 '굵은바탕한체' 입니다.

색상값은 '#ffffff' 입니다.

**07** [캐릭터] 팔레트의 줄 간격 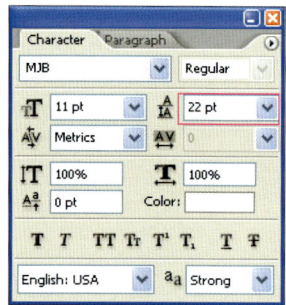을 '22'로 설정합니다.

**08** 작업 창의 오른쪽 윗부분을 클릭하여 다음 내용을 입력한 후, Ctrl + Enter 를 누릅니다.

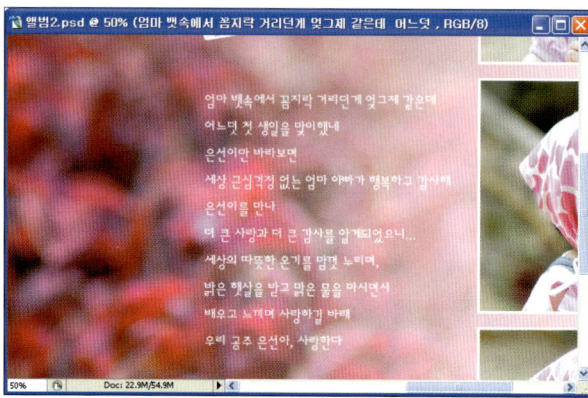

엄마 뱃속에서 꼼지락 거리던 게 엊그제 같은데
어느덧 첫 생일을 맞이했네.
은선이만 바라보면
세상 근심걱정 없는 엄마 아빠가 행복하구 감사해.
은선이를 만나
더 큰 사랑과 더 큰 감사를 알게 되었으니...
세상의 따뜻한 온기를 맘껏 누리며,
밝은 햇살을 받고 맑은 물을 마시면서
배우고 느끼며 사랑하길 바래
우리 공주 은선아, 사랑한다

**TIP** 작업 창에서 글자가 잘 안 보이면 Ctrl + + 을 눌러 작업 창을 확대한 후에 입력해 주세요.
확대 돋보기 툴의 단축키 Ctrl + +
축소 돋보기 툴의 단축키 Ctrl + −

**09** 이동 툴을 이용하여 위치를 적절하게 조절합니다.

**TIP** 이동 툴이 선택된 상태에서 키보드 방향키를 누르면 미세한 조정이 가능합니다.

**10** 완성되었습니다. 점점 자신감이 생기지요?

 **글자 툴 [T] 옵션바**

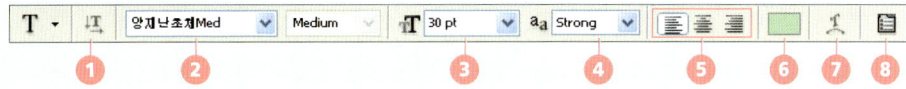

**①** **글자 방향 바꾸기** : 글자를 가로로 쓸 것인지, 세로로 쓸 것인지를 정할 수 있습니다.

**②** **글자체 선택** : 본인의 컴퓨터에 설치되어 있는 여러 가지 글자체 목록과 스타일을 선택합니다. 폰트에 따라 느낌이 달라지므로 여러 개의 폰트를 가지고 있는 것이 좋겠지요.

**③** **글자 크기** : 0.10~1.296 픽셀 범위의 글자를 직접 입력하거나 선택합니다.

**④** **Set the anti-aliasing method** : 글자의 외곽선에 안티 앨리어싱을 적용하는 방법을 선택합니다. 크게 확대하지 않는 이상 별 차이는 없지만 'None'은 가능한 한 선택하지 마세요.

**⑤** **정렬 방식** : 글자를 왼쪽, 가운데, 오른쪽으로 정렬시키는 방법을 선택합니다.

**⑥** **색상** : 전경색이 기본 글자색으로 나타나며, 글자색을 바꾸고 싶을 때에는 버튼을 클릭하여 나타나는 〔Color Picker〕 대화상자에서 색상을 선택하면 됩니다.

**⑦** **Create Warped Text** : 클릭하면, 글자를 왜곡하는 여러 가지 옵션 대화상자가 나타납니다.

**⑧** **편집 팔레트** : 글자를 편집하는 데에 필요한 〔Character〕 팔레트와 문단을 편집하는 〔Paragraph〕 팔레트가 나타납니다.

**〔캐릭터〕 팔레트**

① **글자체** : 글자의 모양과 스타일을 선택합니다.

② **글자 크기** : 글자의 크기를 선택합니다.

③ **줄 간격** : 글자의 줄 간격을 조절합니다.

④ **글자 간격** : 두 글자 사이의 간격을 조절합니다. 마우스 포인터를 두 글자 사이에 놓고 값을 입력하거나 선택합니다. 'Metricd'는 각 글자 모양에 따라 최적화된 글자 간격을 유지합니다.

⑤ **글자 간격** : 선택한 여러 글자 사이의 간격을 조절합니다.

⑥ **가로 세로 확대** : 선택한 글자의 가로, 세로 길이를 확대 또는 축소합니다.

⑦ **글자 정렬** : 크기가 다른 글자의 정렬에 사용하며, 선택한 글자들의 세로 위치를 결정합니다. 값을 입력하기 전에 적용할 글자를 먼저 선택해야 합니다.

⑧ **색상** : 선택한 글자의 색상을 결정합니다.

⑨ **글자 스타일** : 선택한 글자에 스타일을 적용합니다.

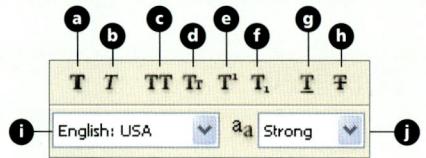

ⓐ **Faux Bold** : 글자를 두껍게 나타냅니다.

ⓑ **Faux Italic** : 글자 모양을 기울게 표현합니다.

ⓒ **All Caps** : 영문에만 적용하고 선택한 모든 글자를 대문자로 나타냅니다.

ⓓ **Small Caps** : 영문에만 적용하고 선택한 모든 글자를 대문자로 나타냅니다. All Caps에서 만드는 대문자 보다 크기가 작습니다.

ⓔ **Superscript** : 글자를 윗첨자로 나타냅니다.

ⓕ **Subscript** : 글자를 아랫첨자로 나타냅니다.

ⓖ **Underline** : 글자에 밑줄을 긋습니다.

ⓗ **Strikethrough** : 글자의 가운데에 줄을 나타냅니다.

ⓘ **언어** : 글자체를 지원하는 국가를 선택합니다.

ⓙ **Anti-aliasing** : 글자의 외곽선에 안티 앨리어싱을 적용하는 방법을 선택합니다.

# 하얀 모자가 어울리는
## 아가씨

아기에게 하얀 모자를 쓰고 있네요. 모자가 정말 잘 어울리지요? 아기가 예쁜 모자를 쓰고 있는 메인 사진 외에 앉아 있거나 서있는 모습의 사진 세 장을 같은 크기로 넣어 정렬된 분위기의 앨범을 만들어 보겠습니다.

● **결과 파일 경로** │ **부록** CD\Sample\Part04\After\0403.jpg

# 새 파일을 만들고, 메인 사진을 넣어요

**01** `Ctrl` + `N` 을 눌러 [New] 대화상자가 나타나면, 다음과 같이 설정하고 [OK] 버튼을 클릭합니다.

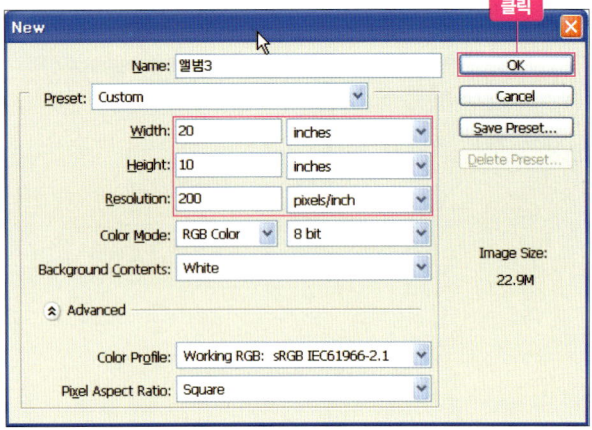

**02** `Ctrl` + `R` 을 눌러 눈금자를 나타낸 후, 눈금자를 드래그하여 다음과 같이 가이드라인을 만듭니다.

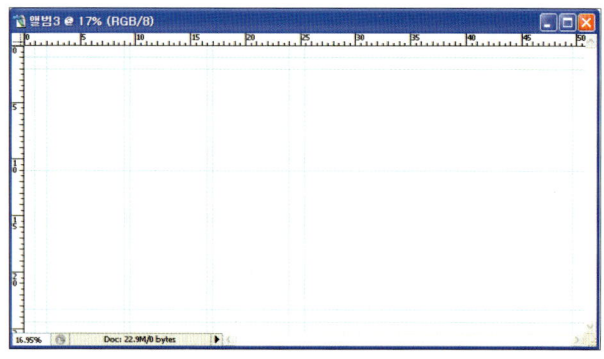

**가로 가이드라인** : 1cm, 2cm, 11cm, 23.3cm, 24.4cm
**세로 가이드라인** : 1cm, 2cm, 9cm, 9.5cm, 16.5cm, 17cm, 24cm, 25.4cm, 49.8cm

**03** `Ctrl` + `O` 를 눌러 부록 CD\Sample\Part04\0403_01.jpg를 불러 옵니다. 이동 툴을 이용하여 앨범 작업 창으로 드래그한 후, 오른쪽에 위치를 잡아 줍니다.

**04** 사각형 선택 툴을 클릭한 후 가운데 가이드라인에 맞추어 튀어 나온 부분을 선택합니다.

드래그

**05** Delete를 눌러 선택 부분을 지운 후, Ctrl + D 를 눌러 선택을 해제합니다.

**06** 툴박스에서 사각형 도형 툴 ▣ 을 선택한 후 가이드라인에 맞추어 세 개를 그립니다. 색상은 흰색만 아니면 어떤 색이든 상관없습니다. 사진을 넣을 영역을 만드는 것이니까요.

**07** [레이어] 팔레트에서 Shape 1 레이어의 회색 벡터 마스크 부분을 Ctrl 을 누른 채 클릭하여 선택 영역으로 설정합니다.

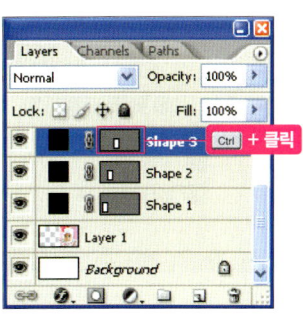

**08** Ctrl + O를 눌러 부록 CD\Sample\Part04\0403_02.jpg를 불러 온 후, Ctrl + A를 눌러 전체 선택을 하고 Ctrl + C를 눌러 복사합니다.

**09** 앨범 작업 창으로 돌아온 후, Shift + Ctrl + V를 눌러 선택 영역 안으로 복사한 이미지를 붙여넣기합니다.

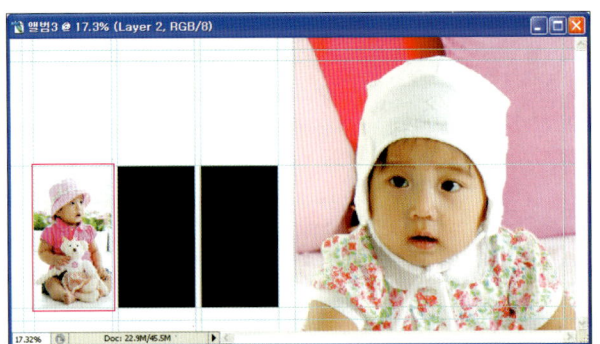

**10** 마찬가지 방법으로 '0403_03.jpg', '0403_04.jpg'를 차례대로 선택 영역 안으로 붙여넣기합니다.

**11** [레이어] 팔레트에서 Shape 레이어들의 눈을 클릭하여 끕니다.

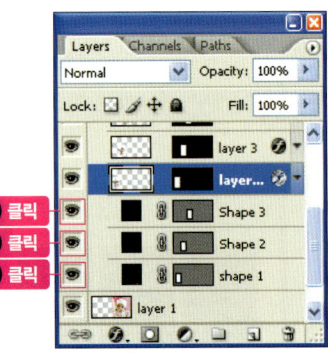 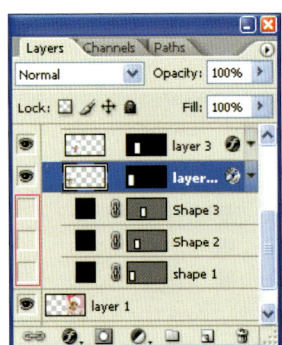

**주의하세요** 만약, Shift + Ctrl + V를 눌러 사진을 넣었는데 사진이 안 보인다면 [레이어] 팔레트에서 레이어 순서를 확인해 보세요. Shape 레이어보다 사진 레이어가 위에 있어야 합니다.

## 사진을 넣어요

**01** Ctrl + 이를 눌러 부록 CD\Sample\Part04\0403_
05.jpg를 불러 옵니다.

**02** 툴박스에서 자르기 툴 을 선택한 후, 옵션바에서 다음과 같이 설정합니다.

**03** 작업 창에서 자를 영역을 왼쪽 위에서 오른쪽 아래
로 드래그하여 선택합니다. 자른 위치가 마음에 든다면
옵션바의 적용 버튼 을 클릭합니다.

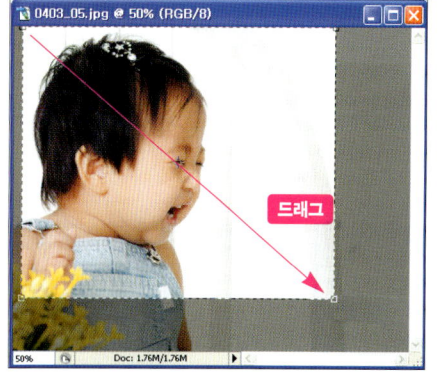

**04** 자른 사진을 이동 툴 을 이용하여 앨범 작업 창
으로 드래그한 후, 왼쪽 윗부분으로 위치를 잡습니다.

**05** 약간 기울여 보겠습니다. `Ctrl` + `T`를 눌러 조절점이 나타나면, 마우스를 모서리에 대고 위쪽으로 약간 드래그합니다. 그런 다음, 오른쪽 모서리를 위쪽 가이드라인에 맞게 기울입니다. 원하는 각도가 되면 `Ctrl` + `Enter`를 눌러 적용합니다.

**06** [레이어] 팔레트에서 [Create a new layer] 버튼 을 클릭하여 새 레이어를 만듭니다. Layer 6이 만들어집니다.

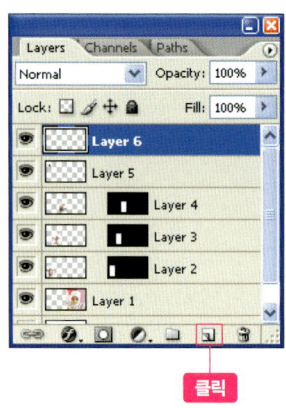

**07** 새로 만든 Layer 6이 선택된 상태에서 `Ctrl` 을 누른 채 Layer 5의 사각 레이어 창 부분을 클릭합니다. 아기 사진 모양대로 선택 영역이 표시됩니다.

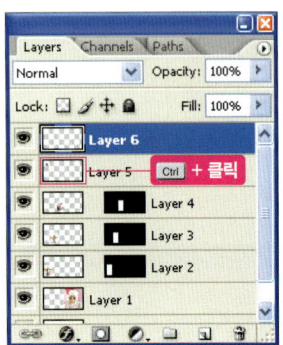

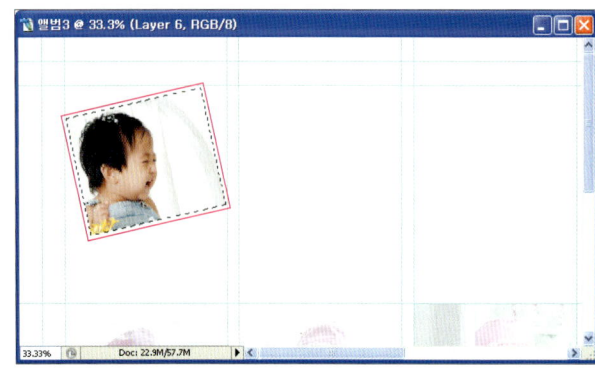

**주의하세요** 반드시 사각 레이어 창 부분을 클릭해야 선택 영역으로 설정됩니다. 이름 부분을 클릭하면 설정이 안 됩니다.

**08** 전경색을 클릭하여 [Color Picker] 대화상자가 나타나면, 색상을 '#fdeaf2'로 변경한 후 [OK] 버튼을 클릭합니다.

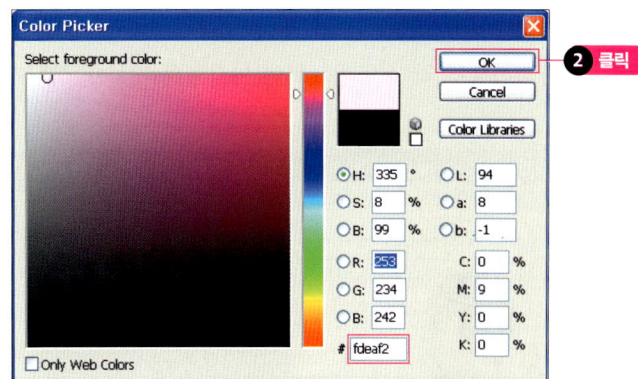

**09** [Edit] 메뉴의 [Fill]을 선택하여 [Fill] 대화상자가 나타나면, [OK] 버튼을 클릭합니다. 선택 영역 부분이 전경색으로 칠해집니다.

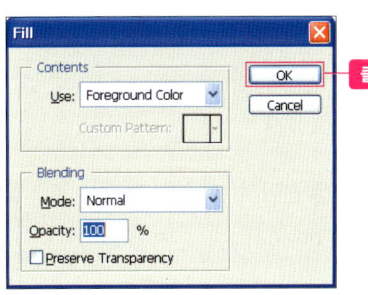

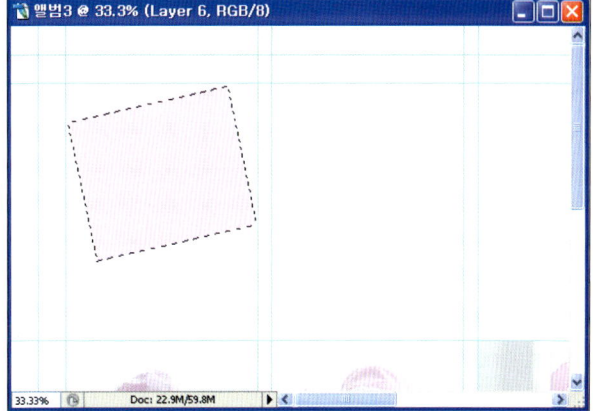

**10** Ctrl + D 를 눌러 선택을 해제합니다. 사진이 색에 가려 보이지 않으므로 레이어 순서를 바꿔야 합니다. [레이어] 팔레트에서 Layer 6을 드래그하여 Layer 5 아래로 옮깁니다.

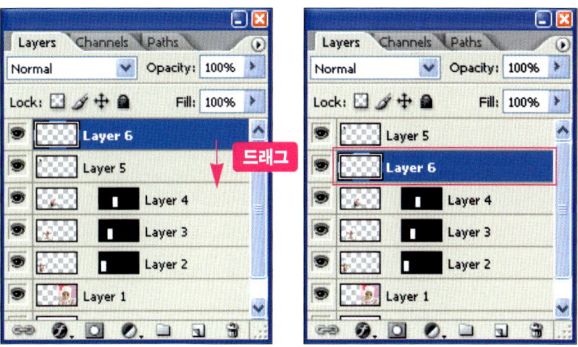

**11** 사진은 보이지만 색을 칠한 사각형이 보이지 않지요? [Ctrl]+[T]를 눌러 조절점이 나타나면 마우스를 모서리에 대고 아래쪽으로 약간 드래그하여 사각형을 기울여 줍니다. 적절하게 기울인 후, [Ctrl]+[Enter]를 눌러 적용합니다.

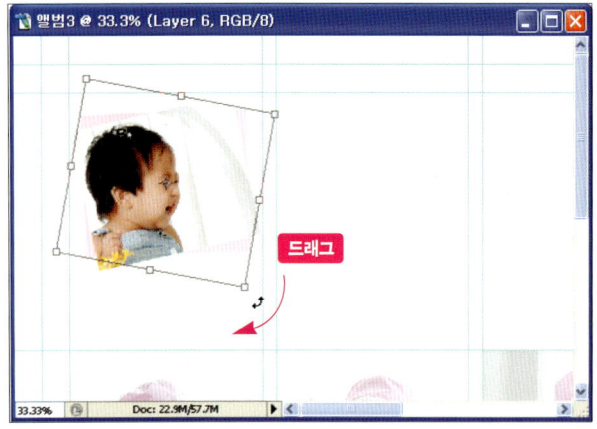
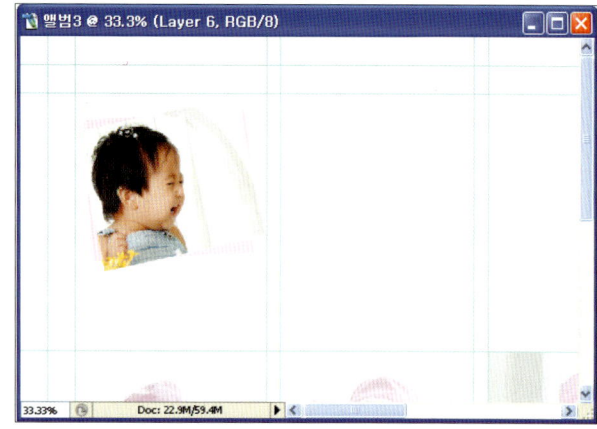

## 레이어 효과를 넣고, 글자를 입력해요

**01** 바탕이 흰색인데 사진 배경도 흰색이므로 사진이 살아나지 않습니다. 사진에 테두리를 넣겠습니다. Layer 5부터 시작해 보겠습니다. [레이어] 팔레트에서 Layer 5를 선택한 후 아래쪽의 [Add a layer style] 버튼 을 클릭하여 [Stroke]를 선택합니다.

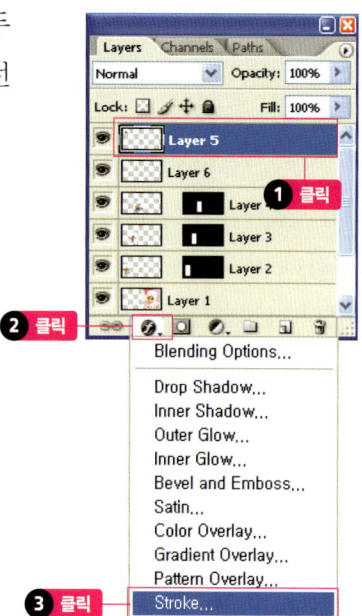

**02** [Layer Style] 대화상자가 나타나면, Size는 '6', Position은 'Inside', 색상은 '#faaacc'로 설정하고 [OK] 버튼을 클릭합니다.

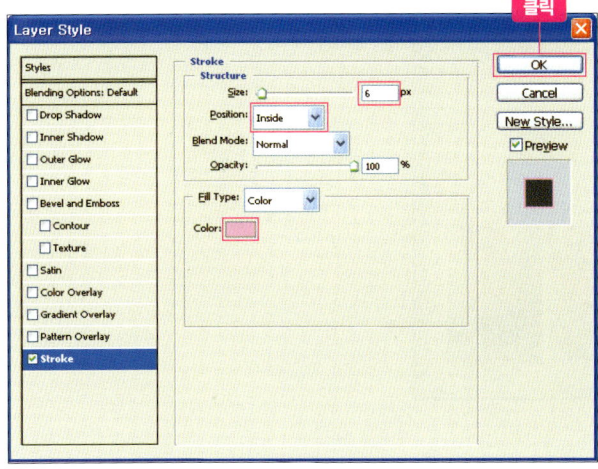 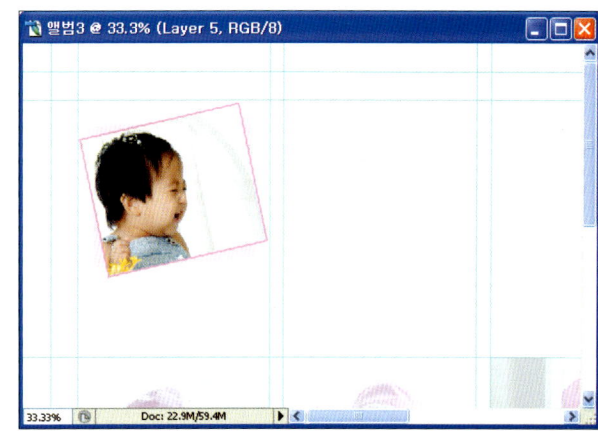

**03** [레이어] 팔레트에서 Layer 5의 이름 부분에 마우스 오른쪽 버튼을 클릭한 후, [Copy Layer Style]을 선택합니다.

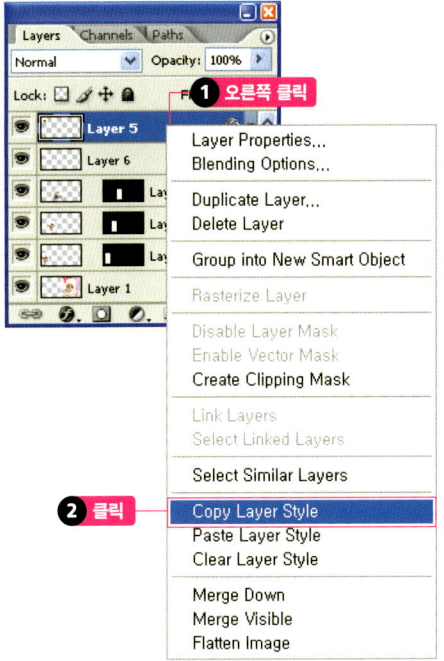

**04** Layer 4를 선택한 후 Shift를 누른 채 Layer 2를 클릭합니다. 그러면 Layer 4부터 Layer 2까지 모두 선택됩니다.

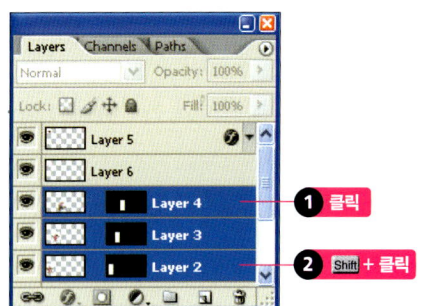

**05** 마우스 오른쪽 버튼을 클릭한 다음 [Paste Layer Style]을 선택합니다. 레이어 스타일이 복사되어 적용된 것을 볼 수 있습니다.

**06** 툴박스에서 문자 툴 **T** 을 선택하고 옵션바에서 다음과 같이 설정합니다.

색상값은
'#f5589a'
입니다.

**07** 작업 창 왼쪽 윗부분에 마우스를 클릭하고 다음 내용을 입력합니다.

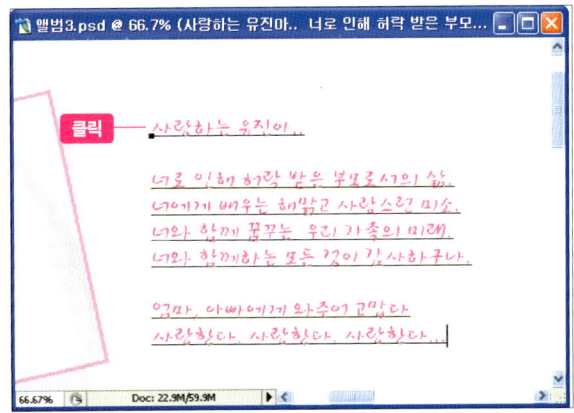

사랑하는 유진아

너로 인해 허락 받은 부모로서의 삶.
너에게 배우는 해맑고 사랑스런 미소.
너와 함께 꿈꾸는 우리 가족의 미래.
너와 함께하는 모든 것이 감사하구나.

엄마, 아빠에게 와 주어 고맙다
사랑한다. 사랑한다. 사랑한다...

**08** 전체를 드래그하여 블록으로 설정한 후 [캐릭터] 팔레트📋를 클릭하여 글자 간격을 '50' 으로 넓혀 줍니다.

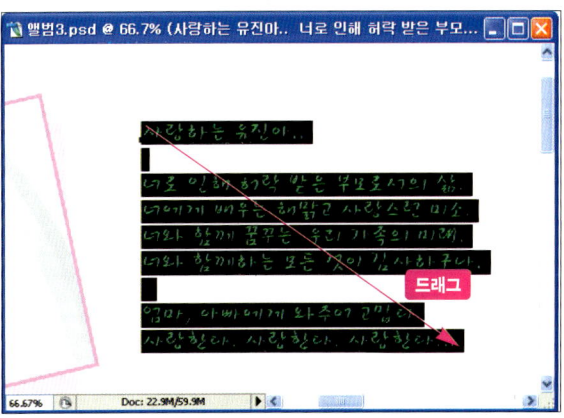

**09** 문장의 아무 곳이나 클릭하여 블록을 해제한 후, 맨 앞의 '사' 자만 다시 드래그하여 블록으로 설정합니다. 그런 다음, 글자 크기를 '30' 으로 변경한 후, Ctrl + Enter 를 눌러 적용합니다.

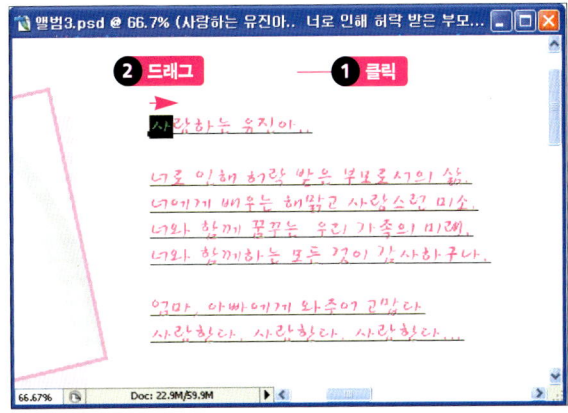

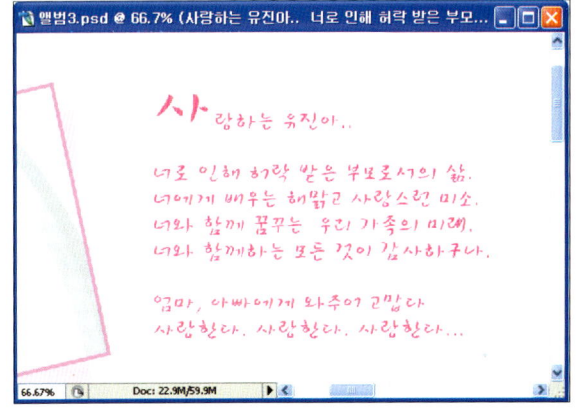

**10** 전체적인 레이아웃을 보면서 이동 툴 ⊕을 이용하여 위치를 적절하게 조절합니다.

**11** 완성되었습니다. 레슨 1, 2와 반복되는 내용이 많아 그리 어렵지 않았지요?

---

**공부합시다** **도형 툴 □ 옵션바**

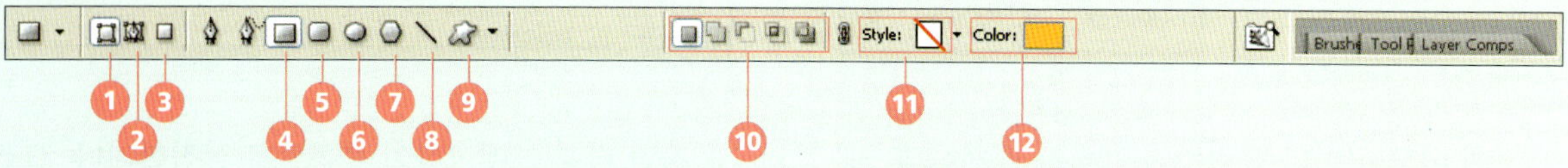

1. **Shape layers** : 전경색이나 패턴 스타일이 바로 적용되며, 펜 툴로 만든 모양을 레이어에 저장합니다. 일반적으로 가장 많이 사용하는 것입니다.

2. **Path** : 스타일이나 전경색을 적용하지 않고 펜 툴로 클릭하는 패스만 보여 줍니다. [레이어] 팔레트에는 아무런 변화가 나타나지 않고 [패스] 팔레트만 추가되어 패스 영역을 보여 줍니다.

3. **Fill pixels** : 벡터가 아닌 비트맵 방식의 그래픽으로 패스 없이 [레이어] 팔레트에 일반 도형 모양이 적용됩니다.

4. **사각형 도형 툴(Rectangle Tool) □** : 사각형을 만듭니다.

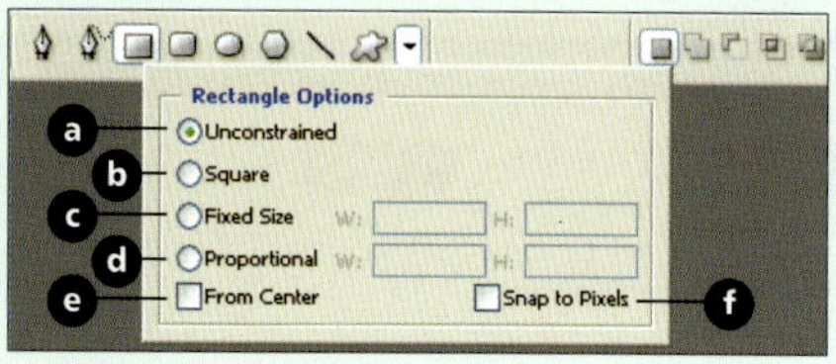

ⓐ **Unconstrained** : 마우스를 이용하여 드래그하는 대로 사각형을 만듭니다.

ⓑ **Square** : 정사각형을 만듭니다.

**c** Fixed Size : 입력한 치수대로 사각형을 만듭니다.

**d** Proportional : 입력한 가로 세로 비율 대로 사각형을 만듭니다.

**e** From Center : 체크 표시를 하면, 마우스를 클릭한 곳을 중심으로 사각형을 만듭니다.

**f** Snap to Pixels : 체크 표시를 하면, 사각형 모서리가 픽셀 단위로 만들어집니다.

**5** 모서리가 둥근 사각형 도형 툴(Rounded Rectangle Tool) : 모서리가 둥근 사각형을 만듭니다. 옵션은 사각형 도형 툴과 같고. Radius값에 따라 모서리 부분이 달라집니다.

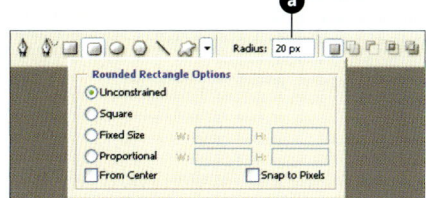

**a** Radius : 모서리를 곡선으로 만들 픽셀값을 나타냅니다.

**6** 원형 도형 툴(Ellipse Tool) : 타원을 만듭니다. 옵션은 사각형 도형 툴과 거의 같습니다.

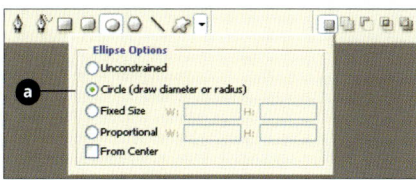

**a** Circle : 정원을 만듭니다.

**7** 다각형 도형 툴(Polygon Tool) : 입력한 꼭지점 수가 적용된 다양한 다각형을 만듭니다.

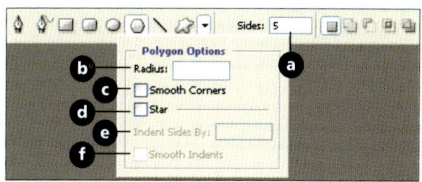

**a** Sides : 꼭지점의 수를 정합니다.

**b** Radius : 입력한 지름 크기 만한 도형을 만듭니다.

**c** Smooth Comers : 체크 표시를 하면, 꼭지점을 둥글게 나타냅니다.

**d** Star : 별처럼 생긴 뾰족한 도형을 만듭니다.

**e** Indent Sides By : 1부터 100까지 입력한 수치에 의해 뾰족하게 튀어나온 부분과 움푹 들어간 부분의 깊이를 조절합니다.

**f** Smooth Indents : 체크 표시를 하면 움푹 들어간 부분을 곡선으로 나타냅니다.

**8** 선 툴(Line Tool) : 선을 이용하여 기본적인 선과 화살표를 만듭니다.

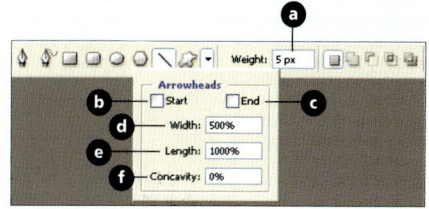

**a** Weight : 선의 굵기를 정합니다.

**b** Start : 체크 표시를 하면, 시작점부터 화살표가 나타납니다.

**c** End : 체크 표시를 하면, 끝나는 지점부터 화살표가 나타납니다.

**d** Width : 선의 굵기에 따라 화살표의 크기를 정합니다.

**e** Length : 선의 굵기에 따라 화살표의 길이를 정합니다.

**f** Concavity : 화살표의 길이에 따라 아래쪽의 모양을 결정하며, -50%부터 50%까지만 입력할 수 있습니다.

**9** 사용자 정의 도형 툴(Custom Shape Tool) 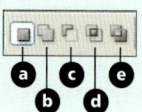 : 다양한 모양의 도형을 등록하였다가 필요할 때에 불러 와서 사용합니다.

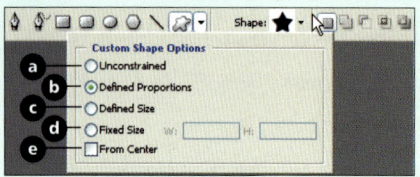

**a** Unconstrained : 마우스를 이용하여 드래그하는 대로 만듭니다.

**b** Defined Proportion : 선택한 도형의 가로, 세로 비율을 적용하여 만듭니다.

**c** Defined Size : 팔레트에 등록한 도형의 크기대로 만듭니다.

**d** Fixed Size : 입력한 가로 세로 비율대로 만듭니다.

**e** From Center : 체크 표시를 하면, 마우스를 클릭한 곳을 중심으로 사각형을 만듭니다.

**10** 도형 선택 모드 : 선택 영역을 더하거나 뺄 때에 사용합니다.

**a** New Selection : 새로운 이미지를 선택할 때에 사용합니다. 선택 영역은 하나만 존재합니다.

**b** Add Selection : 선택 영역을 추가할 때에 사용합니다.

**c** Subtract from Selection : 현재 선택된 영역에서 새로 선택한 영역을 뺄 때에 사용합니다.

**d** Intersect with Selection : 두 선택 영역의 공통 부분만 남길 때에 사용합니다.

**e** Exclude overlapping shape areas : 두 선택 영역의 공동된 부분을 뺄 때에 사용합니다.

**11** Style : 'Shape layers'를 클릭하여 작업할 때만 활성화되면 선택한 패턴을 적용합니다. 스타일을 선택한 경우, 컬러보다 먼저 적용됩니다.

**12** Color : 도형의 색상을 선택합니다.

# 초록이 싱그러운
# 공원에서

봄이 왔어요. 초록으로 덮인 공원에 나가니 아이가 참 좋아하네요. 이번엔 공원에서 즐
겁게 노는 아이의 모습을 담은 앨범을 만들어 보겠습니다. 다양한 아이의 표정을 넣고
초록 배경과 어울리는 색상과 글자체를 사용해서 봄 느낌을 내 볼까요?

● **결과 파일 경로** | **부록** CD\Sample\Part04\After\0404.jpg

Beautiful Dreamer

## 새 파일을 만들고, 사진을 넣어요

**01** Ctrl + N 을 눌러 [New] 대화상자가 나타나면, 다음과 같이 설정하고 [OK] 버튼을 클릭합니다.

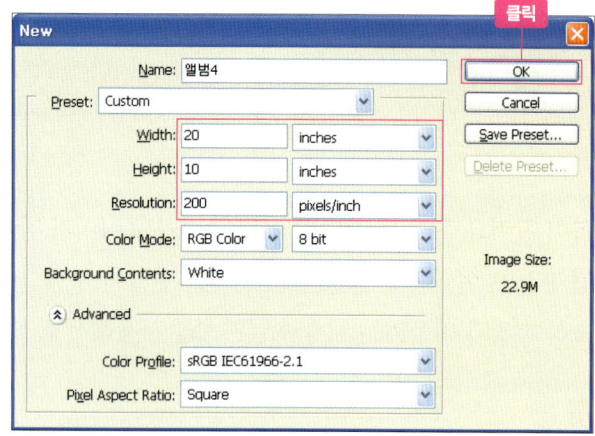

**02** Ctrl + R 을 눌러 눈금자를 나타낸 후 다음과 같이 가이드라인을 만듭니다.

**가로 가이드라인** : 1cm, 5cm, 12cm, 12.5cm, 19.5cm, 24.4cm
**세로 가이드라인** : 1cm, 4.5cm, 12.5cm, 13cm, 21cm 25.4cm, 49.8cm

**03** Ctrl + O 를 눌러 부록 CD\Sample\Part04\0404_01.jpg를 불러 온 후, 이동 툴을 이용하여 앨범 작업 창으로 드래그합니다.

중심 가이드라인에 딱 맞게 사진의 위치를 잡아주세요.

**04** 툴박스에서 모서리가 둥근 사각형 도형 툴을 선택하고 옵션바에서 Radius를 '40'으로 설정합니다. 색상은 흰색을 제외한 어떤 색이든 상관없습니다.

**05** 앨범 왼쪽 부분의 가이드라인에 맞추어 사각형을 그립니다.

**06** [레이어] 팔레트에서 Shape 1 레이어의 회색 벡터 마스크 부분을 Ctrl 을 누른 채 클릭하여 선택 영역으로 설정합니다.

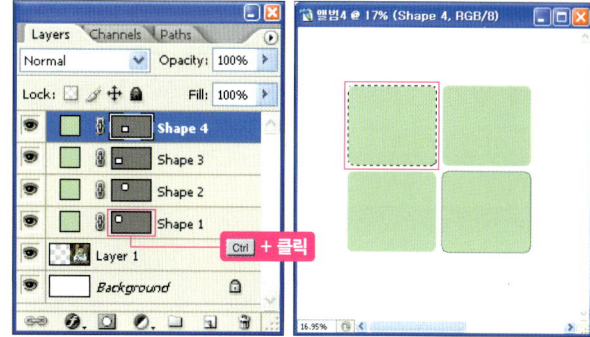

**07** Ctrl + O 를 눌러 부록 CD\Sample\Part04\0404_02.jpg를 불러 옵니다. 사진이 가로로 누웠네요. [Image] 메뉴의 [Rotate Canvas – 90° CW]를 선택합니다. 이제 사진이 똑바로 놓입니다.

**08** `Ctrl` + `A`를 눌러 전체 선택을 하고 `Ctrl` + `C`를 눌러 복사합니다.

**09** 앨범 작업 창으로 돌아온 후, `Shift` + `Ctrl` + `V`를 눌러 선택 영역 안으로 이미지를 붙여넣기하고, 이동툴 ⊕을 이용하여 위치를 적절하게 조절합니다.

**10** 마찬가지 방법으로 '0404_03.jpg', '0404_04.jpg', '0404_05.jpg'도 선택 영역 안으로 붙여넣기합니다.

**11** [레이어] 팔레트에서 Shape 레이어의 눈 👁을 클릭하여 보이지 않게 합니다. 조금씩 보이던 테두리 부분이 안 보이게 되지요?

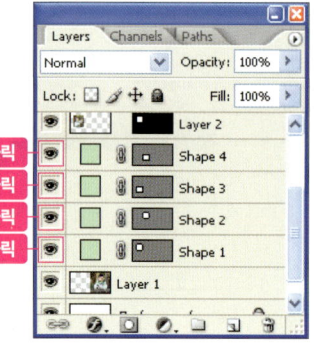

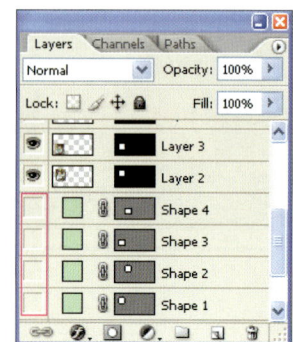

# 사각형을 그리고, 글자를 입력해요

**01** 전경색을 클릭하여 [Color Picker] 대화상자가 나타나면, 색상을 '#b6d8d4'로 변경한 후 [OK] 버튼을 클릭합니다.

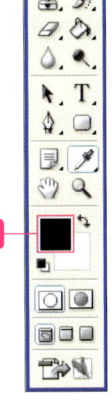

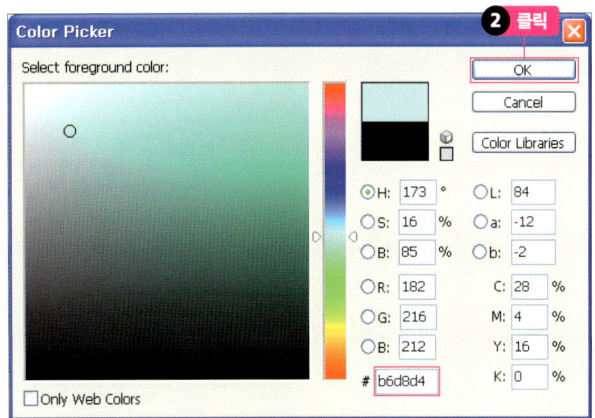

**02** 사각형 도형 툴 🔲 을 선택하고 왼쪽 윗부분에 세로로 긴 사각형을 그립니다.

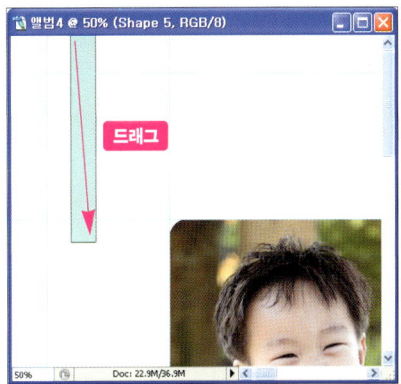

**03** [레이어] 팔레트에서 방금 그린 Shape 5 레이어를 [Create a new layer] 버튼 🔲 으로 드래그하여 복사합니다.

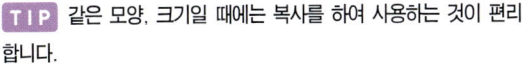

> **TIP** 같은 모양, 크기일 때에는 복사를 하여 사용하는 것이 편리합니다.

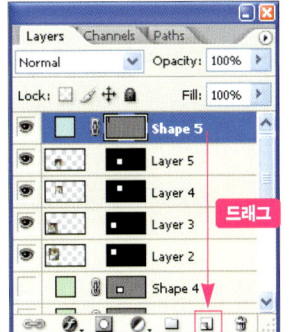

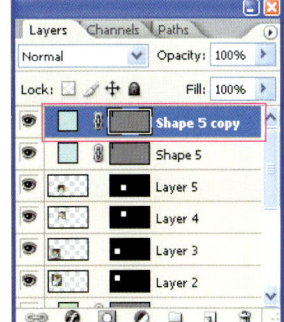

**04** 이동 툴 ⊕을 선택하여 복사한 사각형을 약간 짧게
보이도록 옆으로 적절하게 이동합니다.

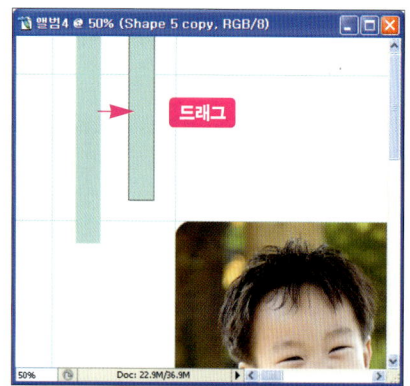

**05** 글자 툴 T을 선택합니다. 옵션바에서 다음과 같이
설정하고, 작업 창 왼쪽 상단 부분을 클릭하여
'Beautiful Dreamer' 라고 입력한 후 Ctrl + Enter 를 눌
러 적용합니다.

색상값은
'#3f998d'
입니다.

**06** 작업 창의 왼쪽 아랫부분을 클릭하여 새 문자 레이어를 만든 후, 옵션바에서 글자 크기를 '11', 정렬은 '가운데 정
렬' 로 변경하고 다음 내용을 입력합니다.

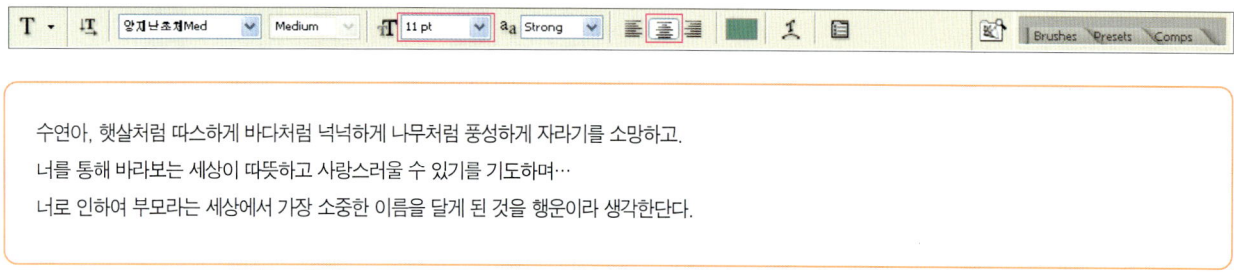

수연아, 햇살처럼 따스하게 바다처럼 넉넉하게 나무처럼 풍성하게 자라기를 소망하고.
너를 통해 바라보는 세상이 따뜻하고 사랑스러울 수 있기를 기도하며…
너로 인하여 부모라는 세상에서 가장 소중한 이름을 달게 된 것을 행운이라 생각한단다.

**07** 문장 전체를 드래그하여 블록으로 설정한 후, [캐릭터] 팔레트에서 줄 간격을 '15'로 변경하고 ⌈Ctrl⌉ + ⌈Enter⌉를 눌러 적용합니다.

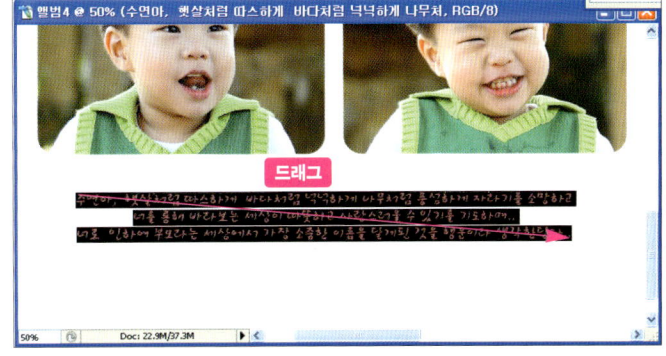

**08** 이동 툴 ⊕을 이용하여 위치를 적절하게 조절합니다.

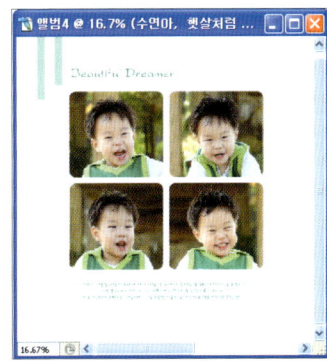

**09** 완성되었습니다. 뿌듯하시죠?

**〔Rotate Canvas〕 메뉴**

〔Rotate Canvas〕 메뉴를 이용하면 사진을 원하는 방향으로 회전시킬 수 있습니다.

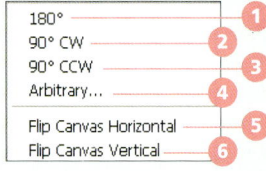

④ **Arbitray** : 캔버스를 입력한 각도 만큼 회전합니다.

① **180°** : 캔버스를 180° 회전합니다.

⑤ **Flip Canvas Horizontal** : 캔버스를 좌우로 반전합니다.

② **90°CW** : 캔버스를 시계 방향으로 90° 회전합니다.

⑥ **Flip Canvas Vertical** : 캔버스를 상하로 반전합니다.

③ **90°CCW** : 캔버스를 시계 반대 방향으로 90° 회전합니다.

# 우리는 사이좋은
# 형제

토닥거리며 싸우다가도 금세 친하게 지내는 것이 형제지간이지요. 이번엔 형제가 사이
좋게 노는 모습을 담은 앨범을 만들어 보겠습니다. 비슷한 포즈의 사진을 여러 장 나열
하는 것이 이번 앨범의 특징입니다. 그럼 시작해 볼까요?

● **결과 파일 경로** | 부록 CD\Sample\Part04\After\0405.jpg

## 새 파일을 만들고, 메인 사진을 넣어요

**01** Ctrl + N 을 눌러 [New] 대화상자가 나타나면, 다음과 같이 설정하고 [OK] 버튼을 클릭합니다.

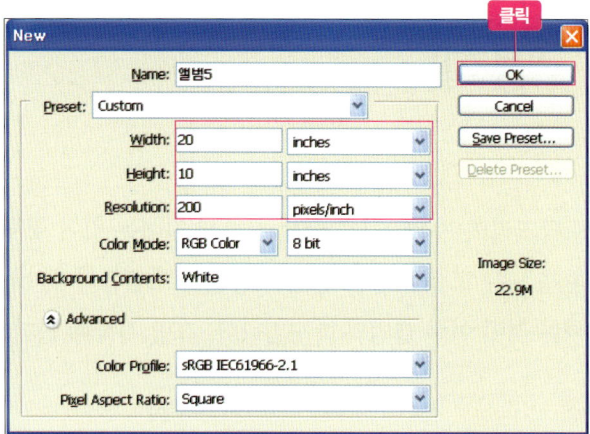

**02** Ctrl + R 을 눌러 눈금자를 나타낸 후, 다음과 같이 가이드라인을 만듭니다.

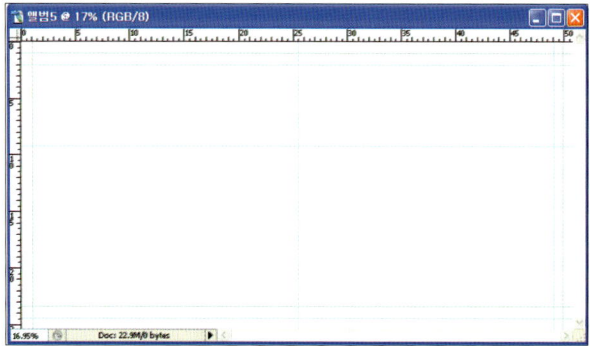

> **가로 가이드라인** : 1cm, 2cm, 9.2cm, 23.4cm, 24.4cm
> **세로 가이드라인** : 1cm, 25.4cm, 49cm 49.8cm

**03** [레이어] 팔레트에서 [Create a new layer] 버튼 을 눌러 새 레이어를 만듭니다.

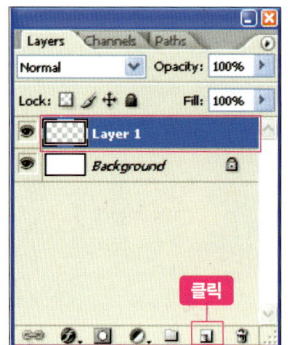

**04** 전경색을 클릭하여 [Color Picker] 대화상자에서 색상을 '#b3a494'로 변경한 후, [OK] 버튼을 클릭합니다.

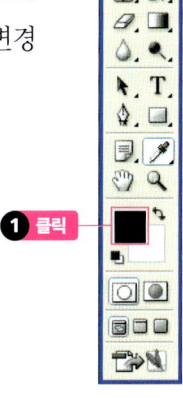

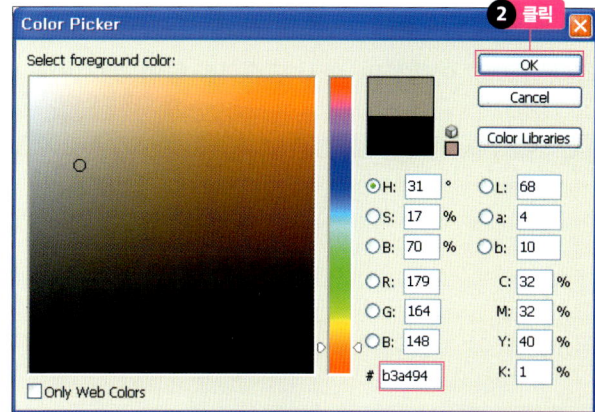

**05** 페인트통 툴 을 선택한 후, 앨범 작업 창을 클릭하여 전경색으로 채웁니다.

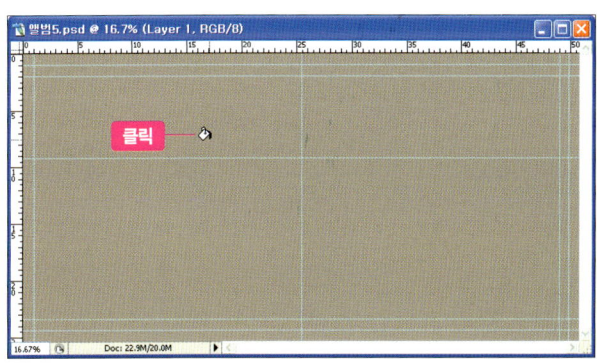

**06** Ctrl + O를 눌러 부록 CD\Sample\Part04\0405_01.jpg를 불러 온 후, 이동 툴 을 선택하고 앨범 작업 창으로 드래그합니다.

가운데 부분은 지울 것이므로 중심 가이드라인을 약간 넘도록 사진을 넣어 주세요.

**07** [레이어] 팔레트에서 [Add a layer mask] 버튼 을 클릭하여 Layer 2의 레이어 마스크를 만듭니다.

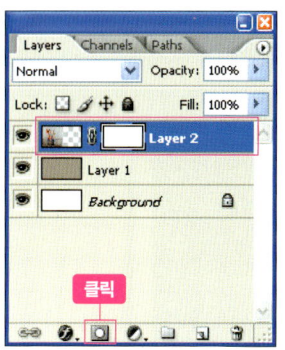

**08** 툴박스에서 그레이디언트 툴 을 선택한 후, 작업 창 오른쪽에서 왼쪽으로 짧게 드래그하여 지웁니다. 한 번 드래그 해 보고 어색하면, 다시 드래그를 하여 부드럽게 지웁니다.

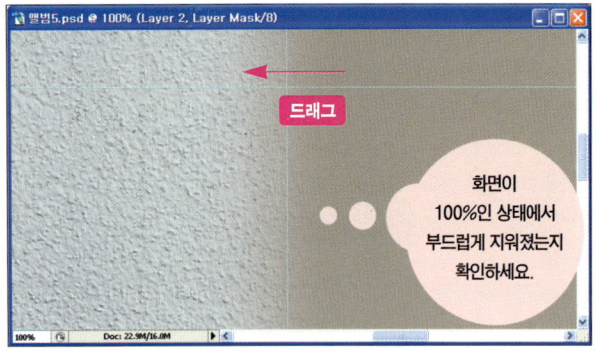

## 작은 사진을 넣어요

**01** Ctrl + O를 눌러 부록 CD\Sample\Part04\0405_02.jpg를 불러 옵니다. 툴박스에서 자르기 툴 🔲 을 선택한 후, 옵션바에서 다음과 같이 설정합니다.

**02** 작업 창에서 자를 영역을 왼쪽 위에서 오른쪽 아래로 드래그하여 선택합니다. 구도를 살피면서 적절히 잘라 줍니다. 자른 위치가 마음에 든다면 Ctrl + Enter 를 눌러 적용합니다.

**03** 이동 툴 🔁 을 선택하여 앨범 작업 창으로 드래그한 후, 오른쪽 위 가이드라인에 맞추어 위치를 조절합니다.

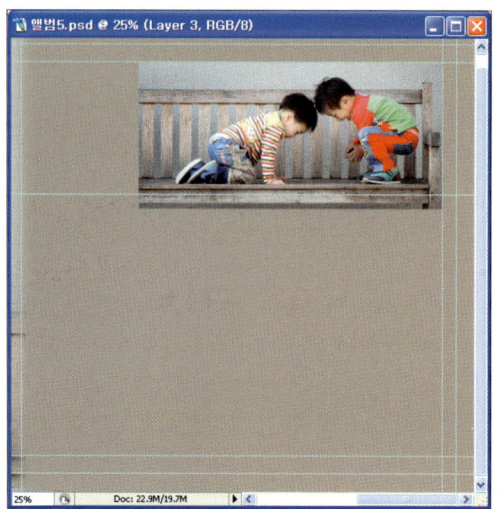

**04** Ctrl + 이를 눌러 부록 CD\Sample\Part04\0405_ 03.jpg를 불러 온 후, 자르기 툴 🔲을 이용하여 전과 같 은 크기로 자릅니다.

**05** 이동 툴 🔀을 선택하여 앨범 작업 창으로 드래그한 후, 오른쪽 아래의 가이드라인에 맞추어 위치를 조절합 니다.

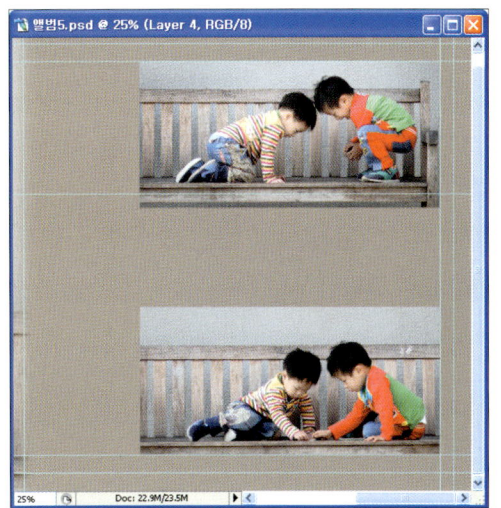

**06** 마찬가지로 Ctrl + 이를 눌러 부록 CD\Sample\ Part04\0405_ 04.jpg를 불러 온 후, 자르기 툴 🔲을 이 용하여 같은 크기로 자릅니다.

**07** 이동 툴 🔀을 선택하여 앨범 작업 창으로 드래그 한 후, 오른쪽 중간 가이드라인에 맞추어 위치를 조절 합니다.

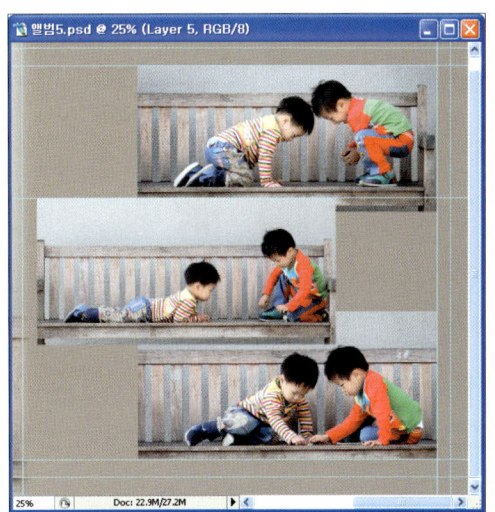

## 레이어 효과를 넣어요

**01** 사진들이 겹쳐져 있어 조금 복잡해 보이므로 레이어 효과로 정리를 해 보겠습니다. [레이어] 팔레트 아래 쪽의 [Add a layer style] 버튼 🔘 을 클릭한 후 [Stroke] 를 선택합니다. [Layer Style] 대화상자가 나타나면 다음과 같이 설정합니다.

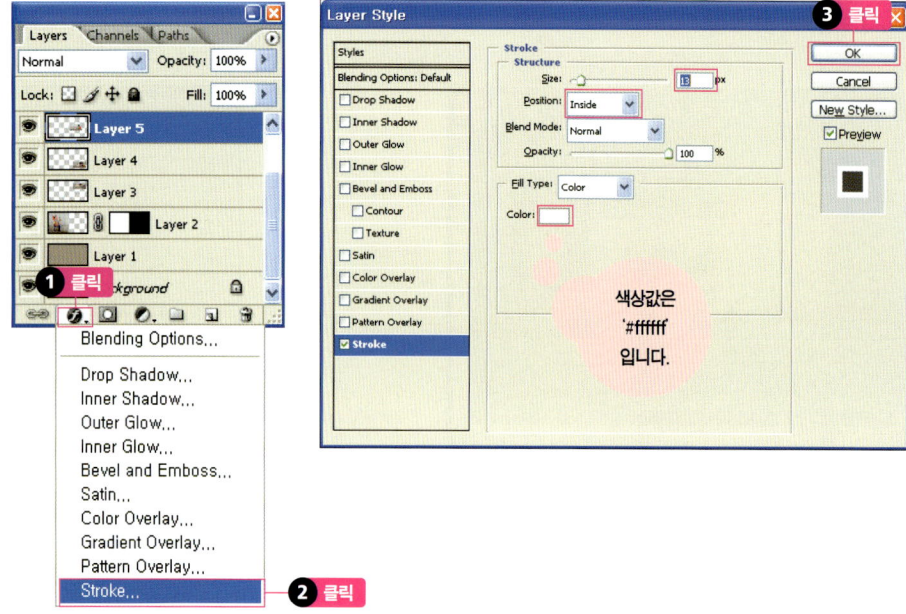

**02** [Drop Shadow]를 클릭한 후, 기본 설정인 상태에서 [OK] 버튼을 클릭합니다.

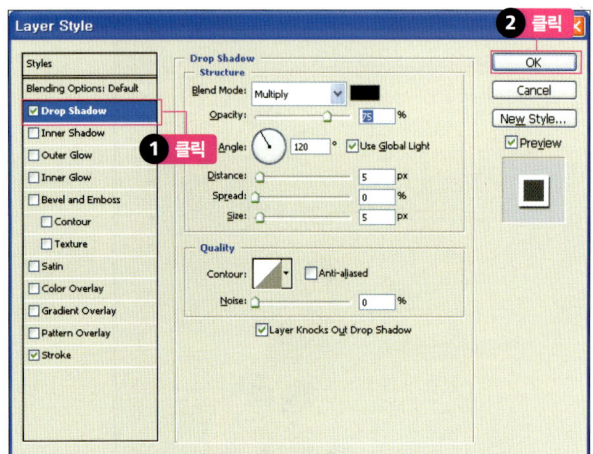

**03** 가운데 사진에 흰색 테두리와 그림자 효과가 생깁니다.

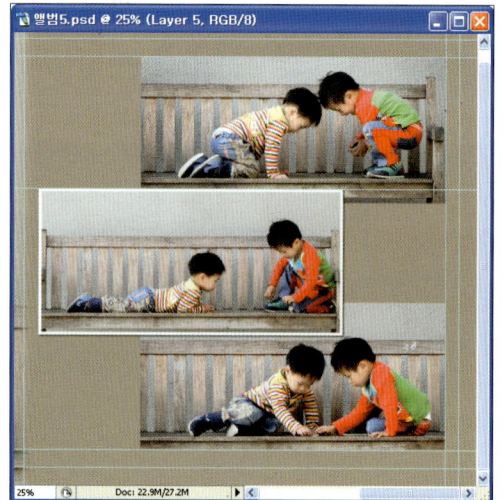

**04** 나머지 사진에도 같은 효과를 주겠습니다. 레이어 스타일을 복사하여 붙여 넣습니다.

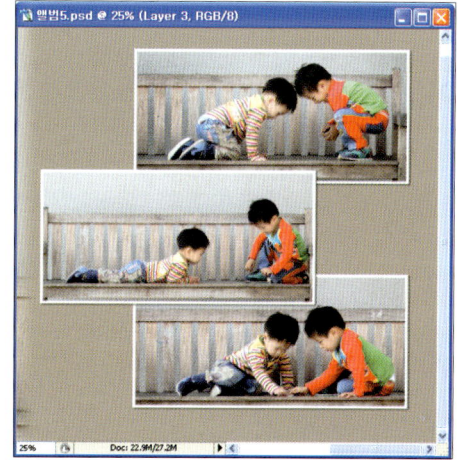

**page** 레이어 스타일을 복사해서 붙여넣는 방법은 126쪽과 127쪽을 참고하세요.

**05** 가운데 사진을 약간 기울여 보겠습니다. [레이어] 팔레트에서 Layer 5를 선택한 후 Ctrl + T 를 눌러 조절점이 나타나면, 위로 약간 드래그합니다. 적당히 기울인 후 Ctrl + Enter 를 눌러 적용합니다.

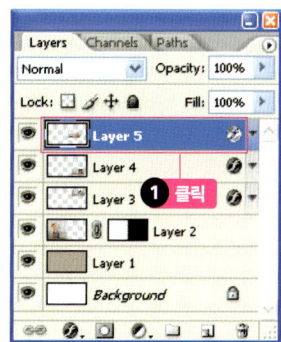

**06** 이동 툴 을 선택한 후 키보드 방향키로 조금씩 움직여 위치를 조절합니다.

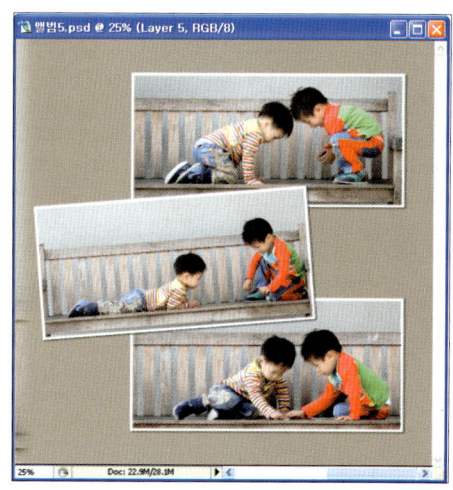

## 글자를 입력해요

**01** 문자 툴 T 을 선택한 후, 옵션바와 [캐릭터] 팔레트 에서 다음과 같이 설정합니다.

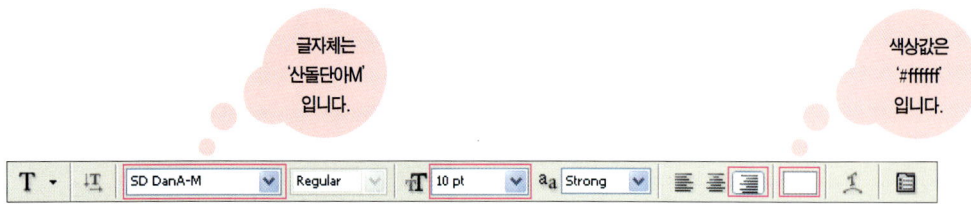

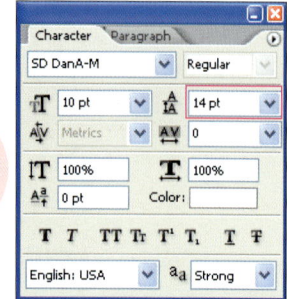

글자체는 '산돌단아M' 입니다.

색상값은 '#ffffff' 입니다.

**02** 작업 창을 클릭하여 다음 문장을 입력한 후, Ctrl + Enter 를 눌러 적용합니다.

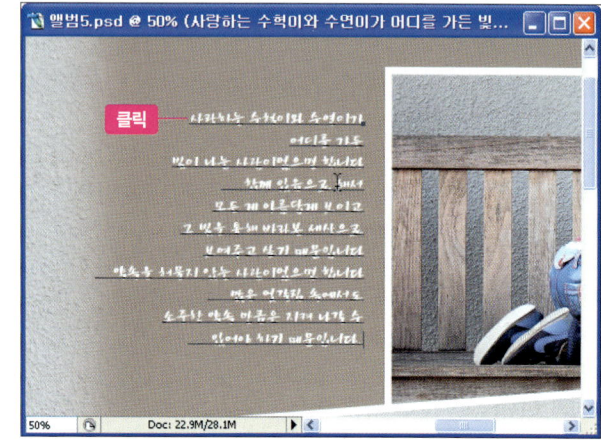

클릭

사랑하는 수혁이와 수연이가 어디를 가든 빛이 나는 사람이었으면 합니다. 함께 있음으로 해서 모든 게 아름답게 보이고 그 빛을 통해 바라본 세상으로 보여 주고 싶기 때문입니다 약속을 허물지 않는 사람이었으면 합니다. 많은 엇갈림 속에서도 소중한 약속 만큼은 지켜 나갈 수 있어야 하기 때문입니다.

**03** 배경이 단색이므로 그림자 효과를 적용해 보겠습니다. [레이어] 팔레트 아래쪽의 [Add a layer style] 버튼 을 클릭한 후 [Drop Shadow] 를 선택합니다. [Layer Style] 대화상자가 나타나면, Opacity를 '30'으로 설정한 후 [OK] 버튼을 클릭합니다.

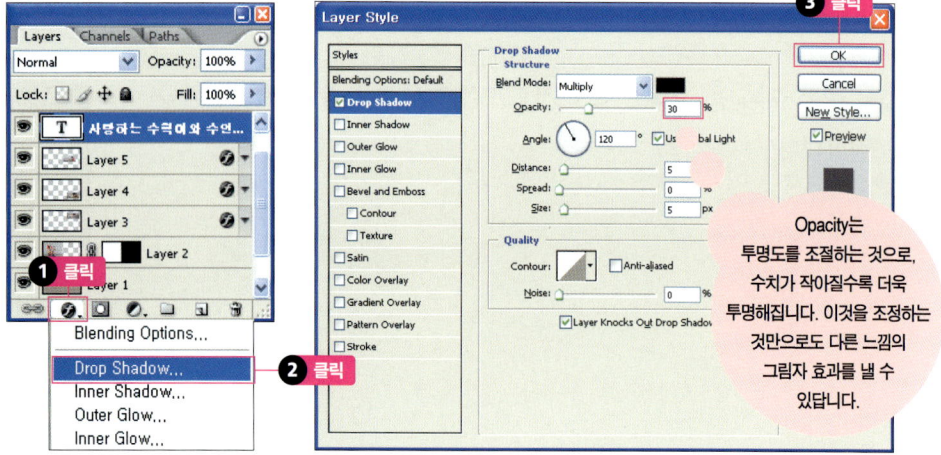

Opacity는 투명도를 조절하는 것으로, 수치가 작아질수록 더욱 투명해집니다. 이것을 조정하는 것만으로도 다른 느낌의 그림자 효과를 낼 수 있답니다.

**04** 연한 그림자가 생긴 것을 확인할 수 있습니다.

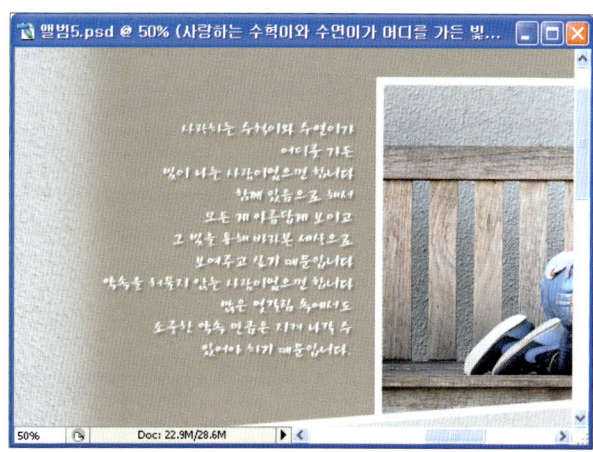

**05** 가운데 사진 오른쪽을 클릭하여 새 문자 레이어를 만든 후, 옵션바와 [캐릭터] 팔레트 에서 다음과 같이 설정합니다.

색상값은
'#ffffff
입니다.

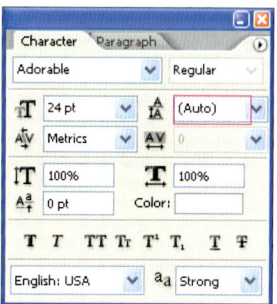

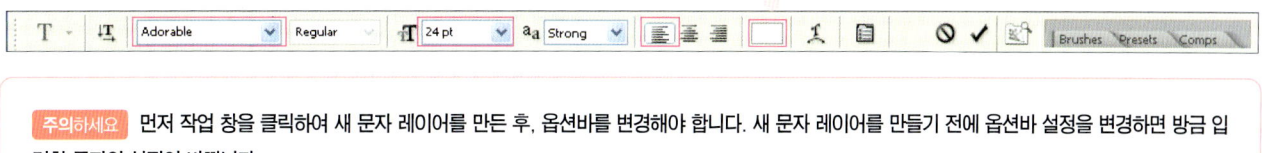

주의하세요 먼저 작업 창을 클릭하여 새 문자 레이어를 만든 후, 옵션바를 변경해야 합니다. 새 문자 레이어를 만들기 전에 옵션바 설정을 변경하면 방금 입력한 문자의 설정이 바뀝니다.

**06** 'Lovely Brother' 이라고 입력하고, Ctrl + Enter 를 눌러 적용합니다.

**07** [레이어] 팔레트 아래쪽
의 [Add a layer style] 버
튼 을 클릭한 후 [Drop
Shadow]를 선택합니다.
[Layer Style] 대화상자가 나
타나면, Opacity를 '50'으로
설정한 후 [OK] 버튼을 클릭
합니다.

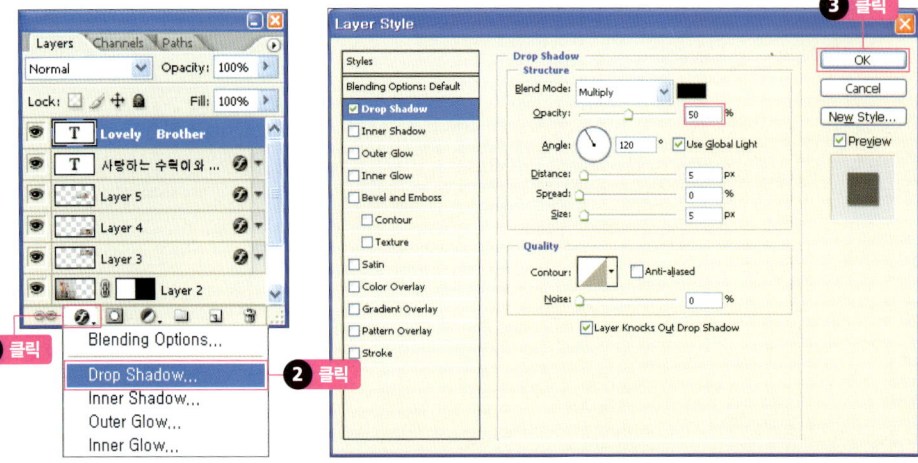

**08** 이동 툴 을 선택한 후, 키보드 방향키로 조금씩
움직여 위치를 조절합니다.

**09** 완성되었습니다. 점점 일취월장하는 여러분의 실력이 보이나요?

# 인형하고 나하고

예은이가 인형하고 나란히 앉아 있네요. 어느 쪽이 인형인지 구분이 안 될 정도로 사랑
스러운 예은이의 모습을 모아 봤어요. 대부분 앞에 레슨에서 배운 기능들을 응용하는
내용이니 차근차근 따라해 보세요.

● **결과 파일 경로** | **부록 CD\Sample\Part04\After\0408.jpg**

## 새 파일을 만들고, 메인 사진을 넣어요

**01** Ctrl + N 을 눌러 [New] 대화상자가 나타나면, 다음과 같이 설정하고 [OK] 버튼을 클릭합니다.

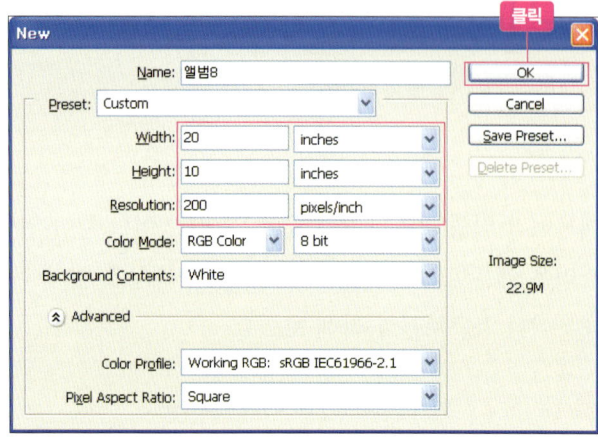

**02** Ctrl + R 을 눌러 눈금자를 나타낸 후, 다음과 같이 가이드라인을 만듭니다.

> **가로 가이드라인** : 1cm, 1.5cm, 2.5cm, 8cm, 8.5cm, 14.5cm,
> 15cm, 22.9cm, 23.9cm, 24.4cm
> **세로 가이드라인** : 1cm, 25.4cm, 27.5cm, 28.5cm, 29.5cm,
> 37cm, 37.5cm, 48.5cm, 49.5cm, 49.8cm

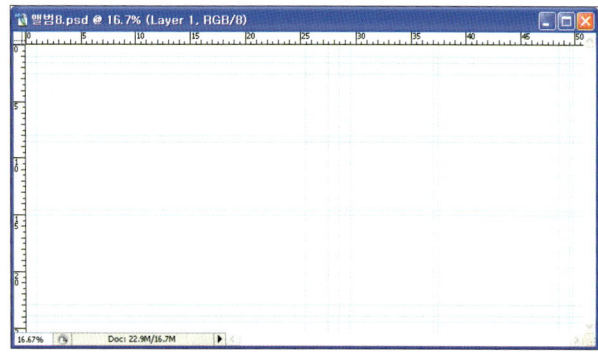

**03** Ctrl + O 를 눌러 부록 CD\Sample\Part04\0408_01.jpg를 불러 온 후, 이동 툴 을 이용하여 앨범 작업 창으로 드래그합니다.

**04** 사각형 선택 툴 을 클릭한 후 27.5cm 지점의 가이드라인에 맞추어 넘어간 부분을 선택합니다.

**05** Delete 를 눌러 선택한 부분을 지우고, Ctrl + D 를 눌러 선택을 해제합니다.

## 작은 사진을 넣어요

**01** 툴박스에서 모서리가 둥근 사각형 도형 툴 을 선택한 후, 옵션바에서 Radius를 '20'으로 설정합니다. 사진을 넣을 영역을 만드는 것이므로 색상은 흰색만 아니면 어떤 색이든 상관없습니다.

**02** 가이드라인에 맞추어 다음과 같이 네 개의 사각형을 그립니다.

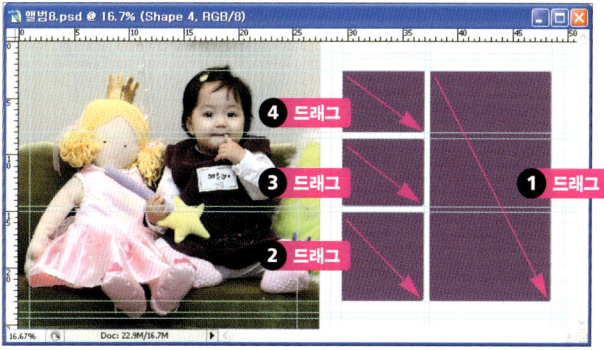

**03** [레이어] 팔레트에서 Shape 1 레이어의 회색 벡터 마스크 부분을 Ctrl 을 누른 채 클릭하여 선택 영역으로 설정합니다. 여기에서는 제일 긴 사각형을 Shape 1로 설정했습니다.

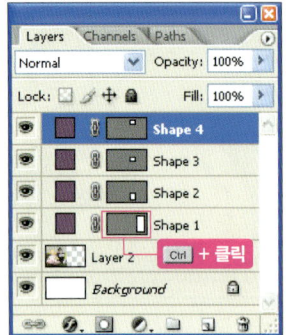

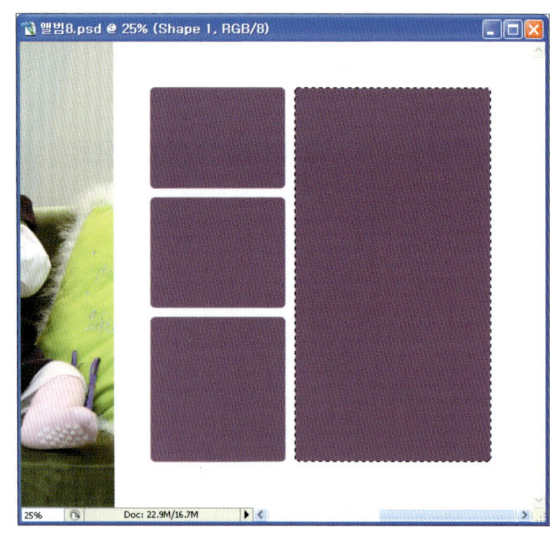

**04** Ctrl + O 를 눌러 부록 CD\Sample\Part04\0408_02.jpg를 불러 온 후, Ctrl + A 를 눌러 전체 선택을 하고 Ctrl + C 를 눌러 복사합니다.

**05** 앨범 작업 창으로 돌아온 후, Shift + Ctrl + V 를 눌러 선택 영역 안으로 복사한 이미지를 붙여넣기한 다음, 이동 툴을 이용하여 위치를 적절하게 조절합니다.

**06** 마찬가지 방법으로 '0408_03.jpg', '0408_04.jpg', '0408_05.jpg' 도 복사하여 사각형 안으로 붙여넣기합니다.

**07** [레이어] 팔레트에서 Shape 레이어들의 눈 아이콘 을 클릭하여 끕니다.

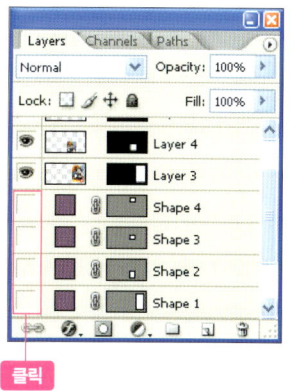

클릭

## 모서리가 둥근 사각형을 그려요

**01** [레이어] 팔레트에서 [Create a new layer] 버튼 을 클릭하여 새 레이어를 만듭니다.

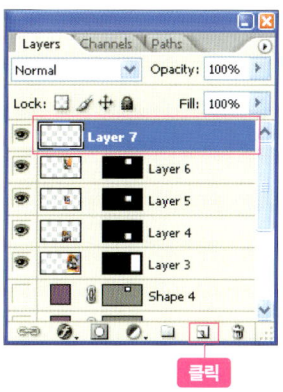

클릭

**02** 사각형 선택 툴 을 클릭한 후, 다음과 같이 안쪽 가이드라인에 맞추어 선택 영역을 설정합니다.

가이드라인을 보이게 하는 단축키는 Ctrl + H 입니다.

드래그

**03** [Select] 메뉴의 [Modify – Smooth]를 선택하여 [Smooth Selection] 대화상자가 나타나면, Sample Radius는 '20'으로 설정하고 [OK] 버튼을 클릭합니다.

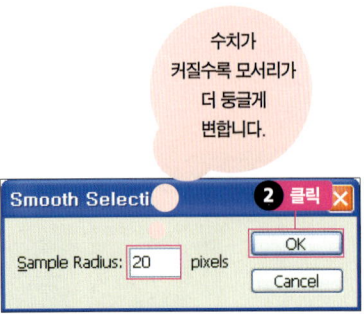

수치가 커질수록 모서리가 더 둥글게 변합니다.

**04** 사각형 선택 영역 모서리가 약간 둥글어진 것을 알 수 있습니다.

**05** [Edit] 메뉴의 [Stroke]를 선택합니다. [Stroke] 대화상자가 나타나면 다음과 같이 설정한 후 [OK] 버튼을 클릭합니다.

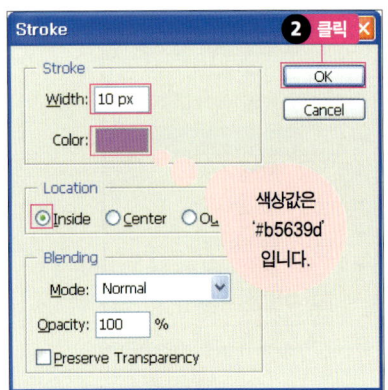

색상값은 '#b5639d' 입니다.

**06** Ctrl + D 를 눌러 선택을 해제합니다.

## 레이어 효과를 넣어요

**01** [레이어] 팔레트에서 Layer 3을 선택한 후 아래쪽의 [Add a layer style] 버튼 을 클릭하고 [Bevel and Emboss]를 선택합니다. [Layer Style] 대화상자가 나타나면, 다음과 같이 설정하고 [OK] 버튼을 클릭합니다.

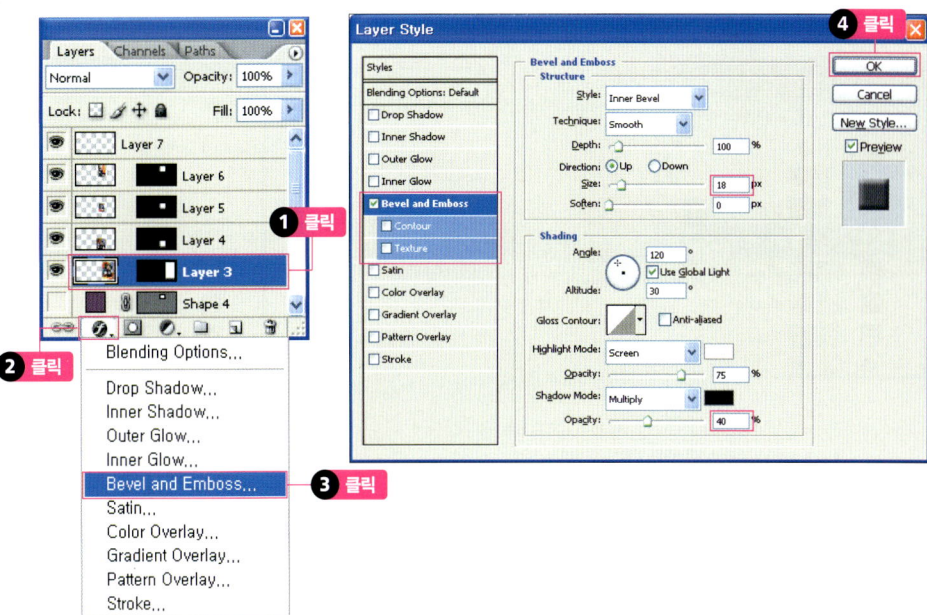

**02** 오른쪽 사진에 레이어 효과가 나타난 것을 알 수 있습니다.

**03** [레이어] 팔레트에서 Layer 3의 이름 부분에 마우스 오른쪽 버튼을 클릭한 후, [Copy Layer Style]을 선택하여 레이어 스타일을 붙여넣기합니다.

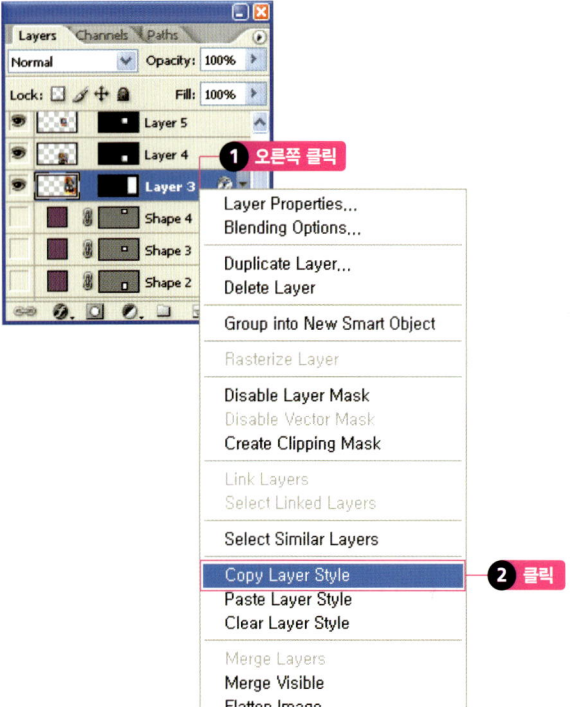

**04** Layer 4의 이름 부분에 마우스 오른쪽 버튼을 클릭한 후, [Paste Layer Style]을 선택하여 복사한 레이어 스타일을 붙여넣기합니다.

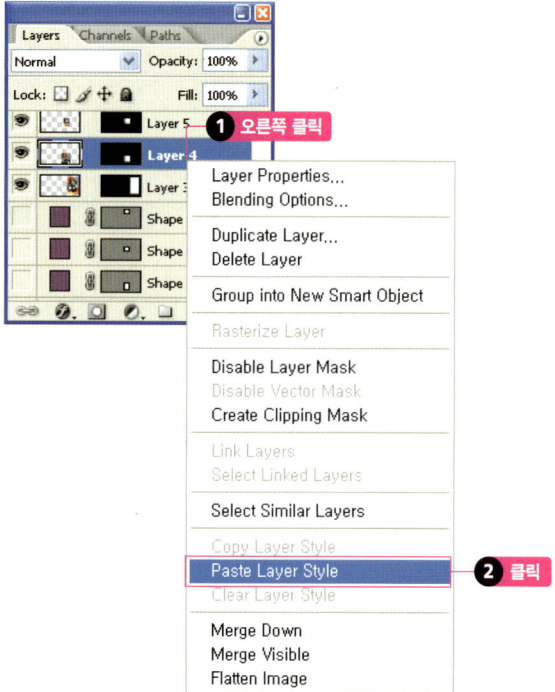

**05** 나머지 Layer 5, Layer 6에도 레이어 스타일을 복사하여 붙여넣기하면, 다음과 같이 완성됩니다.

 **〔Color Picker〕 대화상자**

〔Color Picker〕 대화상자는 모든 색상 선택 툴에서 색을 선택하고자 할 때 공통적으로 사용되는 매우 중요한 도구입니다. 직접 색상 값을 입력하거나 컬러 필드에서 색을 선택하거나 색상 슬라이더를 이용하여 색을 선택할 수 있습니다.

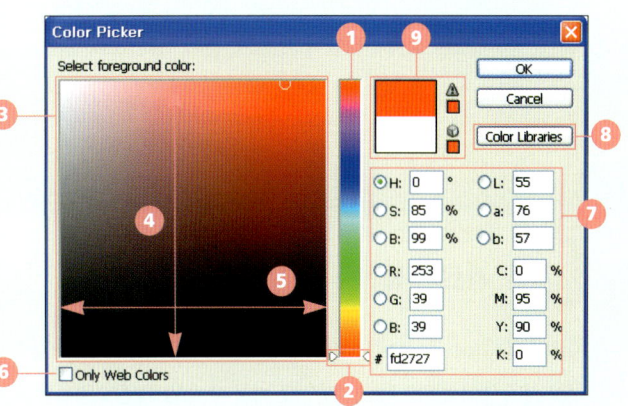

**1** 색상(Hue) 슬라이더 : 여러 가지 색깔을 나타내며 마우스를 클릭하거나 위치 바를 드래그하여 색상을 선택할 수 있습니다.

**2** 위치 바 : 위아래로 드래그하면서 색상을 선택할 수 있습니다.

**3** 컬러 필드(Color Field) : 색상 슬라이더에서 선택한 색상에 다양한 명도, 채도를 적용한 색상 영역입니다. 직접 클릭하여 색상을 선택합니다.

**4** 명도(Brightness) : 색의 밝고 어두운 정도를 나타내며 상단으로 올라갈수록 색상이 밝아지고 하단으로 내려갈수록 색상이 어두워집니다.

**5** 채도(Saturation) : 색의 선명한 정도를 나타내며 컬러 피커에서는 오른쪽으로 갈수록 색이 선명한 원색에 가까워지며 왼쪽으로 갈수록 탁한 파스텔 톤의 무채색에 가까워집니다.

**6** Only Web Colors : 체크하면 어떤 환경에서든 동일한 색상으로 보여지는 안전한 웹 컬러 색상만을 컬러 필드에 나타냅니다.

**7** **색상값** : 현재 선택한 색의 값을 수치로 나타내며 사용자가 직접 입력하여 색을 선택할 수도 있습니다.

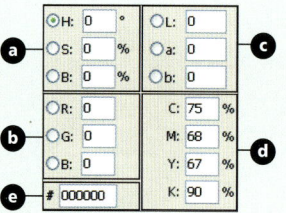

**a** **HSB** : 색상(Hue), 채도(Saturation), 명도 (Brightness)의 값으로 색을 나타냅니다.

**b** **RGB** : 빛의 삼원색인 빨강(Red), 초록(Green), 파랑 (Blue)의 값으로 색을 나타냅니다. 웹에서 주로 쓰이는 색상체계입니다.

**c** **Lab** : 기기 독립적 색상 체계로 L은 명도, a는 빨강/초록의 보색 축을 b는 노랑/파랑의 보색축을 기준으로 삼습니다. RGB와 CMRK의 중간 보정 색상 단계를 나타냅니다.

**d** **CMYK** : 인쇄할 때에 이용하는 4가지 색상으로 파랑 (Cyan), 빨강(Magenta) 노랑(Yellow), 검정(Black) 의 값으로 색을 나타냅니다. 출판, 인쇄 시에 주로 사용하는 색의 체계입니다.

**e** **#** : Html 코드에 쓰이는 색상 값으로 RGB 색상 값을 16진법으로 나타낸 것입니다.

**8** **Custom** : 〔Color Libraries〕 대화상자에서 PANTONE 컬러와 같은 별색을 직접 선택할 수도 있습니다.

**9** **선택 색 버튼**

**a** **새로 선택한 색** : 컬러 필드에서 마지막으로 선택되어진 색이 나타납니다.

**b** **선택하기 전의 색** : 선택하기 전의 색이 나타납니다.

**c** **삼각형 경고 버튼** : 인쇄했을 때 인쇄 색상인 CMYK로 나타낼 수 없는 색임을 알려줍니다. 커튼을 클릭하면 인쇄가 가능한 유사 색상으로 보정해 줍니다.

**d** **입체 사각형 버튼** : 홈페이지에서 표현할 수 없는 256 이상의 색상임을 알려 줍니다. 클릭하면 홈페이지에서 표현할 수 있는 가장 유사한 색상으로 보정해 줍니다.

---

 **자르기 툴**

자르기 툴(Crop Tool)은 이미지의 원하는 부분만 남기고 나머지 부분을 잘라 낼 때에 쓰이는 기능입니다. 단순히 자르는 기능 뿐만 아니라 선택 영역의 각도와 크기까지도 바꿀 수 있기 때문에 편리합니다.

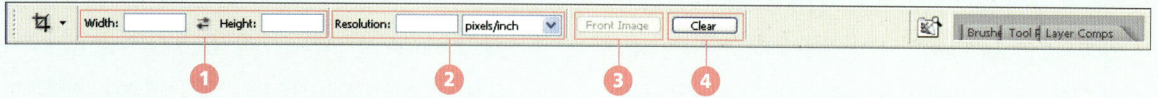

옵션바에서 잘라 낼 크기와 해상도를 정할 수 있으며, 빈 칸으로 두면, 자유롭게 드래그하여 잘라 낼 수 있습니다.

**1** **Width, Height** : 잘라 낼 이미지의 가로와 세로 수치를 입력하는 곳입니다.

**2** **Resolution** : 잘라 낼 이미지의 해상도를 정하는 곳입니다.

**3** **Front Image** : 클릭하면 작업할 현재 파일의 전체 크기와 해상도가 옵션바에 나타납니다.

**4** **Clear** : 옵션바에 입력한 모든 값을 지웁니다.

# 흑백영화처럼

앨범의 마지막 페이지는 좀 특별하게 꾸며 볼게요. 아이들의 다양한 얼굴만 모아서 넣어 보겠습니다. 또 컬러 사진을 흑백과 단색으로 바꿔서 영화 필름이 흘러가는 것처럼 정리한 다음 아기에게 보내는 편지로 마무리 하겠습니다.

● **결과 파일 경로** | 부록 CD\Sample\Part04\After\0410.jpg

## 새 파일을 만들고, 사진틀을 만들어요

**01** Ctrl + N 을 눌러 [New] 대화상자가 나타나면, 다음과 같이 설정하고 [OK] 버튼을 클릭합니다.

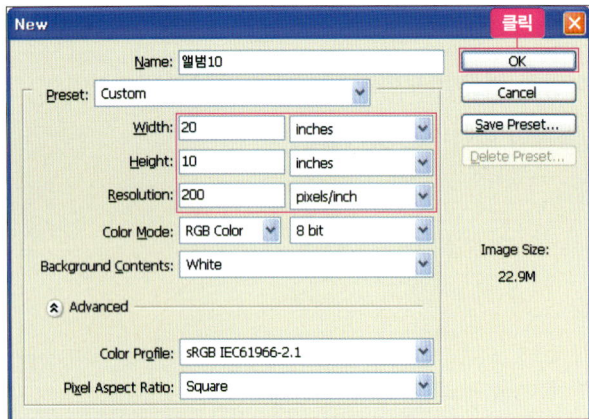

**02** Ctrl + R 을 눌러 눈금자를 나타낸 후, 다음과 같이 가이드라인을 만듭니다.

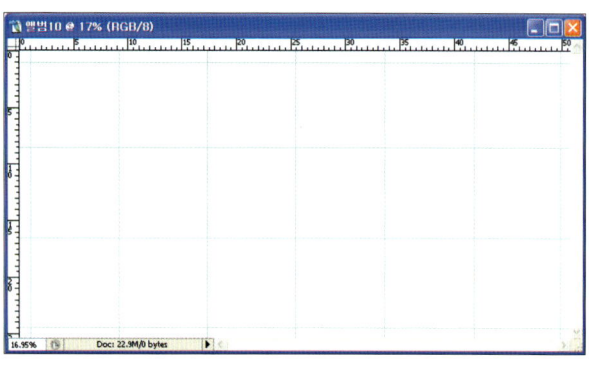

> **가로 가이드라인** : 1cm, 8.5cm, 16.5cm, 24.4cm
> **세로 가이드라인** : 1cm, 9.1cm, 17.3cm, 25.4cm, 33.6cm,
> 41.8cm, 49.8cm

**03** [레이어] 팔레트에서 [Create a new layer] 버튼을 클릭하여 새 레이어를 만듭니다.

**04** 전경색 밑에 있는 디폴트 컬러 버튼을 클릭하여 전경색을 검은색으로 만듭니다.

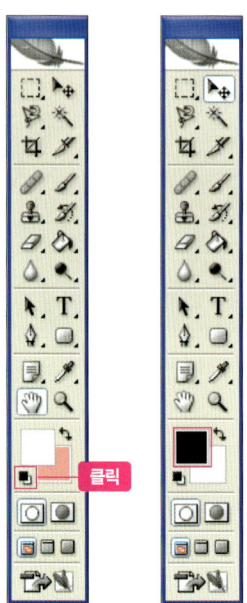

**05** 툴박스에서 페인트통 툴 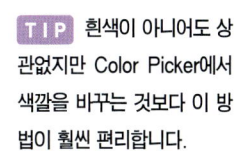 을 선택하고 작업 창을 클릭하여 전경색으로 채웁니다.

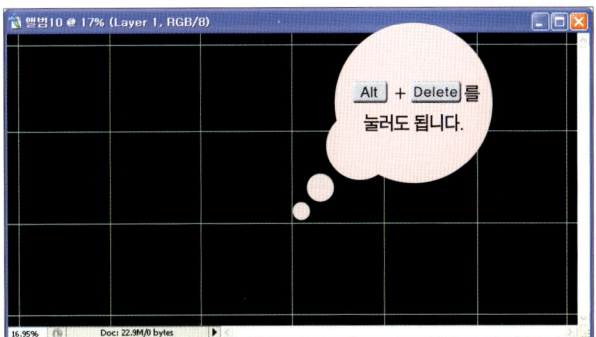

**06** 이제 다시 전경색을 바꿔 보겠습니다. 스위치 컬러 버튼 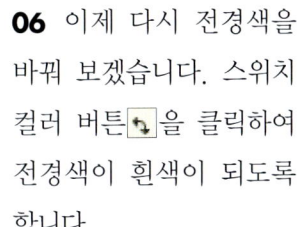 을 클릭하여 전경색이 흰색이 되도록 합니다.

**TIP** 흰색이 아니어도 상관없지만 Color Picker에서 색깔을 바꾸는 것보다 이 방법이 훨씬 편리합니다.

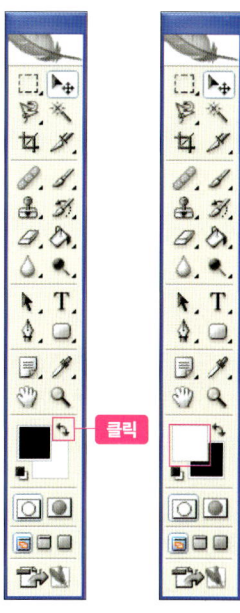
클릭

**07** [레이어] 팔레트에서 [Create a new group] 버튼 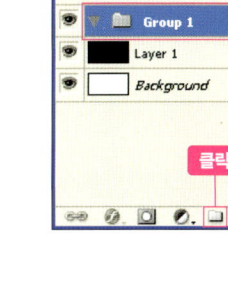 을 클릭하여 그룹 폴더를 만듭니다.

**08** 툴박스에서 사각형 도형 툴 □ 을 선택한 후, 가이드 라인에 맞추어 11개의 사각형을 그립니다. 모서리에 있는 사각형을 그릴 때에는 편집선 너머 화면 끝까지 그립니다.

사각형의 크기를 여러분이 알아보기 쉽게 하기 위해 일부러 각각 다른 색을 선택했습니다. 여러분은 그냥 한 가지 색으로 그리세요.

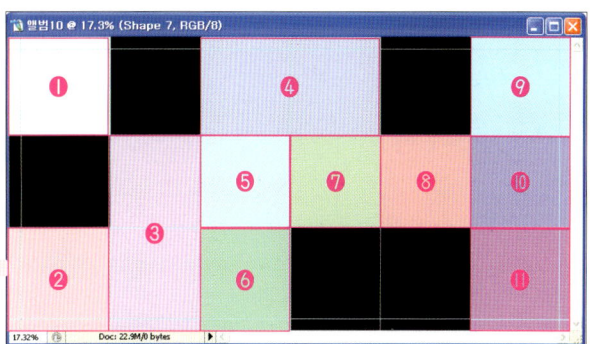

## 흑백 사진을 만들어요

**01** [레이어] 팔레트에서 Group 1 레이어를 선택한 후, [Create a new group] 버튼 🔲을 클릭하여 Group 2 폴더를 만듭니다.

> **TIP** Shape 레이어가 선택된 상태에서 그룹 폴더를 만들면, Group 1 안에 Group 2가 만들어지므로, Group 1을 선택한 후 [Create a new group] 버튼 🔲을 클릭합니다.

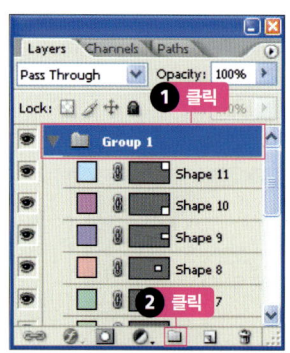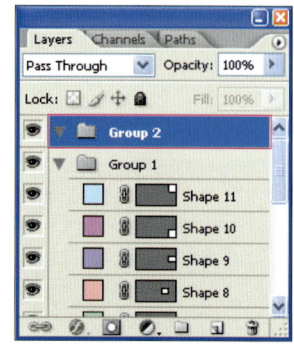

**02** Group 2가 선택된 상태에서 Shape 1의 회색 벡터 마스크 부분을 Ctrl을 누른 채 클릭하여 선택 영역으로 설정합니다.

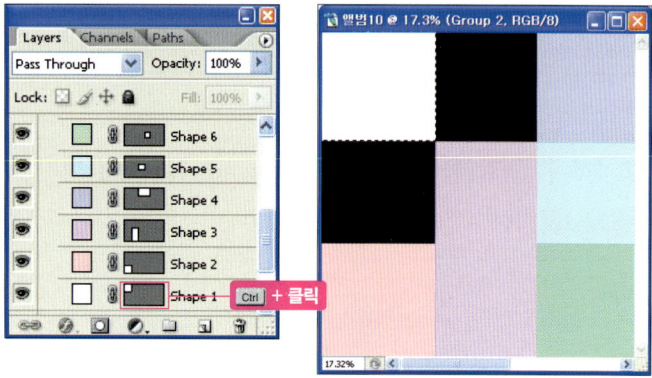

**03** Ctrl + O를 눌러 부록 CD\Sample\Part04\0410_01.jpg를 불러 옵니다.

**04** 이제 이 사진을 흑백 사진으로 만들어 보겠습니다. [Image] 메뉴의 [Adjustments – Desaturate]를 선택합니다. 사진이 흑백으로 변했지요?

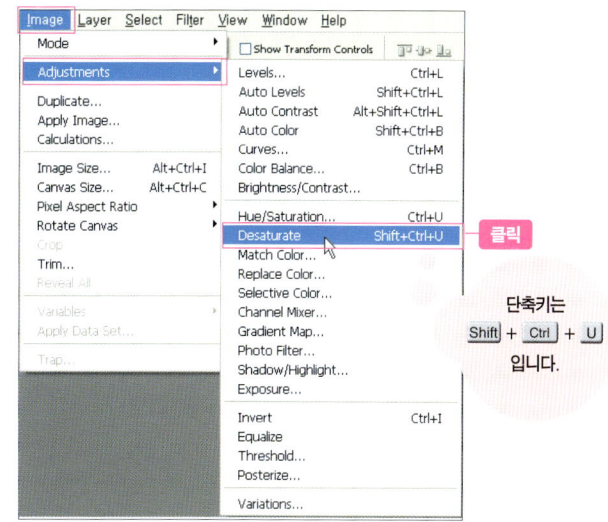

**05** 약간 밋밋한 느낌이 있으니 조금 조정해 볼까요? Ctrl + M 을 눌러 [Curves] 대화상자가 나타나면 곡선의 왼쪽 아랫부분을 약간 아래쪽으로 드래그하고, 오른쪽 윗부분을 약간 위쪽으로 드래그합니다. 적절히 조정한 후, [OK] 버튼을 클릭합니다.

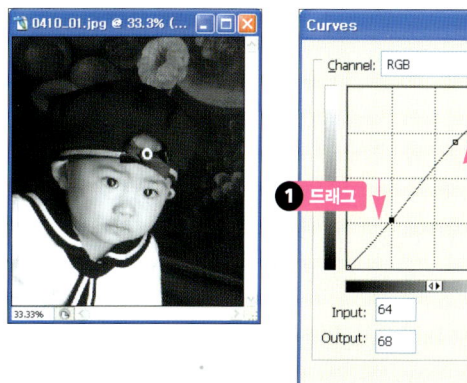

**06** Ctrl + A 를 눌러 전체 선택을 하고 Ctrl + C 를 눌러 복사합니다. 앨범 작업 창으로 돌아온 후, Shift + Ctrl + V 를 눌러 선택 영역 안으로 복사한 이미지를 붙여넣기한 다음, 이동 툴 ⊕ 을 이용하여 위치를 적절하게 조절합니다.

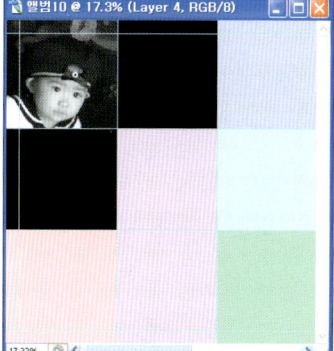

> **TIP** 이미지가 선택된 상태에서 키보드 방향키를 누르면 상하좌우로 미세한 조정을 할 수 있습니다.

# 단색 사진을 만들어요

**01** Ctrl + O를 눌러 부록 CD\Sample\Part04\0410_ 02.jpg를 불러 옵니다. 그런 다음, [Image] 메뉴의 [Adjustment – Hue/Saturation]을 선택합니다.

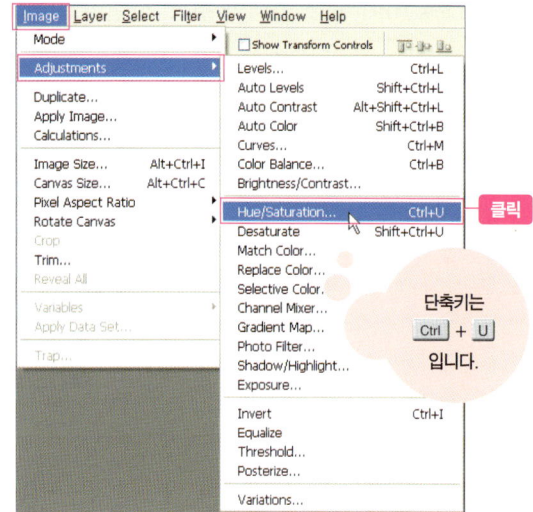

**02** [Hue/Saturation] 대화상자가 나타나면 Colorize에 체크 표시를 합니다. 이미지가 단색으로 변한 것을 알 수 있습니다. 이제 슬라이더 바를 움직여 다음과 같이 설정한 후 [OK] 버튼을 클릭합니다.

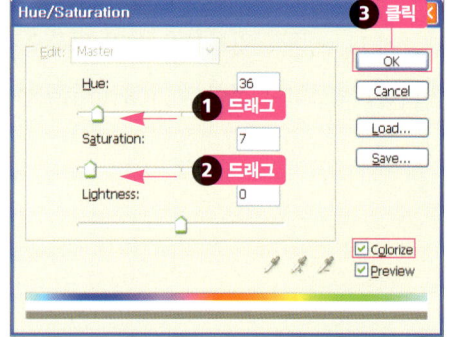

**TIP** 수치는 사진에 따라 다르므로 작업 창을 보면서 적절하게 조절하세요.

**03** Ctrl + A를 눌러 전체 선택을 하고 Ctrl + C를 눌러 복사합니다.

**04** 이제 앨범 작업 창으로 돌아옵니다. [레이어] 팔레트에서 Layer 2가 선택된 상태에서 Shape 2 의 회색 벡터 마스크 부분을 Ctrl 을 누른 채 클릭 하여 선택 영역으로 설정합니다.

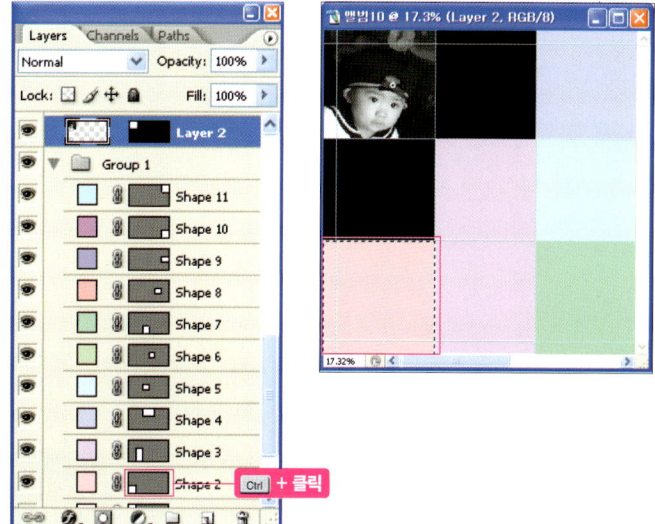

**05** Shift + Ctrl + V 를 눌러 선택 영역 안으로 복사 한 이미지를 붙여넣기합니다. 이동 툴 ✛ 을 이용하 여 위치를 적절하게 조절합니다.

## 다른 방법으로 흑백 사진을 만들어요

**01** [레이어] 팔레트에서 Shape 3의 회색 벡터 마 스크 부분을 Ctrl 을 누른 채 클릭하여 선택 영역으 로 설정합니다.

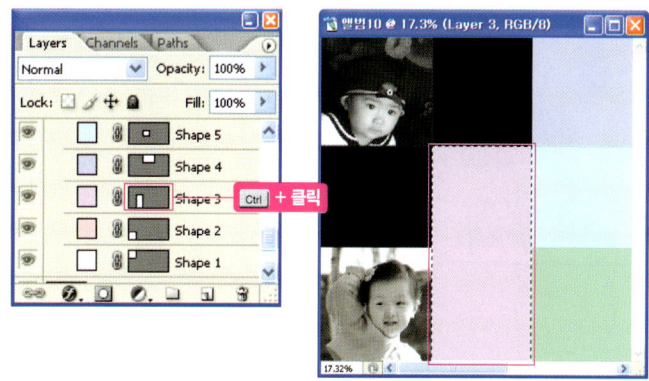

**02** Ctrl + O 를 눌러 부록 CD\Sample\Part04\0410_03.jpg를 불러 옵니다.

**03** Ctrl + U 를 눌러 [Hue/Saturation] 대화상자가 나타나면, Saturation을 '-100'으로 변경한 후 [OK] 버튼을 클릭합니다. 채도가 낮아져 이미지가 흑백으로 변합니다.

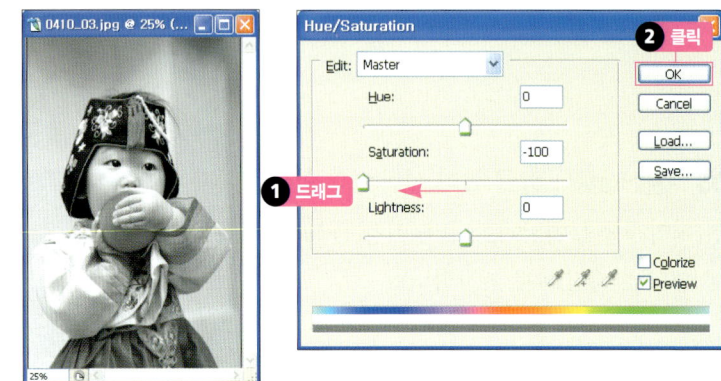

**04** Ctrl + M 을 눌러 [Curves] 대화상자가 나타나면 곡선의 왼쪽 아랫부분을 약간 아래쪽으로 드래그하고, 오른쪽 윗부분을 약간 위쪽으로 드래그합니다. 적절히 조정되면 [OK] 버튼을 클릭합니다.

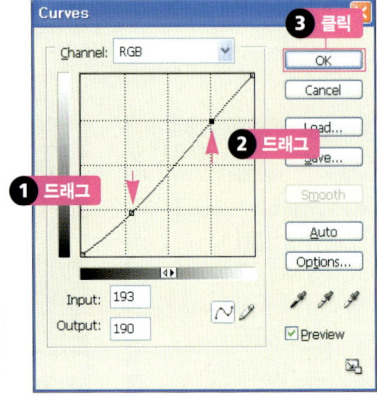

**05** Ctrl + A 를 눌러 전체 선택을 하고 Ctrl + C 를 눌러 복사합니다. 앨범 작업 창으로 돌아온 후, Shift + Ctrl + V 를 눌러 선택 영역 안으로 복사한 이미지를 붙여넣기 합니다.

**06** 이동 툴 을 이용하여 위치를 적절하게 조절합니다.

**07** 마찬가지 방법으로 Shape 4부터 Shape 11까지 사진을 넣어 줍니다.

## 선을 그리고, 글자를 입력해요

**01** [레이어] 팔레트에서 Group 1의 눈 아이콘 을 클릭하여 이미지가 보이지 않게 한 후, Group 1 과 Group 2 앞에 있는 삼각형 버튼을 클릭하여 내용이 보이지 않도록 닫습니다.

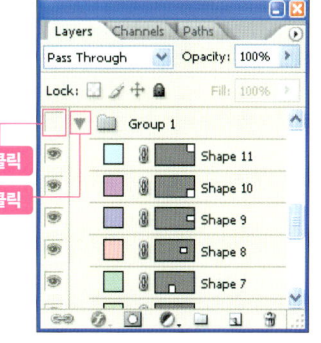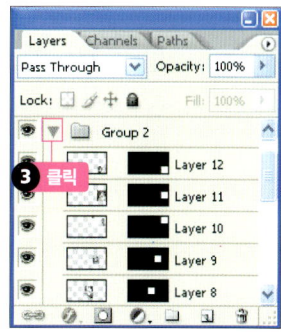

**02** [Create a new group] 버튼  을 클릭하여 Group 3 폴더를 만듭니다.

그룹 폴더를
만들지 않으면, 레이어가
너무 복잡하여 찾기가
힘듭니다. 그룹 폴더를
만들어 레이어를 정리하는
습관을 가지세요.

클릭

**03** 선 툴 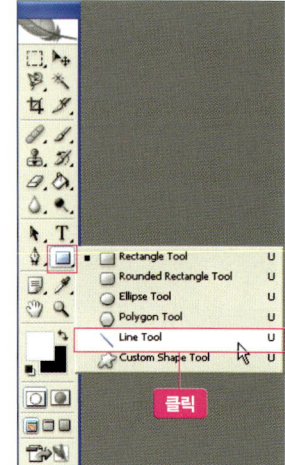 을 선택한 후, 옵션바에서 크기는 '5', 색상은 '#ffffff' 로 설정합니다.

클릭

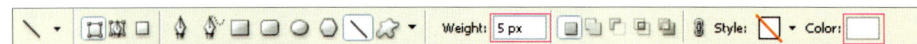

**04** Ctrl + H 를 눌러 가이드라인이 나타나게 한 다음,
가이드라인에 맞추어 선을 그립니다.

사진 위에만
선을 그리고, 검정
바탕에는 선을
그리지 마세요.

**05** 툴박스에서 문자 툴 T 을 선택합니다. 옵션바와 [캐릭터] 팔레트 에서 다음과 같이 설정합니다.

색상값은
'#cbc9c9'
입니다.

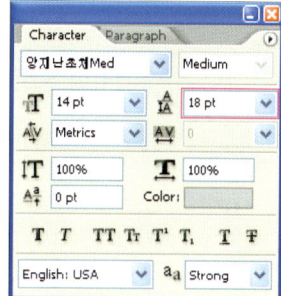

**06** 앨범 오른쪽 아랫부분의 검은색 바탕을 마우스로 클릭하고 다음 내용을 입력합니다. 모두 입력한 후에는 Ctrl + Enter 를 눌러 적용합니다.

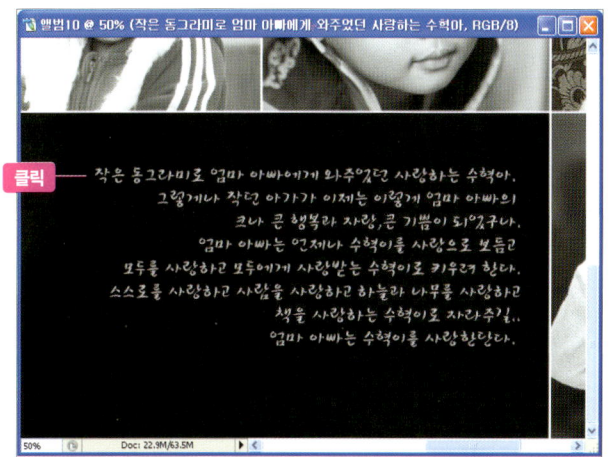

클릭

작은 동그라미로 엄마 아빠에게 와주었던 사랑하는 수혁아.
그렇게나 작던 아기가 이제는 이렇게 엄마 아빠의
크나 큰 행복과 자랑, 큰 기쁨이 되었구나.
엄마 아빠는 언제나 수혁이를 사랑으로 보듬고
모두를 사랑하고 모두에게 사랑받는 수혁이로 키우려 한다.
스스로를 사랑하고 사람을 사랑하고 하늘과 나무를 사랑하고
책을 사랑하는 수혁이로 자라주길..
엄마 아빠는 수혁이를 사랑한단다.

**07** 완성되었습니다.

(Hue/Saturation) 대화상자

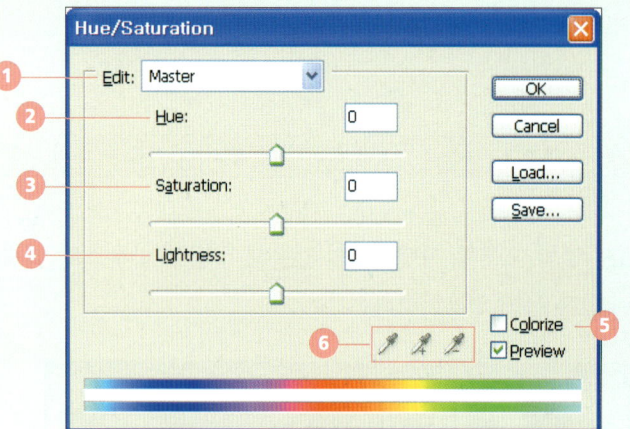

① **Edit** : 보정하고자 하는 색상을 선택합니다. 'Master'를 선택하면, 이미지 전체의 컬러를 보정하게 됩니다.

② **Hue** : 색상값을 보정합니다.

③ **Saturation** : 이미지의 채도를 조절합니다. 값이 '-100'이 되면 흑백 이미지가 됩니다.

④ **Lightness** : 이미지의 명도를 조절합니다.

⑤ **Colorize** : 이미지를 모노 톤으로 바꿀 수 있습니다. 'Hue'를 이동시키면 다양한 컬러의 모노 톤 이미지를 얻을 수 있습니다.

⑥ **스포이트** : 보정할 색상 영역을 스포이트를 찍어 확장하거나 축소할 수 있습니다. 단, 'Master' 상태에서는 사용할 수 없습니다.

 (Color Balance) 대화상자

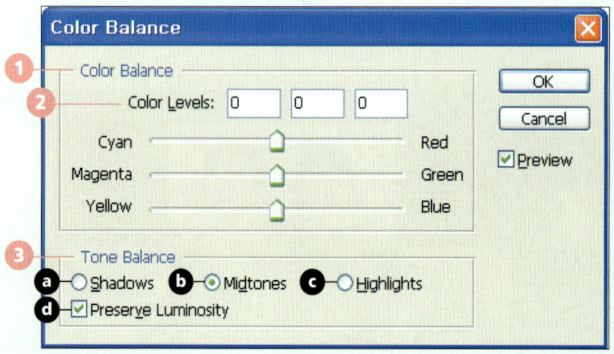

① **Color Balance** : 보색의 컬러 슬라이드 바를 이용하여 색상을 조정합니다.

② **Color Levels** : 슬라이더 바의 변경 값을 나타냅니다.

③ **Tone Balance**

ⓐ **Shadows** : 어두운 톤 컬러를 조절합니다.

ⓑ **Midtones** : 중간 톤 컬러를 조절합니다.

ⓒ **Highlights** : 밝은 톤 컬러를 조절합니다.

ⓓ **Preserve Luminosity** : 체크하면 이미지의 명암과 대비는 유지된 상태에서 색상만 조절됩니다.

# 내 꿈은 발레리나

여러분의 아기 사진을 이용하여 다음 앨범을 완성해 보세요.

● **결과 파일 경로** | 부록 CD\Sample\Part04\After\0409.jpg

모서리가 둥근 사각형
Radius : 20
색상값 : #ffffff

레이어스타일 : Stroke
Size : 10
Position : Inside
색상값 : #ffffff

바탕 색상값 : #fba3a5

미리
보기

글자체 : 양재난초체
색상값 : #ffffff

레이어 스타일 : Stroke
Size : 20
Position : Inside
색상값 : #ffffff

# 나는야 꼬마 타잔

여러분의 아기 사진을 이용하여 다음 앨범을 완성해 보세요.

● **결과 파일 경로** | 부록 CD\Sample\Part04\After\0406.jpg

글자체 : HY바다M     글자크기 : 10
색상값 : #898888     정렬 : 오른쪽
자간 : -50

레이어 스타일 : Stroke
Width : 10
Position : Center
색상값 : #ffffff
Opacity : 50

레이어스타일 : Stroke
Size : 3
Position : Inside
색상값 : #b9b8b8

# 1인 4색

여러분의 아기 사진을 이용하여 다음 앨범을 완성해 보세요.

● **결과 파일 경로** | **부록 CD\Sample\Part04\After\0407.jpg**

레이어스타일 : Stroke
Position : Outside
Size : 10
색상값 : #bad9fd

**미리 보기**

*cute baby* **So Su Han**

바탕 색상값 : #bad9fd

글자체 : Antsypants(영문 폰트)
색상값 : #ffffff
Size : 30, 48

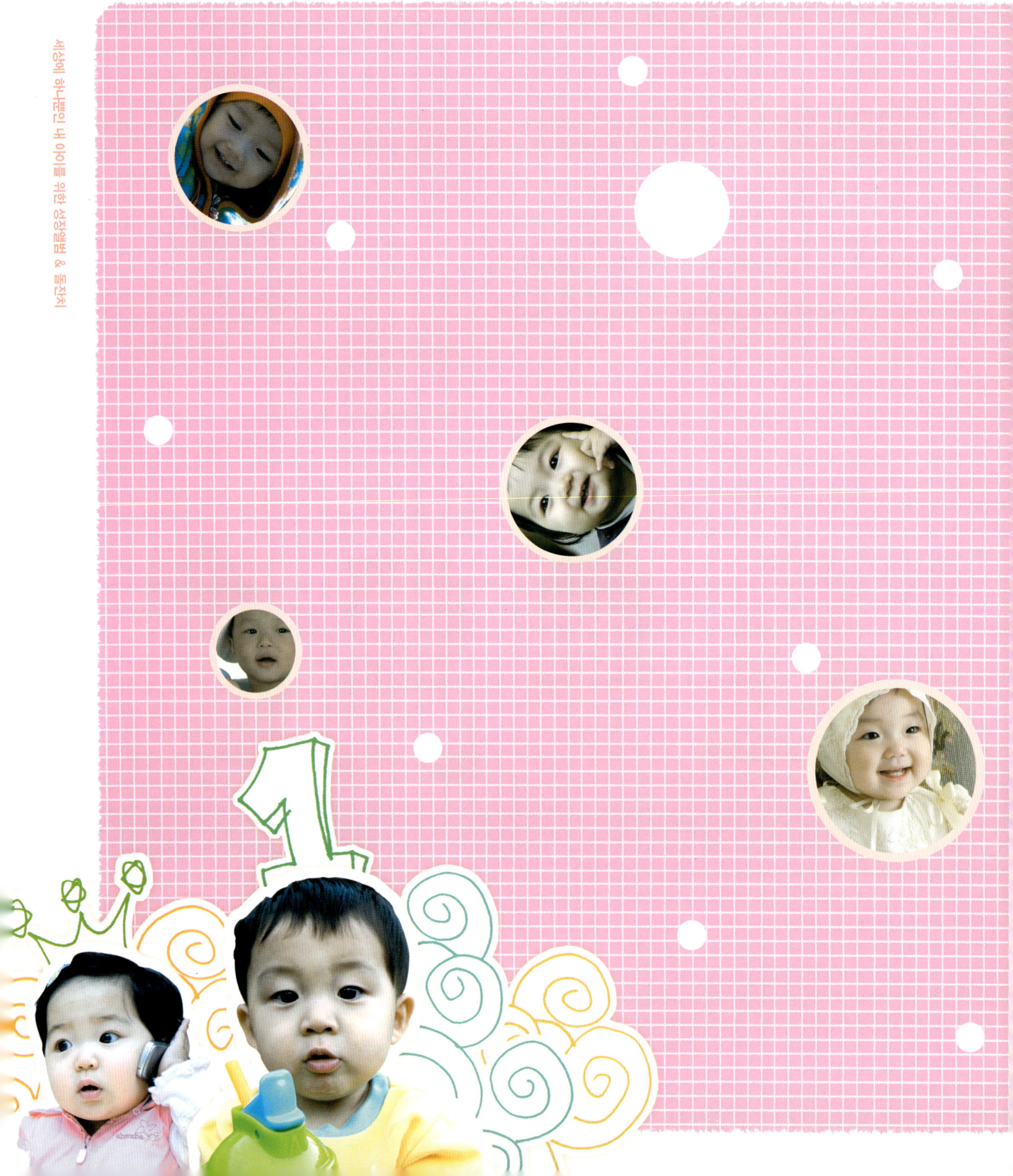

**Part 05**

# 아기자기한 스토리가 있는 성장 앨범

스토리가 있는 잡지 스타일의 앨범을 만들어 보겠습니다. 일 년 동안의 에피소드, 여행 이야기, 성장 이야기 등을 넣어 만들면 더욱 멋진 앨범이 될 것입니다.

이번에 만들게 될 스토리 앨범은 앞의 앨범보다 내용이 많고, 사진도 많이 들어갑니다. 그렇지만 기본은 변하지 않기 때문에 겁을 낼 필요는 없습니다. 여기서는 A4보다 약간 큰 9×12inch 크기로 만들어 보겠습니다. 자, 그럼 자신감을 가지고 한번 도전해 볼까요?

● **결과 파일 경로** | **부록** CD\Sample\Part05\After\0501.jpg

## 새 파일을 만들고, 배경을 칠해요

**01** Ctrl + N 을 눌러 [New] 대화상자가 나타나면, 다음과 같이 설정하고 [OK] 버튼을 클릭합니다.

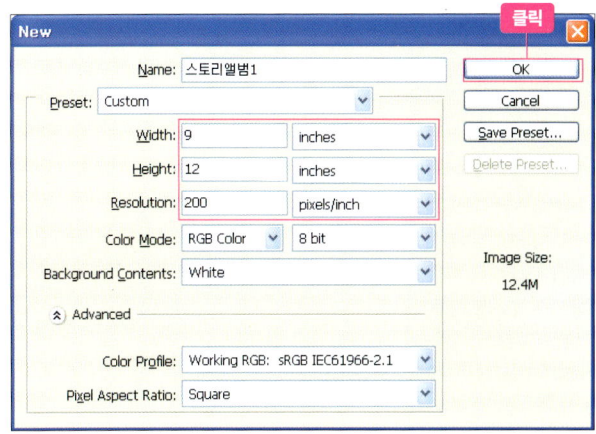

> **TIP** 이번에는 한 페이지만 먼저 작업합니다. 말하자면, 표지 형식을 띄는 것인데 앨범 업체에 제작을 의뢰할 때에는 반드시 첫 페이지가 오른쪽부터 시작한다고 말해야 합니다.

**02** Ctrl + R 을 눌러 눈금자를 나타나게 한 후, 다음과 같이 가이드라인을 만듭니다. 한 페이지 작업분이기 때문에 페이지 구분선은 없습니다.

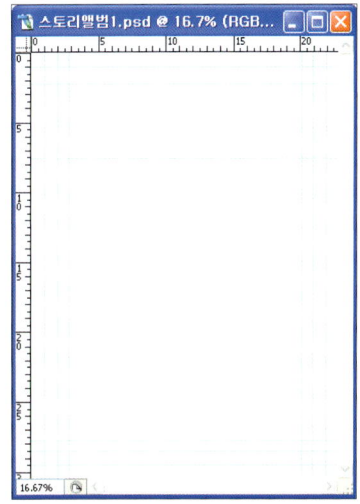

> **가로 가이드라인** : 1cm, 2.2cm, 7.5cm, 27.7cm, 28.5cm, 29.5cm
> **세로 가이드라인** : 1cm, 2cm, 2.8cm, 20.1cm, 20.9cm, 21.9cm

**03** 패턴을 이용하여 배경을 칠해 보겠습니다. Ctrl + 이를 눌러 부록 CD\Sample\Part05\0501_01.jpg를 불러 온 후, Ctrl + A 를 눌러 전체 선택을 합니다. 테두리가 점선으로 표시되지요?

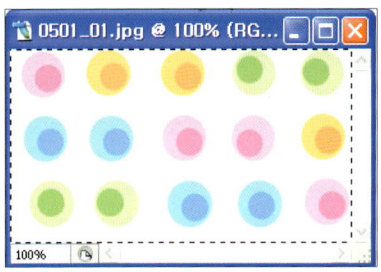

**04** [Edit] 메뉴의 [Define Pattern]을 클릭하여 [Pattern Name] 대화상자가 나타나면, '땡땡이' 라고 입력하고 [OK] 버튼을 클릭합니다.

**05** [레이어] 팔레트에서 [Create a new layer] 버튼 을 클릭하여 새 레이어를 만듭니다.

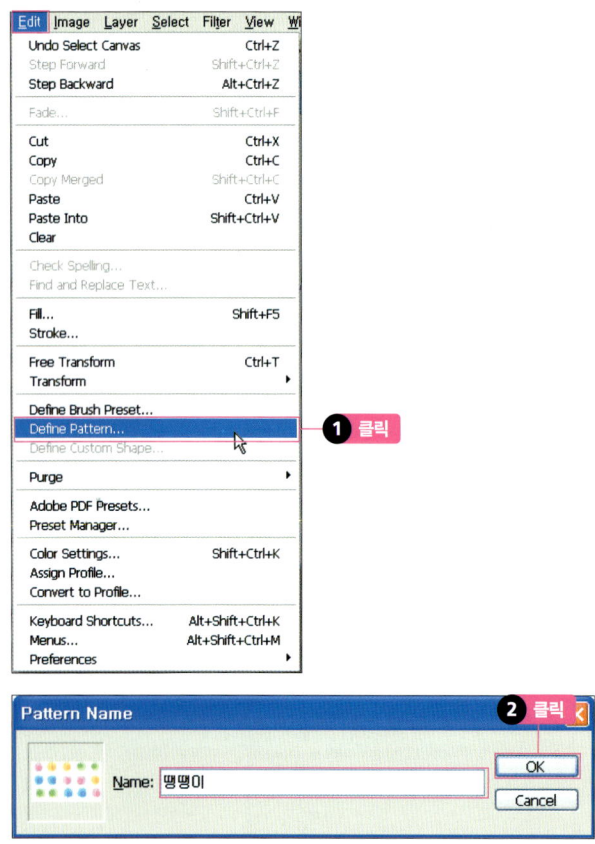

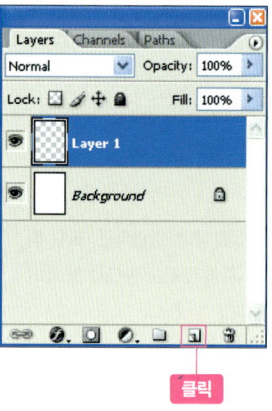

**06** Shift + F5를 눌러 [Fill] 대화상자가 나타나면 드롭다운 버튼을 클릭하여 Pattern을 선택합니다. 그런 다음, Custom Pattern에서 방금 등록한 패턴을 선택하고 [OK] 버튼을 클릭합니다.

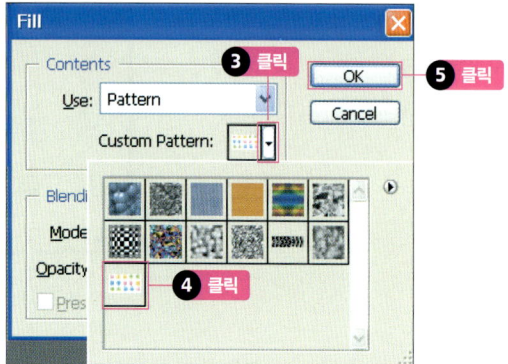

**07** 전체 바탕에 무늬가 칠해졌습니다.

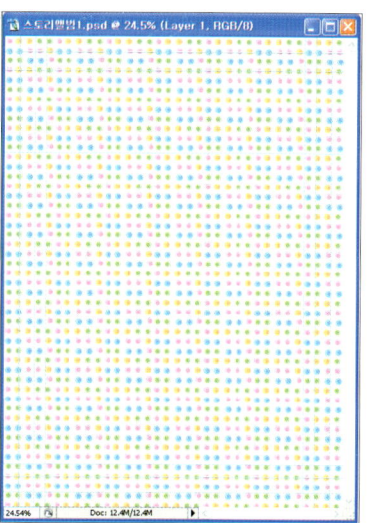

**TIP** 패턴은 똑같은 무늬를 반복적으로 넣을 때에 매우 유용합니다.
여러분만의 패턴을 만들어 등록해보세요.

## 사각형을 그리고, 사진을 넣어요

**01** 툴박스에서 모서리가 둥근 사각형 도형 툴 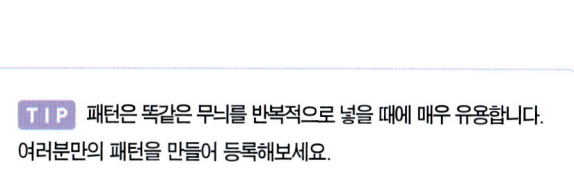 을 클릭한 후, 옵션바에서 Radius를 '40' 으로 설정하고 색상은 '#a3e7fd' 로 설정합니다.

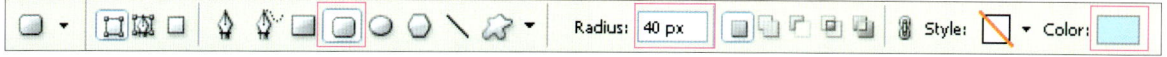

**02** 바깥쪽 가이드라인을 기준으로 사각형을 그립니다.

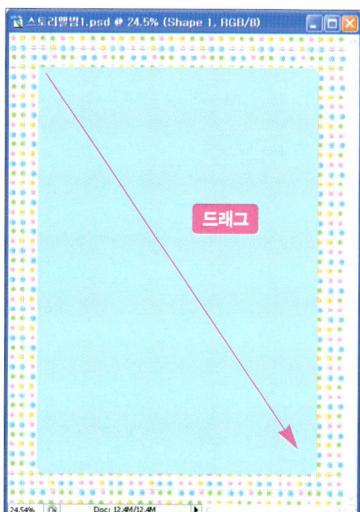

드래그

**03** 다시 안쪽 가이드라인을 따라 사각형을 한 번 더 그립니다. 같은 색상이기 때문에 잘 안 보이지요? 사진을 넣어 줄 영역만을 만든 것이므로 안 보여도 괜찮습니다.

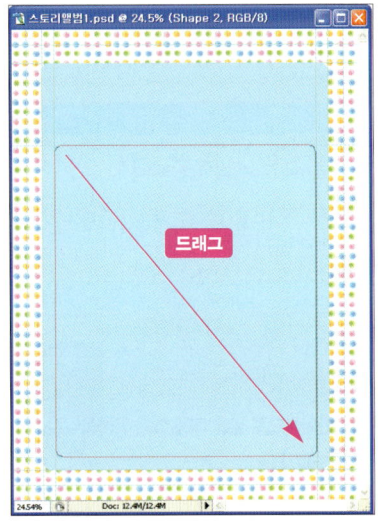

**04** [레이어] 팔레트에서 Shape 2 레이어의 회색 벡터 마스크 부분을 Ctrl 을 누른 채 클릭하여 선택 영역으로 설정합니다.

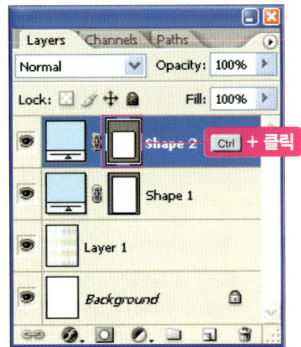

**05** Ctrl + O 를 눌러 부록 CD\Sample\Part05\0501_02.jpg을 불러 온 후, Ctrl + A 를 눌러 전체 선택을 하고, Ctrl + C 를 눌러 복사합니다.

**06** 앨범 작업 창으로 돌아온 후, Shift + Ctrl + V 를 눌러 선택 영역 안에 복사한 이미지를 붙여넣기하고, 이동 툴 을 이용하여 위치를 적절하게 조절합니다.

## 타이틀을 입력해요

**01** 툴박스에서 문자 툴 T 을 선택한 후, 옵션바에서 다음과 같이 설정합니다.

색상값은 '#ffffff 입니다.

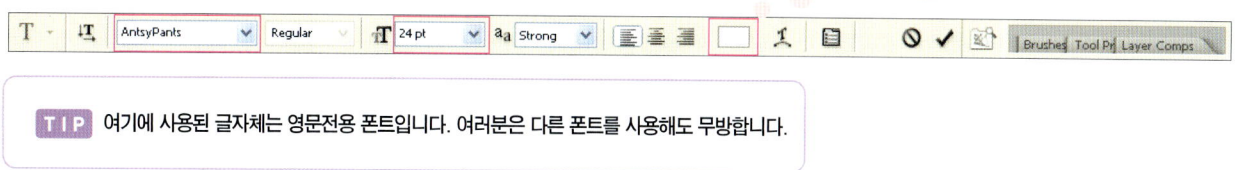

TIP 여기에 사용된 글자체는 영문전용 폰트입니다. 여러분은 다른 폰트를 사용해도 무방합니다.

**02** 작업 창을 클릭한 후, 'so su hyeok'이라고 입력하고 Ctrl + Enter 를 눌러 적용합니다.

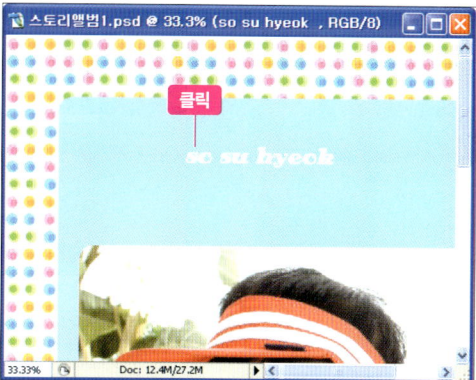

**03** 작업 창을 클릭하여 문자 레이어를 활성화한 후, 옵션바에서 글자 크기를 '64' 로 변경하고 'Story' 라고 입력합니다.

**04** Story를 블록으로 설정한 후, [캐릭터] 팔레트에서 글자 간격을 '75' 로 변경합니다.

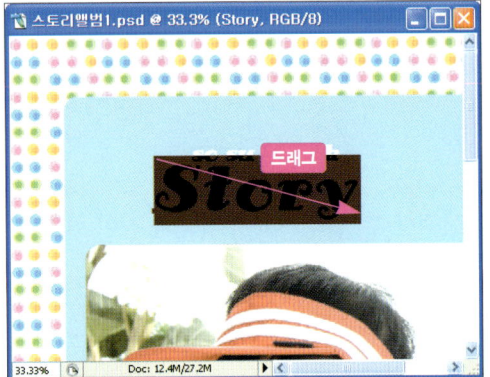
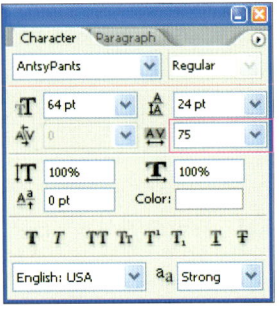

**05** 블록으로 설정한 아무 곳이나 클릭하여 블록을 해제한 후, 다시 드래그하여 S를 블록으로 설정합니다. 그런 다음, 옵션바에서 글자 크기를 '95' 로 변경하고 Ctrl + Enter 를 눌러 적용합니다.

**06** 이동 툴 을 이용하여 so su hyeok과 Story의 오른쪽을 맞춥니다.

**07** 툴박스에서 모서리가 둥근 사각형 도형 툴 을 클릭한 후 옵션바에서 Radius를 '40', 색상은 '#ff89b2' 으로 설정한 후 S자보다 약간 크게 사각형을 그립니다.

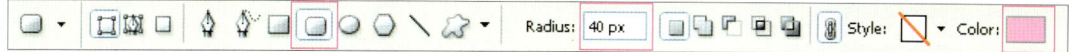

**08** 글자가 사각형에 가려서 안 보이네요. [레이어] 팔레트에서 방금 그린 Shape 3 레이어를 Stroy 문자 레이어 밑으로 옮깁니다.

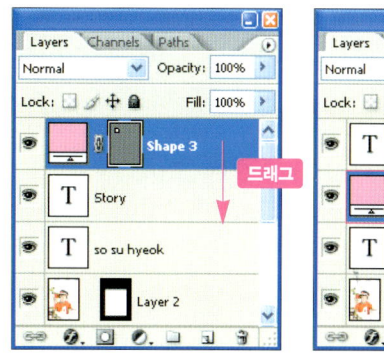

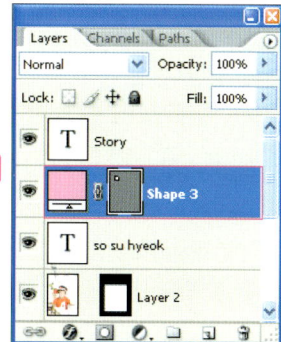

**09** 이제 레이어를 링크시켜 보겠습니다. Shape 3 레이어가 선택된 상태에서 Ctrl 를 누른 채 Stroy와 so su hyeok 레이어를 차례로 클릭하여 선택합니다. 그런 다음, 링크 적용 버튼 을 클릭하면 선택한 레이어의 오른쪽에 링크 적용 버튼 이 나타나면서 레이어가 연결됩니다.

**10** 이동 툴 을 이용하여 레이어를 움직이면 레이어들이 모두 함께 움직이는 것을 알 수 있습니다.

TIP 이처럼 문자 배열을 맞추었을 때 레이어를 링크해 놓으면 아주 편리합니다. 링크를 해제하는 방법은 링크를 할 때와 마찬가지로 Ctrl 를 누른 채로 선택한 후, 링크 적용 버튼 을 클릭하면 됩니다.

## 작은 글자를 입력해요

**01** 툴박스에서 문자 툴 T 을 선택한 후, 옵션바에서 다음과 같이 설정합니다.

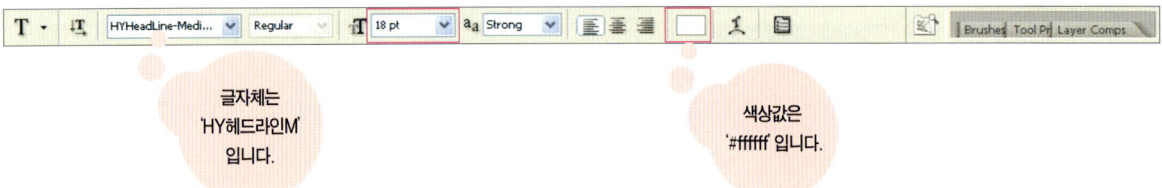

글자체는 'HY헤드라인M' 입니다.

색상값은 '#ffffff 입니다.

**02** 작업 창을 클릭하여 '2007.1.25' 라고 입력한 후, Ctrl + Enter 를 눌러 적용합니다.

**03** 작업 창을 클릭하여 문자 레이어를 활성화한 후, 옵션바에서 다음과 같이 설정한 다음 '수혁이의 PHOTO GALLERY' 라고 입력합니다.

색상값은
'#000000'
입니다.

**04** PHOTO GALLERY를 드래 그한 후, 글자 크기는 '18', 색상 은 '#5baeff' 로 변경한 다음, Ctrl + Enter 를 눌러 적용합니다.

**05** 작업 창을 클릭하여 문자 레이어를 활성화한 후, 옵션바에서 다음과 같이 설정합니다. 그런 다음, 내용을 입력합니다.

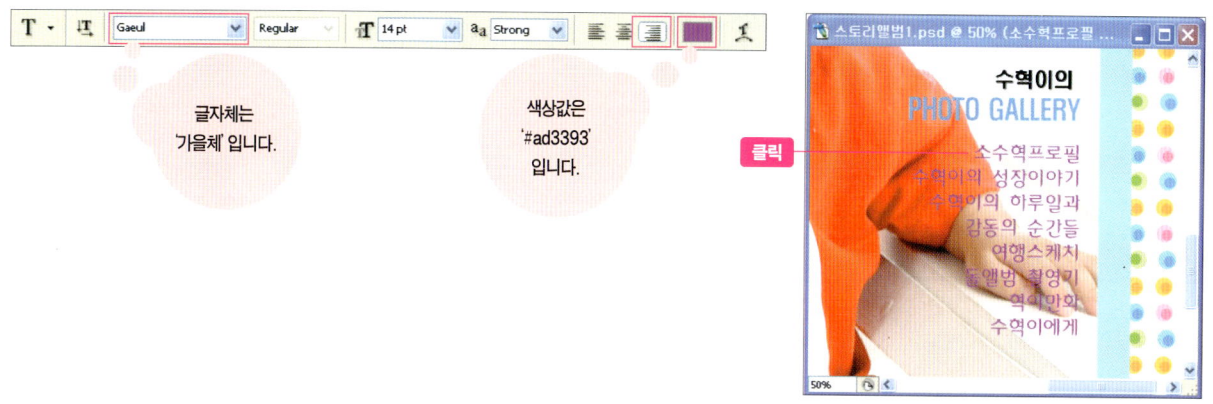

글자체는
가을체 입니다.

색상값은
'#ad3393'
입니다.

**06** 문장 전체를 블록으로 설정한 후, [캐릭터] 팔레트에서 줄 간격을 '18'로 변경하고 글자 굵기 버튼 T 을 클릭하여 글자를 두껍게 설정합니다.

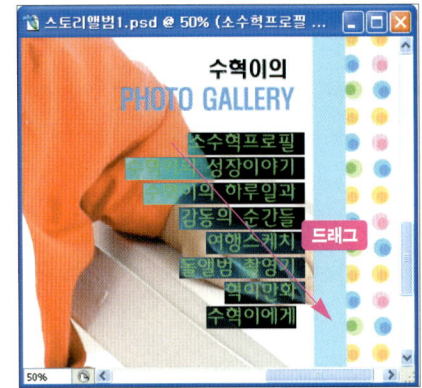

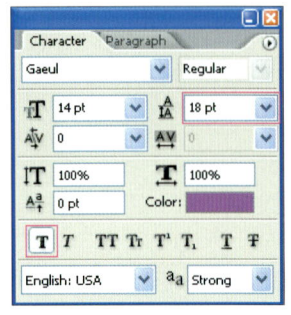

**07** 블록으로 설정한 문장의 아무 곳이나 클릭하여 블록을 해제한 후, 다시 한 줄씩 드래그하여 글자색을 변경합니다. 모든 글자색을 변경하였으면 Ctrl + Enter 를 누른 다음, 이동 툴 을 이용하여 위치를 적절하게 조절하세요.

수혁이의 성장이야기 : #e9be04
수혁이의 하루일과 : #5767db
감동의 순간들 : #33ad67
여행스케치 : #2bbabf

돌앨범 촬영기 : #80471d
혁이만화 : #ed48a2
수혁이에게 : #fd5071

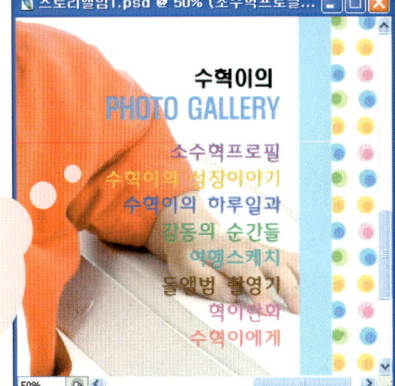

여러분이 원하는 색으로 바꿔도 됩니다.

**08** 다시 작업 창을 클릭하여 문자 레이어를 활성화합니다. 옵션바에서 다음과 같이 설정하고 내용을 입력한 후 Ctrl + Enter 를 눌러 적용합니다.

색상값은 '#414141' 입니다.

**09** [레이어] 팔레트 아래쪽의 [Add a layer style] 버튼 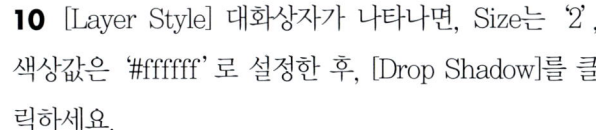을 클릭한 후 [Stroke]를 선택합니다.

**10** [Layer Style] 대화상자가 나타나면, Size는 '2', 색상값은 '#ffffff' 로 설정한 후, [Drop Shadow]를 클릭하세요.

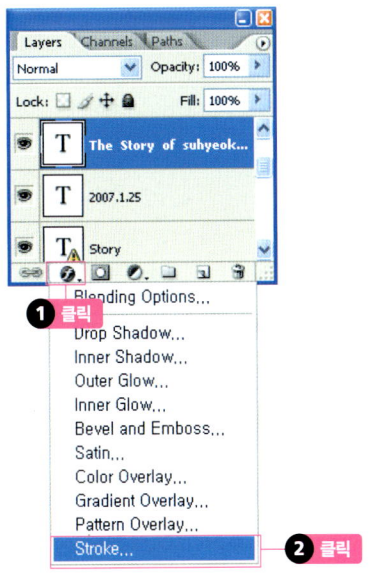

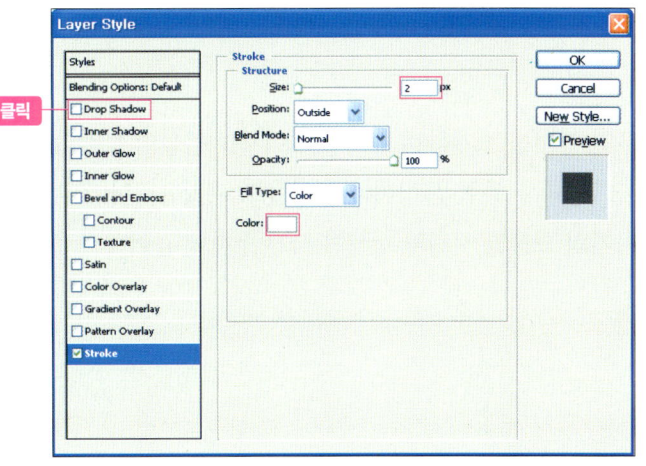

**11** [Drop Shadow] 옵션에서 Opacity를 '50' 으로 변경한 후 [OK] 버튼을 클릭합니다.

**12** 이동 툴 을 이용하여 다른 글자들과 오른쪽 라인을 맞추면 다음과 같이 완성됩니다.

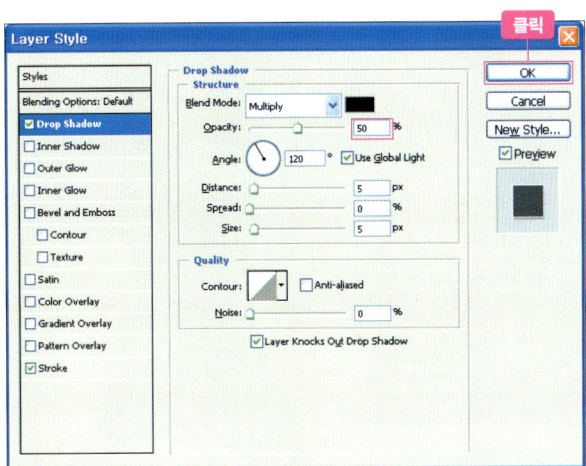

# 프로필 페이지

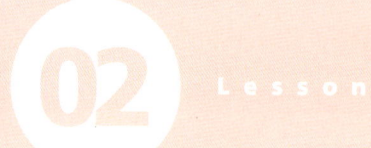

02 Lesson

우리 아기를 소개하는 프로필 페이지를 만들어 보겠습니다. 일반적인 프로필도 괜찮고 아기만의 독특한 특징이나 습관들도 괜찮습니다. 이번엔 심플하게 디자인해 볼까요? 아기의 초음파 사진과 신생아 사진이 함께 들어가면 좀 더 의미가 있을 것입니다.

**결과 파일 경로** | 부록 CD\Sample\Part05\After\0502.jpg

미리 보기

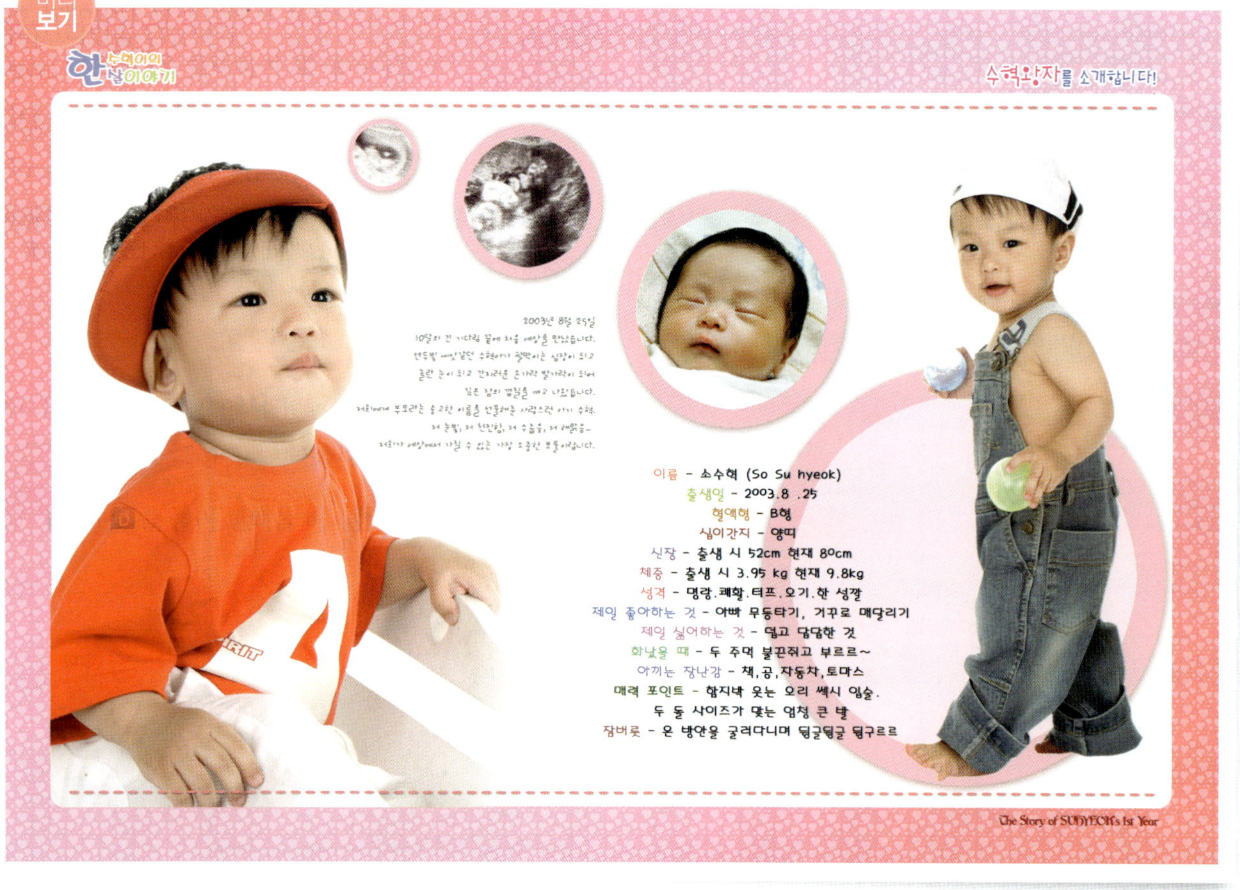
한 수혁이의 살이야기
수혁왕자를 소개합니다!
2003년 8월 25일
10달의 긴 기다림 끝에 처음 세상을 만났습니다.
초롱한 눈이 되고 간지러운 손가락 발가락이 되어
깊은 잠의 껍질을 깨고 나왔습니다.
저희에게 부모라는 숭고한 이름을 선물해준 사랑스런 아기 수혁
저 눈빛, 저 천진함, 저 수줍음, 저 해맑음~
저희가 세상에서 가질 수 있는 가장 소중한 보물이랍니다.
이름 - 소수혁 (So Su hyeok)
출생일 - 2003.8 .25
혈액형 - B형
십이간지 - 양띠
신장 - 출생 시 52cm 현재 80cm
체중 - 출생 시 3.95 kg 현재 9.8kg
성격 - 명랑.쾌활.터프.오기.찬 성깔
제일 좋아하는 것 - 아빠 무등타기, 거꾸로 매달리기
제일 싫어하는 것 - 덥고 답답한 것
화났을 때 - 두 주먹 불끈쥐고 부르르~
아끼는 장난감 - 책,공,자동차,토마스
매력 포인트 - 함지박 웃는 오리 섹시 입술.
두 돌 사이즈가 맞는 엄청 큰 발
잠버릇 - 온 방안을 굴러다니며 뎅굴뎅굴 뎅구르르
The Story of SUHYEOK's 1st Year

## 새 파일을 만들고, 배경을 칠해요

**01** Ctrl + N 을 눌러 [New] 대화상자가 나타나면, 다음과 같이 설정하고 [OK] 버튼을 클릭합니다.

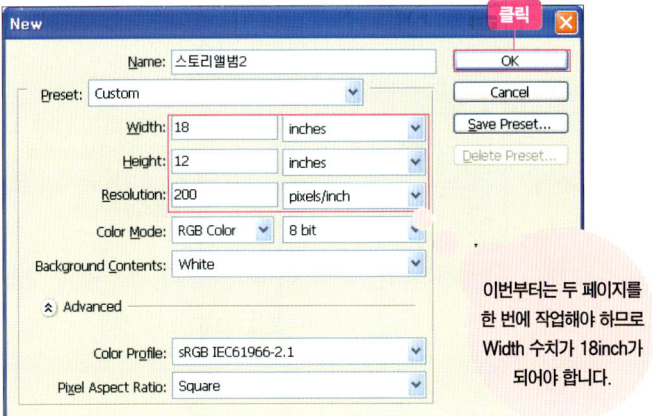

이번부터는 두 페이지를 한 번에 작업해야 하므로 Width 수치가 18inch가 되어야 합니다.

**02** Ctrl + R 을 눌러 눈금자를 나타나게 한 후, 다음과 같이 가이드라인을 만듭니다.

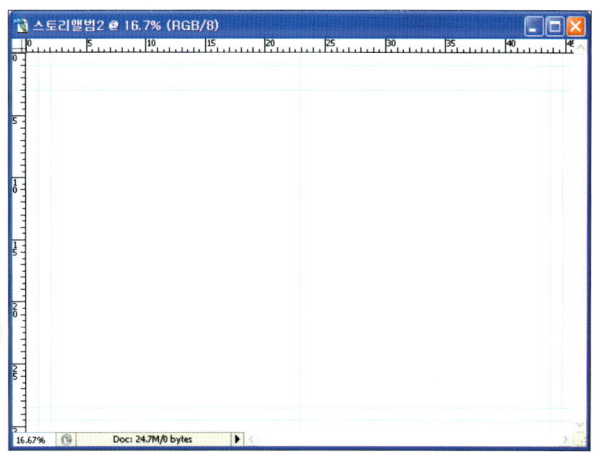

**가로 가이드라인** : 1cm, 3cm, 28.5cm, 29.5cm
**세로 가이드라인** : 1cm, 2cm, 22.9cm, 43.7cm, 44.7cm

**03** [레이어] 팔레트에서 [Create a new layer] 버튼 을 클릭하여 새 레이어를 만든 후, 전경색을 클릭하여 색상을 '#f9b0ce'로 변경합니다.

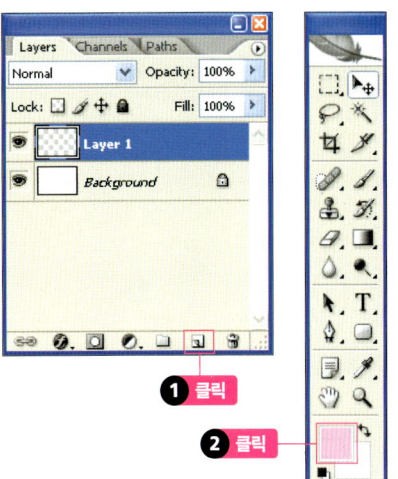

❶ 클릭
❷ 클릭

**04** Alt + Delete 를 눌러 전경색으로 레이어를 칠합니다.

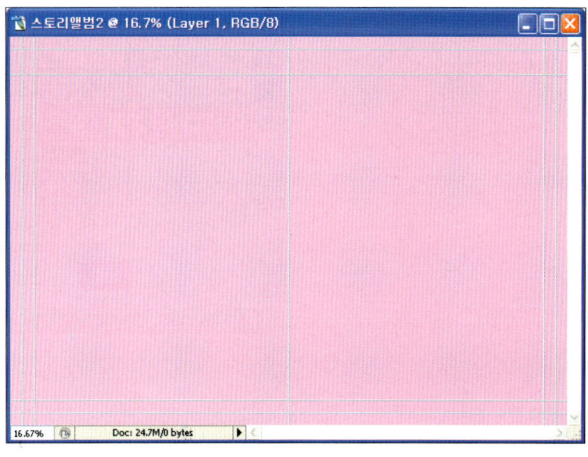

**05** [레이어] 팔레트에서 다시 [Create a new layer] 버튼 🔲 을 클릭하여 새 레이어를 만든 후 전경색을 클릭하여 색상을 '#fc7890'로 변경합니다.

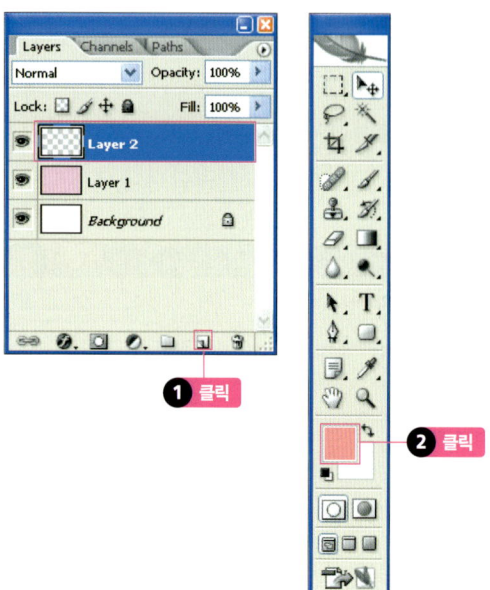

**06** 툴박스에서 그레이디언트 툴 🔲 을 선택한 후, 두 번째 샘플인 Foreground to Transparent를 선택합니다.

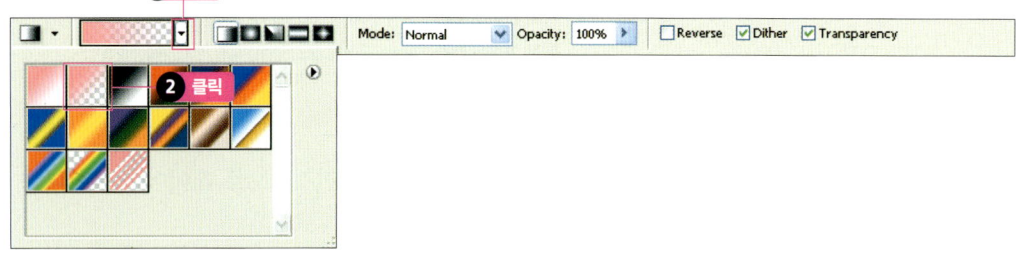

**07** 왼쪽 위에서 아래로 대각선 방향으로 반 정도 드래그하고, 다시 오른쪽 아래에서 위로 대각선 방향으로 반 정도 드래그하여 그레이디언트 효과를 적용합니다.

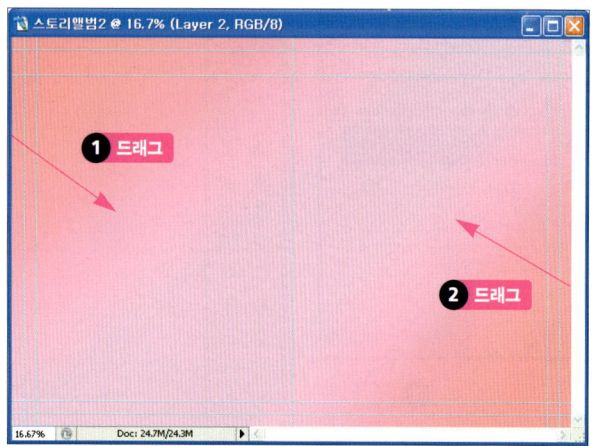

## 패턴을 등록해요

**01** Ctrl + O를 눌러 부록 CD\Sample\Part05\ 0502_01.psd를 불러 온 후, Ctrl + A를 눌러 전체 선택 을 합니다. 테두리가 점선으로 표시되지요?

**02** [Edit] 메뉴의 [Define Pattern]을 클릭하여 [Pattern Name] 대화상자가 나타나면, '하트'라고 입 력한 후 [OK] 버튼을 클릭합니다.

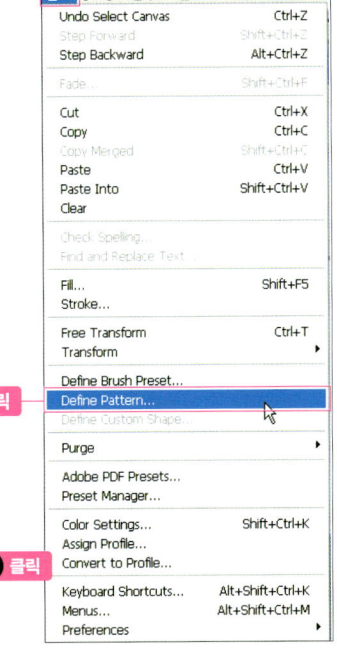

**03** [레이어] 팔레트에서 다시 [Create a new layer] 버 튼 □을 클릭하여 새 레이어를 만듭니다.

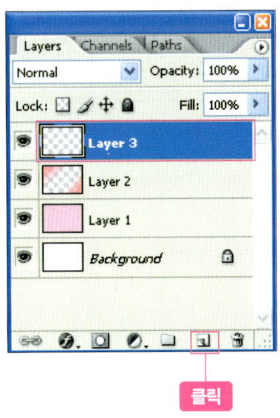

**04** Shift + F5 를 눌러 [Fill] 대화상자가 나타나면, 드롭다운 버튼을 클릭하여 Use를 'Pattern'으로 설정한 후 Custom Pattern에서 방금 등록시킨 패턴을 선택하고 [OK] 버튼을 클릭합니다.

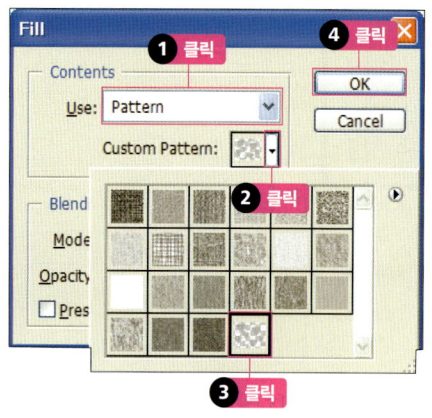 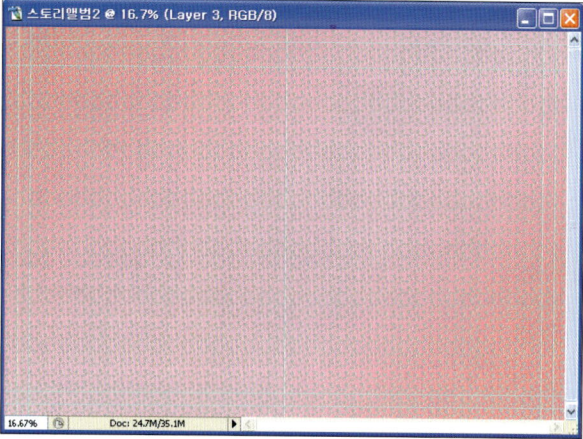

**05** 패턴으로 칠해졌으나 너무 어둡고 안 예쁘네요. [레이어] 팔레트에서 블렌딩 모드를 'Screen'으로 선택하고, Opacity를 '50'으로 변경합니다.

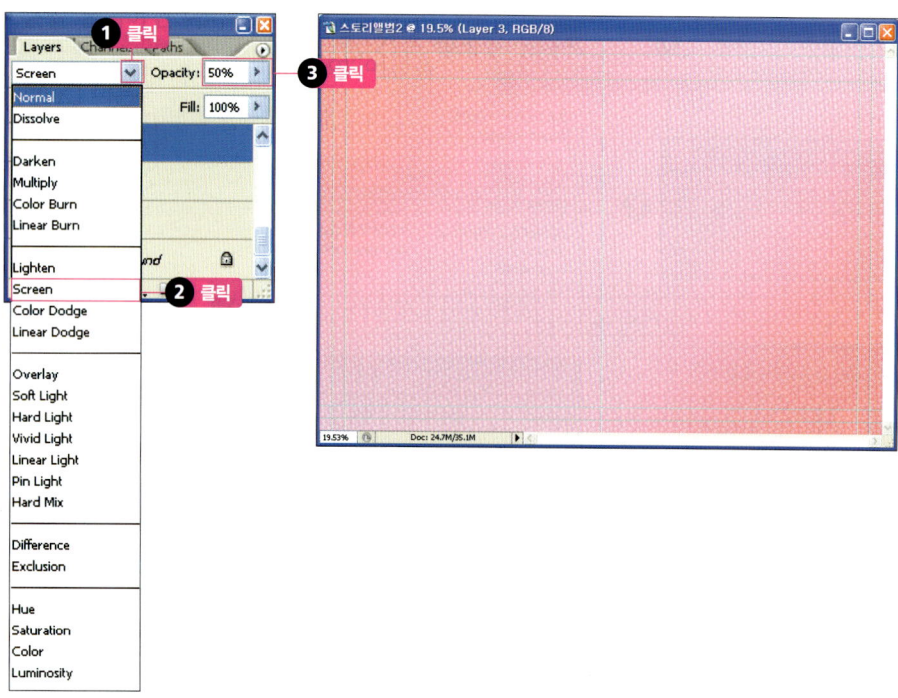

**06** 툴박스에서 모서리가 둥근 사각형 도형 툴 ⬜ 을 클릭한 후, 옵션바에서 Radius를 '40'으로 설정하고 색상은 '#ffffff'로 설정합니다.

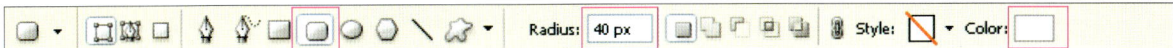

**07** 가이드라인을 따라 사각형을 그립니다.

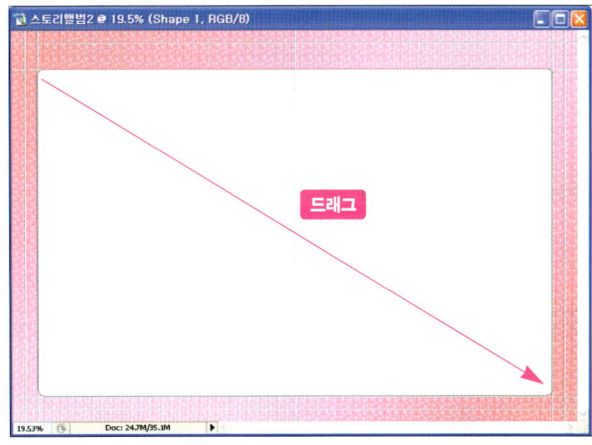

## 메인 사진을 넣어요

**01** Ctrl + O를 눌러 부록 CD\Sample\Part05\0502_02.psd를 불러 온 후, Ctrl + A를 눌러 전체 선택을 하고 Ctrl + C를 눌러 복사합니다.

빠른 진행을 위해 아기 사진을 미리 오렸습니다. 아기 모양대로 오려 내는 방법은 Part 07의 실물 스텐딩 부분에서 배웁니다.

**02** 앨범 작업 창으로 돌아온 후, Ctrl + V를 눌러 복사한 이미지를 붙여넣기하고 이동 툴 ➤✛ 을 이용하여 왼쪽 아래로 옮깁니다.

사진의 아랫부분은 흰 사각형에 맞게 잘라줄 것이므로 감안하여 위치를 잡으세요.

**03** [레이어] 팔레트의 Layer 4가 선택된 상태에서
Shape 1 레이어의 회색 벡터 마스크 부분을 `Ctrl`을 누
른 채 클릭하여 선택 영역으로 설정합니다.

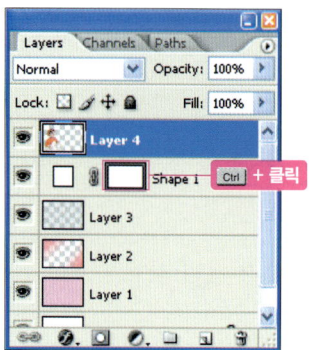

**04** `Ctrl`+`Shift`+`I`를 눌러 선택 영역을 반전합니다.

**05** `Delete`를 눌러 튀어나온 아기 사진을 지운 후, `Ctrl`
+`D`를 눌러 선택 영역을 해제합니다.

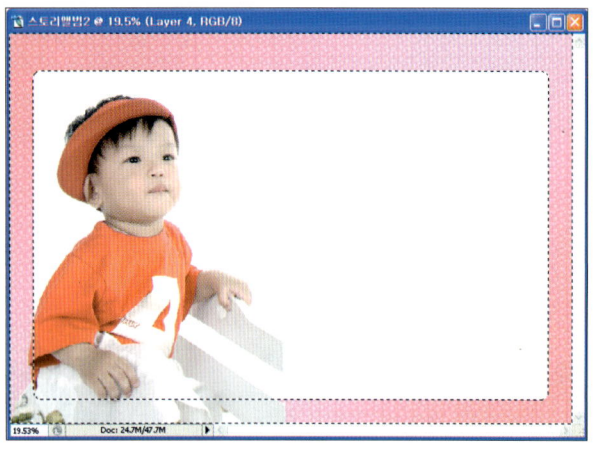

**06** [레이어] 팔레트에서 [Add a layer mask] 버
튼 을 클릭하여 레이어 마스크를 만듭니다.

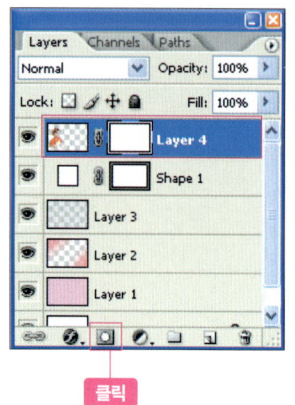

**07** 툴박스에서 그레이디언트 툴 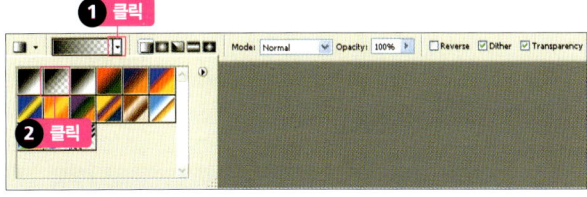을 선택한 후, 두 번째 샘플인 Foreground to Transparent를 선택합니다. 그런 다음, 작업 창 오른쪽에서 왼쪽으로 드래그하여 경계 부분을 부드럽게 지웁니다. 여러 번 드래그하여 지워 주세요.

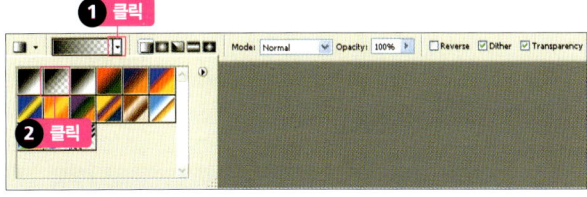

> **TIP** 이 앨범 작업에서 쓰이는 그레이디언트 샘플은 'Foreground to Transparent' 입니다. 그레이디언트 샘플 중 가장 많이 쓰이는 샘플이기도 합니다. 샘플을 한 번 지정한 후에 변경하지 않으면 그 샘플로 계속 지정되어 있으니 이후에 나오는 그레이디언트는 추가 설정을 하지 않아도 됩니다.

**08** Ctrl + O 를 눌러 부록 CD\Sample\Part05\ 0502_03.psd를 불러 온 후, Ctrl + A 를 눌러 전체 선택을 하고 Ctrl + C 를 눌러 복사합니다.

**09** 앨범 작업 창으로 돌아온 후, Ctrl + V 를 눌러 복사한 이미지를 붙여넣기하고, 이동 툴 을 이용하여 작업 창의 오른쪽으로 옮깁니다.

# 레이어 그룹을 만들고, 점선을 그려요

**01** [레이어] 팔레트에서 Layer 1을 선택한 후, Shift 를 누른 채 Shape 1을 클릭합니다. 그런 다음, 메뉴 버튼을 클릭하여 [New Group From Layers]를 선택합니다.

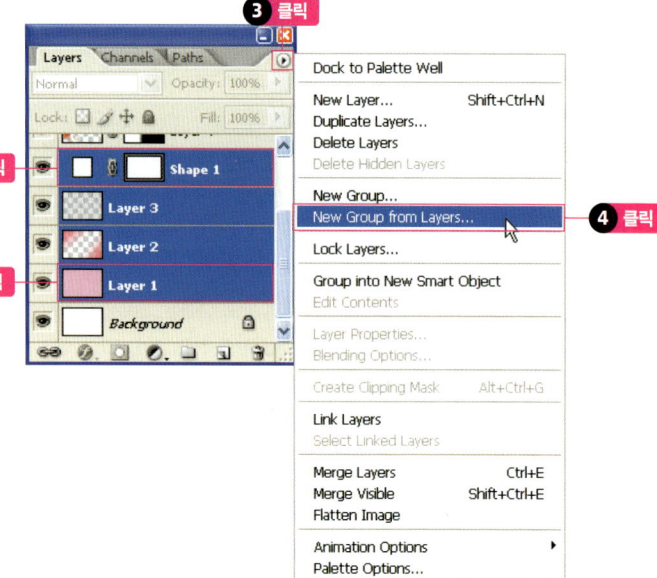

**02** [New Group From Layers] 대화상자가 나타나면 Name은 '바탕', Color는 'Yellow' 로 설정하고 [OK] 버튼을 클릭합니다.

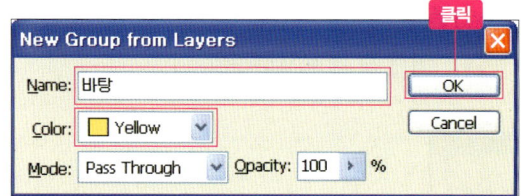

**03** 이미지에는 변화가 없고 나열되어 있던 레이어들이 바탕이라는 폴더 안에 정리됩니다.

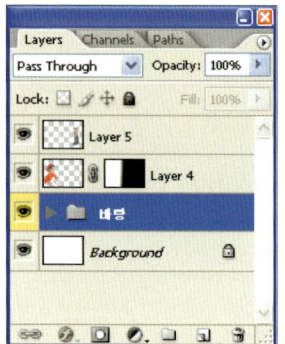

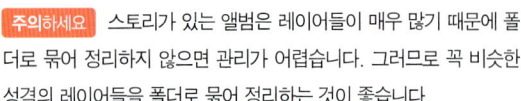 스토리가 있는 앨범은 레이어들이 매우 많기 때문에 폴더로 묶어 정리하지 않으면 관리가 어렵습니다. 그러므로 꼭 비슷한 성격의 레이어들을 폴더로 묶어 정리하는 것이 좋습니다.

**04** Ctrl + R 을 눌러 눈금자를 나타나게 한 후, 위쪽 눈금자를 드래그하여 3.5cm, 28cm 지점에 가로 가이드라인을, 왼쪽 눈금자를 드래그하여 2.5cm, 43.2cm 지점에 세로 가이드라인을 만듭니다.

**05** [레이어] 팔레트에서 [Create a new layer] 버튼 을 클릭하여 새 레이어를 만든 후 제일 위로 옮깁니다.

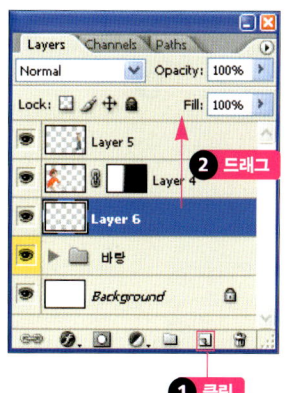
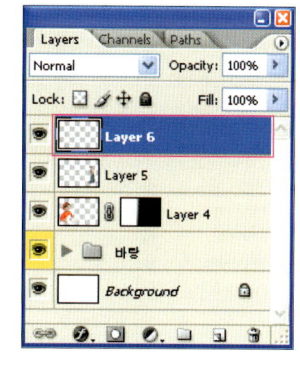

**06** 전경색을 클릭하여 색상을 '#fb7993' 으로 변경합니다.

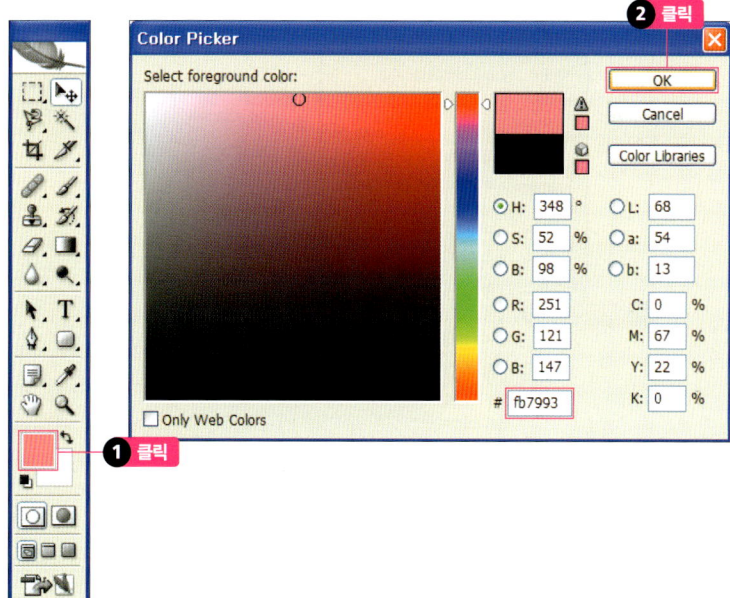

**07** 툴박스에서 브러시 툴 을 클릭합니다. [브러시] 팔레트 버튼 을 클릭하여 [Brush Tip Shape]에서 다음과 같이 설정합니다.

**08** Shift 를 누른 채 가이드라인을 따라 점선을 그립니다. 처음과 끝부분도 가이드라인에 맞추어 약간 여유를 두고 그려 주세요.

브러시로 칠할 때에 Shift 를 누르면서 드래그하면 직선을 그릴 수 있습니다.

> **TIP** 만약, 잘못 그렸다면 지우개 툴 로 잘못 그린 부분만 지운 후에 다시 그리세요.

**09** [레이어] 팔레트 아래쪽의 [Add a layer style] 버튼 을 클릭한 후 [Drop Shadow]을 선택합니다.

**10** [Layer Style] 대화상자가 나타나면 Opacity는 '40', Distance는 '2'로 설정한 후 [OK] 버튼을 클릭합니다.

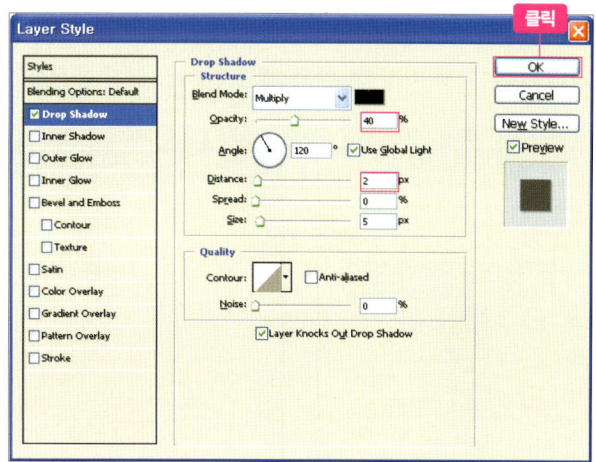

## 원을 그려요

**01** 툴박스에서 원형 도형 툴을 선택한 후, 옵션바에서 Ellipse Options을 'Circle'로, 색상을 '#fcbecb'로 설정합니다.

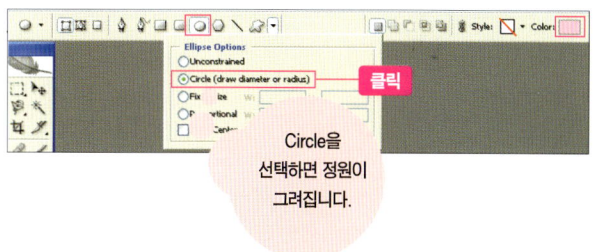

Circle을 선택하면 정원이 그려집니다.

**02** 다음과 같이 네 개의 원을 그린 후, 이동 툴을 이용하여 위치를 적절하게 조절합니다.

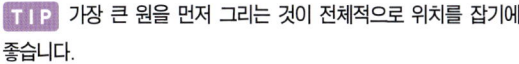
가장 큰 원을 먼저 그리는 것이 전체적으로 위치를 잡기에 좋습니다.

**03** Shape 4가 선택된 상태에서 Shape 1의 회색 벡터 마스크 부분을 Ctrl 을 누른 채 클릭하여 선택 영역으로 설정합니다. 여기서는 가장 큰 원을 제일 먼저 그렸기 때문에 가장 큰 원이 Shape 1이 되었습니다.

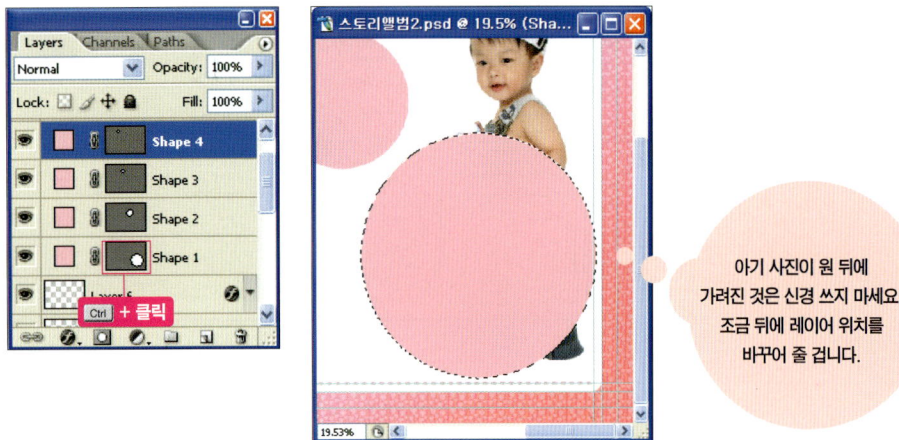

아기 사진이 원 뒤에
가려진 것은 신경 쓰지 마세요.
조금 뒤에 레이어 위치를
바꾸어 줄 겁니다.

**04** [Select] 메뉴의 [Modify – Contract]를 클릭합니다.

**05** [Contract Selection] 대화상자가 나타나면, Contract By를 '80'으로 설정한 후 [OK] 버튼을 클릭합니다. 선택 영역이 줄어든 것이 보이지요?

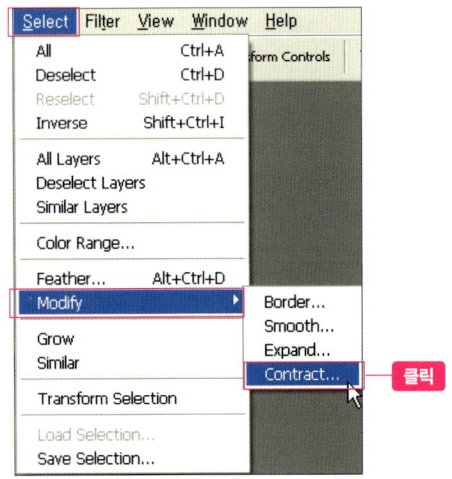

**06** [레이어] 팔레트에서 [Create a new layer] 버튼 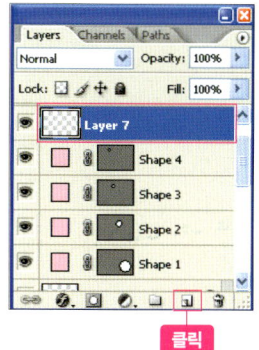 을 클릭하여 새 레이어를 만듭니다.

**07** 전경색을 클릭하여 색상을 '#fbe2e8' 로 변경한 후 Alt + Delete 를 눌러 선택 영역을 전경색으로 칠합니다. 그런 다음, Ctrl + D 를 눌러 선택을 해제합니다

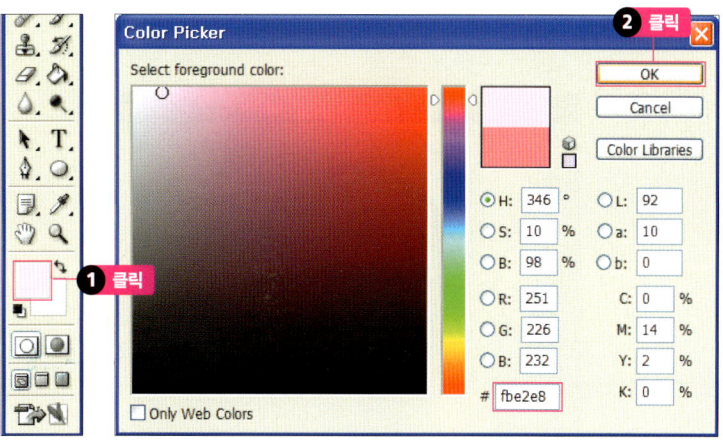

## 작은 사진을 넣어요

**01** Layer 7이 선택된 상태에서 Shape 2의 회색 벡터 마스크 부분을 Ctrl 을 누른 채 클릭하여 선택 영역으로 설정합니다.

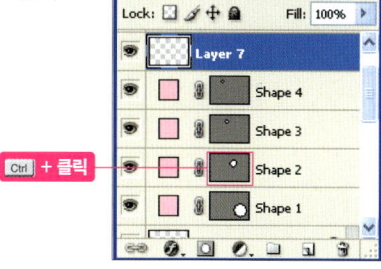

**02** [Select] 메뉴의 [Modify – Contract]를 클릭하여 [Contract Selection] 대화상자가 나타나면 Contract By를 '50'으로 설정하고 [OK] 버튼을 클릭합니다.

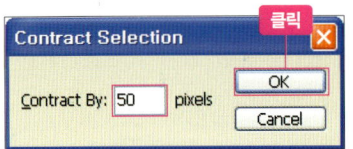

**03** Ctrl + O 를 눌러 부록 CD\Sample\Part05\ 0502_04.jpg를 불러 온 후, Ctrl + A 를 눌러 전체 선택을 하고 Ctrl + C 를 눌러 복사합니다.

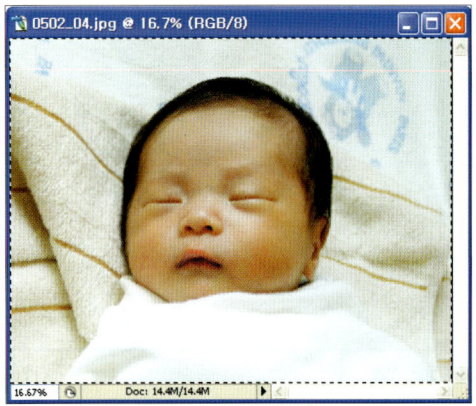

**04** 앨범 작업 창으로 돌아온 후, Shift + Ctrl + V 를 눌러 선택 영역 안에 복사한 이미지를 붙여넣기합니다.

**05** Ctrl + T 를 눌러 조절점이 나타나면 모서리 부분에 마우스를 올려놓고 약간 아래로 아기 사진을 조금만 기울입니다. 적당히 기울였으면 Ctrl + Enter 를 눌러 적용합니다.

**06** 마찬가지 방법으로 Shape 3과 Shape 4에 각각 '0502_05.jpg' 와 '0502_06.jpg' 를 넣습니다.

> Shppe 3의 Contract 수치 : 30
> Shape 4의 Contract 수치 : 15

**07** Shape 4 레이어를 선택한 후 [레이어] 팔레트 아래쪽의 [Add a layer style] 버튼 을 클릭한 다음, [Drop Shadow]을 선택합니다.

**08** [Layer Style] 대화상자가 나타나면, Color는 '#a15665', Size는 '30' 으로 설정한 후 [OK] 버튼을 클릭합니다.

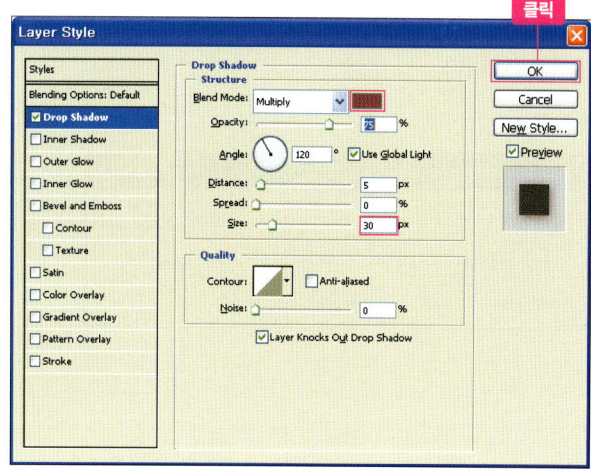

**09** 나머지 Shape 1 ,2, 3에도 같은 레이어 스타일을
적용합니다.

**10** 방금 작업한 원 모양과 사진 레이어를 모두 선택하
고 [레이어] 팔레트의 메뉴 버튼을 클릭하여 [New
Group From Layers]를 선택합니다.

**08** [New Group From Layers] 대화상자가 나타나면,
Name은 '원', Color는 'Blue'로 설정한 후 [OK] 버튼
을 클릭합니다.

**09** 원 폴더를 메인 사진 밑으로 내립니다. 그럼 작업 창
에서 아기 사진 밑으로 원들이 들어간 것이 보일 거예요.

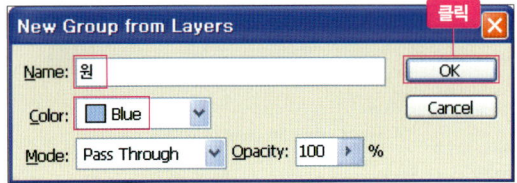

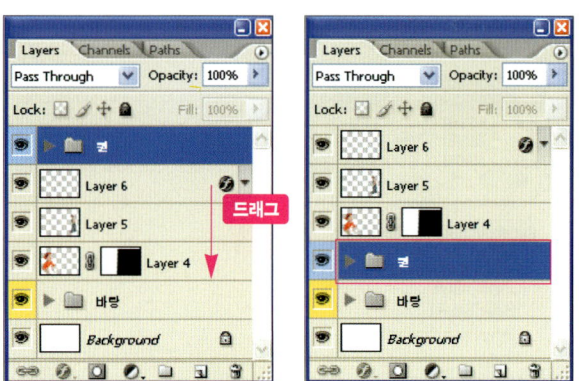

## 글자를 입력해요

**01** 툴박스에서 문자 툴 **T** 을 선택한 후, 옵션바와 [캐릭터] 팔레트에서 다음과 같이 설정합니다.

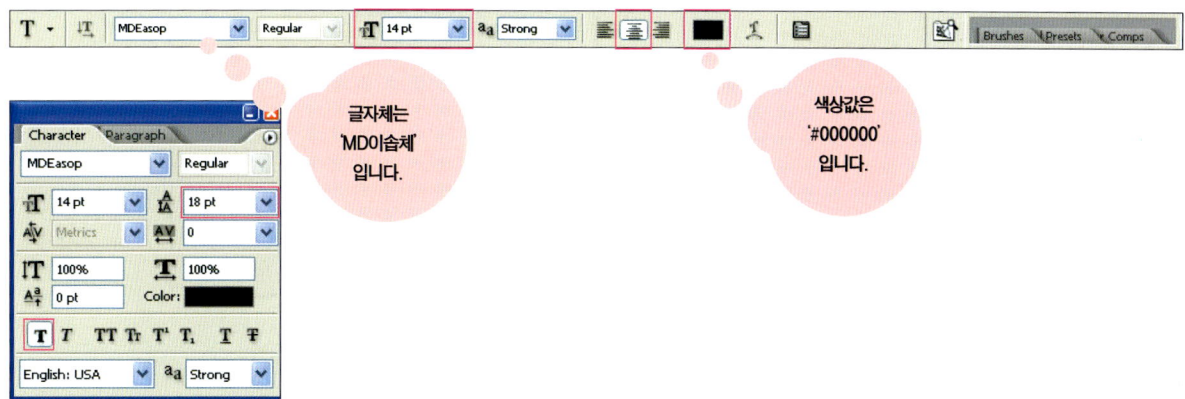

글자체는
'MD이솝체'
입니다.

색상값은
'#000000'
입니다.

**02** 작업 창의 오른쪽 아랫부분을 클릭하여 아기의 프로필을 입력합니다. 여기에 나온 내용은 예시일 뿐이므로, 이를 참고하여 여러분의 아기에 맞는 프로필을 입력하세요.

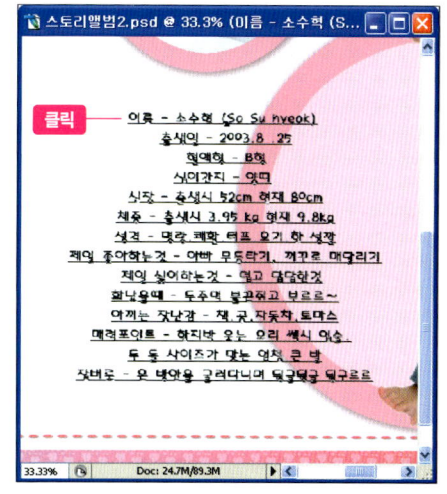

이름 – 소수혁(So Su hyeok)

출생일 – 2003. 8 .25

혈액형 – B형

십이간지 – 양띠

신장 – 출생 시 52cm 현재 80cm

체중 – 출생 시 3.95 kg 현재 9.8kg

성격 – 명랑. 쾌활 .터프. 오기. 한 성깔

제일 좋아하는 것 – 아빠 무등타기, 거꾸로 매달리기

제일 싫어하는 것 – 덥고 답답한 것

화났을 때 – 두 주먹 불끈 쥐고 부르르~

아끼는 장난감 – 책, 공, 자동차, 토마스

매력 포인트 – 함지박 웃는 오리 섹시 입술

두 돌 크기가 맞는 엄청 큰 발

잠버릇 – 온 방안을 굴러다니며 뒹글뒹글 뒹구르르

**03** 각각의 타이틀을 블록으로 설정하여 색상을 변경한 후 Ctrl + Enter 를 눌러 적용합니다. 색상은 여러분 마음대로 정하세요.

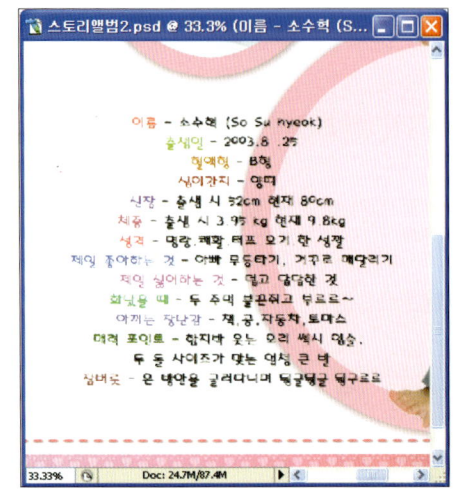

**04** 작업 창의 왼쪽 윗부분의 빈 공간을 클릭하여 문자 레이어를 활성화한 후, 옵션바와 [캐릭터] 팔레트에서 다음과 같이 설정합니다.

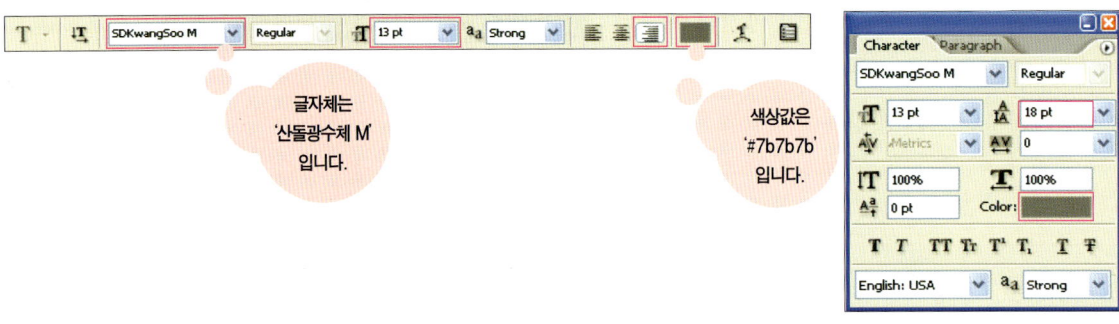

글자체는 '산돌광수체 M' 입니다.

색상값은 '#7b7b7b' 입니다.

**05** 다음 내용을 입력한 후, Ctrl + Enter 를 눌러 적용합니다.

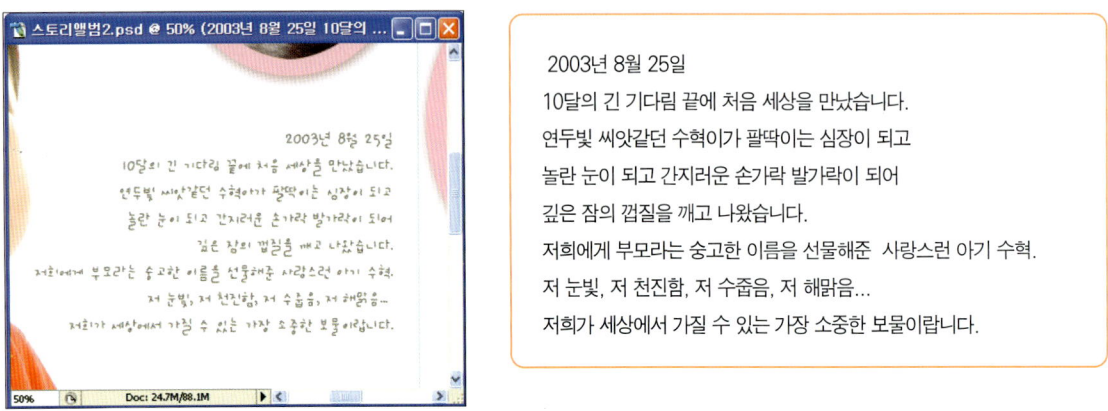

2003년 8월 25일
10달의 긴 기다림 끝에 처음 세상을 만났습니다.
연두빛 씨앗같던 수혁이가 팔딱이는 심장이 되고
놀란 눈이 되고 간지러운 손가락 발가락이 되어
깊은 잠의 껍질을 깨고 나왔습니다.
저희에게 부모라는 숭고한 이름을 선물해준  사랑스런 아기 수혁.
저 눈빛, 저 천진함, 저 수줍음, 저 해맑음...
저희가 세상에서 가질 수 있는 가장 소중한 보물이랍니다.

**06** 작업 창의 오른쪽 아래를 클릭하여 문자 레이어를 활성화한 후, 옵션바에서 다음과 같이 설정합니다. 그런 다음, 'The Story of SUHYEOK' s 1st Year' 라고 입력하고 Ctrl + Enter 를 눌러 적용합니다.

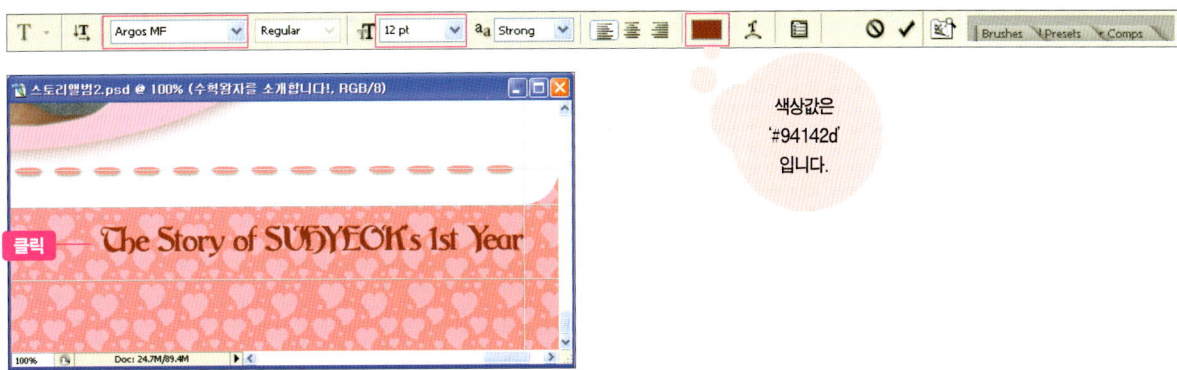

색상값은 '#94142d' 입니다.

**07** 작업 창의 오른쪽 상단을 클릭하여 문자 레이어를 활성화한 후, 옵션바에서 다음과 같이 설정합니다. 그런 다음 내용을 입력합니다.

글자체는 '엽서체' 입니다.

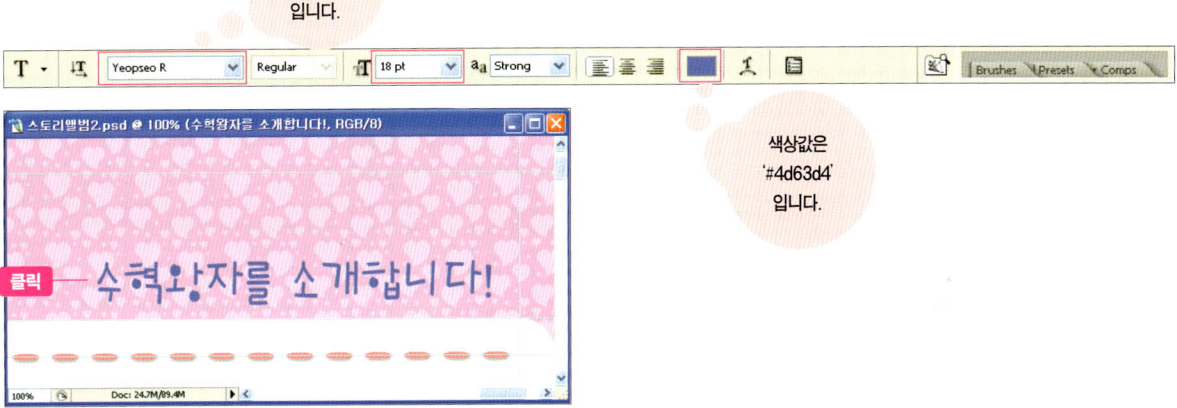

색상값은 '#4d63d4' 입니다.

**08** '수혁왕자' 를 블록으로 설정한 후, 옵션바에서 글자 크기를 '24', 색상을 '#e33d80' 로 변경하고 Ctrl + Enter 를 눌러 적용합니다.

**09** [레이어] 팔레트 아래쪽의 [Add a layer style] 버튼 을 클릭한 후 [Stroke]를 선택하여 [Layer Style] 대화상자가 나타나면 Size는 '6', Color는 '#ffffff' 로 설정하고 [OK] 버튼을 클릭합니다.

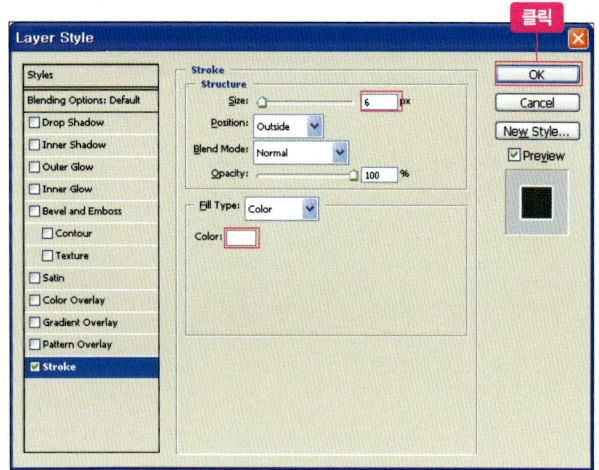

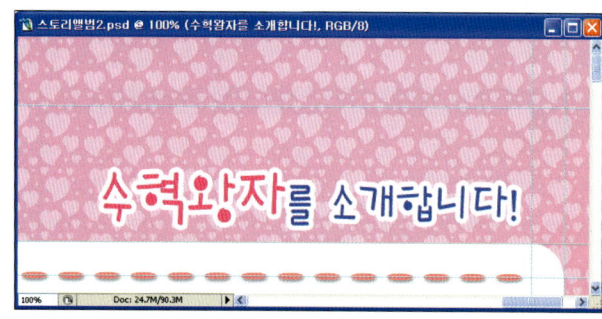

## 타이틀을 입력해요

**01** 왼쪽 상단을 클릭하여 문자 레이어를 활성화한 후, [캐릭터] 팔레트와 옵션바에서 다음과 같이 설정하고 '수혁이의 한살이야기' 라고 입력합니다.

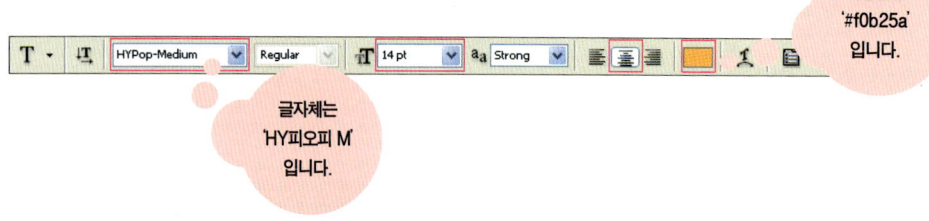

색상값은
'#f0b25a'
입니다.

글자체는
'HY피오피 M'
입니다.

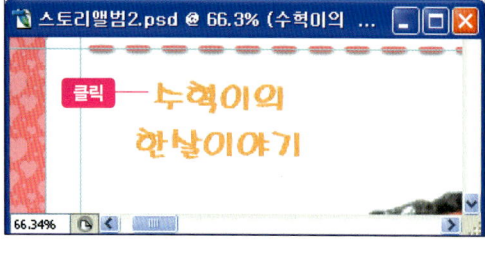

클릭

**02** '한'을 드래그하여 블록으로 설정한 후, 옵션바에서 글자 크기를 '40', 색상을 '#9698fc'로 변경합니다.

**03** 문장의 아무 곳이나 클릭하여 블록을 해제한 후, 다시 '살'을 드래그하여 블록으로 설정하고 옵션바에서 글자 크기를 '18', 색상을 '#e389fd'로 변경합니다.

**04** 문장의 아무 곳이나 클릭하여 블록을 해제한 후, 다시 '이야기'를 드래그하여 블록으로 설정하고 옵션바에서 글자 크기를 '18', 색상을 '#c0e292'로 변경합니다.

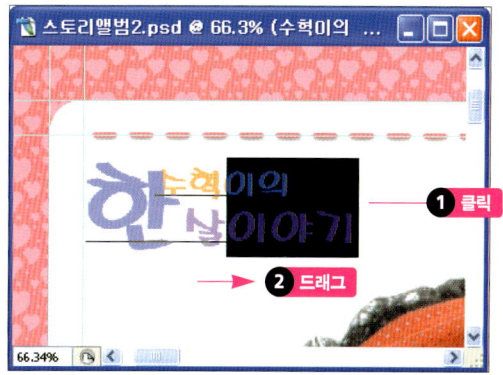

**05** 문장의 아무 곳이나 클릭하여 블록을 해제한 후, '수혁이의'의 앞부분에서 Spacebar 를 눌러 조금 뒤에 위치하게 하고 Ctrl + Enter 를 눌러 적용합니다.

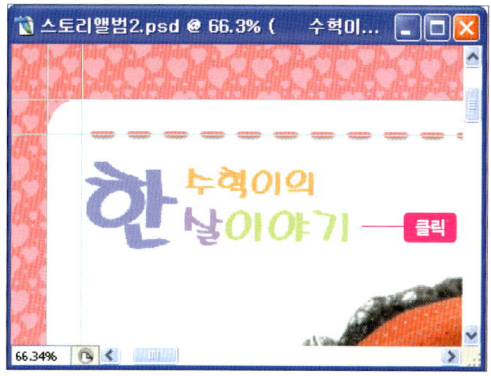

**06** [레이어] 팔레트 아래쪽의 [Add a layer style] 버튼 ⨏. 을 클릭한 후 [Stroke]를 선택하여 [Layer Style] 대화상자가 나타나면 다음과 같이 설정한 후 [OK] 버튼을 클릭합니다.

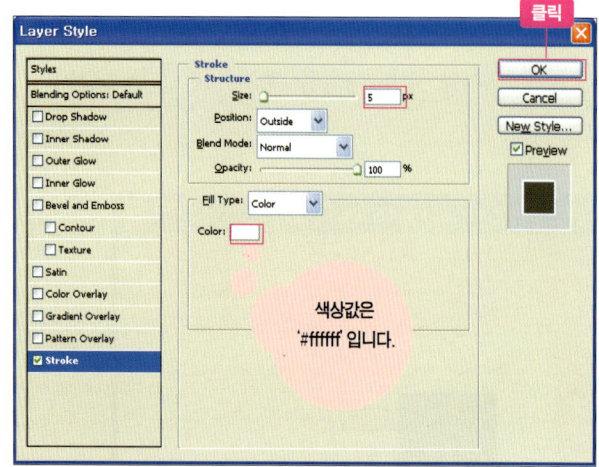

**07** 이동 툴 ⊹ 을 이용하여 위치를 적절하게 조절합니다.

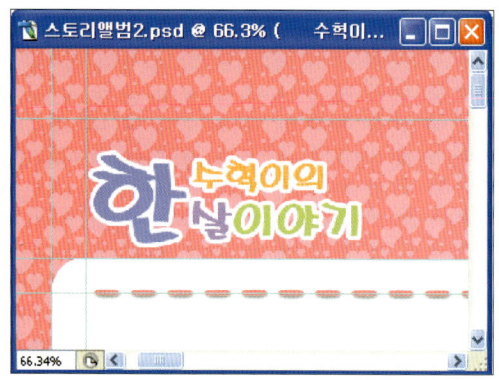

**08** 완성되었습니다. 이번에는 조금 복잡하고 설명도 길었지요? 다음 장부터는 앞부분의 반복되는 설명은 생략할 것이므로 다시 힘을 가지고 도전해 보세요.

# 성장 이야기 페이지

아기가 일 년 동안 어떻게 성장했는지를 한눈에 볼 수 있는 성장 이야기 페이지를 만들어 보겠습니다. 일 년 동안 성장한 사진을 개월 별로 나열하면서 그 달에 대한 간단한 문구들을 넣습니다. 스토리 앨범의 전체적인 배경 틀은 계속 유지하면서 나갈 것이므로 좀 더 빠른 진행을 위해 앞부분의 반복되는 틀을 미리 저장을 해 놓았습니다. 그 파일을 불러와 다른 이름으로 저장한 후, 시작해 보겠습니다.

● **결과 파일 경로** 부록 CD\Sample\Part05\After\0503.jpg

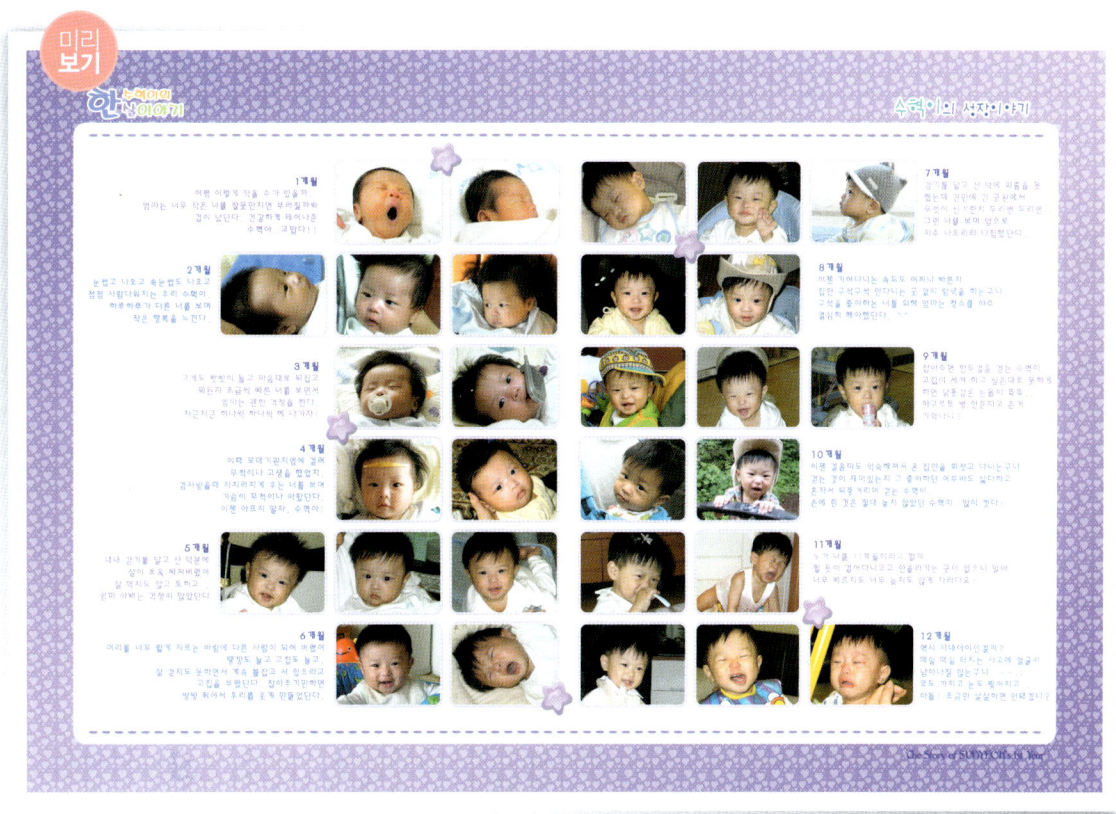

## 배경을 칠해요

**01** `Ctrl` + `O`를 눌러 부록 CD\Sample\Part05\05.psd를 불러 옵니다. 이미 가이드라인과 배경이 만들어 있지요?

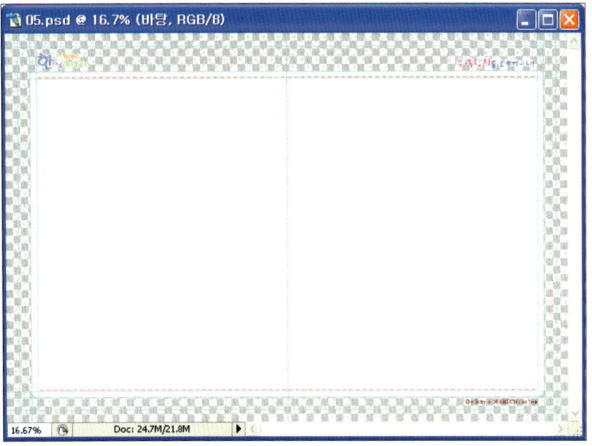

**02** `Shift` + `Ctrl` + `S`를 눌러 다른 이름으로 저장합니다. [Save As] 대화상자가 나타나면 저장하고자 하는 경로를 설정한 후, 파일명을 '스토리앨범3.psd'로 설정하고 [저장] 버튼을 클릭합니다.

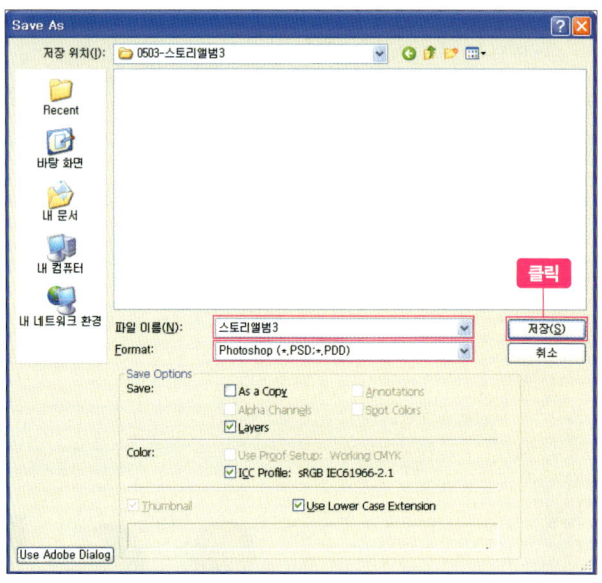

> 주의하세요 부록 CD가 아니라 여러분 컴퓨터 드라이브에 저장해야 합니다.

**03** [레이어] 팔레트에서 [Create a new layer] 버튼 🗋을 클릭하여 새 레이어를 만든 후, 패턴 레이어 밑으로 옮깁니다. 이 때, 새로 만든 레이어가 제일 아래에 오도록 해 주세요.

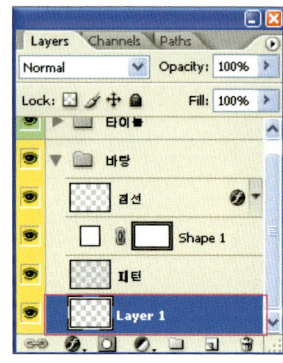

**04** 전경색을 클릭하여 색상을 '#e9a4f8' 로 변경한 후 Alt + Delete 를 눌러 전경색으로 칠합니다.

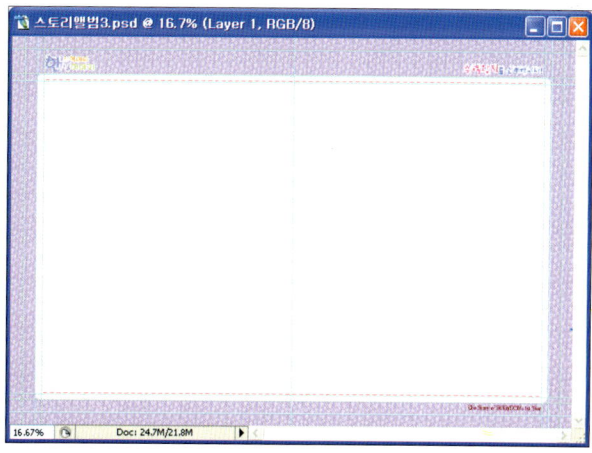

**05** 다시 [레이어] 팔레트에서 [Create a new layer] 버튼 ◻ 을 클릭하여 새 레이어를 만든 후, 전경색을 클릭하여 색상을 '#b370eb' 로 변경합니다.

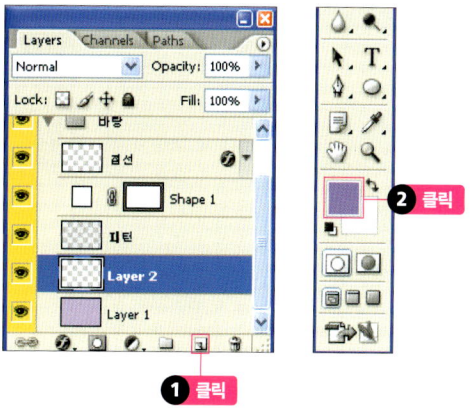

**06** 툴박스에서 그레이디언트 툴 ◻ 을 선택한 후, 왼쪽 위에서 아래로 대각선 방향으로 반 정도 드래그하고, 다시 오른쪽 아래에서 위로 대각선 방향으로 반 정도 드래그하여 그레이디언트 효과를 적용합니다.

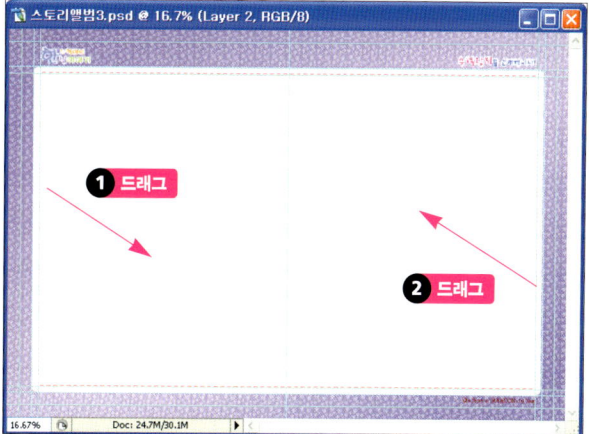

**07** [레이어] 팔레트에서 점선 레이어를 선택합니다.

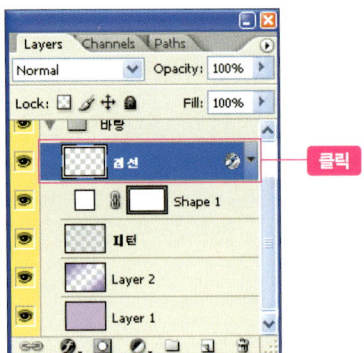

**08** Ctrl + U 를 눌러 [Hue/Saturation] 대화상자가 나타나면, Hue를 '-74'로 변경한 후 [OK] 버튼을 클릭합니다.

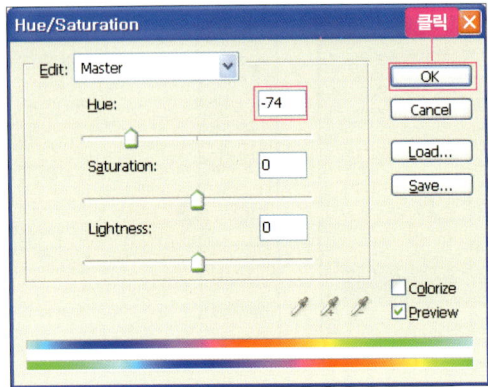
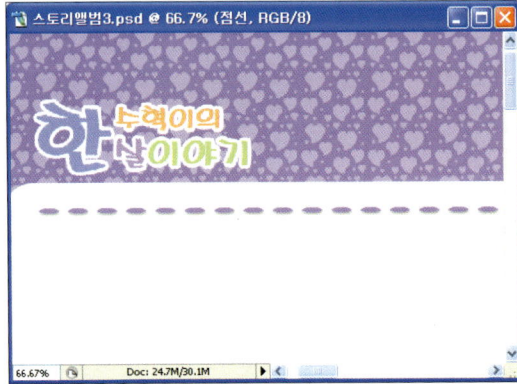

TIP (Hue/Saturation)은 간편하게 색상을 변경하고자 할 때 유용하게 쓰입니다.

## 사진틀을 만들어요

**01** Ctrl + R 을 눌러 눈금자를 나타나게 한 후, 눈금자를 드래그하여 다음과 같이 가이드라인을 만듭니다.

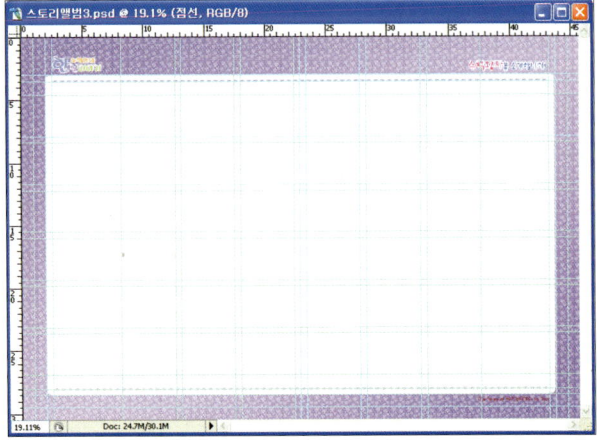

가로 가이드라인 : 4.6cm, 7.9cm, 8.4cm, 11.7cm, 12.2cm, 15.5cm, 16cm, 19.3cm, 19.8cm, 23.1cm, 23.6cm, 26.9cm
세로 가이드라인 : 8.2cm, 12.6cm, 13.1cm, 17.5cm, 18cm, 22.4cm, 23.4cm, 27.8cm, 28.3cm, 32.7cm, 33.2cm, 37.6cm

**02** [레이어] 팔레트에서 타이틀 폴더를 선택한 후, [Create a new group] 버튼 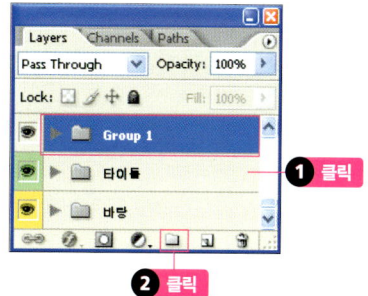 을 클릭하여 Group 1 폴더를 만듭니다. 이때에는 Group 1 폴더가 제일 위에 오도록 해 주세요.

**03** 툴박스에서 모서리가 둥근 사각형 도형 툴을 선택한 후, 옵션바에서 Radius를 '20' 으로 설정하고 색상은 '#dcb6fb' 으로 설정합니다.

**04** 가이드라인에 맞추어 왼쪽 페이지에 다음과 같이 사각형을 그립니다.

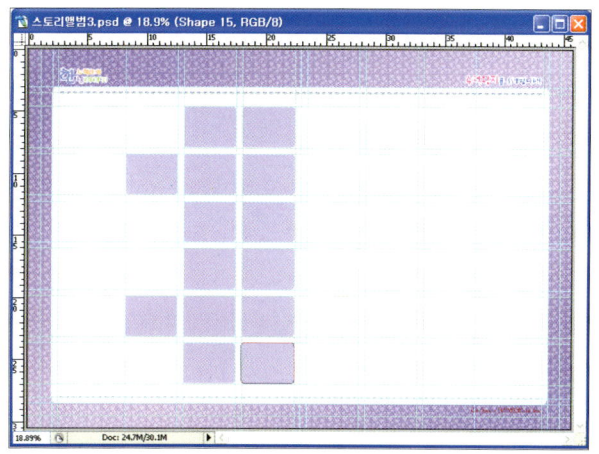

> **TIP** 사각형을 그릴 때에는 위에서 아래로, 왼쪽에서 오른쪽 순서로 그려 주세요. 나중에 사진 넣을 때에 순서가 일정해야만 좀 더 편리하게 작업을 할 수 있습니다.

> **TIP** 불필요한 레이어 삭제하는 방법
> 필요 없는 레이어를 삭제할 때는 해당 레이어를 휴지통으로 드래그하면 레이어가 삭제됩니다.

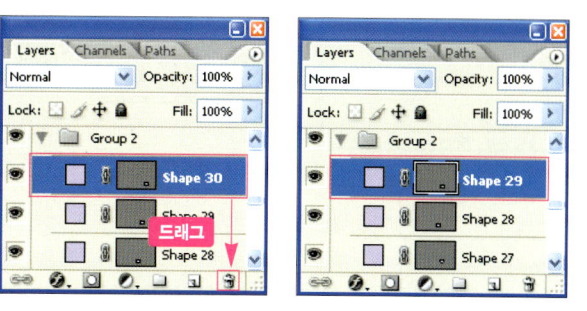

**05** [레이어] 팔레트에서 Group 1 폴더를 선택한 후, [Create a new group] 버튼 을 클릭하여 Group 2 폴더를 만듭니다.

**06** 가이드라인에 맞추어 오른쪽 페이지에도 사각형을 그립니다.

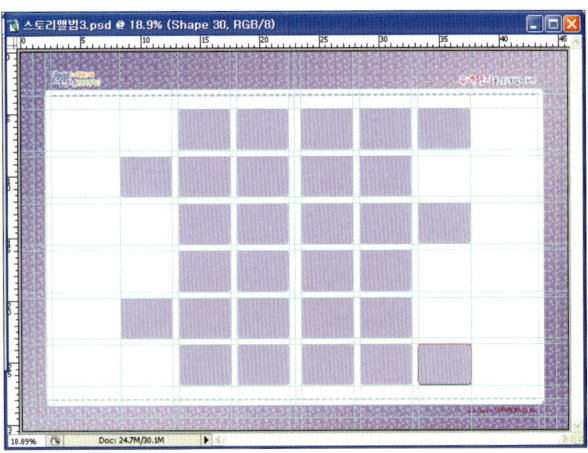

## 사진을 넣어요

**01** [레이어] 팔레트에서 Group 2 폴더를 선택한 후, [Create a new group] 버튼 을 클릭하여 Group 3 폴더를 만듭니다. 그런 다음, 마우스 오른쪽 버튼을 클릭하면 나타나는 단축 메뉴에서 [Group Properties]를 선택합니다.

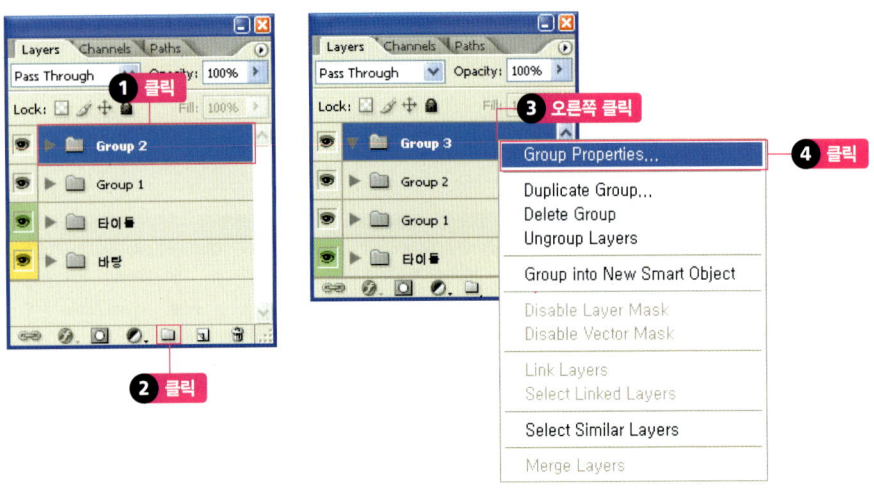

**02** [Group Properties] 대화상자가 나타나면 Name을 '1-6사진', Color를 'Red'로 변경한 후, [OK] 버튼을 클릭합니다.

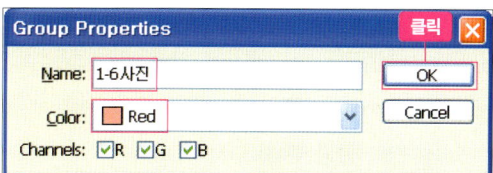

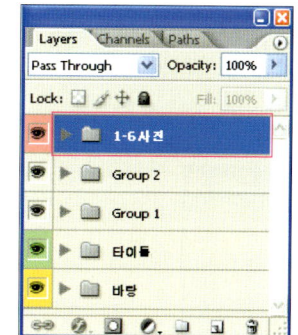

**03** 1-6사진 폴더가 선택된 상태에서 Group 1 폴더의 Shape 2의 회색 벡터 마스크 부분을 Ctrl 을 누른 채 클릭하여 선택 영역으로 설정합니다.

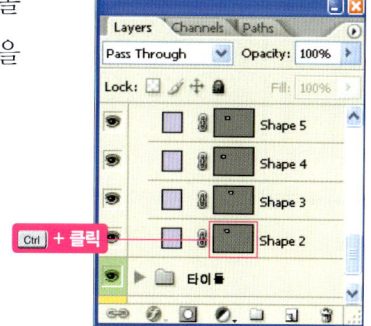

**04** Ctrl + O 를 눌러 부록 CD\Sample\Part05\0503_01.jpg를 불러 옵니다. Ctrl + A 를 눌러 전체 선택을 하고 Ctrl + C 를 눌러 복사합니다.

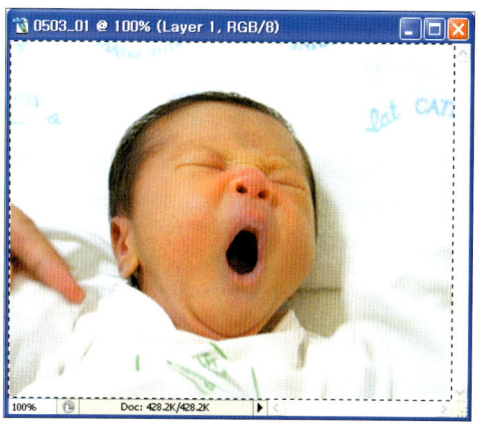

**05** Shift + Ctrl + V 를 눌러 선택 영역 안에 사진을 넣은 후, 이동 툴 ▶⊕을 이용하여 위치를 적절하게 조절합니다.

**06** 마찬가지 방법으로 '0503_02.jpg' 부터 '0503_14.jpg' 파일을 왼쪽 페이지에 차례대로 넣습니다.

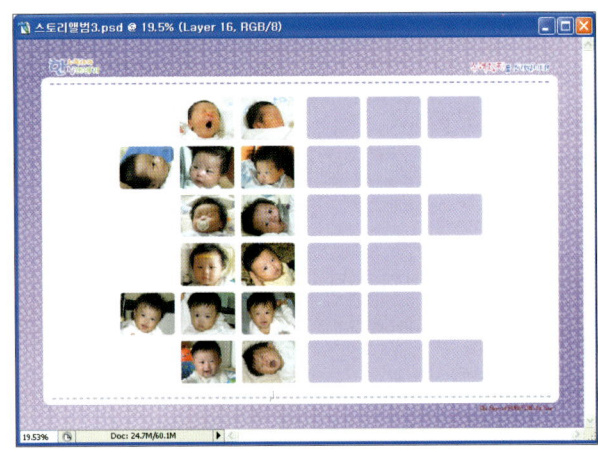

**TIP** 앨범을 만들기 전에 앨범에 넣을 사진을 정리해 놓으면 쉽게 작업을 할 수 있습니다. 평소에 사진 많이 촬영해 놓으면 앨범 제작 시 유용하게 쓰입니다. 핸드폰 사진은 해상도가 낮아서 앨범 사진으로는 부적합합니다.

**07** [레이어] 팔레트에서 1-6사진 폴더를 선택한 후, [Create a new group] 버튼 ☐을 클릭하여 Group 3 폴더를 만듭니다. 그런 다음, 마우스 오른쪽 버튼을 클릭하면 나타나는 단축 메뉴에서 [Group Properties]를 선택합니다.

**08** [Group Properties] 대화상자가 나타나면 Name 을 '7-12사진,' Color를 'Violet'으로 변경한 후, [OK] 버튼을 클릭합니다.

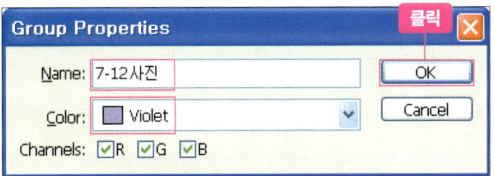

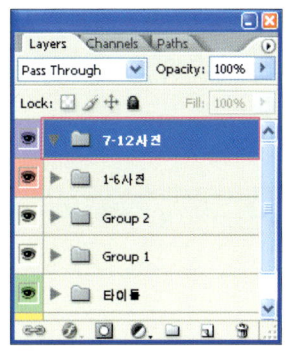

**09** 7-12사진 폴더가 선택된 상태에서 Group 2 폴더 의 Shape 16의 회색 벡터 마스크 부분을 Ctrl을 누른 채 클릭하여 선택 영역으로 설정합니다.

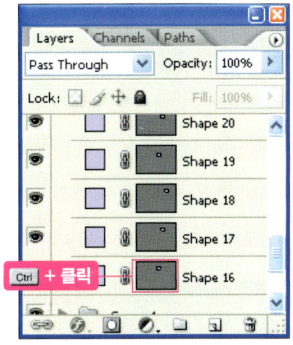

**10** Ctrl + O를 눌러 부록 CD\Sample\Part05\ 0503_15.jpg를 불러 옵니다. Ctrl + A를 눌러 전체 선 택을 하고 Ctrl + C를 눌러 복사합니다.

**11** Shift + Ctrl + V 를 눌러 선택 영역 안에 사진을 넣은 후, 이동 툴 ⊹을 이용하여 위치를 적절하게 조절합니다.

**12** 마찬가지 방법으로 '0503_16.jpg' 부터 '0503_29.jpg' 파일을 오른쪽 페이지에 차례대로 넣습니다.

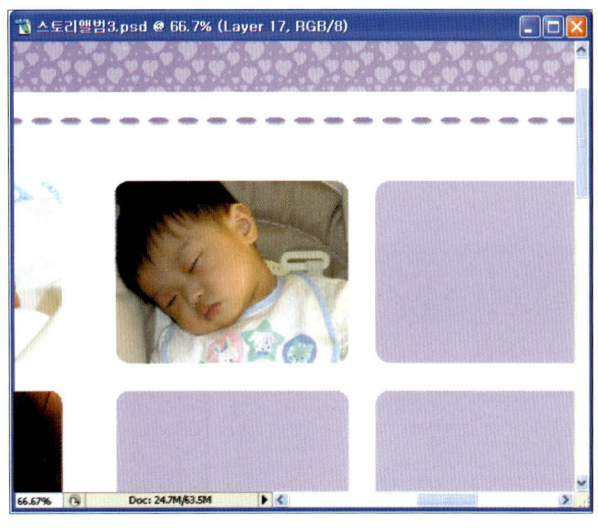

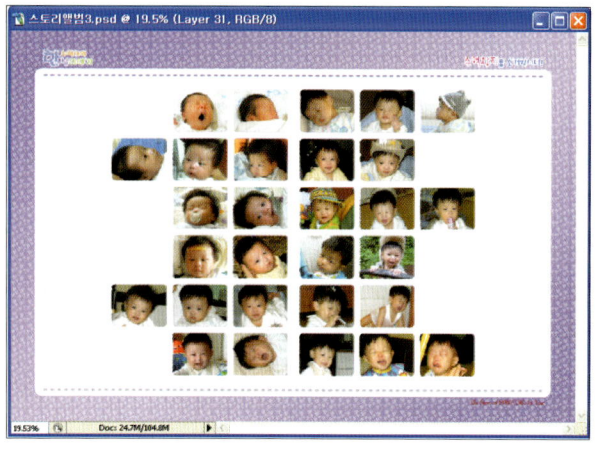

## 글자를 입력해요

**01** [레이어] 팔레트에서 순서를 정하기 위해 7-12사진 폴더를 클릭합니다. 그런 다음, 툴박스에서 문자 툴 T을 선택한 후, 옵션바와 [캐릭터] 팔레트에서 다음과 같이 설정합니다.

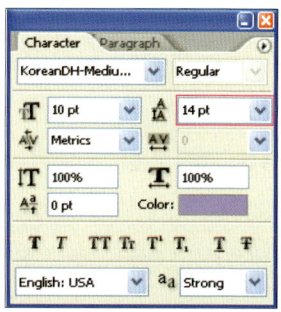

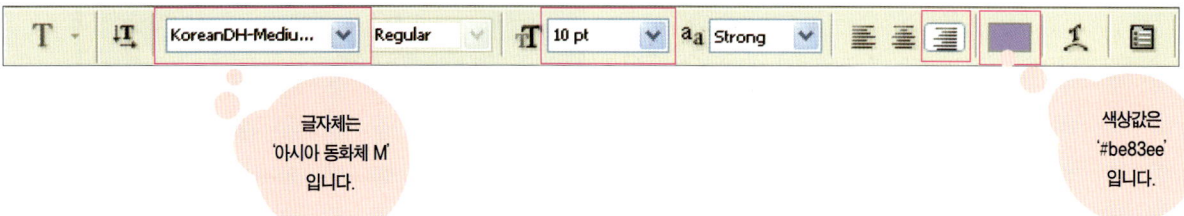

글자체는
'아시아 동화체 M'
입니다.

색상값은
'#be83ee'
입니다.

**02** 작업 창을 클릭하여 다음 문구를 입력합니다.

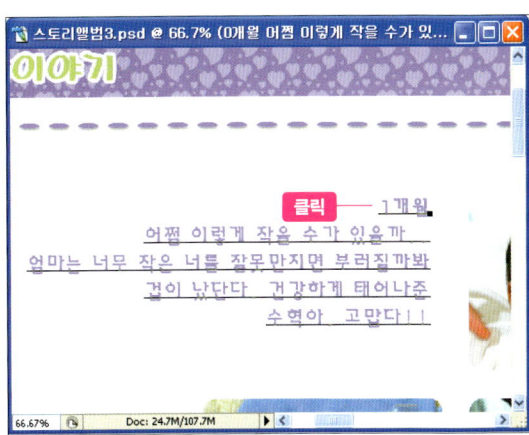

**03** '1개월'을 블록으로 설정한 후, 옵션바에서 글자 크기를 '11', 색상을 '#8e06fd'로 변경하고, Ctrl + Enter 를 눌러 적용합니다.

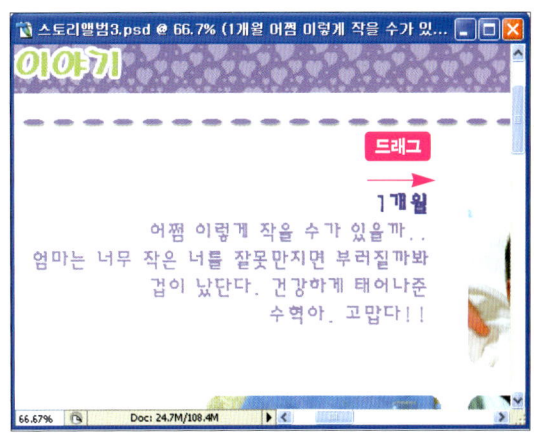

**04** 다시 작업 창을 클릭하여 문자 레이어를 활성화한 후, 글자 크기를 '10', 색상을 '#8394fd'로 변경한 후, 다음 내용을 입력합니다.

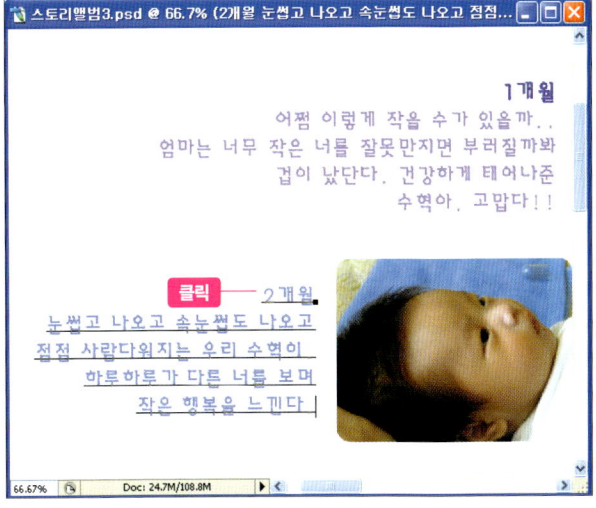

**05** '2개월'을 블록으로 설정한 후, 옵션바에서 글자 크기를 '11', 색상을 '#4963ff'로 변경하고 Ctrl + Enter 를 눌러 적용합니다.

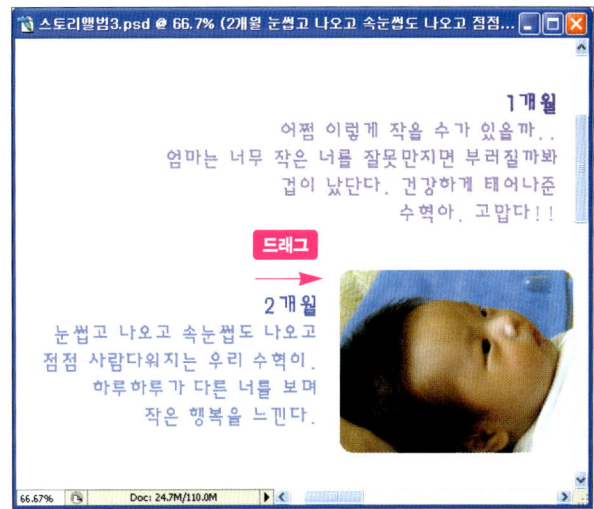

**06** 같은 방법으로 색상별로 번갈아가면서 내용을 입력합니다. 오른쪽 페이지에서는 문단 정렬을 왼쪽으로 맞춰 입력해 주세요.

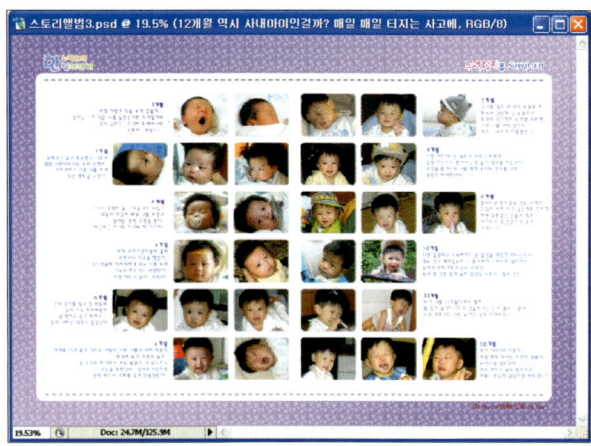

**07** 작업 창에서 'The Story of SUHYEOK's 1st Year' 부분을 클릭하여 문자 레이어를 활성화한 후, 블록으로 설정합니다. 옵션바에서 색상을 '#632b8d'로 변경하고 Ctrl + Enter 를 눌러 적용합니다.

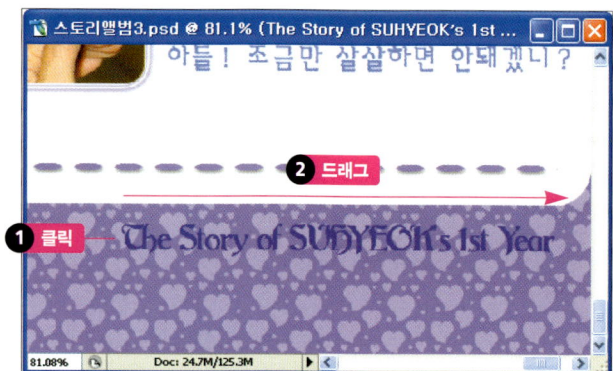

**3개월**

고개도 빳빳이 들고 마음대로 뒤집고 뭐든지 조금씩 빠른 너를 보면서 엄마는 괜한 걱정을 한다. 차근차근 하나씩 하나씩 해 나가자!

**4개월**

이때 모세기관지염에 걸려 무척이나 고생을 했었지. 검사받을 때 자지러지게 우는 너를 보며 가슴이 무척이나 아팠단다. 이젠 아프지 말자, 수혁아!

**5개월**

내내 감기를 달고 산 덕분에 살이 쏘옥 빠져버렸어. 잘 먹지도 않고 토하고.. 엄마 아빠는 걱정이 많았단다.

**6개월**

머리를 너무 짧게 자르는 바람에 다른 사람이 되어 버렸어. 땡강도 늘고 고집도 늘고. 잘 걷지도 못하면서 계속 붙잡고 서 있으려고 고집을 부렸단다. 잡아 주기만하면 방방 뛰어서 우리를 웃게 만들었단다.

**7개월**

감기를 달고 산 덕에 외출을 못했는데 간만에 간 공원에서 무엇이 신기한지 두리번 두리번.. 그런 너를 보며 앞으로 자주 나오리라 다짐했단다.

**8개월**

이젠 기어다니는 속도도 어찌나 빠른지.. 집안 구석구석 안 다니는 곳 없이 탐색을 하는구나. 구석을 좋아하는 너를 위해 엄마는 청소를 아주 열심히 해야 했단다.

**9개월**

잡아 주면 한 두 걸음 걷는 수혁이. 고집이 세져 하고 싶은 대로 못하게 하면 닭똥같은 눈물이 뚝뚝.. 야구르트 병 안 준다고 운거 기억나니?

**10개월**

이젠 걸음마도 익숙해져서 온 집안을 휘젓고 다니는구나. 걷는 것이 재미있는지 그 좋아하던 어부바도 싫다하고 혼자서 뒤뚱거리며 걷는 수혁이. 손에 쥔 것은 절대 놓지 않았던 수혁이. 많이 컷다!

**11개월**

누가 너를 11개월이라고 할까. 뛸 듯이 걸어다니고 안 올라가는 곳이 없으니 말야. 너무 빠르지도 너무 늦지도 않게 자라다오!

**12개월**

역시 사내아이인걸까? 매일 매일 터지는 사고에 얼굴이 남아나질 않는구나. ─;; 코도 까지고 눈도 찢어지고.. 아들! 조금만 살살하면 안 되겠니?

▶ 개월 수에 따른 아기의 특징이나 아기에게 하고 싶은 말을 적어 주세요.

**08** 작업 창에서 '수혁왕자를 소개합니다' 를 클릭하여 문자 레이어를 활성화한 후, '수혁왕자' 를 블록으로 설정합니다. 옵션바에서 색상을 '#48c1cc' 로 변경하고 '수혁이' 라고 입력합니다.

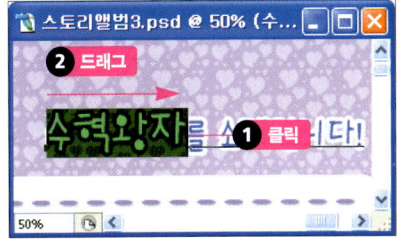

**09** '를 소개합니다' 를 블록으로 설정한 후, 옵션바에서 색상을 '#4d63d4' 로 변경하고 '의 성장이야기' 이라고 입력합니다. 그런 다음, Ctrl + Enter 를 눌러 적용합니다.

## 레이어 효과를 넣어요

**01** [레이어] 팔레트에서 1-6사진 폴더에 있는 첫 번째 사진 Layer 3을 선택한 후 [Add a layer style] 버튼을 클릭하여 [Outer Glow]를 선택합니다.

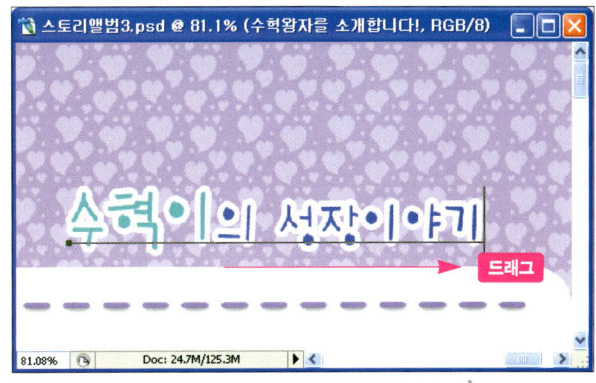

**02** [Layer Style] 대화상자가 나타나면, 다음과 같이 설정한 후 [OK] 버튼을 클릭합니다.

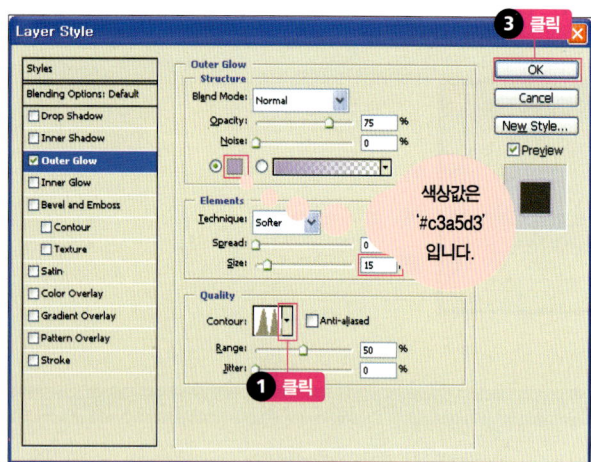

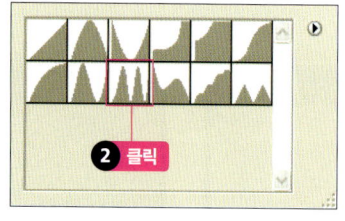

TIP Outer Glow 효과는 contour의 형태에 따라 여러 가지가 될 수 있으니 직접 해 본 후 어떤 차이점이 있는지 확인하세요.

**03** 아기 사진에 보라색의 테두리가 생겼습니다.

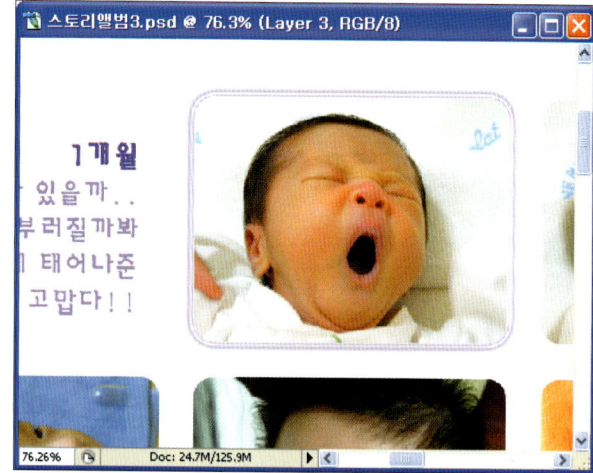

**04** 다른 사진에도 같은 레이어 스타일을 적용합니다.

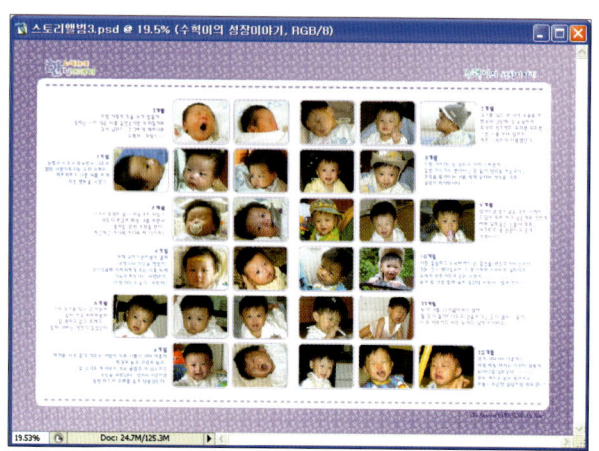

## 별 이미지를 넣어요

**01** Ctrl + O 를 눌러 부록 CD\Sample\Part05\ 0503_30.psd를 불러 온 후, Ctrl + A 를 눌러 전체 선택 하고 Ctrl + C 를 눌러 복사합니다.

**02** 작업 창으로 돌아온 후, Ctrl + V 를 눌러 복사한 이미지를 붙여넣기하고 이동 툴 을 이용하여 위치를 적절하게 조절합니다. 다시 Ctrl + V 를 눌러 복사한 이미지를 붙여넣기한 후, 위치를 적절하게 조절합니다. 별 이미지를 다섯 개 정도 넣어 주세요.

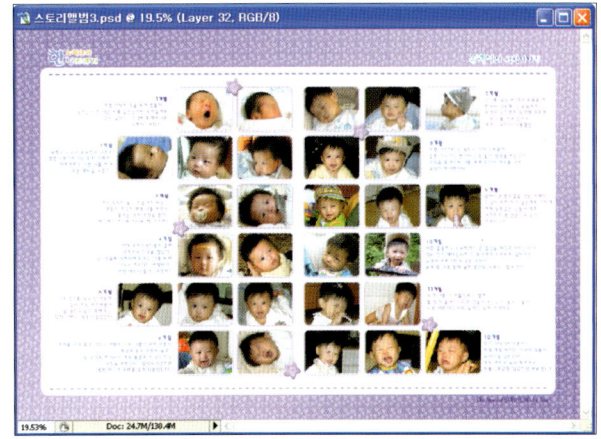

**03** 완성되었습니다. 하나하나 완성되는 모습을 보니 뿌듯하죠?

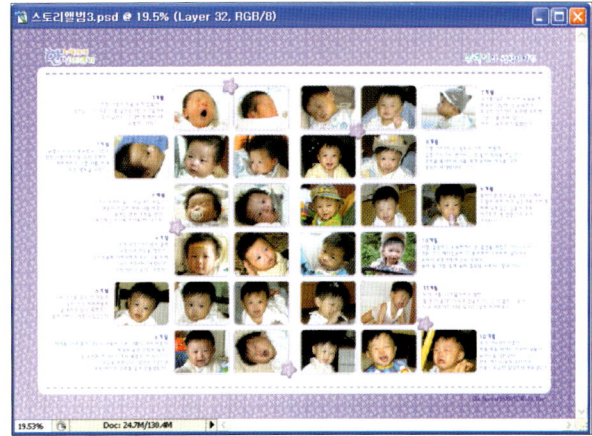

# 하루 일과 페이지

우리 아기의 하루 일과를 일과표를 이용하여 정리해 보겠습니다. 아기의 하루 일과 중 특징적인 몇 개만을 적습니다. 사진도 일과표의 내용과 비슷한 것을 넣어 주면 더 재미 있겠지요. 앞의 레슨과 마찬가지로 미리 저장되어 있는 파일을 불러 와서 작업을 하겠 습니다.

● **결과 파일 경로** | **부록 CD\Sample\Part05\After\0504.jpg**

## 배경을 칠해요

**01** [Ctrl] + [O]를 눌러 부록 CD\Sample\Part05\05.psd를 불러 옵니다.

**02** [Shift] + [Ctrl] + [S]를 눌러 [Save As] 대화상자가 나타나면, 저장하고자 하는 경로를 설정한 후 파일명을 '스토리앨범4.psd'로 입력하고 [저장] 버튼을 클릭합니다.

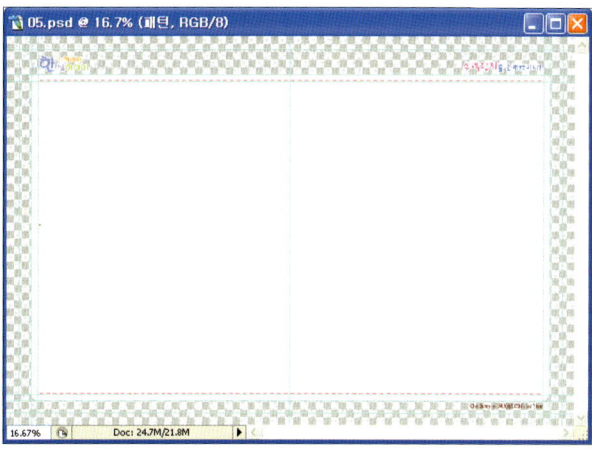

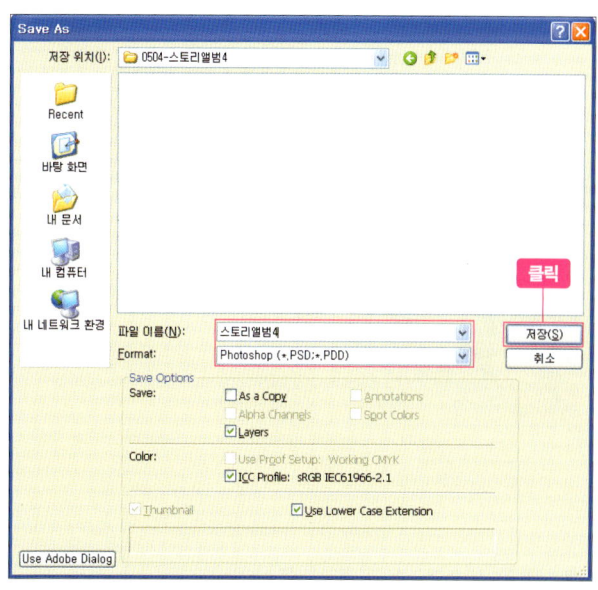

**03** [레이어] 팔레트에서 [Create a new layer] 버튼 을 클릭하여 새 레이어를 만든 후 패턴 레이어 밑으로 옮깁니다. 이 때, 새로 만든 레이어가 제일 아래에 오도록 해 주세요.

**04** 전경색을 클릭하여 색상을 '#98c5fc'로 변경한 후 [Alt] + [Delete]를 눌러 전경색으로 칠합니다.

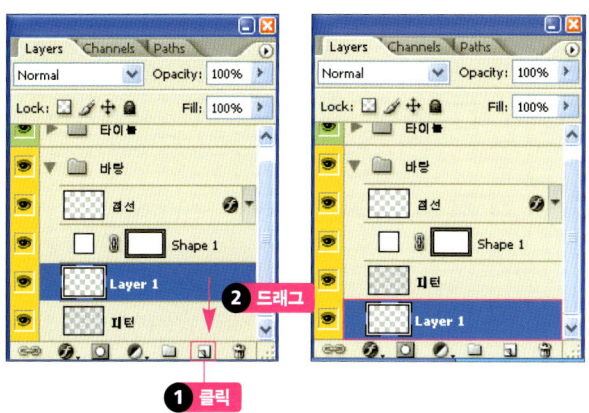

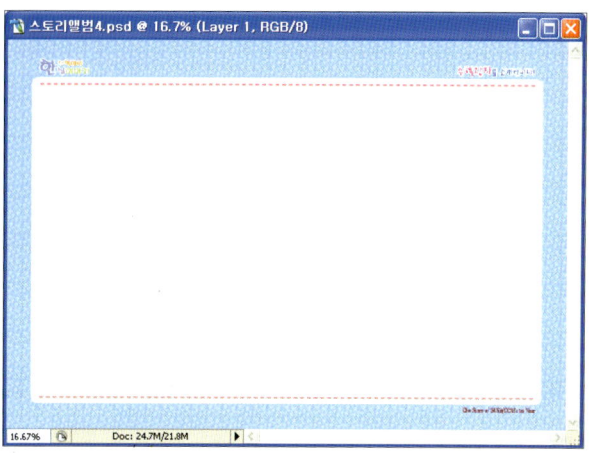

**05** 다시 [레이어] 팔레트에서 [Create a new layer] 버튼 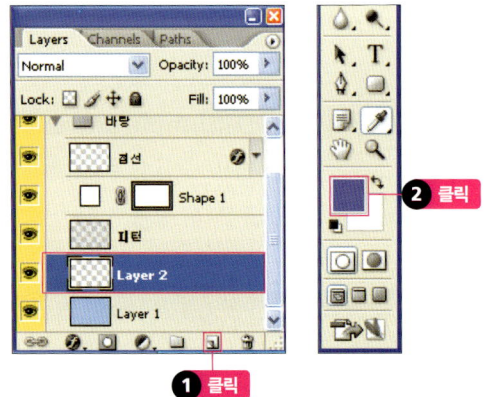 을 클릭하여 새 레이어를 만든 후, 전경색을 클릭하여 '#5460fa'로 변경합니다.

**06** 툴박스에서 그레이디언트 툴 을 선택한 후, 샘플 중에서 'Foreground to Transparent'를 선택합니다.

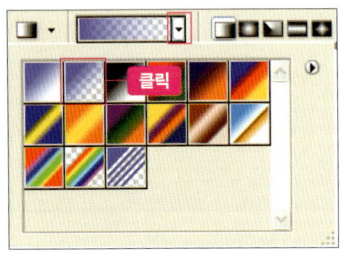

**07** 왼쪽 위에서 아래로 대각선 방향으로 반 정도 드래그하고, 다시 오른쪽 아래에서 위로 대각선 방향으로 반 정도 드래그하여 그레이디언트 효과를 적용합니다.

**08** [레이어] 팔레트에서 점선 레이어 앞에 있는 눈 아이콘 을 클릭하여 이미지가 보이지 않도록 합니다.

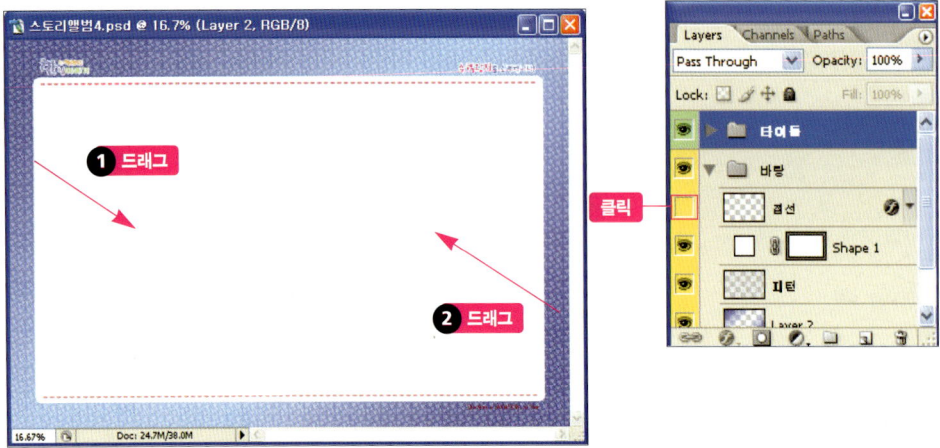

## 일과표 틀을 만들어요

**01** Ctrl + R 을 눌러 눈금자를 나타나게 한 후, 가이드 라인을 만듭니다. 그런 다음, 사각형 선택 툴 로 방금 그린 가이드라인에 맞추어 다음과 같이 선택합니다.

> **가로 가이드라인** : 9cm, 15.7cm, 22.5cm
> **세로 가이드라인** : 10.5cm, 23.5cm, 31.5cm

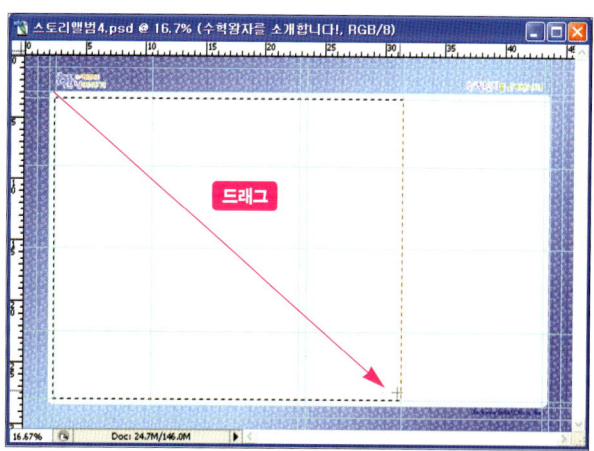

**02** [Select] 메뉴의 [Modify – Smooth]를 선택합니다.

**03** [Smooth Selection] 대화상자가 나타나면 Sample Radius를 '40'으로 설정하고 [OK] 버튼을 클릭합니다. 모서리가 둥글게 변한 것이 보이지요?

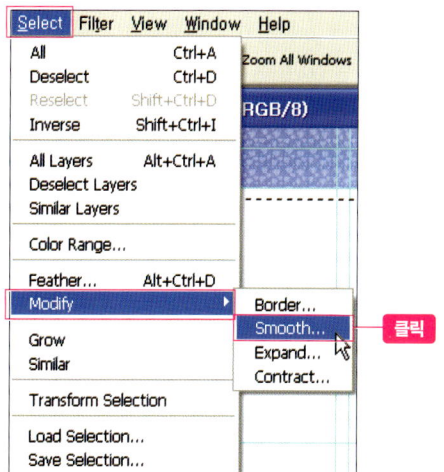

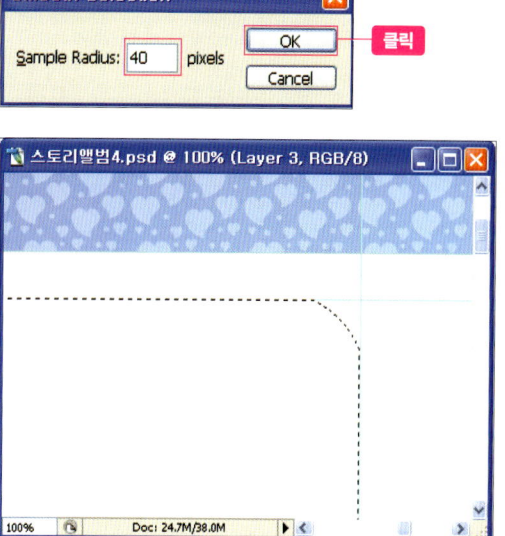

**04** [레이어] 팔레트에서 레이어 순서를 정하기 위해 타이틀 폴더를 선택한 후 [Create a new layer] 버튼 을 클릭하여 새 레이어를 만듭니다.

**05** 흰색 테두리를 줄 것이므로 Shape 1 레이어와 패턴 레이어의 눈 아이콘 을 클릭하여 이미지가 잠시 보이지 않도록 합니다.

흰색 바탕에 흰 테두리이기 때문에 잘 보이지 않고, 패턴도 복잡해 보이므로 원활한 작업을 위해 잠시 이미지가 보이지 않게 한 것입니다. 나중에 다시 켜 주어야 해요.

**06** [Edit] 메뉴의 [Stroke]를 선택하여 [Stroke] 대화상자가 나타나면, 다음과 같이 설정한 후 [OK] 버튼을 클릭합니다. Ctrl + D 를 눌러 선택을 해제합니다.

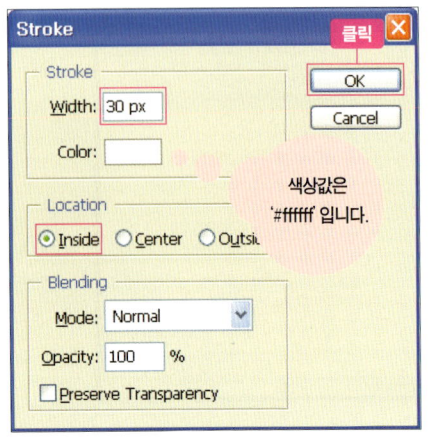

색상값은 #ffffff 입니다.

**07** 선 툴을 선택한 후, 옵션바에서 크기를 '20', 색상을 '#ffffff' 로 설정합니다.

**08** 시작점과 끝점을 가이드라인에 맞추어 대각선 방향으로 다음과 같이 그립니다. 이동 툴을 선택한 후, 키보드 방향키를 움직여 위치를 적절하게 조절합니다.

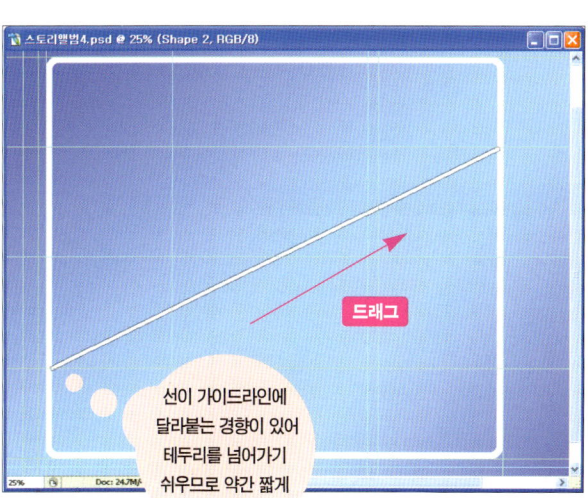

드래그

선이 가이드라인에 달라붙는 경향이 있어 테두리를 넘어가기 쉬우므로 약간 짧게 그립니다.

**09** 다시 선 툴을 선택하여 같은 방법으로 다음과 같이 선을 그립니다.

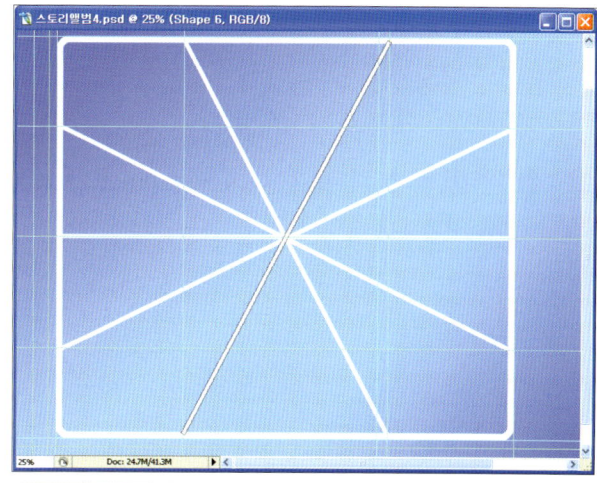

**TIP** 다 그린 후에는 돋보기 툴을 더블클릭하여 화면을 100% 상태로 설정하고, 테두리가 튀어나온 곳은 없는지 확인합니다.

**10** [레이어] 팔레트의 Layer 3에서 Shape 6 레이어까지 선택한 후 레이어 팔레트의 메뉴 버튼을 클릭하여 [Merge Layers]를 클릭합니다.

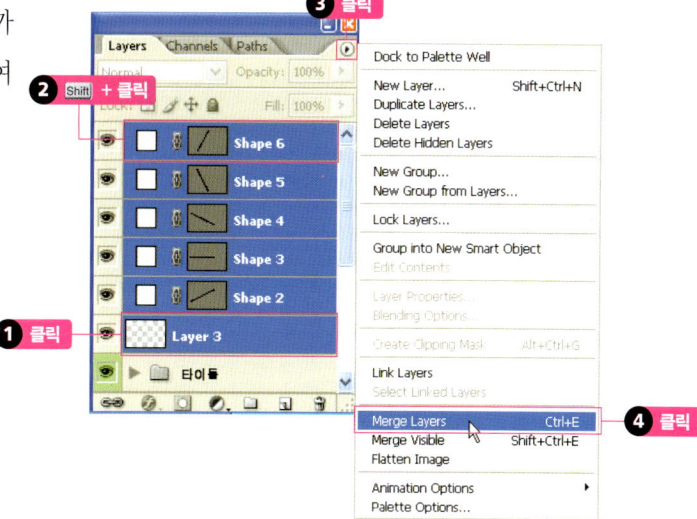

**11** Shape 6이라는 하나의 레이어가 되면서 셰이프의 특성을 모두 잃었습니다. 하지만 투명도는 레이어를 합친 후에도 계속 유지됩니다. 이렇게 하나의 틀을 만들어 주어야 사진 넣기가 수월합니다.

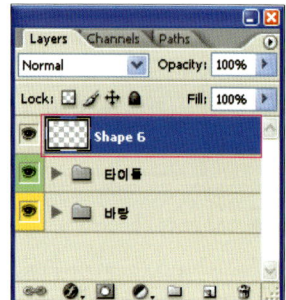

> **TIP** Merge Layers한 후에 저장한 레이어는 수정이 불가능합니다. 또한 이전의 레이어에 주어진 레이어 스타일이나 셰이프 속성도 사라지게 됩니다. 만약, 수정할 가능성이 있다면 원본을 따로 저장하고 Merge Layers하는 것이 좋습니다.


## 사진을 넣어요

**01** Ctrl + O 를 눌러 부록 CD\Sample\Part05\0504_01.psd를 불러 옵니다.

**02** 이동 툴 을 이용하여 작업 창으로 옮긴 후, 방금 그린 틀 가운데에 오도록 위치를 적절하게 조절합니다. 그런 다음, [레이어] 팔레트에서 Shape 6 레이어를 선택합니다.

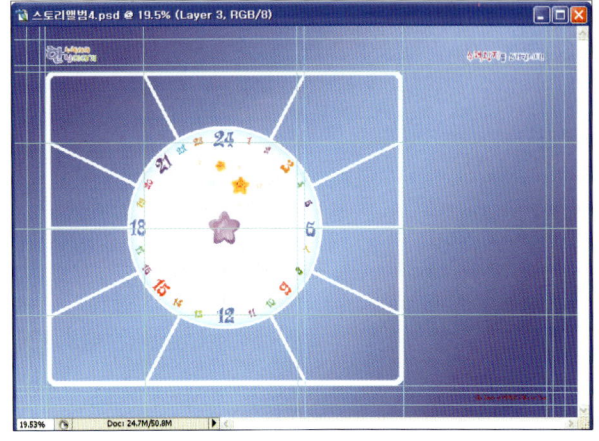

클릭

**03** 툴박스에서 마술봉 툴 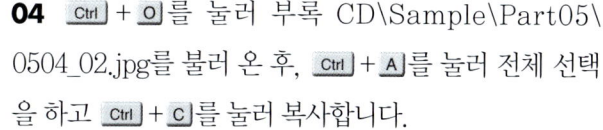를 선택한 후, 틀의 오른쪽 위를 클릭하여 선택 영역으로 설정합니다.

**04** Ctrl + O 를 눌러 부록 CD\Sample\Part05\0504_02.jpg를 불러 온 후, Ctrl + A 를 눌러 전체 선택을 하고 Ctrl + C 를 눌러 복사합니다.

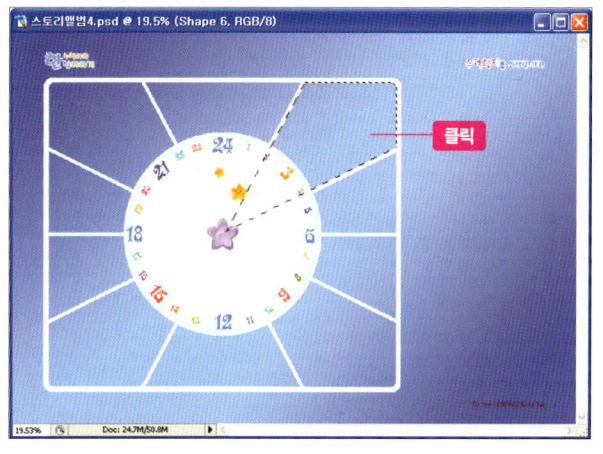

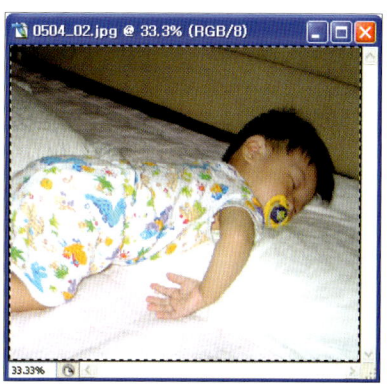

---

**공부합시다 마술봉 툴 옵션바**

마술봉 툴 은 비슷한 색상을 한 번에 선택할 수 있는 정말 마술 같은 툴입니다.

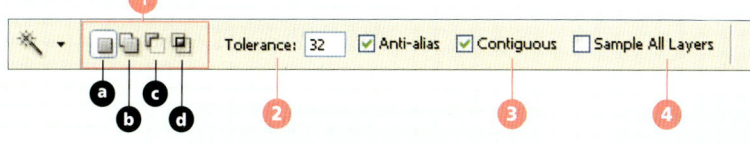

**①** **선택 모드** : 선택영역을 더하거나 뺄 때에 사용합니다.

　**ⓐ** **New Selection** : 새로운 이미지를 선택할 때 사용합니다. 선택영역은 하나만 존재합니다.

　**ⓑ** **Add Selection** : 선택영역을 추가할 때 사용합니다.

　**ⓒ** **Subtract from Selection** : 현재 선택영역에서 새로 선택한 영역을 뺄 때에 사용합니다.

　**ⓓ** **Intersect with Selection** : 현재 선택한 영역과 새로 선택한 영역의 공통부분만 남길 때 사용합니다.

**②** **Tolerance** : 마술봉 툴 로 클릭한 색상의 허용 범위를 정하는 옵션입니다. 수치가 적을수록 정밀해지고 수치가 클수록 유사한 색상의 선택 영역이 넓어집니다.

**③** **Contiguous** : 체크 표시를 하면, 인접해 있는 같은 색상만 선택됩니다. 체크 표시를 해제하면 떨어져 있어도 이미지 안의 색상만 같으면 모두 선택됩니다.

**④** **Sample All Layers** : 체크 표시를 하면, 마술봉 툴 로 클릭한 색상이 모든 레이어에 상관없이 선택됩니다. 체크를 해제하면 현재 레이어에서만 색상이 선택됩니다.

**05** 앨범 작업 창으로 돌아온 후, `Shift` + `Ctrl` + `V`를 눌러 선택 영역 안에 복사한 이미지를 붙여넣기하고 이동 툴 ⬆️을 이용하여 위치를 적절하게 조절합니다.

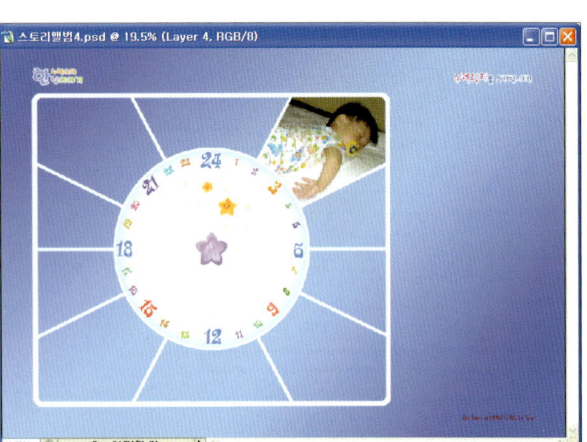

**06** [레이어] 팔레트에서 다시 'Shape 6' 레이어를 클릭합니다.

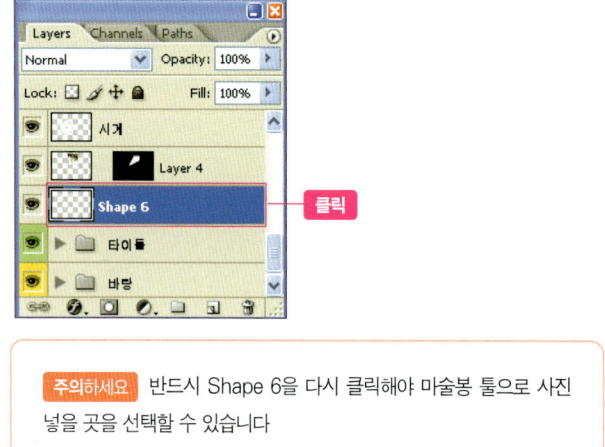

> **주의하세요** 반드시 Shape 6을 다시 클릭해야 마술봉 툴로 사진 넣을 곳을 선택할 수 있습니다

**07** 툴박스에서 마술봉 툴 🪄를 선택하여 방금 이미지를 넣은 아래쪽을 클릭하여 선택 영역으로 설정합니다.

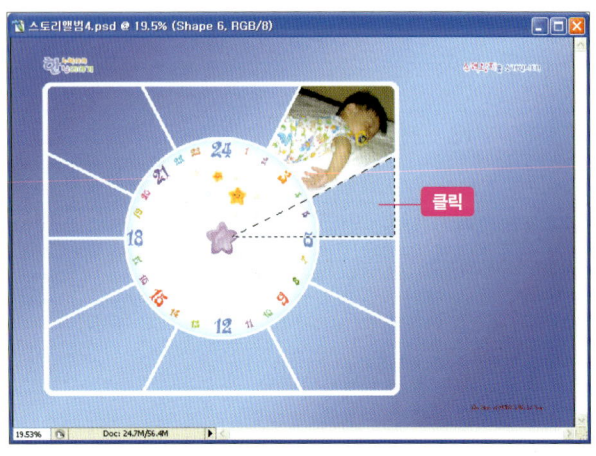

**08** `Ctrl` + `O`를 눌러 부록 CD\Sample\Part05\0504_03.jpg를 불러 온 후, `Ctrl` + `A`를 눌러 전체 선택을 하고 `Ctrl` + `C`를 눌러 복사합니다.

**09** Shift + Ctrl + V 를 눌러 선택 영역 안에 복사한 이미지를 붙여넣기한 후, 이동 툴 을 이용하여 위치를 적절하게 조절합니다.

**10** 같은 방법으로 나머지 틀에도 사진을 넣습니다.

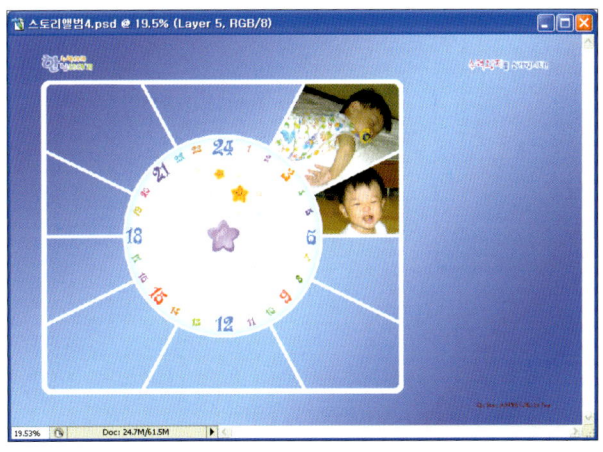

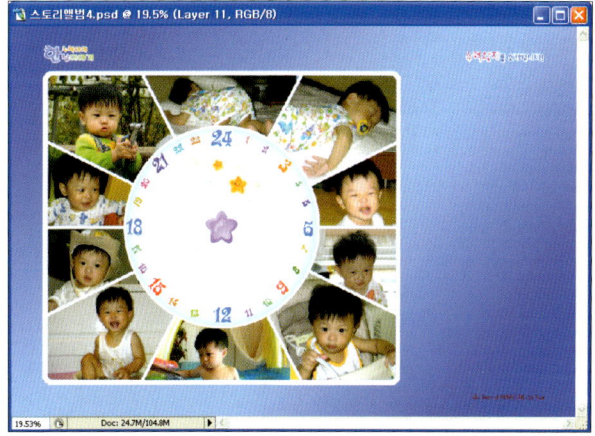

**11** [레이어] 팔레트에서 Layer 13이 선택된 상태에서 Shift 를 누른 채 Layer 4를 클릭합니다. 그런 다음, 메뉴 버튼을 클릭하여 [New Group From Layers]를 선택합니다.

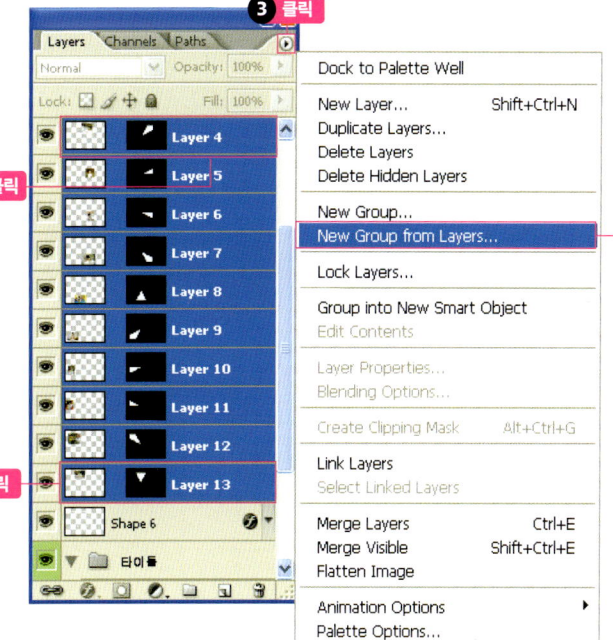

**12** [New Group From Layers] 대화상자가 나타나면, Name은 '사진', Color는 'Red'로 설정한 후 [OK] 버튼을 클릭합니다. 레이어가 깔끔하게 정리됩니다.

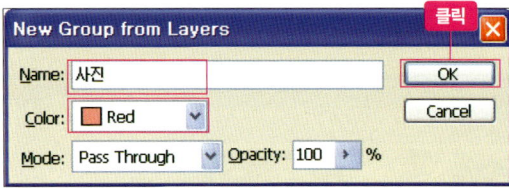 

## 메인 사진을 넣어요

**01** [레이어] 팔레트에서 아까 꺼 두었던 바탕 폴더 안의 Shpae 1과 패턴 레이어의 눈을 클릭하여 이미지가 보이게 합니다.

**02** Shape 6 레이어를 선택하고 [Add a layer style] 버튼 ⍟을 클릭한 후 [Outer Glow]를 선택합니다.

**03** [Layer Style] 대화상자가 나타나면 다음과 같이 설정한 후 [OK] 버튼을 클릭합니다.

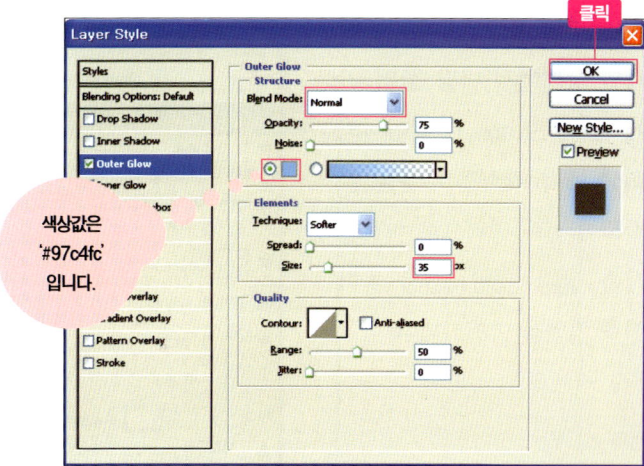

색상값은 '#97c4fc' 입니다.

**04** [Ctrl] + [O]를 눌러 부록 CD\Sample\Part05\0504_04.psd 파일을 불러 온 다음, 이동 툴을 이용하여 앨범 작업 창으로 옮긴 후, 위치를 적절하게 조절합니다.

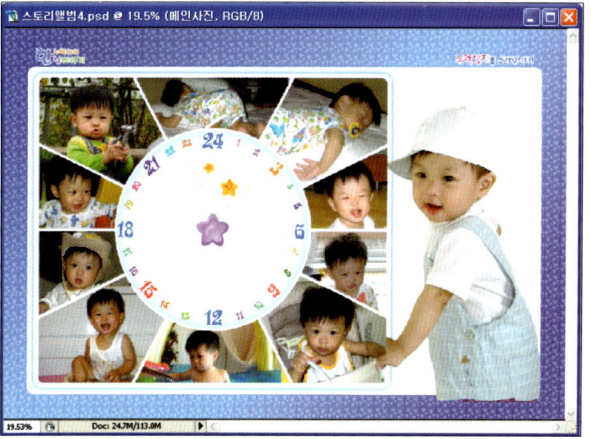

**05** 사진에 가려 메인 사진 손이 안 보이네요. [레이어] 팔레트에서 메인 사진 레이어를 사진 폴더 위로 옮깁니다.

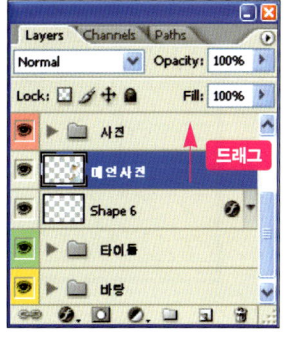

**06** '메인 사진' 레이어가 선택된 상태에서 바탕 폴더 안에 있는 'Shape 1' 레이어의 회색 벡터 마스크 부분을 클릭하여 선택 영역으로 설정한 다음, Shift + Ctrl + I 를 눌러 선택 영역을 반전합니다.

**07** Delete 를 눌러 선택 영역 안의 이미지를 지운 후, Ctrl + D 를 눌러 선택을 해제합니다.

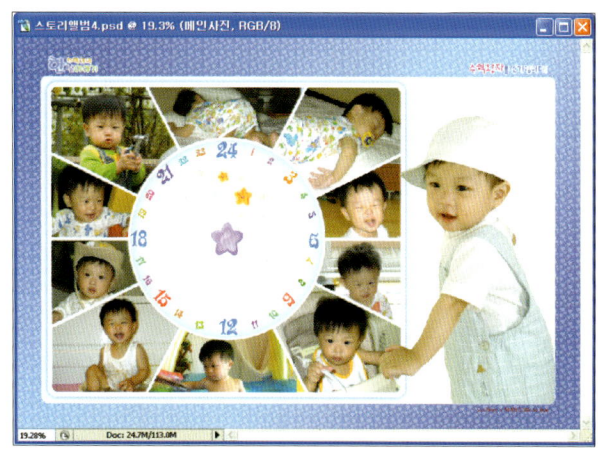

**08** Ctrl + O 를 눌러 부록 CD\Sample\Part05\0504_05.psd를 불러 온 다음, 이동 툴 을 이용하여 앨범 작업 창으로 옮긴 후, 위치를 적절하게 조절합니다.

**09** 별이 너무 두드러져 보이므로 [레이어] 팔레트에서 Opacity를 '60'으로 변경합니다.

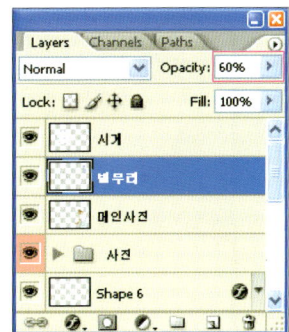

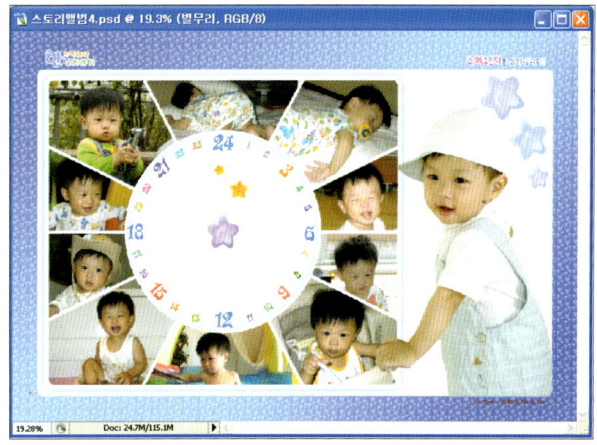

## 글자를 입력해요

**01** 일과표에 들어갈 글자 레이어가 시계 레이어보다 위에 있어야 하므로 [레이어] 팔레트에서 시계 레이어를 클릭합니다. 그런 다음, [Create a new group] 버튼 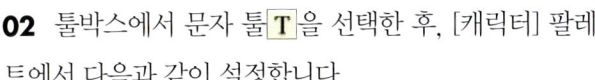 을 클릭하여 Group 1 폴더를 만듭니다.

**02** 툴박스에서 문자 툴 을 선택한 후, [캐릭터] 팔레트에서 다음과 같이 설정합니다.

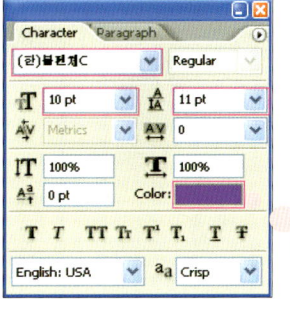

색상값은 '#890589' 입니다.

**03** 작업 창을 클릭하여 다음과 같이 문구를 입력한 후, Ctrl + Enter 를 눌러 적용합니다.

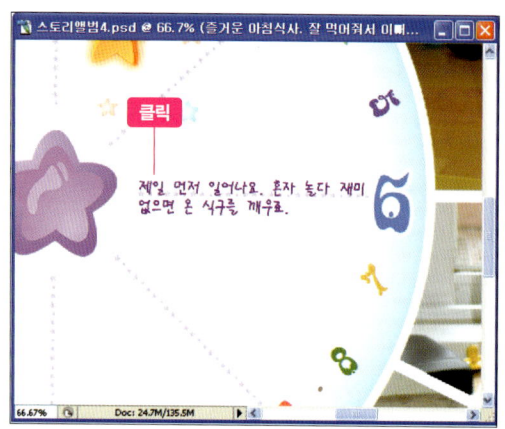

**04** 다시 작업 창을 클릭하여 문자 레이어를 활성화한 후, 옵션바에서 색상을 '#3b54d2'로 변경하고 '즐거운 아침식사, 잘 먹어줘서 이뻐요'라고 입력합니다. 입력한 후에 Ctrl + Enter 를 눌러 적용합니다.

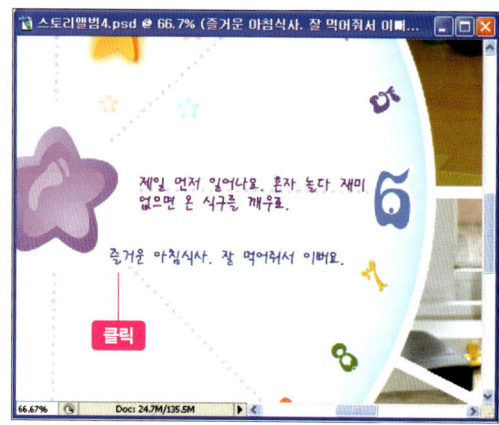

**05** Ctrl + T 를 눌러 조절점이 나타나면 모서리 부분에 마우스를 올려놓고 조금만 아래로 내린 다음 Ctrl + Enter 를 눌러 적용합니다. 이동 툴 을 이용하여 위치를 적절하게 조절합니다.

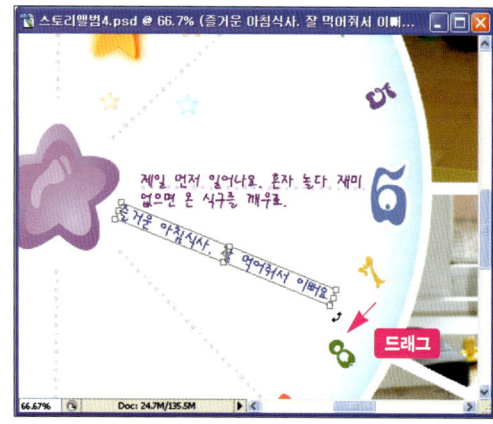
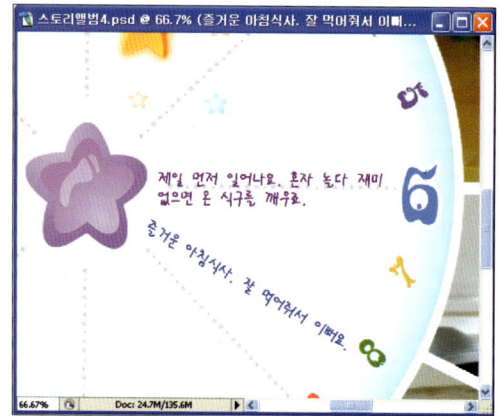

**06** 마찬가지 방법으로 색상을 변경하여 문구를 넣은 후, 위치를 맞춥니다.

> 배도 부르니 오전 낮잠 한시간 자고. #1ab634
>
> 실컷 놀다 또 맛나게 점심 냠냠. #e7a025
>
> 랄랄라 즐거운 목욕시간~ 물놀이는 정말 좋아요. #e55fc1
>
> 책도 읽고 자동차 가지고 놀고 유모차 타고 동네 한 바퀴 돌아요~ #4897ef
>
> 너무너무 맛있는 저녁 식사~ #4897ef
>
> 하루종일 신나게 놀았더니 졸려요. #9e48ef
>
> 일찍 자고 일찍 일어나는 새나라 어린이 수혁이~ #39c5da
>
> ▶ 참고만 하시고, 여러분 상황에 맞는 문구와 색상을 넣으세요.

## 타이틀을 수정해요

**01** 작업 창에서 'The Story of SUHYEOK's 1st Year' 부분을 클릭하여 문자 레이어를 활성화한 후 문장 전체를 블록으로 설정합니다. 옵션바에서 색상을 '#101583'로 변경하고 [Ctrl] + [Enter]를 눌러 적용합니다.

**02** 작업 창에서 '수혁왕자를 소개합니다!'를 클릭하여 문자 레이어를 활성화한 후 '수혁왕자'를 블록으로 설정합니다. 옵션바에서 색상을 '#e389fd'로 변경합니다.

**03** 문장의 아무 곳이나 클릭하여 블록을 해제한 후, 다시 '를 소개합니다' 를 블록으로 설정합니다.

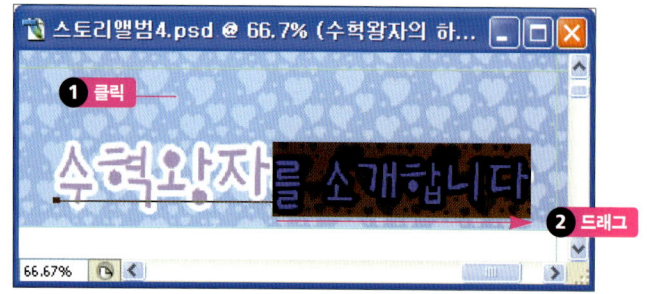

**04** 옵션바에서 색상을 '#94cf43'로 변경하고 '의 하루 이야기' 라고 입력한 후 Ctrl + Enter 를 눌러 적용합니다.

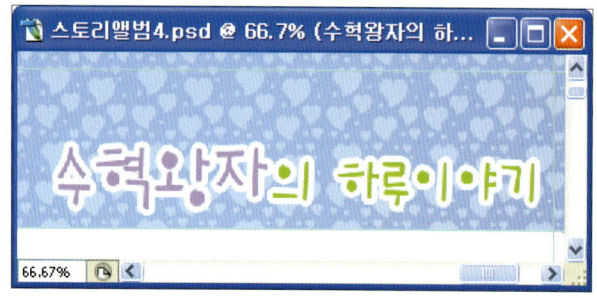

**05** 완성되었습니다. 긴 과정 따라 오느라 수고하셨습 니다.

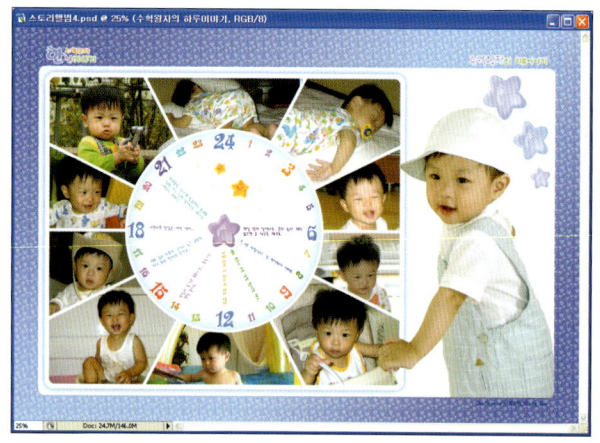

# 감동의 순간 페이지

기억하고 싶은 우리 아기의 순간들로 꾸며 보겠습니다. 처음으로 뒤집었을 때, 옹알이를 할 때, 처음으로 걸었을 때 등 기억하고 싶은 감동의 여러 순간들이 있을 것입니다. 여러 가지 잊지 못할 순간들과 더불어 돌 앨범을 촬영할 때의 이야기도 함께 넣어서 감동의 순간 페이지를 만들어 보겠습니다.

● **결과 파일 경로** | 부록 CD\Sample\Part05\After\0505.jpg

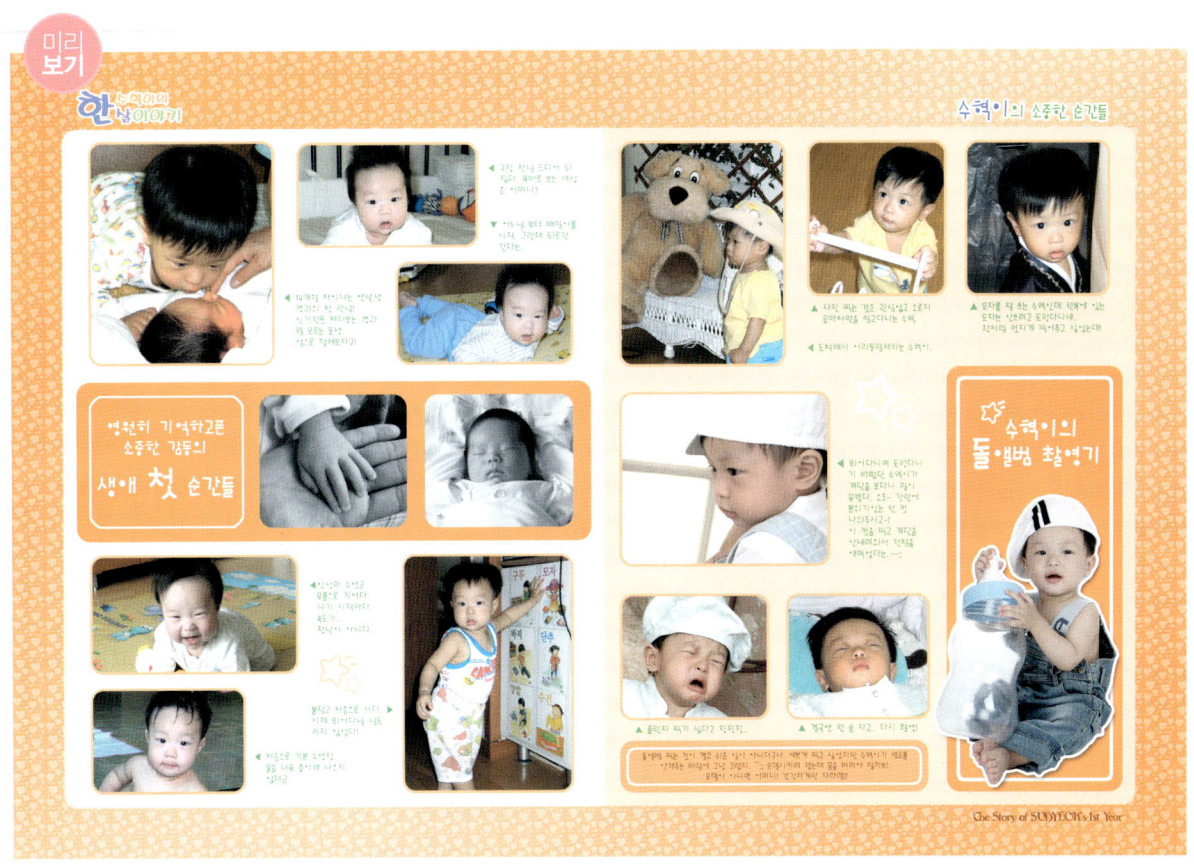

## 배경을 칠해요

**01** `Ctrl` + `O`를 눌러 부록 CD\Sample\Part05\ 05.psd를 불러 옵니다.

**02** `Shift` + `Ctrl` + `S`를 눌러 [Save As] 대화상자가 나타 나면, 저장하고자 하는 경로를 설정한 후 파일명을 '스 토리앨범5.psd'로 설정하고 [저장] 버튼을 클릭합니다.

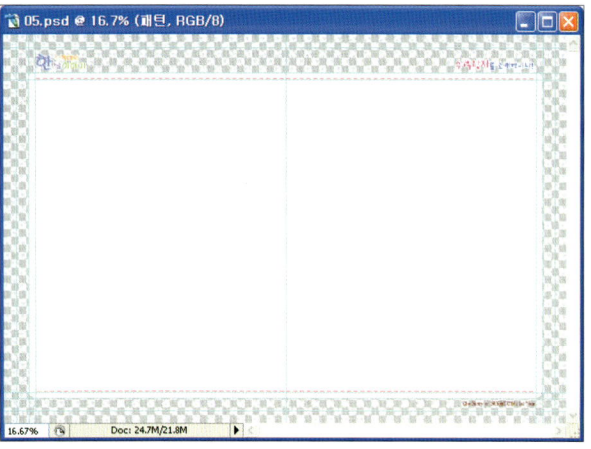

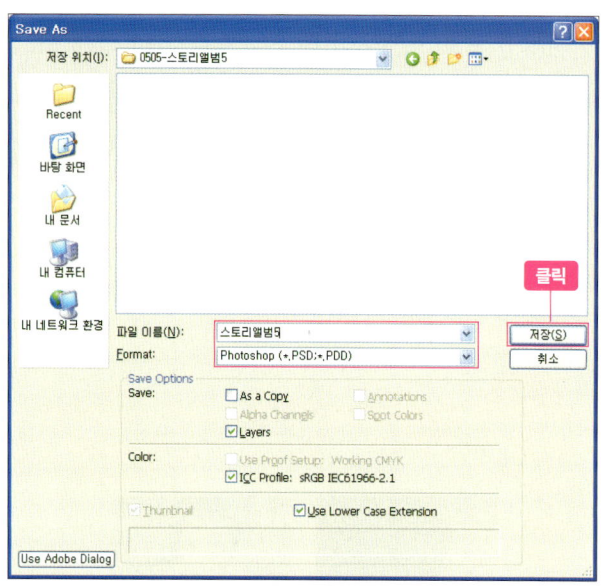

**03** [레이어] 팔레트에서 [Create a new layer] 버 튼 🗊을 클릭하여 새 레이어를 만든 후, 패턴 레이어 밑으로 옮깁니다. 이 때, 새로 만든 레이어가 제일 아래 에 오도록 해 주세요.

**04** 전경색을 클릭하여 색상을 '#fccc99'로 변경한 후, `Alt` + `Delete`를 눌러 전경색으로 칠합니다.

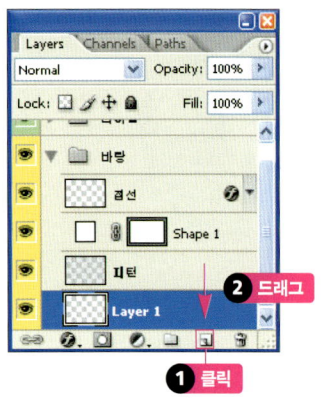

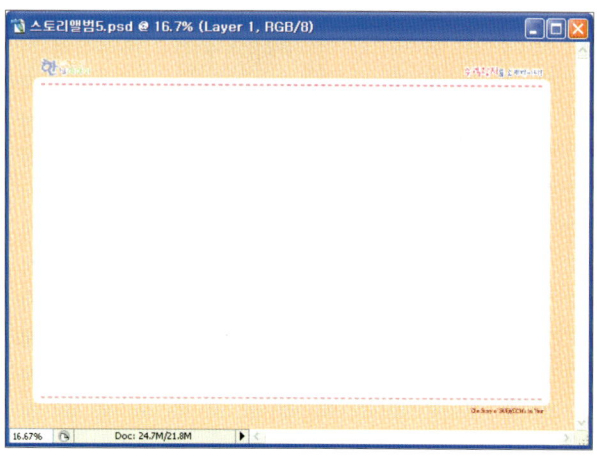

**05** 다시 [레이어] 팔레트에서 [Create a new layer] 버튼을 클릭하여 새 레이어를 만든 후, 전경색을 클릭하여 '#fba140'로 변경합니다.

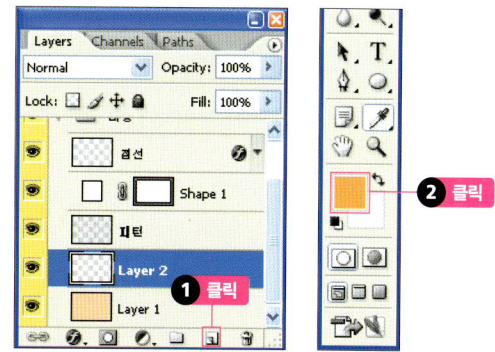

**06** 툴박스에서 그레이디언트 툴을 선택한 후, 샘플 중에서 'Foreground to Transparent'를 선택합니다.

**07** 왼쪽 위에서 아래로 대각선 방향으로 반 정도 드래그하고, 다시 오른쪽 아래에서 위로 대각선 방향으로 반 정도 드래그하여 그레이디언트 효과를 적용합니다.

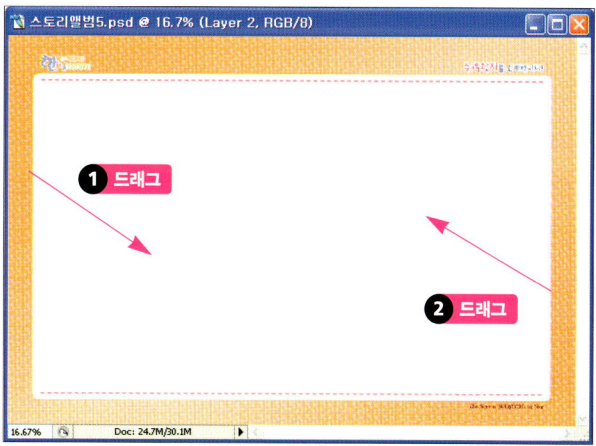

**08** [레이어] 팔레트에서 점선 레이어 앞에 있는 눈 아이콘을 클릭하여 이미지가 보이지 않도록 합니다.

**09** [레이어] 팔레트에서 [Create a new layer] 버튼 █을 클릭하여 새 레이어를 만든 후, Shape 1 레이어 위로 옮깁니다.

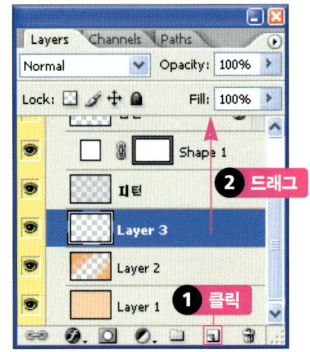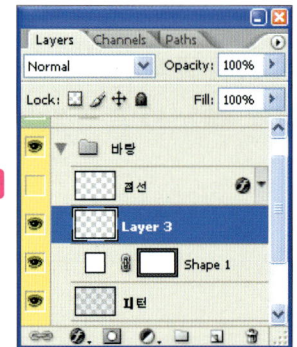

**10** Layer 3이 선택된 상태에서 Shape 1 레이어의 회색 벡터 마스크 부분을 Ctrl 을 누른 채 클릭하여 선택 영역으로 설정합니다.

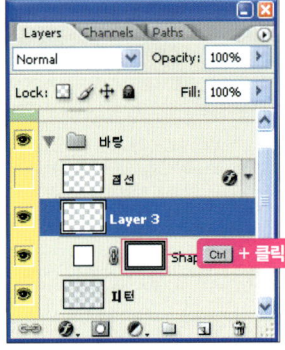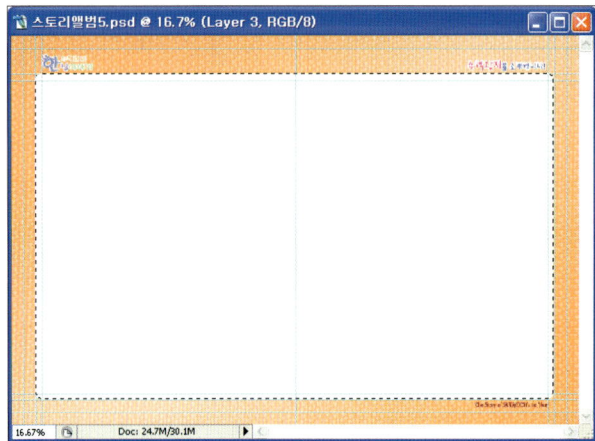

**11** 사각형 선택 툴█을 선택한 후, 옵션바에서 Subtract from Selection█을 클릭합니다.

**12** 페이지 구분선을 중심으로 왼쪽 부분을 드래그하여 선택 영역에서 제외합니다.

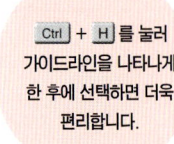

Ctrl + H 를 눌러 가이드라인을 나타나게 한 후에 선택하면 더욱 편리합니다.

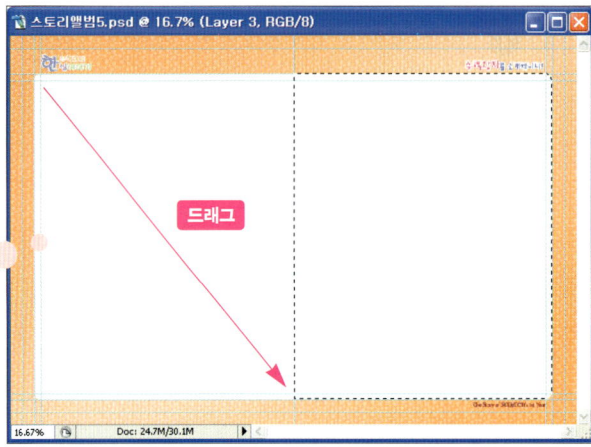

**13** 전경색을 클릭하여 색상을 '#fee3c5'로 변경한 후, `Alt` + `Delete`를 눌러 전경색으로 칠합니다. 그런 다음, `Ctrl` + `D`를 눌러 선택을 해제합니다.

## 사진틀을 만들어요

**01** `Ctrl` + `R`을 눌러 눈금자를 나타나게 한 후, 다음과 같이 가이드라인을 만듭니다.

**02** '타이틀' 폴더를 선택한 후, [Create a new Group] 버튼 □ 을 클릭하여 새 그룹 폴더를 만듭니다. 그런 다음 마우스 오른쪽 버튼을 클릭하면 나타나는 단축 메뉴에서 [Group Properties]를 선택합니다.

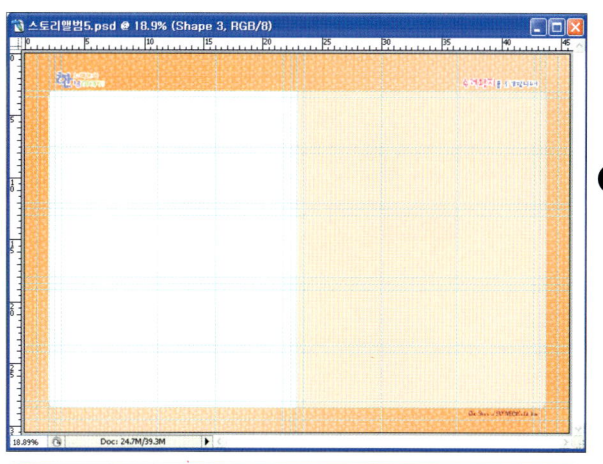

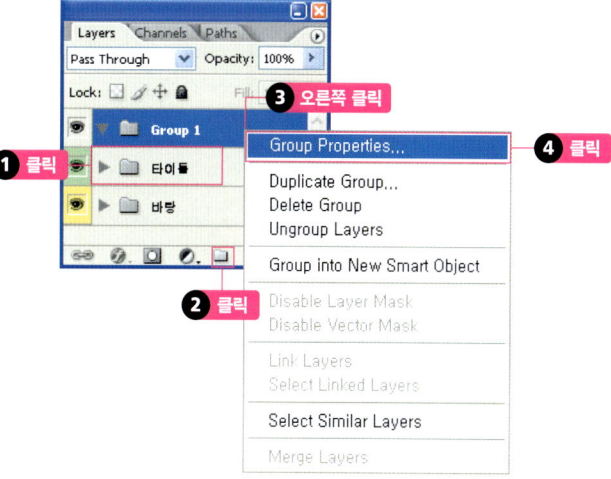

가로 가이드라인 : 7.5cm, 8cm, 12cm, 12.5cm, 13cm, 18cm, 18.5cm, 19cm, 23.5cm, 24cm
세로 가이드라인 : 3cm, 3.2cm, 11.1cm, 16cm, 21.7cm, 22.4cm, 23.5cm, 30cm, 36.3cm, 42.7cm

**03** [Group Properties] 대화상자가 나타나면 Name 은 '왼쪽틀', Color는 'Blue'로 설정한 후, [OK] 버튼을 클릭합니다.

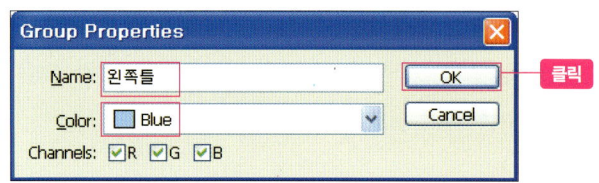

**04** 툴박스에서 모서리가 둥근 사각형 도형 툴을 선택한 후, 옵션바에서 Radius를 '40', 색상은 '#fba140'으로 설정합니다.

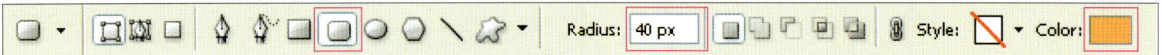

**05** 가이드라인에 맞추어 왼쪽 페이지에 사각형을 그립니다. 가이드라인이 없는 곳도 있으므로 전체적인 균형을 고려하면서 사각형을 그려 주세요.

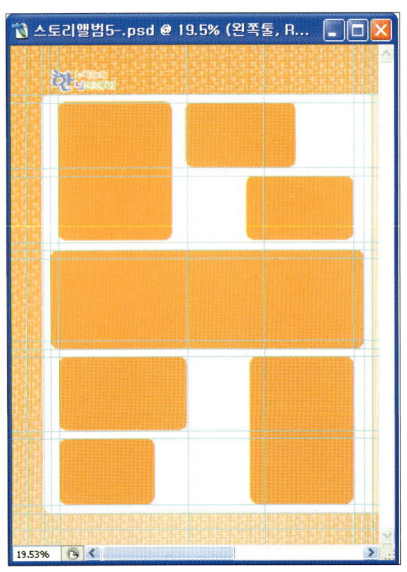

**06** [레이어] 팔레트에서 순서를 위해 왼쪽툴 폴더를 선택한 후, [Create a new Group] 버튼을 클릭하여 새 그룹 폴더를 만듭니다. 그런 다음, 마우스 오른쪽 버튼을 클릭하면 나타나는 단축 메뉴에서 [Group Properties]를 선택합니다.

**07** [Group Properties] 대화상자가 나타나면 Name 은 '오른쪽툴', Color는 'Violet'으로 설정한 후 [OK] 버튼을 클릭합니다.

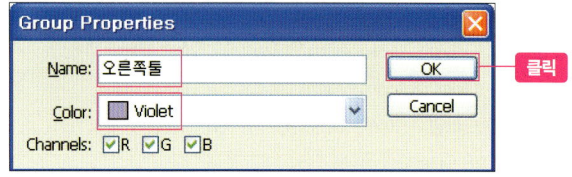

**08** 다시 모서리가 둥근 사각형 도형 툴 ◻을 선택한 후, 오른쪽 페이지에 사각형을 그립니다. 역시 가이드라인이 없는 곳도 있으므로 균형을 고려하면서 그려 주세요.

**09** 가이드라인이 많아 복잡해 보이지요? 전체적인 모습을 가이드라인 없이 한 번 살펴보겠습니다. 이제 감이 잡히시나요?

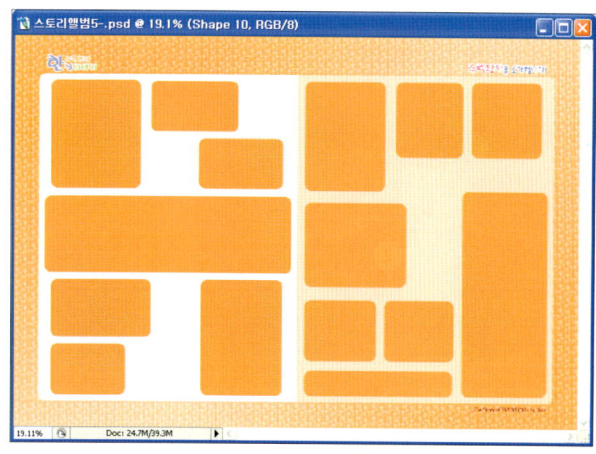

## 메인 사진틀을 만들어요

**01** [레이어] 팔레트에서 왼쪽툴 폴더를 선택합니다. 툴박스에서 모서리가 둥근 사각형 도형 툴 ◻을 선택한 후 옵션 바에서 색상을 '#ffffff' 로 변경합니다.

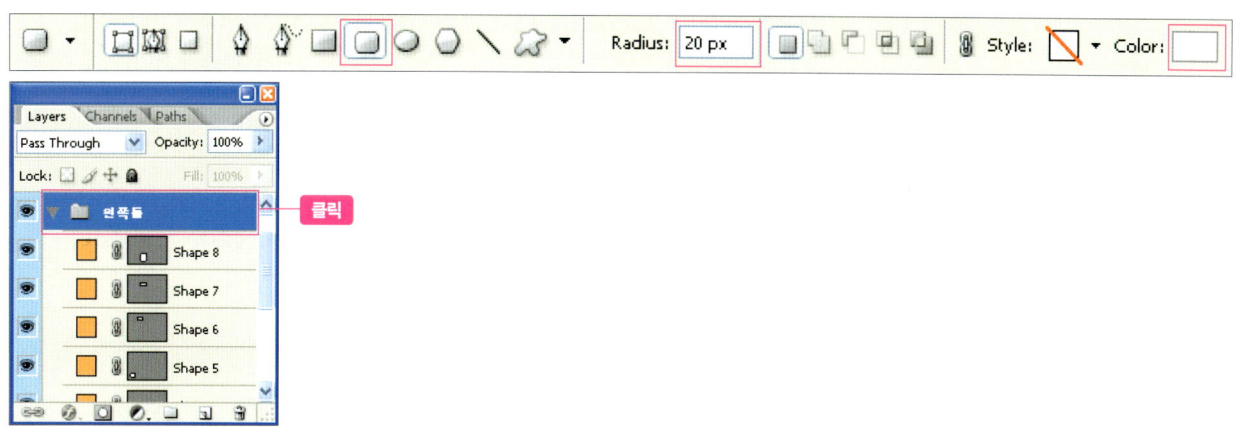

**02** 왼쪽 페이지 가운데에 같은 크기의 사각형 두 개를 그립니다.

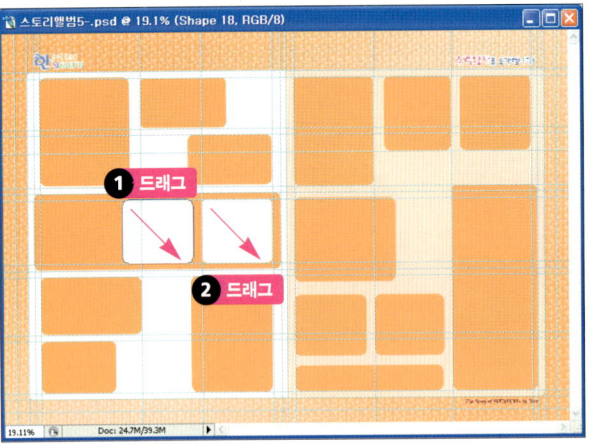

**03** 사각형 선택 툴을 선택한 후, 다음과 같이 선택 영역을 설정합니다.

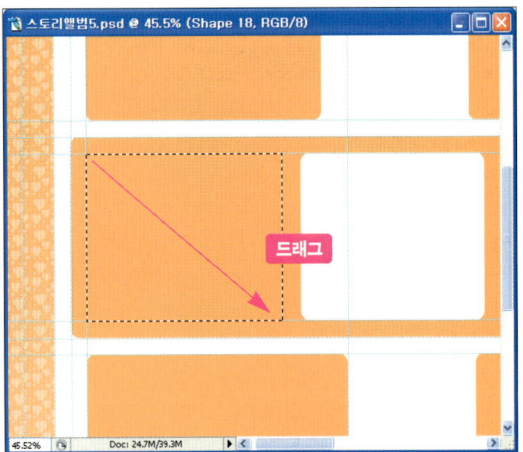

**04** [Select] 메뉴의 [Modify - Smooth]를 클릭하고, [Smooth Selection] 대화상자가 나타나면 Sample Radius를 '30'으로 설정한 후, [OK] 버튼을 클릭합니다.

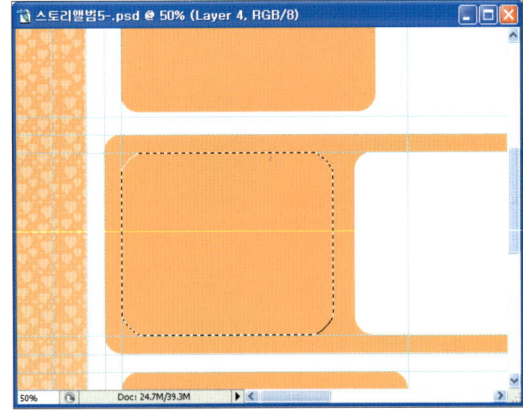

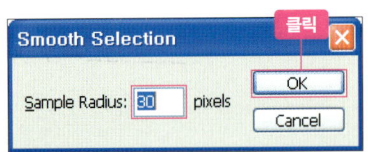

**05** [레이어] 팔레트에서 [Create a new layer] 버튼을 클릭하여 새 레이어를 만듭니다.

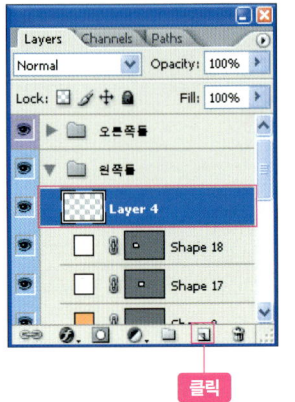

**06** [Edit] 메뉴의 [Stroke]를 클릭하여 [Stroke] 대화상자가 나타나면, 다음과 같이 설정한 후, [OK] 버튼을 클릭합니다. 그런 다음, Ctrl + D 를 눌러 선택을 해제합니다.

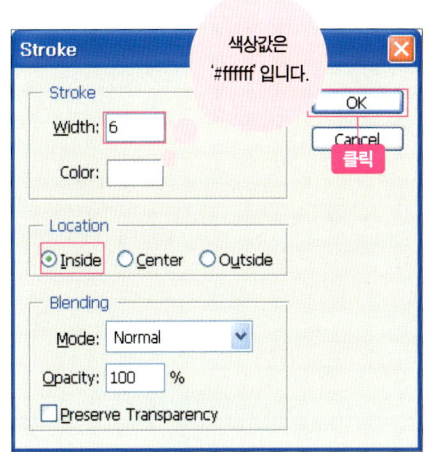 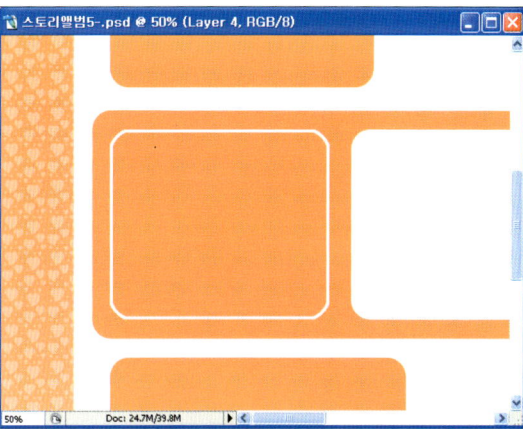

**07** [레이어] 팔레트에서 오른쪽툴 폴더를 선택한 후 세로로 가장 긴 사각형의 회색 벡터 마스크 부분을 Ctrl 을 누른 채 클릭하여 선택 영역으로 설정합니다.

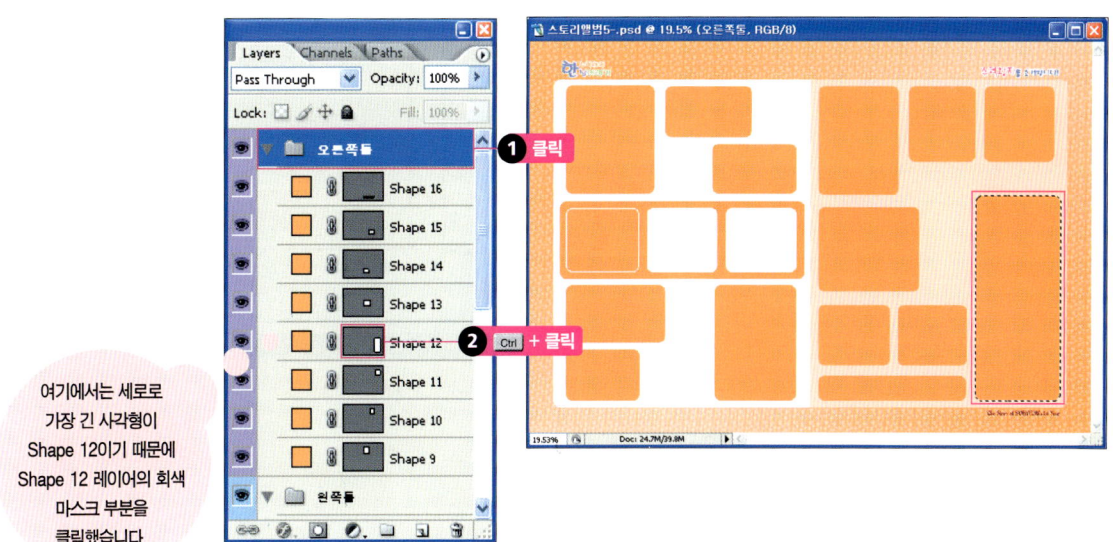

여기에서는 세로로 가장 긴 사각형이 Shape 12이기 때문에 Shape 12 레이어의 회색 마스크 부분을 클릭했습니다.

**08** [Select] 메뉴의 [Modify – Contract]를 선택하여 [Contract Selection] 대화상자가 나타나면 Contract By를 '30'으로 설정하고 [OK] 버튼을 클릭합니다.

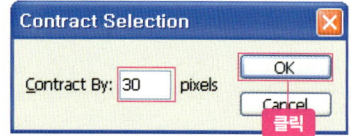

**09** [레이어] 팔레트에서 [Create a new layer] 버튼 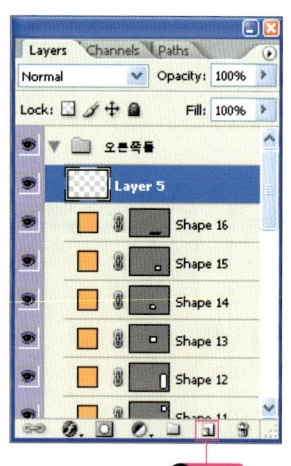을 클릭하여 새 레이어를 만듭니다. 그런 다음, [Edit – Stroke]를 클릭하여 [Stroke] 대화상자가 나타나면 다음과 같이 설정하고 [OK] 버튼을 클릭합니다.

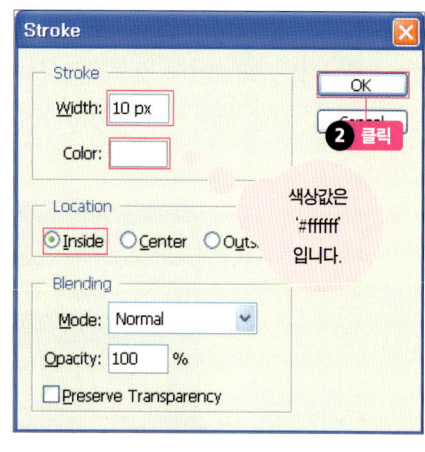

**10** Ctrl + D 를 눌러 선택을 해제합니다.

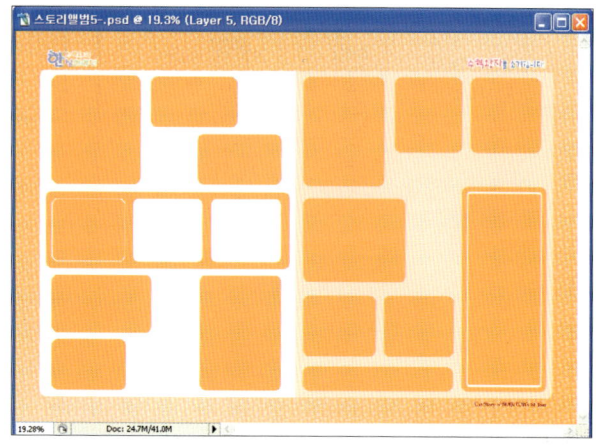

**11** [레이어] 팔레트에서 아래쪽에 있는 가로로 긴 사각형의 회색 벡터 마스크 부분을 Ctrl 을 누른 채 클릭하여 선택 영역으로 설정합니다.

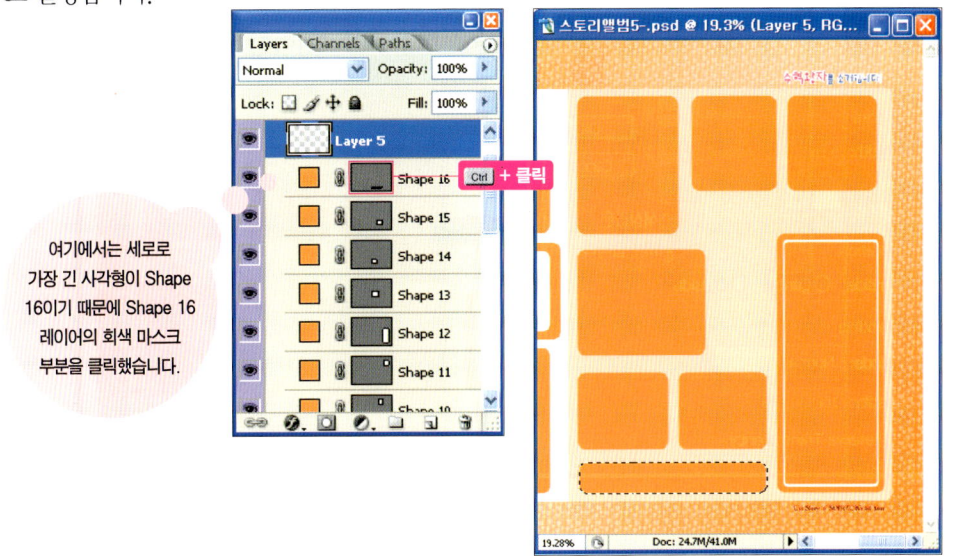

여기에서는 세로로
가장 긴 사각형이 Shape
16이기 때문에 Shape 16
레이어의 회색 마스크
부분을 클릭했습니다.

**12** [Select] 메뉴의 [Modify – Contract]를 선택하여 [Contract Selection] 대화상자가 나타나면 Contract By를 '20'으로 설정하고 [OK] 버튼을 클릭합니다.

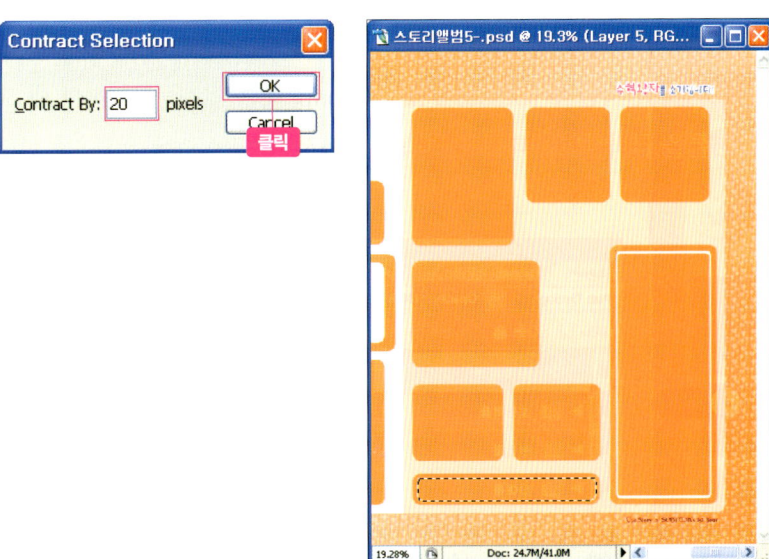

**12** 이동 툴 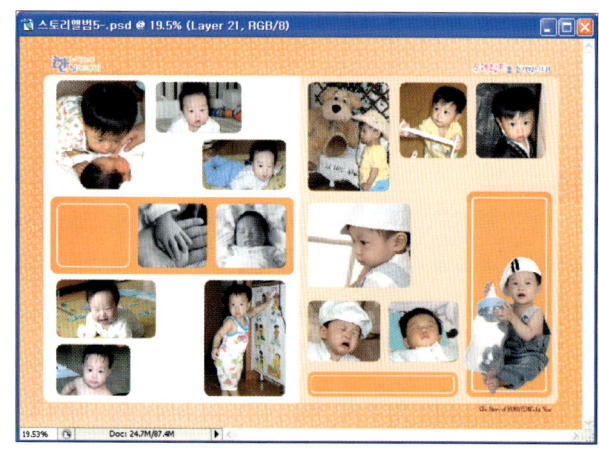을 이용하여 작업 창으로 옮긴 후, 위치를 적절하게 조절합니다.

## 레이어 효과를 넣어요

**01** 방금 옮겨 준 메인 사진에 그림자 효과를 적용해 보겠습니다. [Add a layer style] 버튼 을 클릭한 후 [Stroke]를 선택합니다.

**02** [Layer Style] 대화상자가 나타나면 Size는 '8', 색상은 '#ffffff'로 설정합니다.

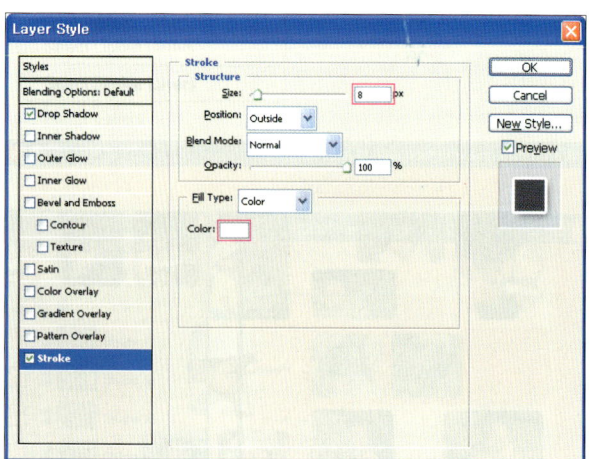

**11** [레이어] 팔레트에서 아래쪽에 있는 가로로 긴 사각형의 회색 벡터 마스크 부분을 Ctrl 을 누른 채 클릭하여 선택 영역으로 설정합니다.

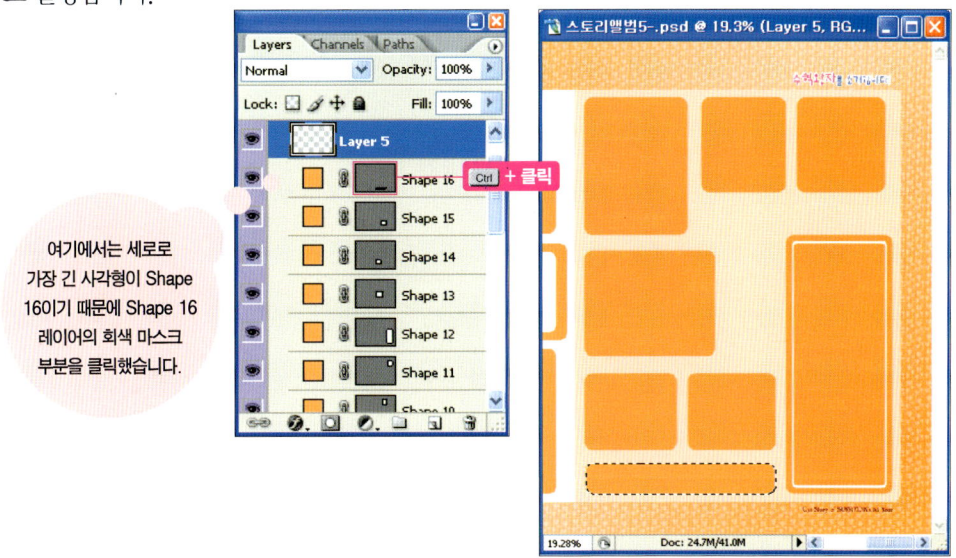

여기에서는 세로로 가장 긴 사각형이 Shape 16이기 때문에 Shape 16 레이어의 회색 마스크 부분을 클릭했습니다.

**12** [Select] 메뉴의 [Modify – Contract]를 선택하여 [Contract Selection] 대화상자가 나타나면 Contract By를 '20'으로 설정하고 [OK] 버튼을 클릭합니다.

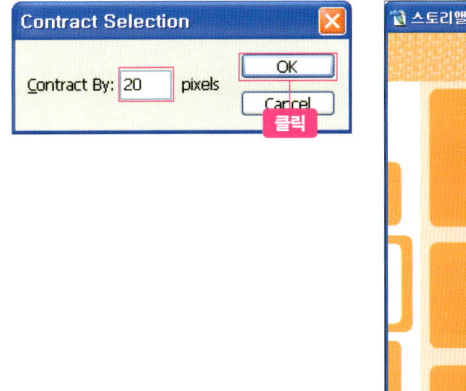

**13** [레이어] 팔레트에서 [Create a new layer] 버튼 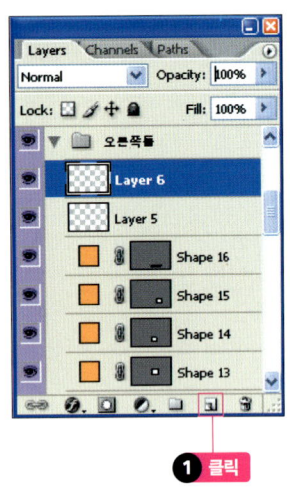을 클릭하여 새 레이어를 만든 후, [Edit – Stroke]를 선택하여 [Stroke] 대화상자가 나타나면 다음과 같이 설정하고 [OK] 버튼을 클릭합니다.

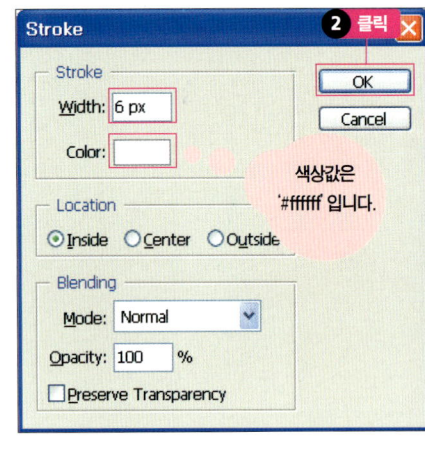

## 사진을 넣어요

**01** [레이어] 팔레트에서 순서를 위해 오른쪽툴 폴더를 선택한 후 [Create a new Group] 버튼 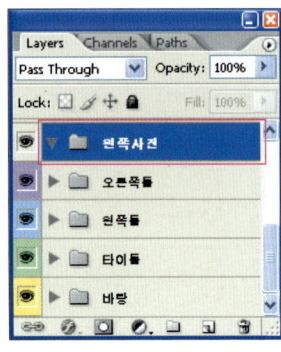을 클릭하여 새 그룹 폴더를 만듭니다. 그런 다음, 마우스 오른쪽 버튼을 클릭하면 나타나는 단축 메뉴에서 [Group Properties]를 선택하여 이름을 '왼쪽사진' 이라고 변경합니다.

**02** 왼쪽사진 폴더가 선택된 상태에서 왼쪽툴 폴더 안의 Shape 2 레이어의 회색 벡터 마스크 부분을 Ctrl 을 누른 채 클릭하여 선택 영역으로 설정합니다.

Ctrl + 클릭

**03** Ctrl + O 를 눌러 부록 CD\Sample\Part05\0505_01.jpg를 불러 옵니다. Ctrl + A 를 눌러 전체 선택을 하고 Ctrl + C 를 눌러 복사합니다.

**04** 앨범 작업 창으로 돌아온 후, Shift + Ctrl + V 를 눌러 선택한 영역에 복사한 이미지를 붙여넣기하고 이동 툴 을 이용하여 위치를 적절하게 조절합니다.

**05** 마찬가지 방법으로 왼쪽의 틀 안에 다음과 같이
0505_02.jpg부터 0505_08.jpg까지 사진을 넣습니다.

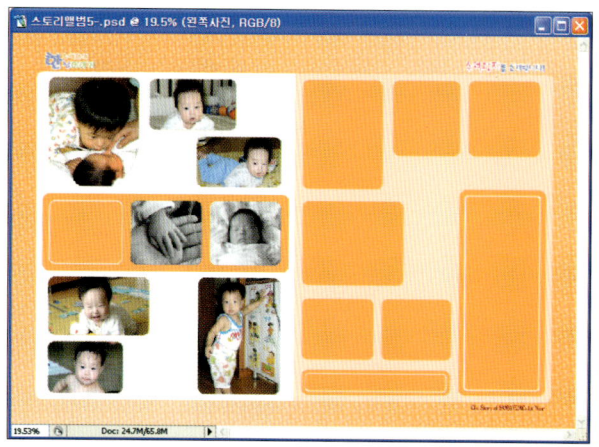

**06** 이제 오른쪽에도 사진을 넣어 보겠습
니다. [레이어] 팔레트에서 순서를 위해 왼
쪽사진 폴더를 선택한 후 [Create a new
Group] 버튼 📄을 클릭하여 새 그룹 폴
더를 만듭니다. 그런 다음, 마우스 오른쪽
버튼을 클릭하면 나타나는 단축 메뉴에서
[Group Properties]를 선택하여 이름을
'오른쪽사진'이라고 변경합니다.

**07** 오른쪽사진 폴더가 선택된 상태에서 오른쪽틀
폴더 안의 Shape 9 레이어의 회색 벡터 마스크 부
분을 Ctrl을 누른 채 클릭하여 선택 영역으로 설정
합니다.

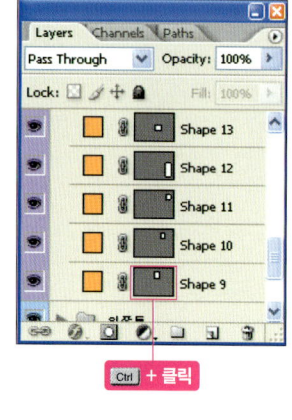

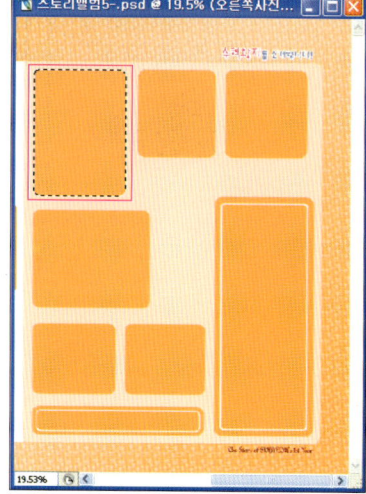

**08** Ctrl + O를 눌러 부록 CD\Sample\Part05\ 0505_09.jpg를 불러 옵니다. Ctrl + A를 눌러 전체 선택을 하고 Ctrl + C를 눌러 복사합니다.

**09** 앨범 작업 창으로 돌아온 후, Shift + Ctrl + V를 눌러 선택한 영역에 복사한 이미지를 붙여넣기하고 이동 툴을 이용하여 위치를 적절하게 조절합니다.

**10** 나머지 부분에도 다음과 같이 사진을 넣습니다.

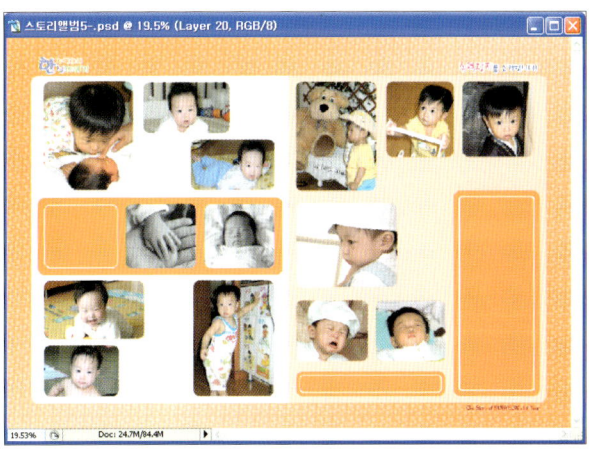

**11** Ctrl + O를 눌러 부록 CD\Sample\Part05\ 0505_15.psd를 불러 옵니다.

**12** 이동 툴 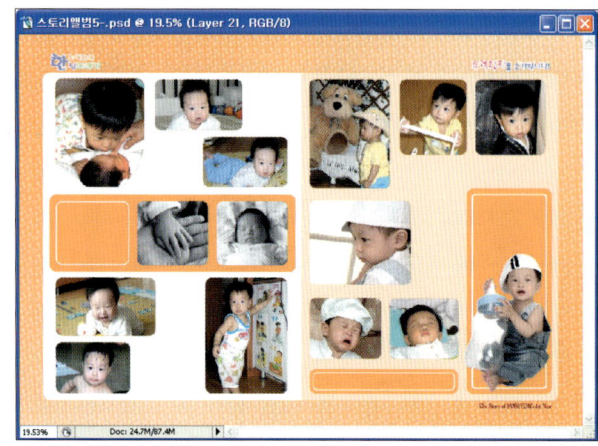 을 이용하여 작업 창으로 옮긴 후, 위치를 적절하게 조절합니다.

## 레이어 효과를 넣어요

**01** 방금 옮겨 준 메인 사진에 그림자 효과를 적용해 보겠습니다. [Add a layer style] 버튼 을 클릭한 후 [Stroke]를 선택합니다.

**02** [Layer Style] 대화상자가 나타나면 Size는 '8', 색상은 '#ffffff' 로 설정합니다.

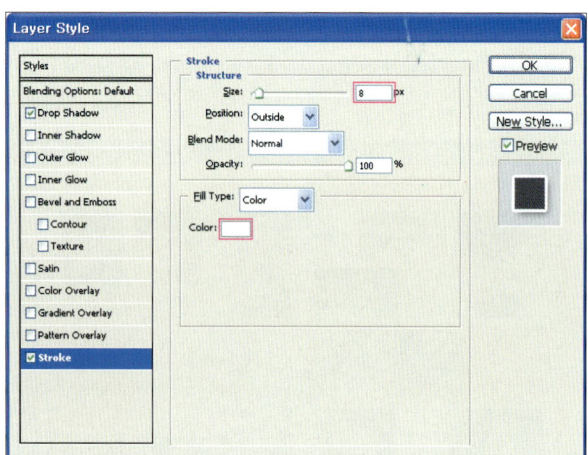

**03** 왼쪽의 'Drop Shadow'를 클릭한 후, Drop Shadow 옵션에서 다음과 같이 설정합니다. 그런 다음, [OK] 버튼을 클릭하면 메인 사진에 흰색 테두리와 그림자가 생깁니다.

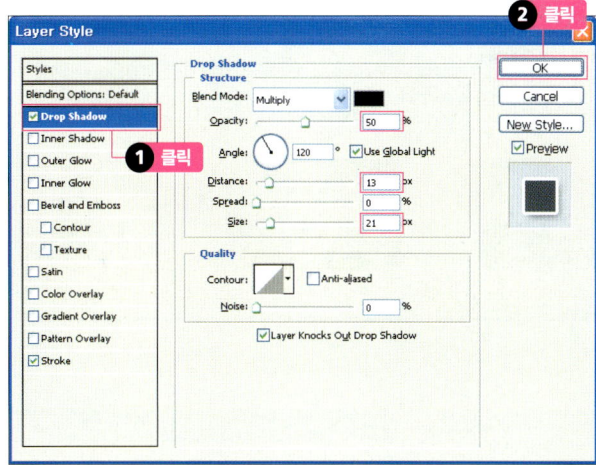

**04** 이제 다른 사진에 테두리 효과를 적용해 보겠습니다. [레이어] 팔레트에서 Layer 20을 선택한 후 [Add a layer style] 버튼 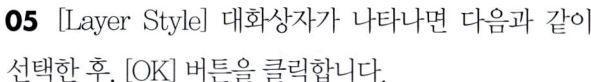을 클릭하고 [Stroke]를 선택합니다.

**05** [Layer Style] 대화상자가 나타나면 다음과 같이 선택한 후, [OK] 버튼을 클릭합니다.

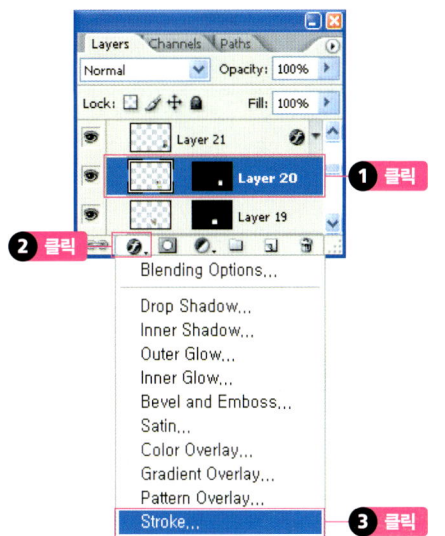

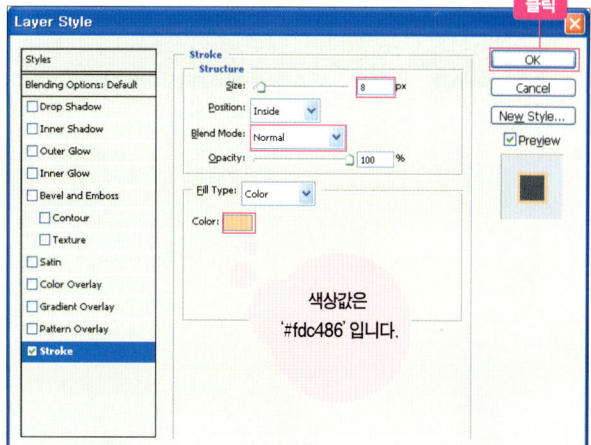

**06** 흑백 사진을 제외한 나머지 사진들에도 모두 같은
레이어 스타일을 적용합니다.

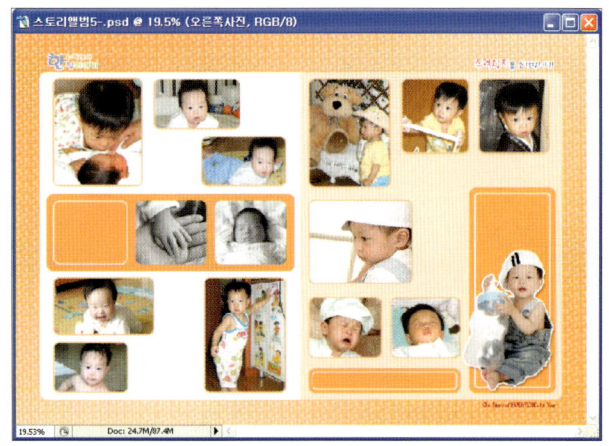

**07** [레이어] 팔레트에서 오른쪽툴 폴더 안에 있
는 가로로 긴 사각형 레이어를 선택한 후,
Opacity를 '70'으로 변경합니다. 조금 부드러워
졌지요?

여기에서는 가로로
긴 사각형이 Shape
16이기 때문에 Shape
16을 선택하였습니다.

## 글자를 입력해요

**01** [레이어] 팔레트에서 순서를 위해 오른쪽사진 폴더
를 선택한 후, [Create a new Group] 버튼 □을 클릭
하여 새 그룹 폴더를 만들고 이름을 '문구'라고 변경합
니다.

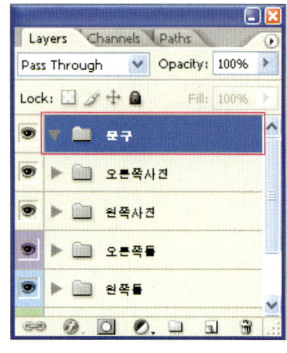

**02** 툴박스에서 문자 툴 **T**을 선택한 후, [캐릭터] 팔레트에서 다음과 같이 설정합니다.

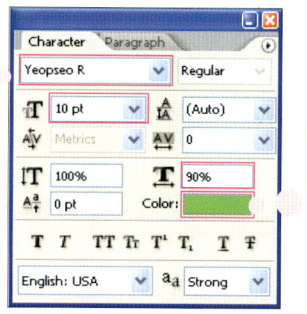

글자체는
'휴먼엽서체'
입니다.

색상값은
'#6cc067'
입니다.

**03** 작업 창을 클릭하여 다음과 같이 문구를 입력한 후, Ctrl + Enter 을 눌러 적용합니다.

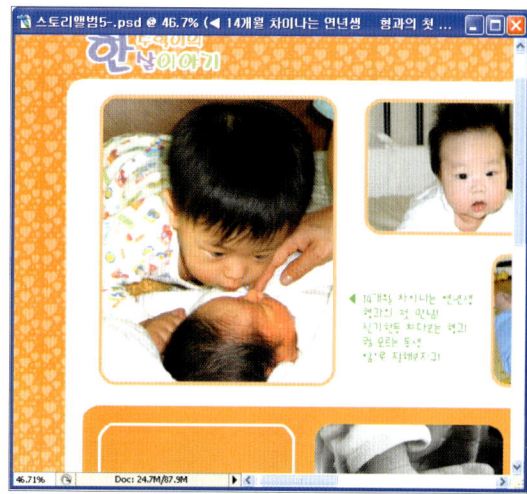

◀ 14개월 차이나는 연년생
형과의 첫 만남!
신기한듯 쳐다보는 형과
뭘 모르는 동생.
앞으로 잘 해보자구!

**TIP** 문구 앞에 있는 ◀는 ㅁ을 누른 후 키보드의 한자를 누르면 나타나는 목록 상자에서 선택하면 됩니다.

◀ 1 ▼ 2 → 3 ← 4 ↑ 5 ↓ 6 ↔ 7 = 8 ◁ 9 ◀ ▶

**04** 문자 툴 **T**을 이용하여 나머지 문구도 넣습니다.

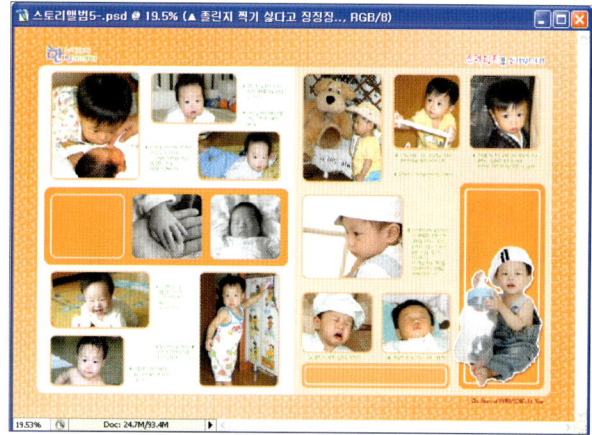

**왼쪽 문구 내용**

◀ 구정 전날 드디어 뒤집다. 똑바로 보는 세상은 어떠니?

▼ 어느 날 부터인가 배밀이를 시작. 그런데 뒤로만 간다는..

◀ 인상파 수연군 무릎으로 기어다니기 시작하다. 속도가... 장난이 아니다.

붙잡고 처음으로 서다. 이제 뛰어다닐 날도 머지 않았다! ▶

◀ 처음으로 가본 수영장. 물을 너무 좋아해 나오지 않더군.

**오른쪽 문구 내용**

▲ 사진 찍는 것은 관심 없고 오로지 꽃마차만을 밀고 다니는 수혁.

▲ 모자를 잘 쓰는 수혁인데 한복에 있는 모자는 안 쓰려고 도망 다니네.. 왕처럼 멋지게 찍어 주고 싶었는데!

◀ 도착해서 어리둥절해하는 수혁이.

◀ 뛰어다니며 도망다니기 바빴던 수혁이가 계단을 보다니 필이 꽂혔다. 오호~ 간만에 분위기 있는 한 컷 나와주시고~! 이 컷을 찍고 계단을 안 내려와서 한참을 애먹었다는.

▲ 졸린 지 찍기 싫다고 징징징..

▲ 결국엔 한 숨 자고.. 다시 촬영!

**05** 작업 창의 메인 사진 윗부분을 클릭하여 문자 레이어를 활성화한 후, 옵션바에서 다음과 같이 변경하고 '수혁이의 돌앨범 촬영기' 라고 입력합니다.

색상값은
'#ffffff' 입니다.

**06** '돌' 을 블록으로 설정한 후, 글자 크기를 '36' 으로 변경합니다. 그런 다음, `Ctrl` + `Enter` 을 눌러 적용합니다.

**07** 왼쪽 페이지 흑백 사진 옆 부분을 클릭하여 문자 레이어를 활성화한 후, [캐릭터] 팔레트에서 줄 간격을 '(Auto)' 로 변경하고 '영원히 기억하고픈.. 소중한 감동의 생애 첫 순간들' 이라고 입력합니다.

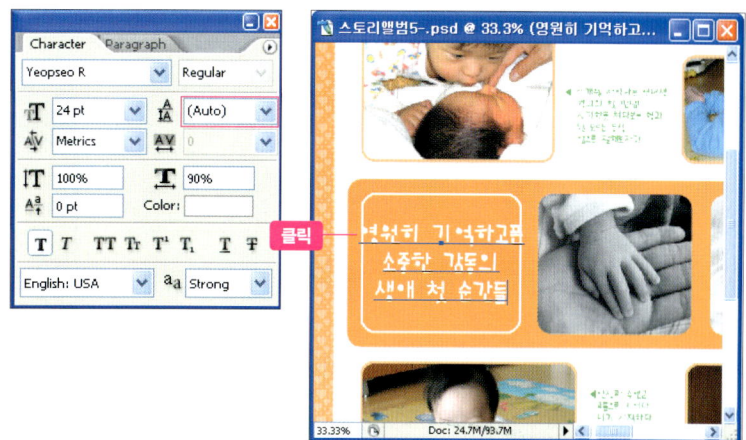

**08** '영원히 기억하고픈 소중한 감동의' 를 블록으로 설정한 후, 옵션바에서 글자 크기를 '18' 로 변경합니다.

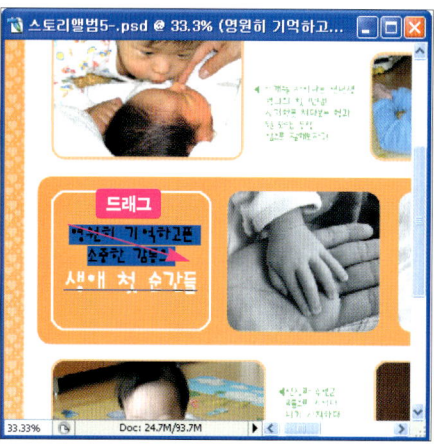

**09** '첫' 을 블록으로 설정한 후, 옵션바에서 글자 크기를 '36' 로 변경하고 Ctrl + Enter 를 눌러 적용합니다.

**10** 오른쪽 페이지 아래에 있는 가로로 긴 사각형 부분을 마우스로 클릭하여 문자 레이어를 활성화한 후, [캐릭터] 팔레트에서 다음과 같이 변경합니다.

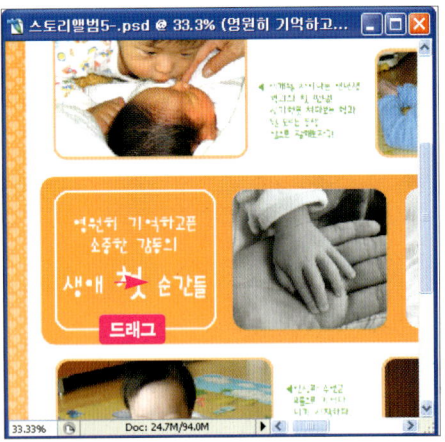

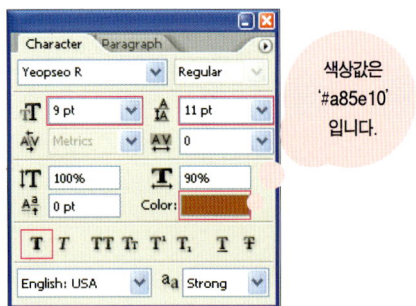

색상값은 '#a85e10' 입니다.

**11** 다음과 같이 입력한 후, Ctrl + Enter 를 눌러 적용합니다.

앨범 찍는 것이 결코 쉬운 일이 아니더구나. 예쁘게 찍고 싶었지만 수혁이가 협조를 안 해주는 바람에 그냥 그랬지. 모델시키려 했는데 꿈을 버려야 할까봐. 모델이 아니면 어떠니! 건강하게만 자라렴!!

**12** 작업 창에서 'The Story of SUHYEOK's 1st Year' 부분을 클릭하여 문자 레이어를 활성화한 후 블록으로 설정합니다. 옵션바에서 색상을 '#ae5702' 로 변경하고 Ctrl + Enter 를 눌러 적용합니다.

**13** 작업 창에서 '수혁왕자를 소개합니다'를 클릭하여 문자 레이어를 활성화한 후, '수혁왕자'를 블록으로 설정합니다. 옵션바에서 색상을 '#657efc'로 변경하고 '수혁이'라고 입력합니다.

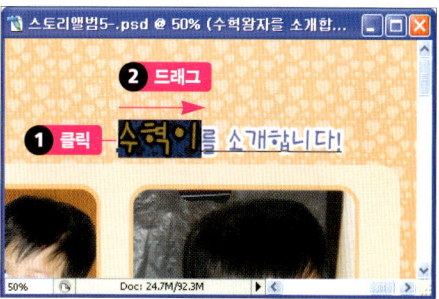

**14** '를 소개합니다'를 블록으로 설정한 후, 옵션바에서 색상을 '#37bb1d'로 변경하고, '의 소중한 순간들'이라고 입력합니다. 그럼 다음, Ctrl + Enter 를 눌러 적용합니다.

## 여러 가지 이미지를 넣어요

**01** Ctrl + ○ 를 눌러 부록 CD\Sample\Part05\0505_16.psd를 불러 옵니다.

**02** 이동 툴 을 이용하여 작업 창으로 옮긴 후, 위치를 적절하게 조절합니다.

**03** '0505_17.psd', '0505_18.psd' 파일도 불러 와서 이동 툴  을 이용하여 앨범 오른쪽으로 옮긴 후, 위치를 적절하게 조절합니다.

**04** 다음과 같이 완성되었습니다.

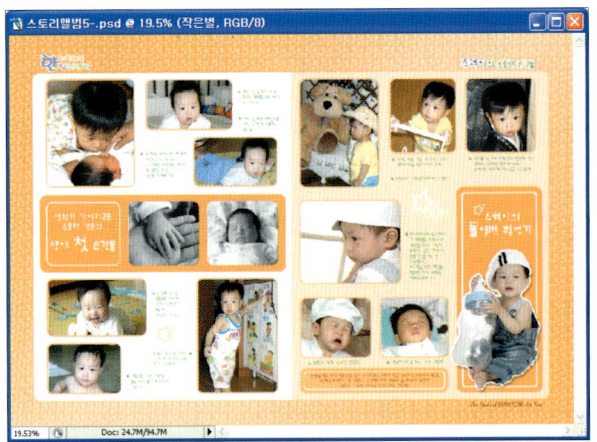

## 공부합시다 〔Transform〕 메뉴

1. Again      Shift+Ctrl+T
2. Scale
3. Rotate
4. Skew
5. Distort
6. Perspective
7. Warp
8. Rotate 180°
9. Rotate 90° CW
10. Rotate 90° CCW
11. Flip Horizontal
12. Flip Vertical

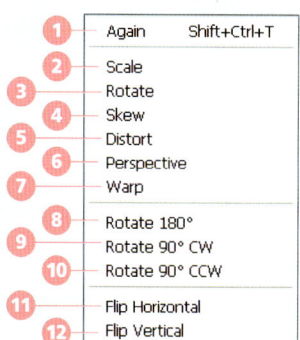

원본이미지

**1 Again** : 가장 최근에 사용한 명령을 한 번 더 수행합니다.

**2 Scale** : 조절점을 이용해 이미지의 크기를 조절합니다. 조절점을 클릭한 후 드래그해주면 이미지의 크기가 변형됩니다. Ctrl 을 누르면 좌측 상단을 기준으로, Alt 를 누르면 이미지 중앙을 기준으로 Shift 를 누르면 가로세로 비율이 변하지 않게 조절할 수 있습니다.

**3 Rotate** : 조절점을 이용하여 이미지를 회전합니다.

**4 Skew** : 조절점을 이용하여 이미지를 변형시킵니다. 〈Alt〉를 누른 상태에서 드래그하면 대각선 반대의 조절점도 같이 움직입니다.

**5 Distort** : 조절점을 이용하여 이미지 왜곡이 가능합니다.

**6** **Perspective** : 이미지에 원근을 주고자 할 때에 사용합니다. 한쪽의 조절점만 움직여도 다른 조절점이 같이 움직입니다.

**7** **Warp** : 12개의 조절점을 드래그하여 이미지에 공간감을 줍니다. 이미지를 구부리거나 휘게 할 때에 사용합니다.

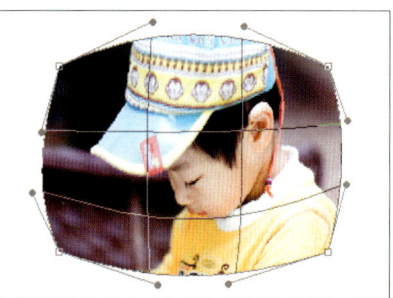

**8** **Rotate 180°** : 이미지를 180도 회전시킵니다.

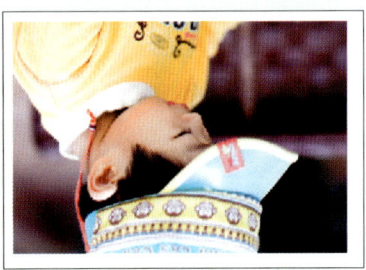

**9** **Rotate 90°CW** : 이미지를 시계 방향으로 90도 회전시킵니다.

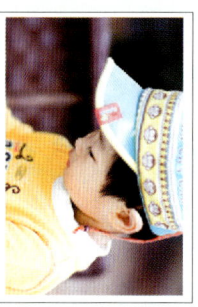

**10** **Rotate 90°CCW** : 이미지를 시계 반대 방향으로 90도 회전시킵니다.

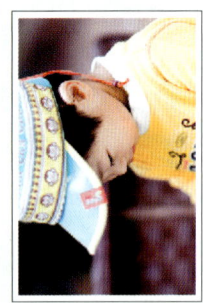

**11** **Flip Horizontal** : 이미지의 좌우를 바꾸어 줍니다.

**12** **Flip Vertical** : 이미지의 상하를 바꾸어 줍니다.

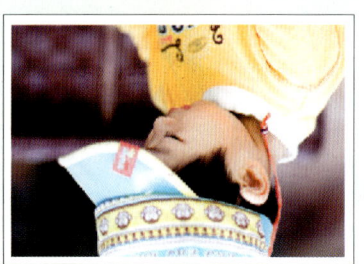

# 아이 만화 페이지

아이가 행동하는 모습을 가만히 지켜보고 있으면 미소가 지어질 때가 많습니다. 그런 순간들의 사진을 엮어서 하나의 스토리로 만들어 보면 어떨까요? 동영상으로 남겨도 좋겠지만 만화처럼 한 컷 한 컷 말풍선을 넣어 만들면 다른 재미가 느껴집니다. 지금 아이 사진을 찾아서 정리해 보세요. 아마 근사한 만화가 탄생할 거예요.

● **결과 파일 경로** | 부록 CD\Sample\Part05\After\0507.jpg

# 배경을 칠해요

**01** `Ctrl` + `O`를 눌러 부록 CD\Sample\Part05\05.psd를 불러 온 다음, `Shift` + `Ctrl` + `S`를 누릅니다. [Save As] 대화상자가 나타나면 저장하고자 하는 경로를 설정한 후, 파일명을 '스토리앨범7.psd' 로 설정하고 [저장] 버튼을 클릭합니다.

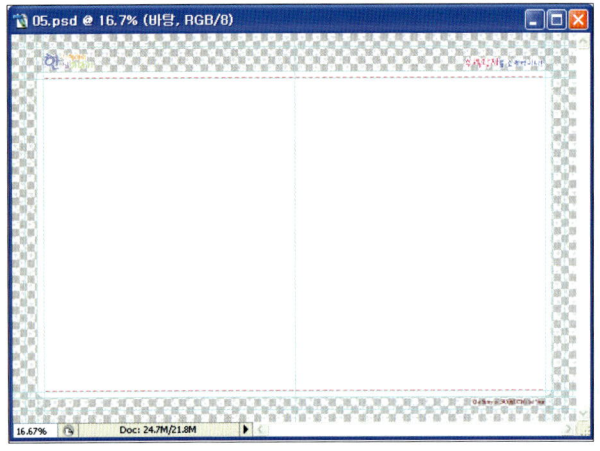
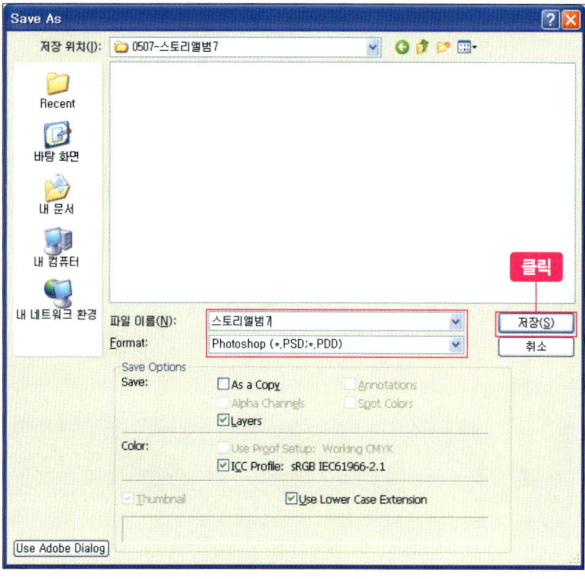

**02** [레이어] 팔레트에서 [Create a new layer] 버튼 ☐을 클릭하여 새 레이어를 만든 후, 제일 아래에 오도록 옮깁니다.

**03** 전경색을 클릭하여 색상을 '#aceff8' 로 변경한 후, `Alt` + `Delete`를 눌러 전경색으로 칠합니다.

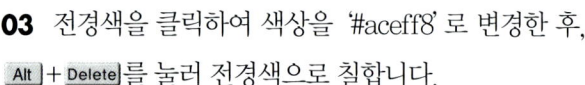

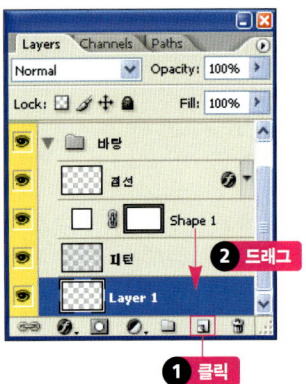

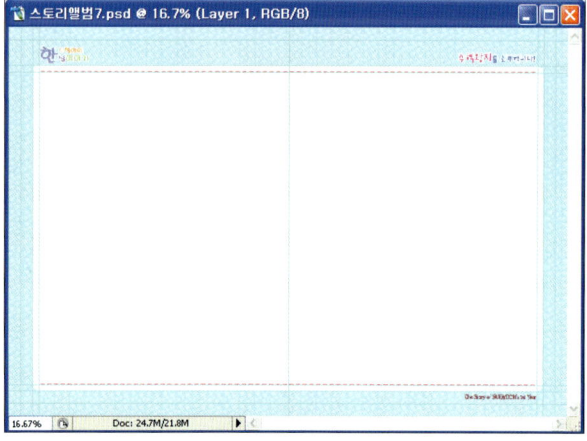

**04** 다시 [레이어] 팔레트에서 [Create a new layer] 버튼 🔲 을 클릭하여 새 레이어를 만든 후, 전경색을 클릭하여 색상을 '#10bcd1' 로 변경합니다.

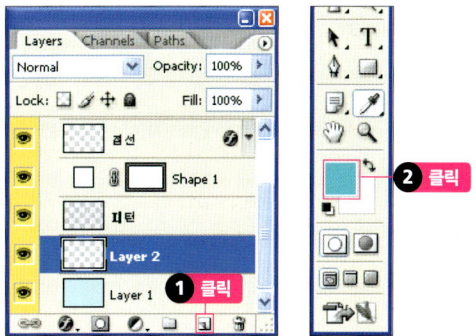

**05** 툴박스에서 그레이디언트 툴 🔲 을 선택한 후, 왼쪽 위에서 아래로 대각선 방향으로 반 정도 드래그 하고, 다시 오른쪽 아래에서 위로 대각선 방향으로 반 정도 드래그하여 그레이디언트 효과를 적용합니다.

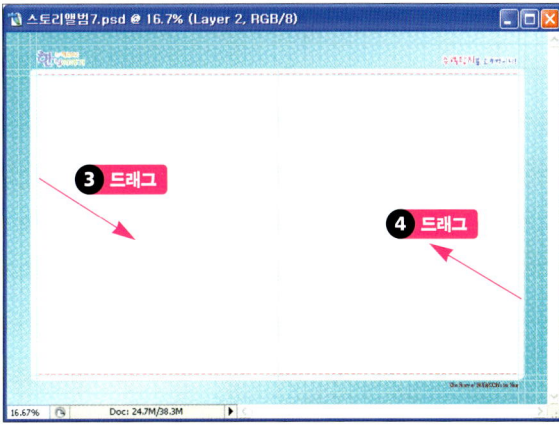

**06** [레이어] 팔레트에서 점선 레이어를 선택합니다. Ctrl + U 를 눌러 [Hue/Saturation] 대화상자가 나타나면 다음과 같이 변경한 후, [OK] 버튼을 클릭합니다.

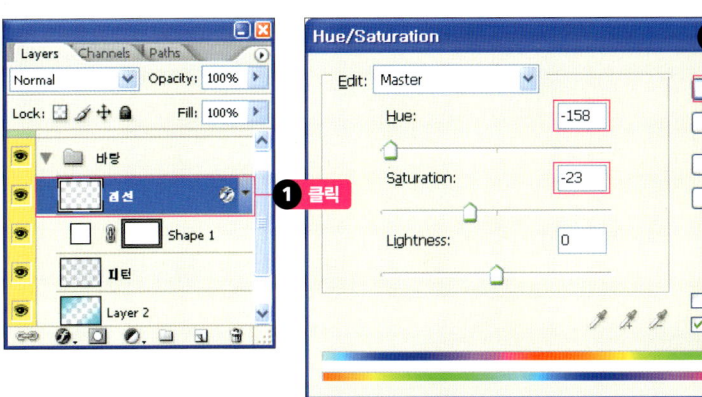

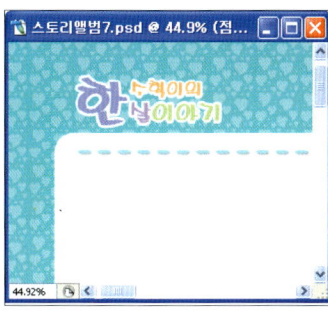

## 무늬를 만들어요

**01** `Ctrl` + `R` 을 눌러 눈금자를 나타나게 한 후, 다음과
같이 가이드라인을 만듭니다.

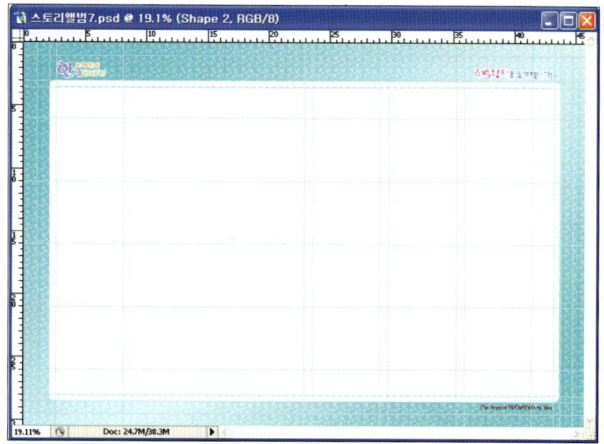

> **가로 가이드라인** : 6cm, 11cm, 16cm, 21cm, 26cm
> **세로 가이드라인** : 8cm, 23.5cm, 29cm, 29.7cm, 35.2cm,
> 35.9cm, 41.4cm

**02** 툴박스에서 사용자 정의 도형 툴을 선택한 후, Shape는 다이아몬드 무늬, 색상은 '#bdebfa'로 설정합니다.

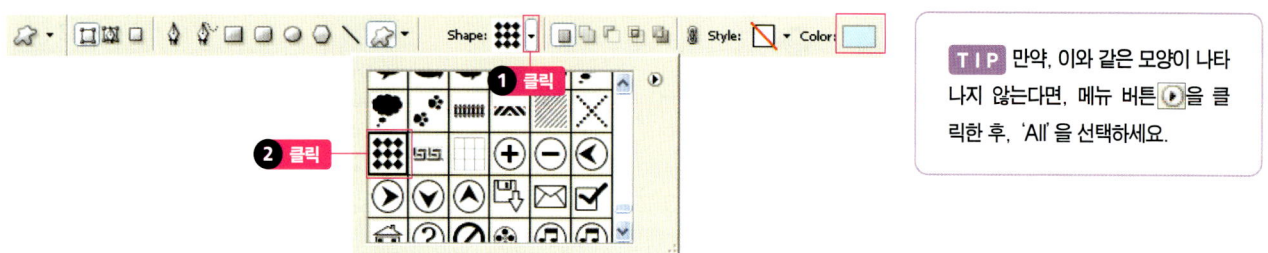

> **TIP** 만약, 이와 같은 모양이 나타
> 나지 않는다면, 메뉴 버튼을 클
> 릭한 후, 'All'을 선택하세요.

**03** 가이드라인에 맞추어 다음과 같이 도형을 그립니다.

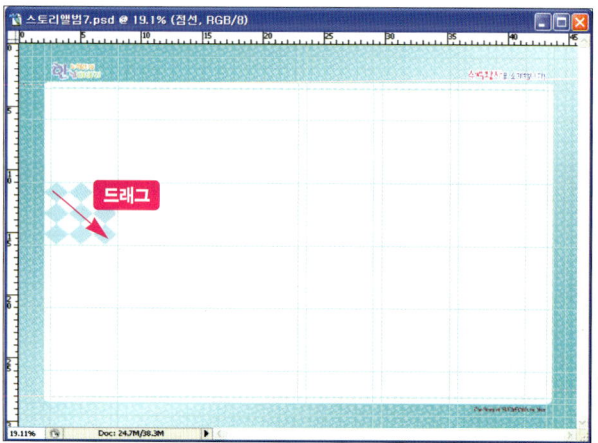

드래그

**04** [레이어] 팔레트에서 방금 그린 Shape 2 레이어를 [Create a new layer] 버튼 으로 드래그해 복사한 후, 작업 창에서 이동 툴 을 이용하여 옆으로 이동합니다.

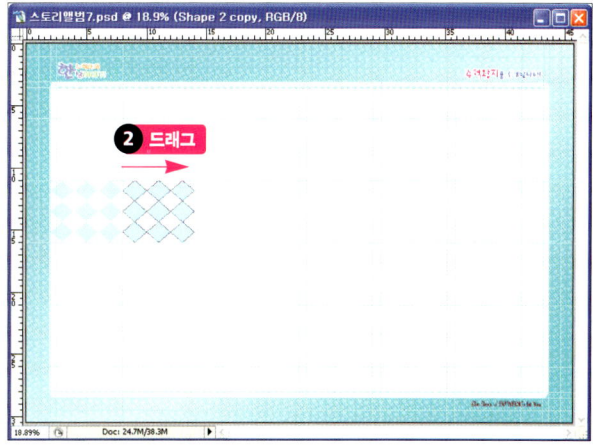

**05** 마찬가지 방법으로 레이어를 복사하여 흰색 부분 끝까지 모양을 그려 주세요.

**06** 끝부분에서 약간 겹쳐도 상관없으니 흰색 테두리와 끝을 맞춰 주세요. 중간에 겹친 부분은 사진이 들어가서 보이지 않는 부분입니다.

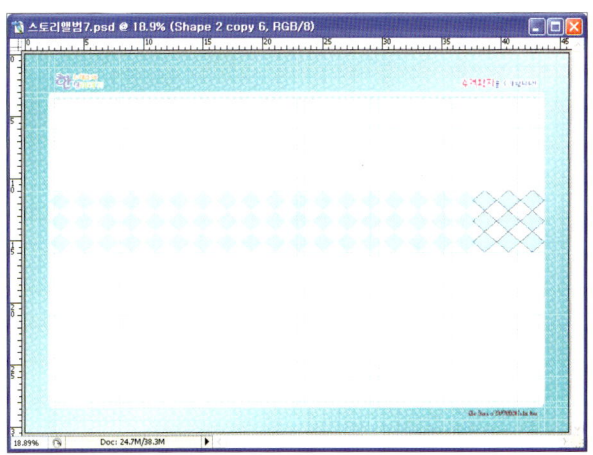

**07** [레이어] 팔레트에서 마지막으로 그린 Shape 레이어가 선택된 상태에서 Shift 를 누른 채 Shape 2를 클릭하면 모든 레이어가 선택됩니다. 이제 Ctrl + E 를 눌러 레이어를 합칩니다.

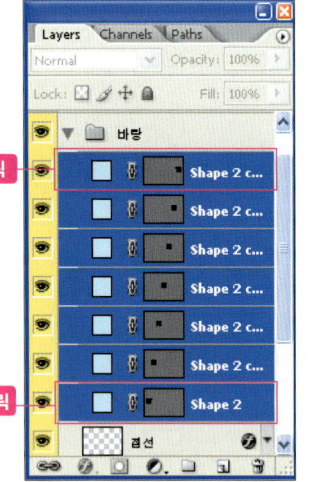
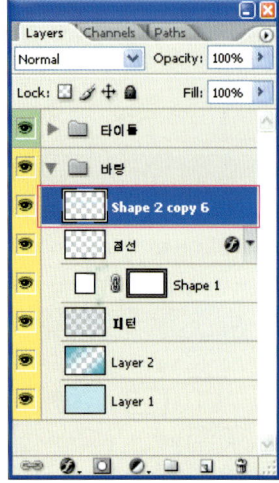

**08** 방금 합친 'Shape 2 copy 6' 레이어를 [Create a new layer] 버튼 을 이용하여 복사한 후, 작업 창에서 이동 툴 을 이용하여 아래쪽으로 위치를 적절하게 조절합니다.

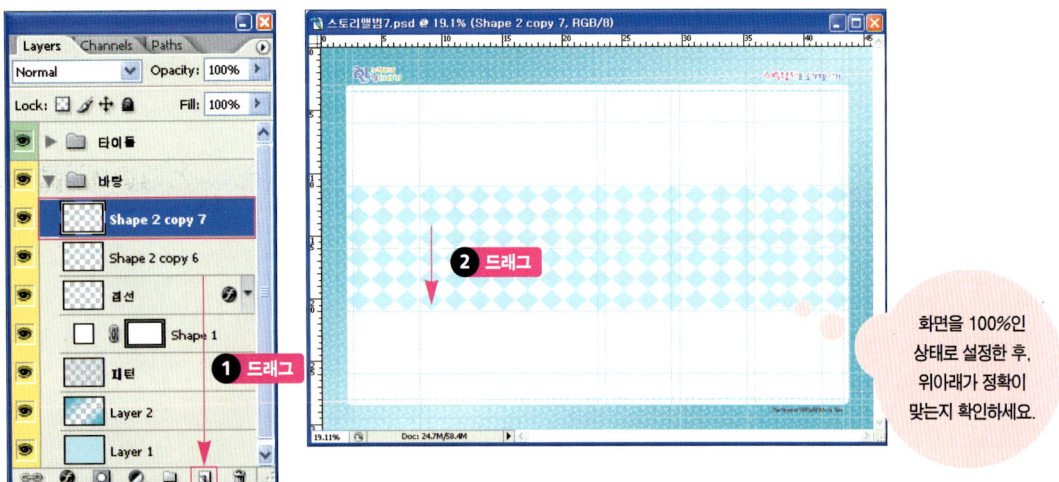

화면을 100%인 상태로 설정한 후, 위아래가 정확이 맞는지 확인하세요.

## 사진틀을 만들어요

**01** [레이어] 팔레트에서 순서를 정하기 위해 '타이틀' 폴더를 선택한 후, [Create a new Group] 버튼 을 클릭하여 새 그룹 폴더를 만듭니다. 그런 다음, 마우스 오른쪽 버튼을 클릭하면 나타나는 단축 메뉴에서 [Group Properties]를 선택하여 폴더 이름을 '사진틀' 이라고 변경합니다.

**02** 툴박스에서 사각형 선택 툴 을 선택하여 가이드라인을 따라 길게 선택 영역으로 만든 후, [레이어] 팔레트에서 [Create a new layer] 버튼 을 클릭하여 새 레이어를 만듭니다.

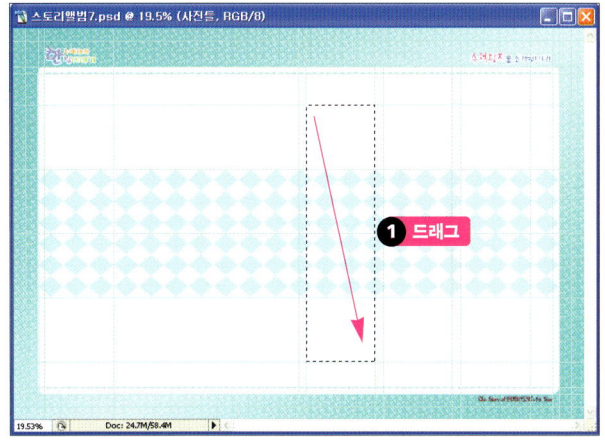 

**03** [Edit] 메뉴의 [Stroke]를 선택한 후 [Stroke] 대화상자가 나타나면, 다음과 같이 설정하고 [OK] 버튼을 클릭합니다. 그런 다음, Ctrl + D 를 눌러 선택을 해제합니다.

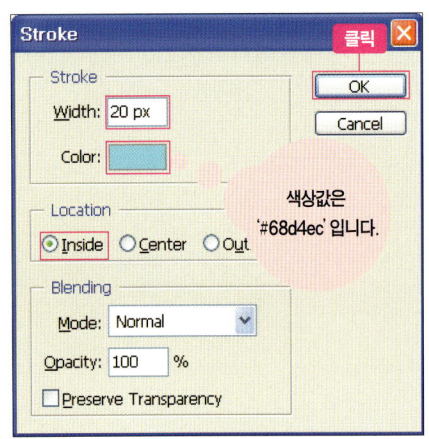
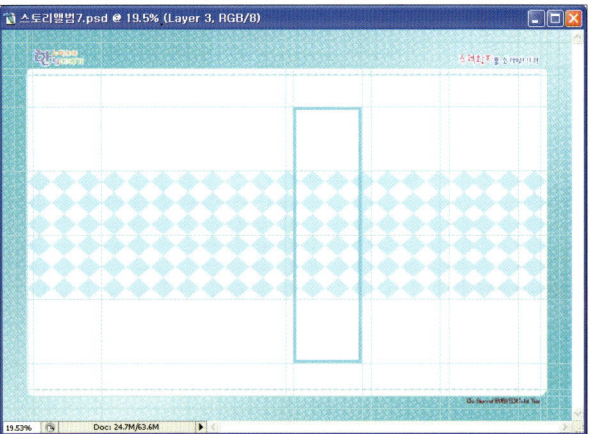

**04** 툴박스에서 선 툴 ◥ 을 선택한 후, 옵션바에서 Size는 '15', Color는 '#68d4ec'로 설정하고 가이드라인을 따라 선을 그립니다.

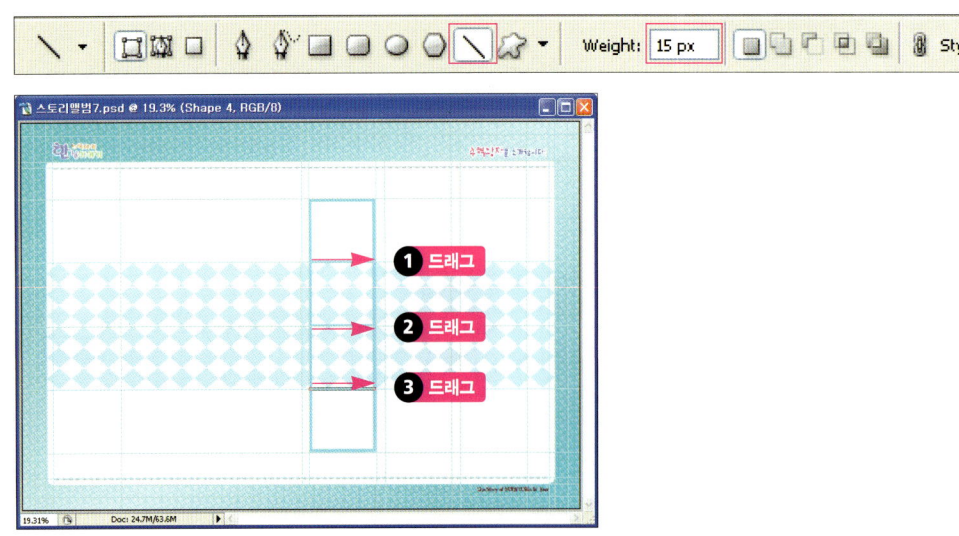

**05** [레이어] 팔레트에서 방금 그린 Shape 4 레이어가 선택된 상태에서 Shift를 누른 채 Layer 3을 클릭하여 전체를 선택한 후 Ctrl+E를 눌러 레이어를 합칩니다.

**06** 합쳐진 Shape 4 레이어를 [Create a new layer] 버튼 🗋 을 이용하여 두 개를 복사한 후, 작업 창에서 이동 툴 ⊕ 을 이용하여 가이드라인에 맞춰 위치를 적절하게 조절합니다.

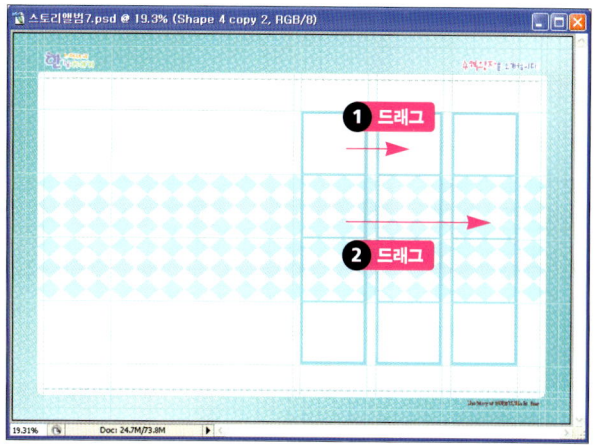

## 메인 사진을 넣어요

**01** [레이어] 팔레트에서 순서를 위해 사진틀 폴더를 선택합니다. Ctrl+O를 눌러 부록 CD\Sample\Part05\0507_01.psd를 불러 온 후, 이동 툴 ⊕ 을 이용하여 앨범 작업 창으로 이동합니다.

사진의 아랫부분은 흰 사각형에 맞게 잘라줄 것이므로 감안하여 위치를 잡으세요.

**02** [Add a layer style] 버튼 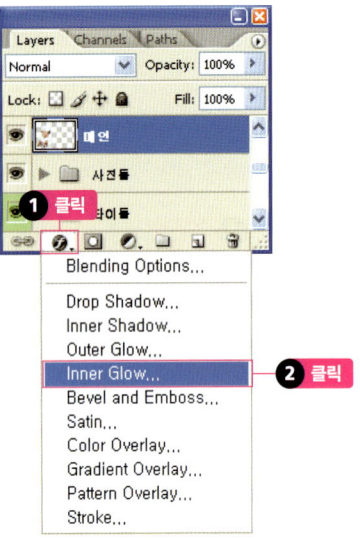 을 클릭하고 [Inner Glow]를 선택합니다.

**03** [Layer Style] 대화상자가 나타나면, 다음과 같이 변경한 후 [Stroke]를 클릭합니다.

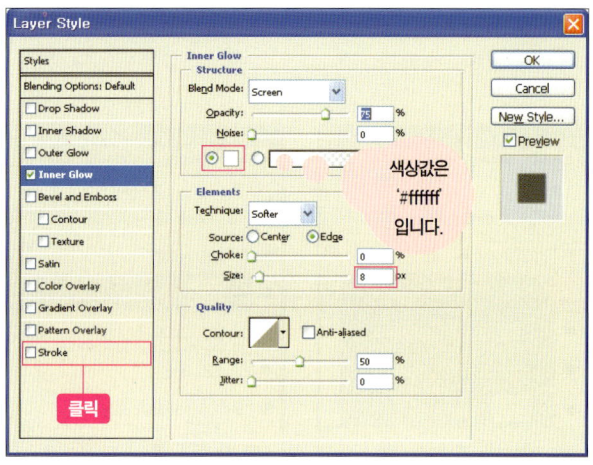

> **TIP** Inner Glow 스타일을 주면 아기 사진의 오린 경계부분이 조금 자연스러워집니다. 너무 많이 하면 오히려 역효과가 나므로 적절히 조정하세요.

**04** [Stroke] 옵션을 다음과 같이 변경하고 [Outer Glow]를 클릭합니다.

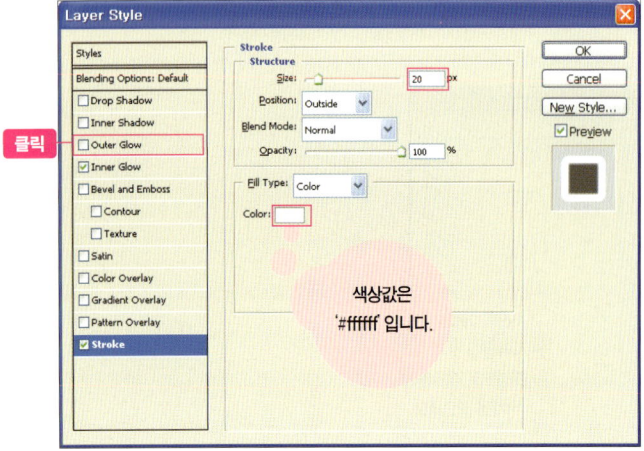

**05** [Outer Glow] 옵션에서 다음과 같이 변경하고 [OK] 버튼을 클릭합니다.

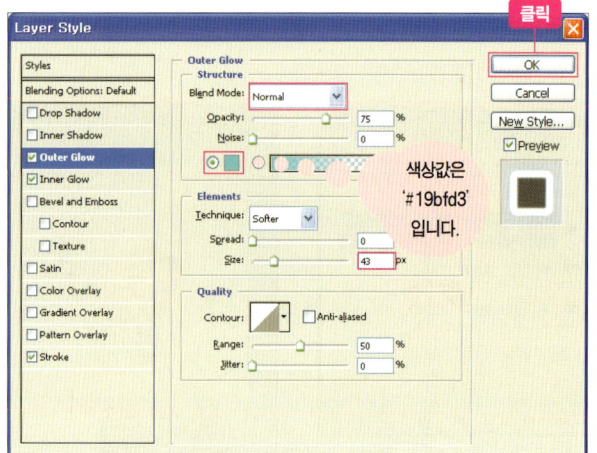

**06** [레이어] 팔레트에서 [Create a new layer] 버튼  을 클릭하여 새 레이어를 만든 후, Shift 를 누른 채 메인 레이어를 선택합니다. 그런 다음, Ctrl + E 를 눌러 레이어를 합치면 레이어 스타일 속성을 읽은 병합된 레이어 Layer 3이 생깁니다.

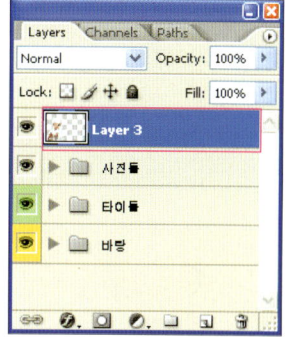

**TIP** 레이어를 빈 레이어와 병합하는 이유는 레이어 스타일 속성을 없애기 위해서입니다. 잠시 후에 메인 사진을 테두리 모양으로 지울 것인데, 스타일 속성이 살아있으면 잘린 바닥면에도 스타일이 적용되어 테두리가 나타나게 됩니다.

스타일을 속성을 없앤 경우

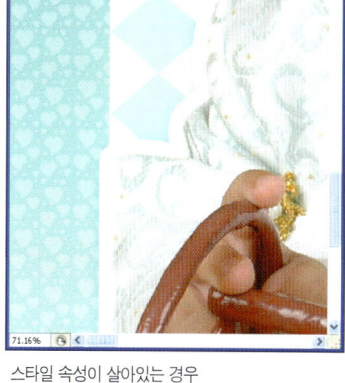
스타일 속성이 살아있는 경우

**07** [레이어] 팔레트의 Layer 3이 선택된 상태에서 '바탕' 폴더 안에 있는 Shape 1 레이어의 회색 벡터 마스크 부분을 Ctrl 을 누른 채 클릭하여 선택 영역으로 설정합니다.

**08** Shift + Ctrl + I 를 눌러 선택 영역을 반전한 후, Delete 를 눌러 이미지를 지웁니다. 그런 다음, Ctrl + D 를 눌러 선택 영역을 해제하세요.

**09** [레이어] 팔레트에서 Layer 3을 바탕 폴더 안에 있는 점선 레이어 밑으로 옮깁니다. 그럼 사진 위로 점선이 보일 것입니다.

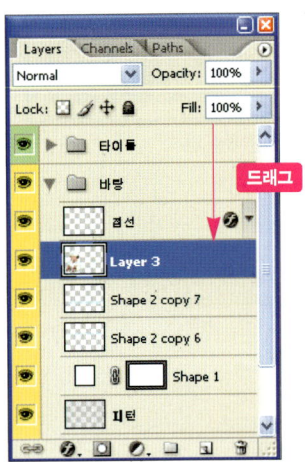

TIP 다이아몬드 모양이 사진 위에 보인다면, 다이아몬드 모양의 레이어를 메인 사진 밑으로 넣어 주세요.

## 작은 사진을 넣어요

**01** [레이어] 팔레트에서 '사진틀' 폴더 안의 Shape 4 레이어를 선택한 후, 툴박스에서 마술봉 툴 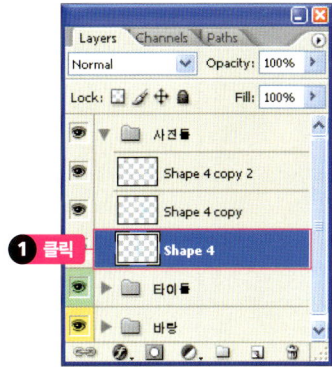 를 선택하고 틀의 맨 위를 클릭하여 선택 영역으로 설정합니다.

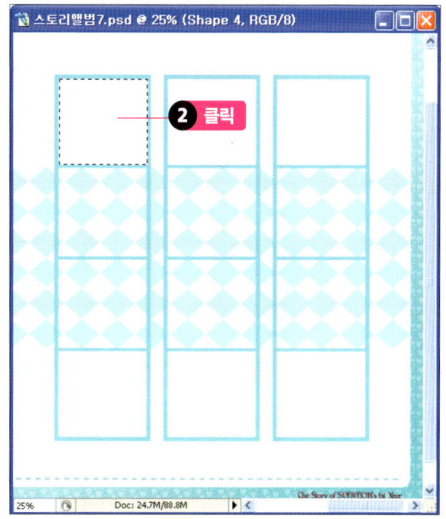

**02** Ctrl + O 를 눌러 부록 CD\Sample\Part05\ 0507_02.jpg를 불러 온 후, Ctrl + A 를 눌러 전체 선택을 하고 Ctrl + C 를 눌러 복사합니다.

**03** 작업 창으로 돌아온 후, Shift + Ctrl + V 를 눌러 선택 영역 안에 복사한 이미지를 붙여넣기하고 이동 툴  을 이용하여 위치를 적절하게 조절합니다.

**04** [레이어] 팔레트에서 다시 Shape 4 레이어를 선택한 후, 툴박스에서 마술봉 툴 을 선택하고 틀의 두 번째 사각형을 클릭하여 선택 영역으로 설정합니다.

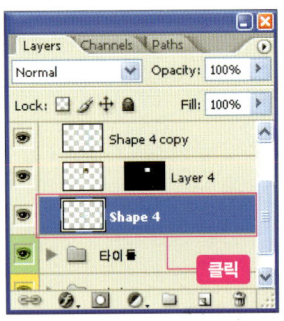

**05** Ctrl + O 를 눌러 부록 CD\Sample\Part05\0507_03.jpg를 불러 온 후, Ctrl + A 를 눌러 전체 선택을 하고 Ctrl + C 를 눌러 복사합니다.

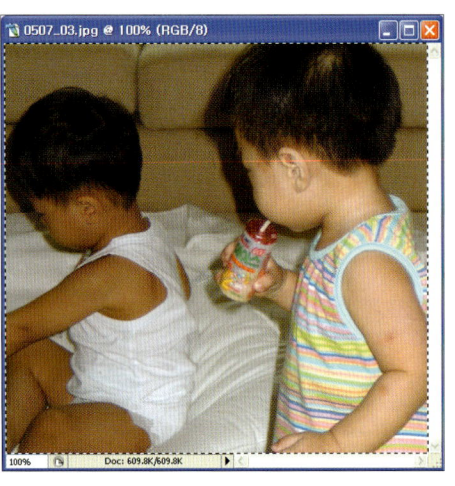

**06** 작업 창으로 돌아온 후, Shift + Ctrl + V 를 눌러 선택 영역 안에 복사한 이미지를 붙여넣기하고 이동 툴 을 이용하여 위치를 적절하게 조절합니다.

**07** 마찬가지 방법으로 사진들을 불러 와서 차례대로 틀 안에 넣습니다.

주의하세요 두 번째 틀에 넣을 때에는 [레이어] 팔레트에서 Shape 4 copy를 선택해야 하고, 세 번째 틀에 넣을 때에는 Shape 4 copy 2를 선택한 후 마술봉 툴 로 클릭해야 합니다.

## 말풍선을 그려요

**01** [레이어] 팔레트에서 사진틀 폴더를 선택한 후 [Create a new Group] 버튼 █을 클릭하여 새 그룹 폴더를 만듭니다. 그런 다음, 마우스 오른쪽 버튼을 클릭하면 나타나는 단축 메뉴에서 [Group Properties]를 선택하여 폴더 이름을 '말풍선' 이라고 변경합니다.

**02** 툴박스에서 사용자 정의 도형 툴 █을 선택합니다. Shape에서 드롭다운 버튼을 클릭하여 말풍선을 선택하고 색상은 '#e6e5e3' 으로 설정합니다.

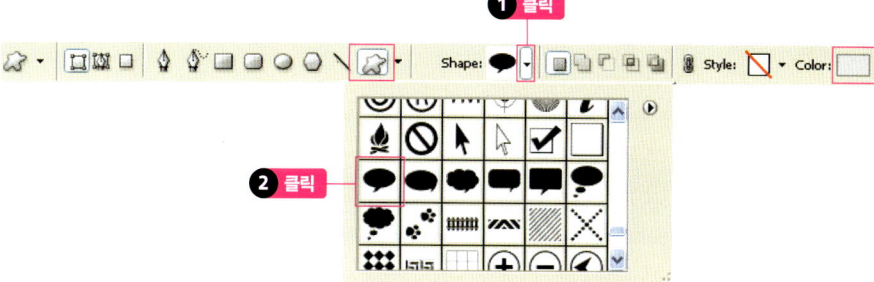

**03** 작업 창을 드래그하여 말풍선을 그린 후, [레이어] 팔레트에서 Opacity를 '80' 으로 변경합니다.

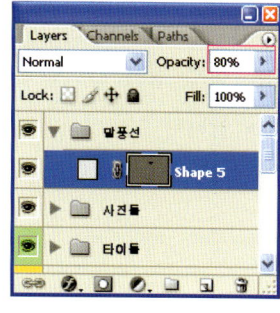

**04** 말꼬리가 반대로 되어 있으므로 말풍선을 뒤집어야 합니다. [Edit] 메뉴의 [Transform Path – Flip Horizontal]를 클릭하면 이미지가 수평으로 뒤집힙니다.

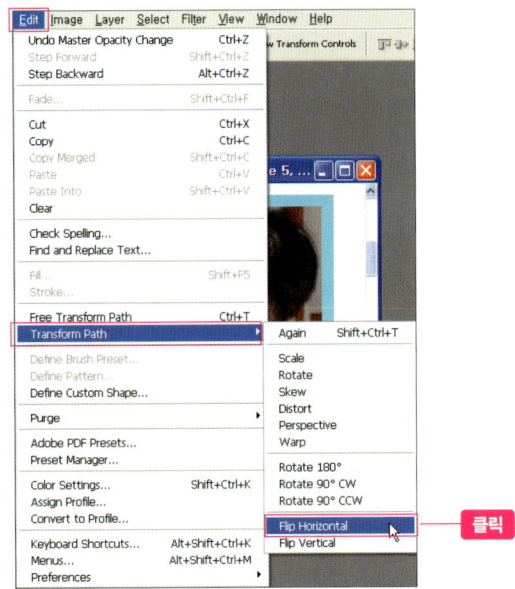

**05** 툴박스에서 문자 툴 T 을 선택한 후, 옵션바와 [캐릭터] 팔레트에서 다음과 같이 설정합니다.

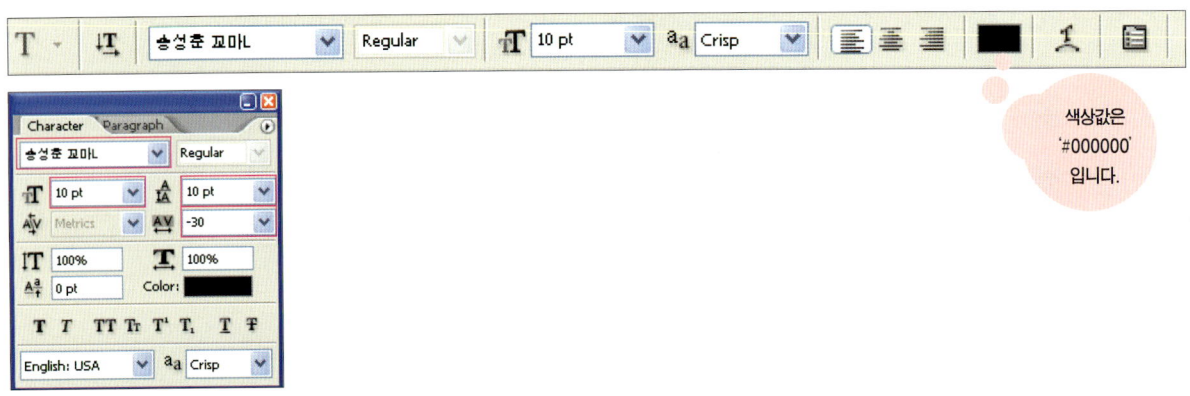

색상값은 '#000000' 입니다.

**06** 작업 창을 클릭하여 '냠냠 맛있는 요굴트~' 라고 입력합니다.

**07** 말풍선이 약간 큰 것 같으므로 [레이어] 팔레트에서 Shpae 5 레이어를 선택한 후 Ctrl + T 를 눌러 조절점이 나타났을 때, 안쪽으로 드래그하여 크기를 줄입니다.

**08** [레이어] 팔레트의 Shape 5 레이어가 선택된 상태에서 Ctrl 를 누른 채 문자 레이어를 클릭하여 함께 선택합니다. 그런 다음, 링크 적용 버튼 을 클릭하여 두 개의 레이어를 묶습니다.

**09** 이와 마찬가지 방법으로 말풍선과 문구를 넣어 주세요.

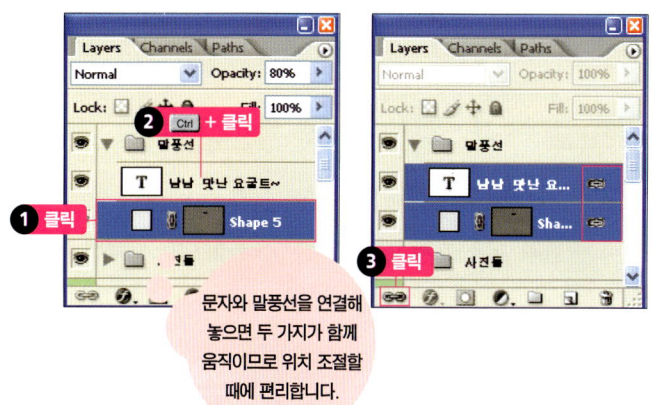

문자와 말풍선을 연결해 놓으면 두 가지가 함께 움직이므로 위치 조절할 때에 편리합니다.

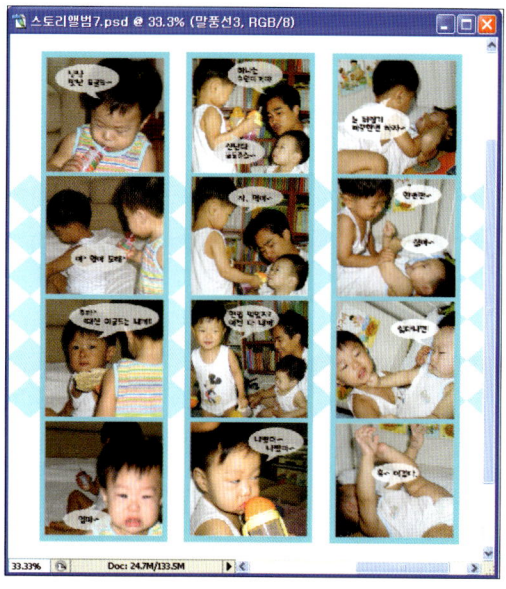

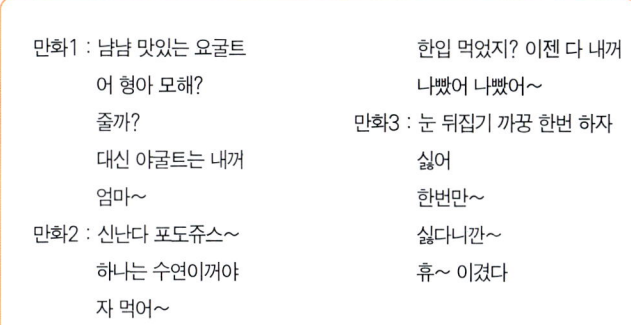

만화1 : 남남 맛있는 요굴트
　　　어 형아 모해?
　　　줄까?
　　　대신 야굴트는 내꺼
　　　엄마~
만화2 : 신난다 포도쥬스~
　　　하나는 수연이꺼야
　　　자 먹어~

한입 먹었지? 이젠 다 내꺼
나빴어 나빴어~
만화3 : 눈 뒤집기 까꿍 한번 하자
　　　싫어
　　　한번만~
　　　싫다니깐~
　　　휴~ 이겼다

**TIP** 말풍선은 문구에 맞춰 그때그때마다 모양을 변형합니다. 각 도나 크기는 Ctrl + T 를 눌러 조절하고, 수직으로 뒤집고자 할 때에는 [Edit] 메뉴의 [Transform Path – Flip Vertical]를 클릭하면 됩니다.

**10** 만화적인 효과를 주기 위해 Ctrl + O 를 눌러 부록 CD\Sample\Part05\0507_14.psd를 불러 온 후, 이동 툴 ⊕을 이용하여 작업 창에 복사하고, 야구르트 쪽으로 옮깁니다.

**11** Ctrl + O 를 눌러 부록 CD\Sample\Part05\ 0507_15.psd를 불러 온 후, 이동 툴 ⊕을 이용하여 작업 창에 복사하고, 세 번째 만화 쪽으로 옮깁니다.

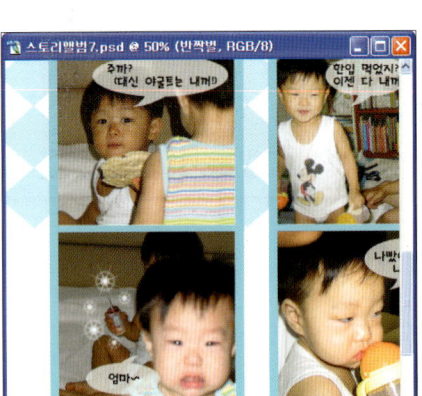

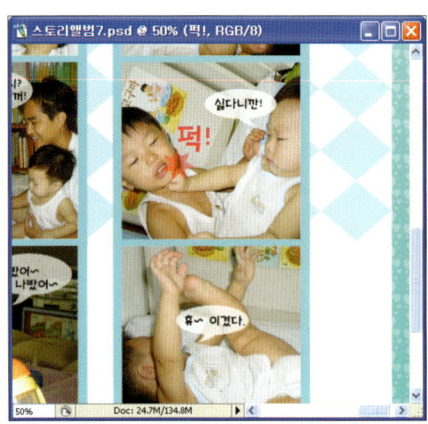

## 글자를 입력해요

**01** [레이어] 팔레트에서 방금 넣어준 퍽! 폴더를 선택한 후, [Create a new Group] 버튼 ▢ 을 클릭하여 새 그룹 폴더를 만듭니다. 그런 다음, 마우스 오른쪽 버튼을 클릭하면 나타나는 단축 메뉴에서 [Group Properties]를 선택하여 폴더 이름을 '문구' 라고 변경합니다.

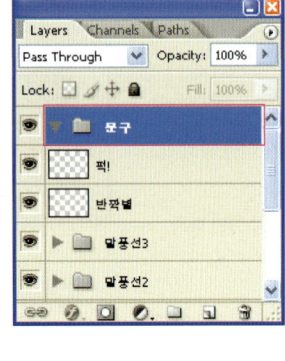

**02** 툴박스에서 문자 툴 T 을 선택한 후, 옵션바에서 다음과 같이 설
정하고 작업 창을 클릭하여 다음 문구를 입력합니다. 그런 다음,
Ctrl + Enter 를 눌러 적용합니다.

글자체는
'휴먼엽서체'
입니다.

색상값은
'#0ea4b7'
입니다.

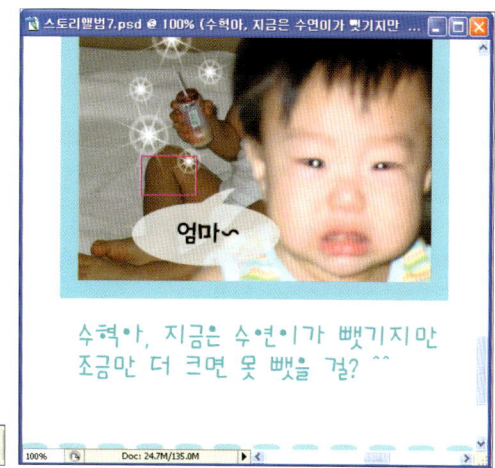

**03** 다시 작업 창을 클릭하여 문자 레이어를 활성화한
후, 아래 문구를 입력하고 Ctrl + Enter 를 누릅니다.

문구 1 : 욕심이 많아진 수혁. 같이 줘도 자기꺼 다 먹고 수연이꺼
　　　　뺏어 먹는다. 나중에도 그럴 수 있을까?
문구 2 : 요즘은 수연이가 테러한다. 한 두 대씩 수연에게 맞는 수혁.
　　　　인과응보다. 그러게 잘하지...

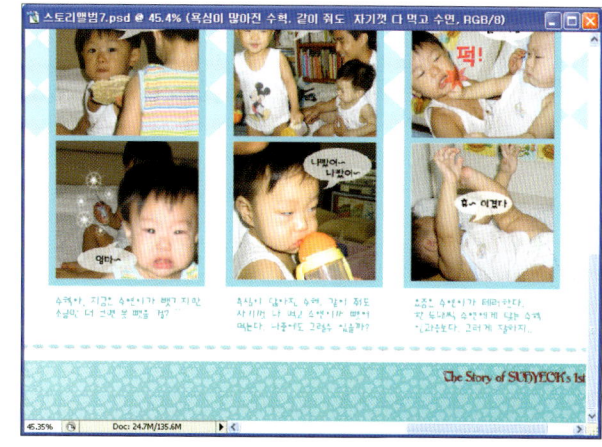

**04** 작업 창에서 만화 틀 윗부분을 클릭하여 문자 레이어
를 활성화한 후 옵션바에서 글자 크기는 '18', 색상은
'#11bcd2'로 변경하고 '야구르트', '다 내꺼', '수연 승!'
이라고 입력합니다. 그런 다음 Ctrl + Enter 를 눌러 적용합
니다.

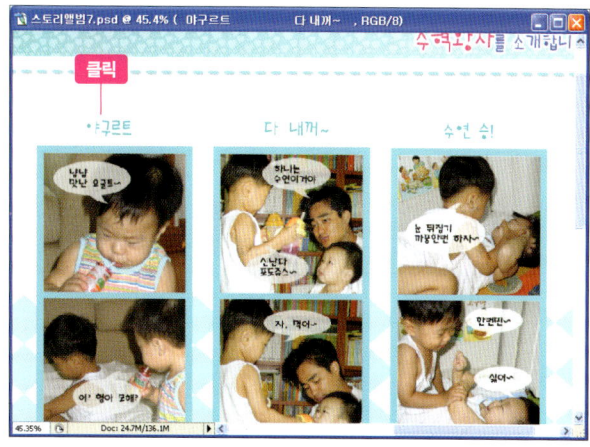

## 오린 사진을 넣어요

**01**  Ctrl + O를 눌러 부록 CD\Sample\Part05\0507_16.psd를 불러 온 후, 이동 툴▶을 이용하여 작업 창에 드래그하여 복사하고 야구르트 문구의 왼쪽으로 옮깁니다.

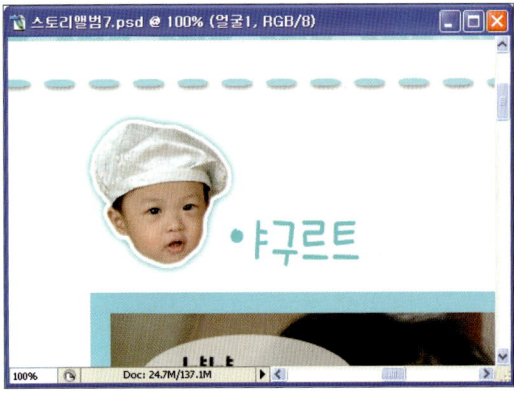

> **TIP** 빠른 진행을 위해 미리 아기 얼굴 모양대로 오려놓고 레이어 스타일(Stroke, Outer Glow)도 적용하였습니다. 스타일 수치는 다음을 참고하여 여러분 아기 사진에 맞게 입력하세요.
>
> Stroke : 색상값 #ffffff
>         Size 3
>
> Outer Glow : Blend Mode Normal
>              색상값 #209bb0
>              Size 13

**02**  '0507_17.psd', '0507_18.psd'를 불러 와서 만화 제목 옆으로 옮깁니다.

**03**  Ctrl + O를 눌러 부록 CD\Sample\Part05\0507_19.psd를 불러 온 후, 이동 툴▶을 이용하여 작업 창에 드래그하여 복사하고 오른쪽 아래로 옮깁니다.

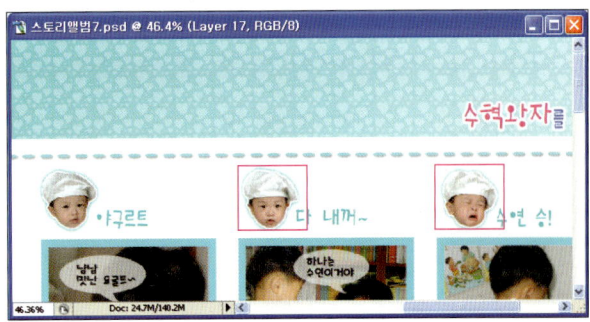

**04** [Add a layer style] 버튼 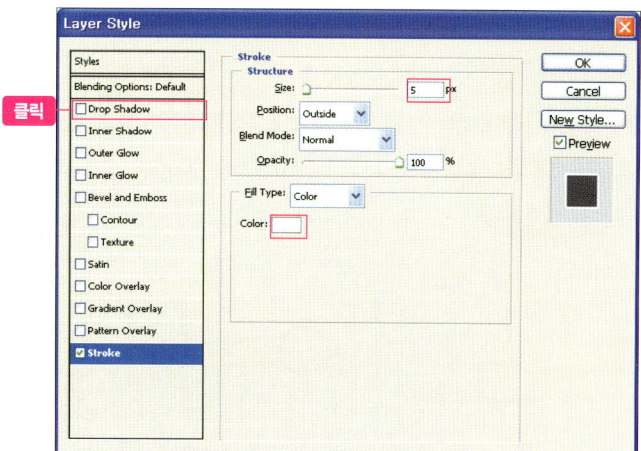을 클릭하고 [Stroke]를 선택합니다. [Layer Style] 대화상자가 나타나면 Size는 '5', 색상은 '#ffffff' 로 변경한 후, 왼쪽의 Drop Shadow를 클릭합니다.

**05** [Drop Shadow] 옵션에서 Opacity는 '30', Distance는 '8' 로 변경한 후 [OK] 버튼을 클릭합니다.

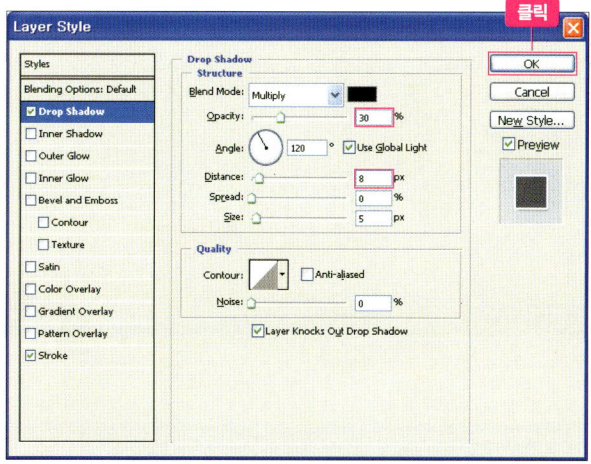

## 문구를 수정해요

**01** 작업 창에서 'The Story of SUHYEOK's 1st Year' 부분을 클릭하여 문자 레이어를 활성화한 후, 블록으로 설정합니다. 옵션바에서 색상을 '#07626d'로 변경하고 Ctrl + Enter 를 눌러 적용합니다.

**02** 작업 창에서 '수혁왕자를 소개합니다'를 클릭하여 문자 레이어를 활성화한 후, 전체를 블록으로 설정합니다. 옵션바에서 글자 크기는 '24', 색상은 '#f5b74a'로 변경한 후, '혁이 만화'라 입력하고 Ctrl + Enter 를 누릅니다.

**03** 다음과 같이 완성되었습니다.

# 여행의 추억 페이지

01 혼자해 보세요

아기와 함께 다녀온 여행 사진을 넣은 페이지를 만들며 앞에서 배운 내용을 복습해 보세요. 틀 안에 사진을 넣는 방법만 기억하고 있다면 어렵지 않게 완성할 수 있을 거예요.
그럼, 새로운 곳에서 아기와 함께 한 소중한 순간들을 앨범에 멋지게 담아 볼까요?

**예제 파일 경로** | 부록 CD\Sample\Part05\05.psd
부록 CD\Sample\Part05\0506_01.psd
부록 CD\Sample\Part05\0506_02.psd
부록 CD\Sample\Part05\0506_03.psd

**결과 파일 경로** | 부록 CD\Sample\Part05\After\0506.jpg

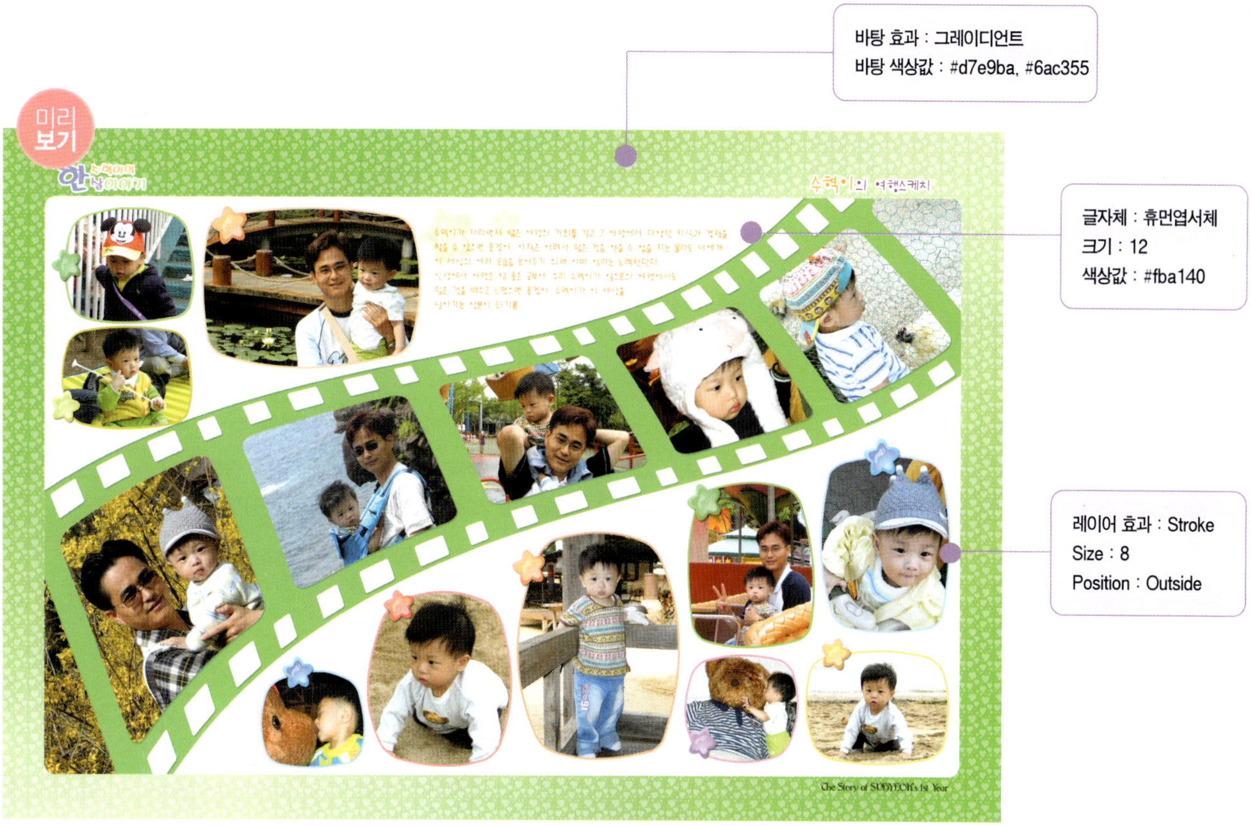
바탕 효과 : 그레이디언트
바탕 색상값 : #d7e9ba, #6ac355
미리 보기
글자체 : 휴먼엽서체
크기 : 12
색상값 : #fba140
레이어 효과 : Stroke
Size : 8
Position : Outside
The Story of SUHYEON's 1st Year

힌트 1 사진을 넣기 편하려면 바탕 레이어와 필름을 합쳐야 합니다. 필름 레이어가 선택된 상태에서 Ctrl 을 누른 채 Shpae 1 레이어를 클릭합니다. 그런 다음 메뉴 버튼을 클릭하여 Merge Layers를 선택하면 레이어가 하나로 합쳐집니다.

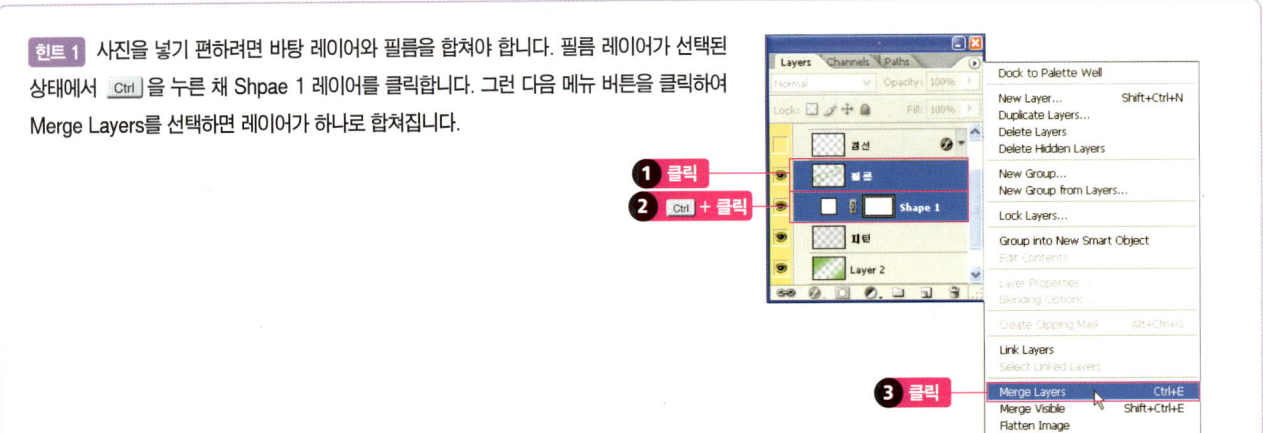

힌트 2 사진을 불규칙하고 둥그런 사각형 만드는 방법

❶ 툴박스에서 모서리가 둥근 사각형 도형 툴 🔲 을 클릭한 후, 옵션바에서 Radius를 40으로 지정합니다.

❷ 〔Edit〕 메뉴의 〔Transform path – Warp〕을 선택하면 이미지를 왜곡시킬 수 있는 조절점이 나타납니다. 바깥쪽의 조절점을 바깥쪽으로 움직이고 모서리 조절점을 안쪽으로 약간 움직여 사각형을 동글동글하게 만들어 줍니다. 적당히 만들어지면 Ctrl + Enter 를 눌러 적용시킵니다.

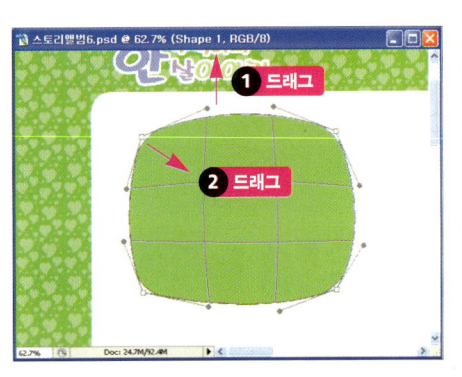

❸ 둥글어진 사각형을 선택영역으로 지정한 후, 사진을 Shift + Ctrl + V 로 붙여 넣어줍니다.

힌트 3 필름 끝부분에 사진 넣기

❶ 툴박스에서 마술봉 툴 🪄 를 클릭한 후, 옵션바에서 Add to Selection 🔲 을 선택합니다.

❷ 필름의 제일 왼쪽 칸과 다음 칸을 차례로 클릭하여 선택영역으로 지정해 줍니다. 그런 다음 Shift + Ctrl + V 로 사진을 붙여줍니다.

# 닫는 페이지

02 혼자해 보세요

닫는 페이지를 만들며 앞에서 배운 내용을 복습해 보세요. 이 페이지에는 아기에게 들려주고 싶은 이야기를 편지 형식으로 넣습니다. 여는 페이지를 한 페이지로 만들었기 때문에 닫는 페이지도 한 페이지가 되어야 하겠지요?

**예제 파일 경로** | 부록 CD\Sample\Part05\05-1.psd
부록 CD\Sample\Part05\0508_01.jpg

**결과 파일 경로** | 부록 CD\Sample\Part05\After\0508.jpg

미리보기

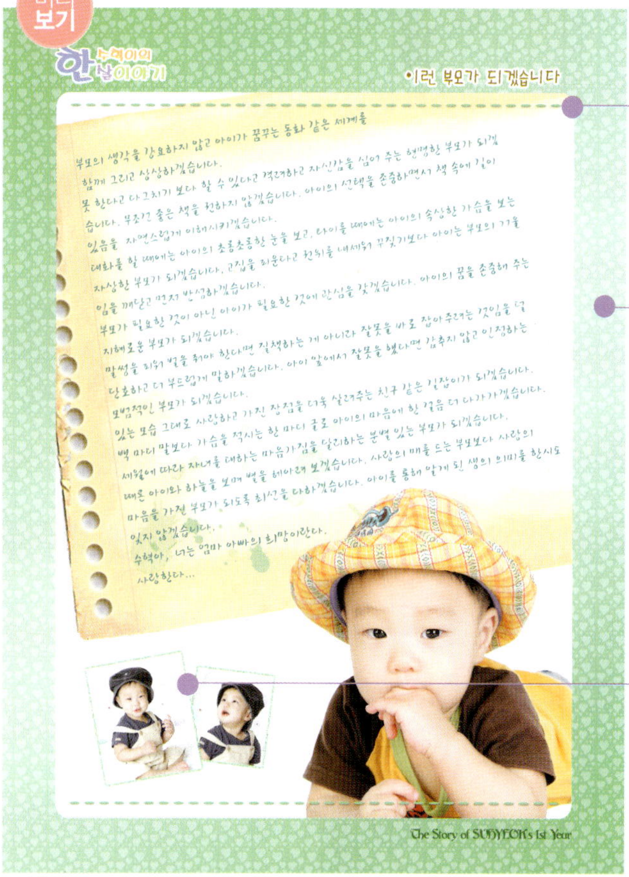


Ctrl + U를 눌러 [Hue/Saturation] 대화상자가 나타나면, 다음과 같이 설정합니다.
Hue : +165
Saturation : -18
Lightness : -11

바탕 효과 : 그레이디언트
바탕 색상 : #bceed8, #3fd694

레이어 효과 : Stroke
Size : 6
Blend Mode : Dissolve
Opacity : 60
색상값 : #65d7a3

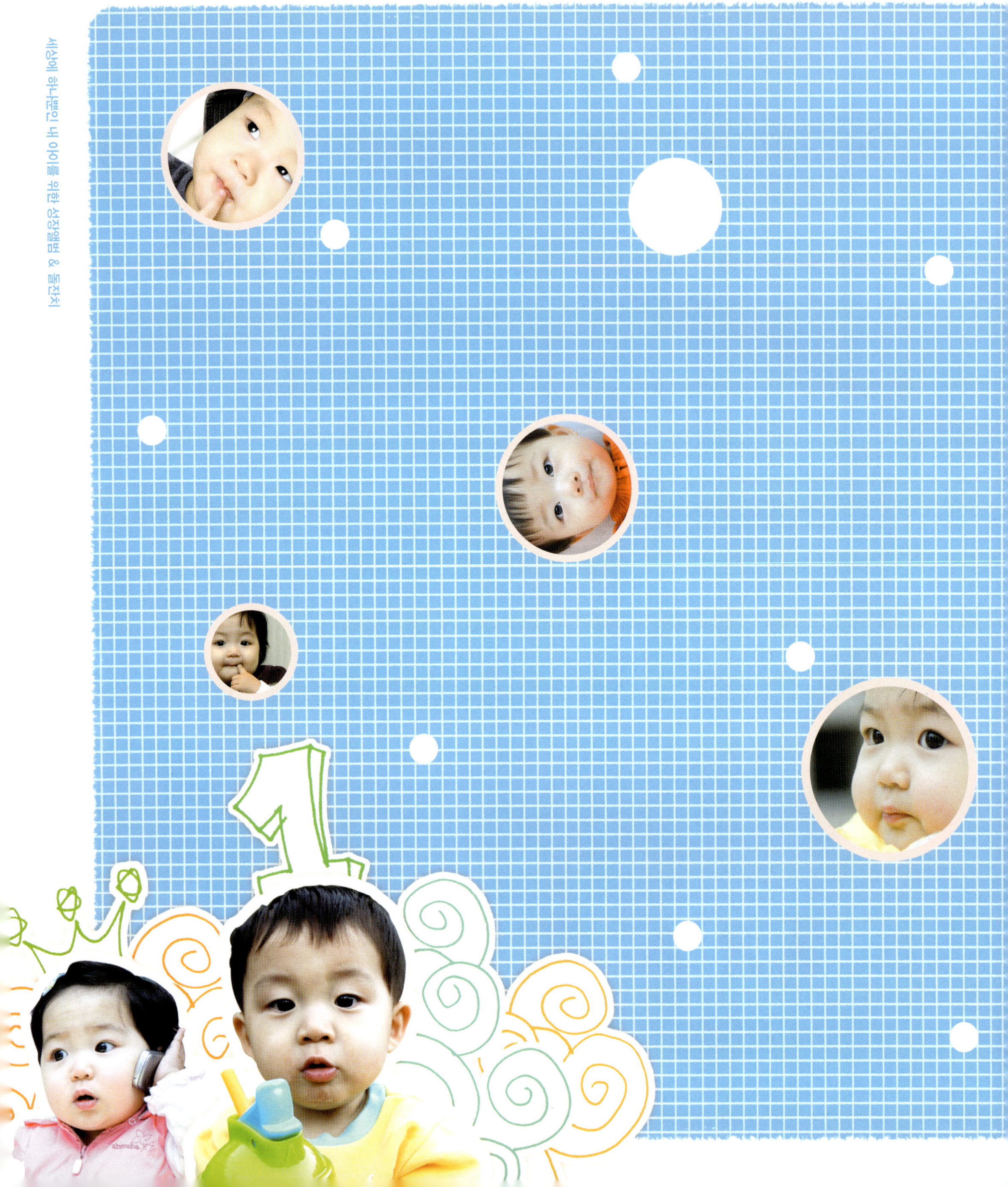
1

# Part 06

# 엄마의 사랑이 전해지는
# 만삭 앨범

# 아빠, 엄마는
# 널 사랑한단다

세상에서 가장 아름다운 모습 중의 하나는 바로 만삭인 임산부 모습입니다. 새 생명을
품고 있는 모습은 누가 보아도 아름답지요. 특히 요즘에는 만삭일 때의 모습을 사진에
담고 싶어 하는 분들이 많아서 스튜디오에서 만삭 사진부터 촬영하는 경우가 많습니
다. 만삭 사진은 스튜디오에서 홍보 차원으로 촬영해 주기도 하지만 꼭 스튜디오에서
촬영하지 않더라도 집에서 아름다운 만삭의 모습을 담아 앨범으로 만들어 보는 것은
어떨까요? 이번 앨범의 크기도 10×10inch로 만들어 보겠습니다.

● **결과 파일 경로** | 부록 CD\Sample\Part06\After\0602.jpg

## 새 파일을 만들고, 메인 사진을 넣어요.

**01** Ctrl + N 을 눌러 [New] 대화상자가 나타나면, 다음과 같이 설정한 후 [OK] 버튼을 클릭합니다.

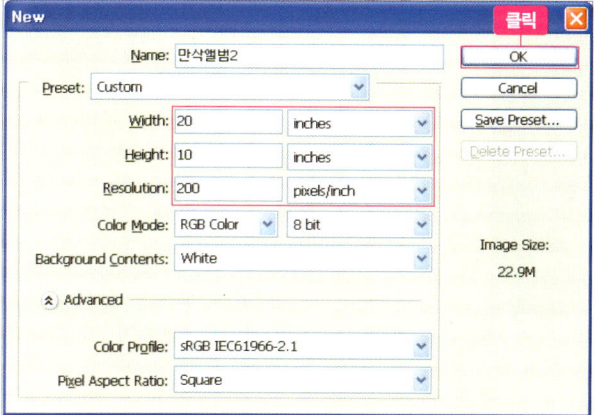

**02** Ctrl + R 을 눌러 눈금자를 나타나게 한 후, 다음과 같이 가이드라인을 만듭니다.

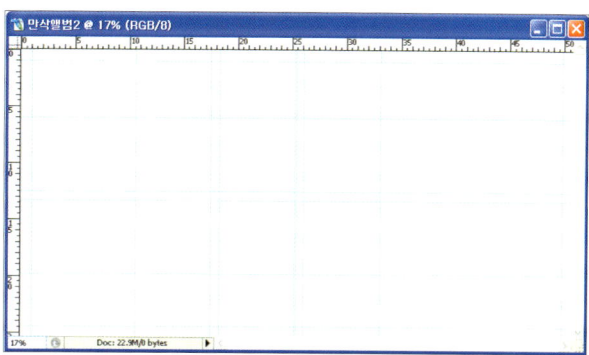

> **가로 가이드라인** : 1cm, 6cm, 12.5cm, 13.3cm, 19.8cm, 24.4cm
> **세로 가이드라인** : 1cm, 10.5cm, 17.5cm, 18.3cm, 25.3cm, 25.4cm, 26.1cm, 33.1cm, 49.8cm

**03** Ctrl + O 를 눌러 부록 CD\Sample\Part06\0602_01.jpg를 불러 옵니다. 이동 툴 을 이용하여 앨범 작업 창으로 옮긴 후, 위치를 적절하게 조절합니다.

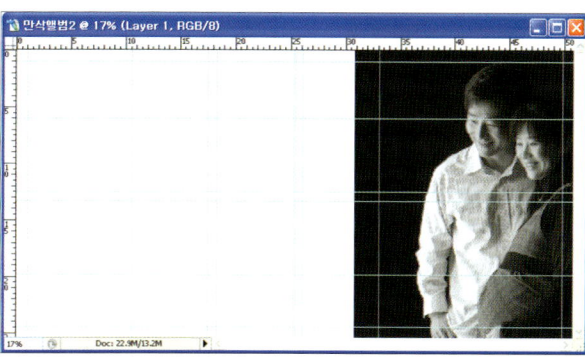

**04** Ctrl + O 를 눌러 부록 CD\Sample\Part06\0602_02.jpg를 불러 옵니다. 이동 툴 을 이용하여 앨범 작업 창으로 옮깁니다.

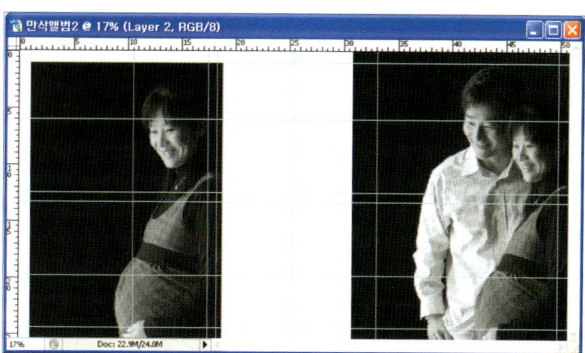

**05** 이왕이면 마주보고 있는 것이 낫겠지요? [Edit] 메뉴의 [Transform – Flip Horizontal]을 클릭합니다. 사진의 좌우가 바뀐 것을 알 수 있습니다.

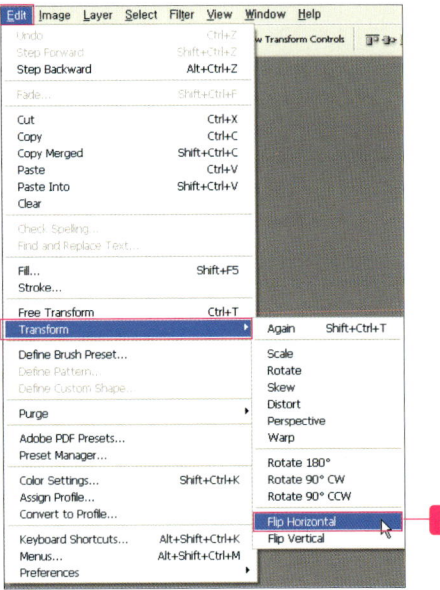

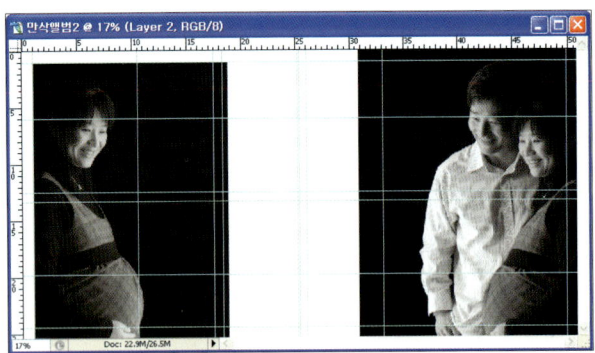

**06** 이동 툴 을 이용하여 편집선 너머로 위치를 옮깁니다. 사진은 너무 모서리에 딱 달라붙게 하지 말고 약간 떨어뜨리는 것이 좋습니다.

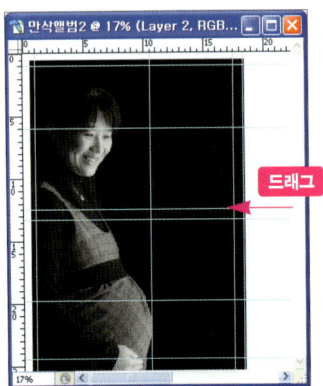

> **TIP** 바탕을 사진과 같은 색으로 할 것이므로 테두리에서 약간 띄어 놓아도 상관없습니다. 사진의 옆모습이 조금 잘려 있어서 사진과 테두리 사이에 여유가 없으면 출력을 할 때에 사진이 잘려 나갈 우려가 있습니다. 그러므로 사진에 따라 적절히 위치를 잡아주세요.

**07** [레이어] 팔레트에서 [Create a new layer] 버튼 을 클릭하여 새 레이어를 만든 후, Layer 3을 아래로 드래그하여 Layer 1 밑으로 옮깁니다.

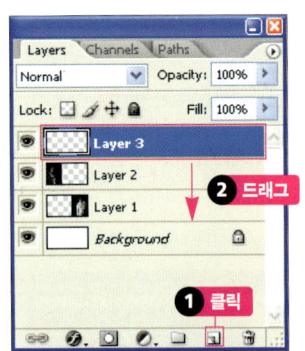
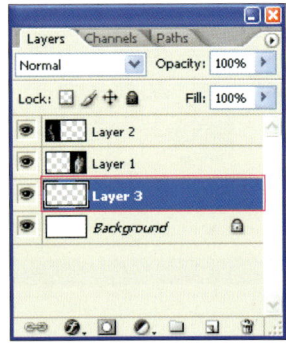

**08** 스포이트 툴 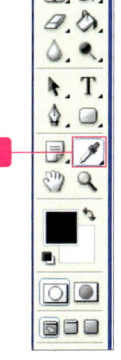로 사진 배경의 검은색을 클릭하여
전경색을 변경합니다.

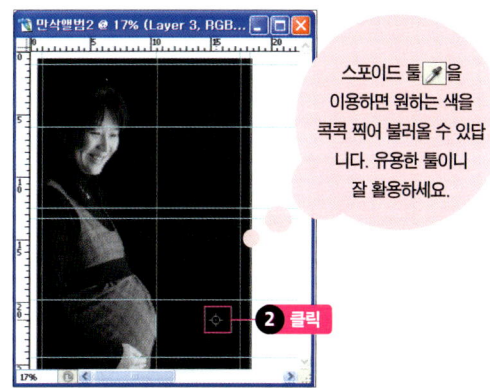

스포이드 툴 🖋을
이용하면 원하는 색을
콕콕 찍어 불러올 수 있답
니다. 유용한 툴이니
잘 활용하세요.

❶ 클릭

❷ 클릭

**09** ⌊Alt⌋ + ⌊Delete⌋를 눌러 레이어를 전경색으로 칠합니다.

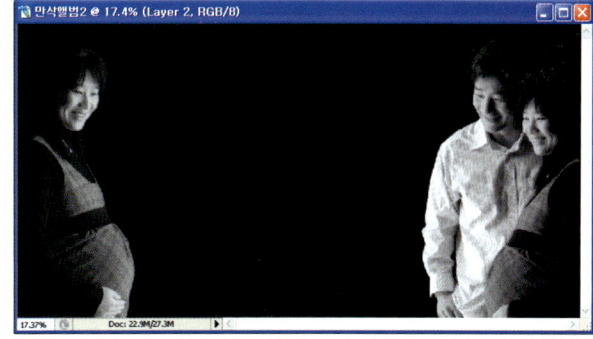

**TIP**
• ⌊Alt⌋ + ⌊Delete⌋ : 전경색으로 칠하기
• ⌊Ctrl⌋ + ⌊Delete⌋ : 배경색으로 칠하기

## 작은 사진을 넣어요

**01** [레이어] 팔레트에서 [Create a new group] ▢ 을
클릭하여 그룹 폴더를 만듭니다.

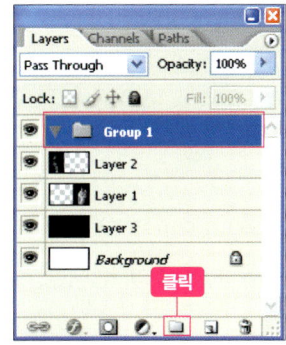

클릭

**02** 툴박스에서 모서리가 둥근 사각형 도형 툴 ▢ 을 선택한 후, 옵션바에서 Radius를 '40', 색상은 검은색을 제외한
다른 색으로 설정합니다. 여기에서는 흰색으로 설정하겠습니다.

**03** 가이드라인에 맞추어 사각형을 그립니다.

**04** [레이어] 팔레트에서 Group 1 레이어를 선택한 후, [Create a new group] 버튼  을 클릭하여 Group 2 폴더를 만듭니다.

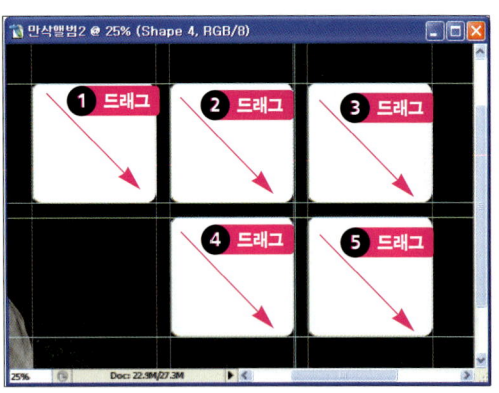

**05** Group 2가 선택된 채로 Shape 1의 회색 벡터 마스크 부분을 Ctrl 을 누른 채 클릭하여 선택 영역으로 설정합니다.

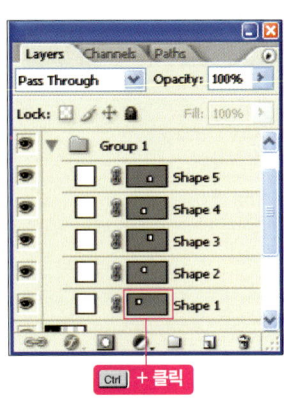

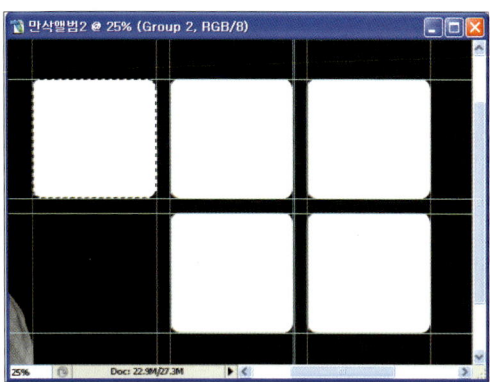

**06** Ctrl + O 를 눌러 부록 CD\Sample\Part06\0602_03.jpg을 불러 온 후, Ctrl + A 를 눌러 전체 선택을 하고 Ctrl + C 를 눌러 복사합니다.

**07** 앨범 작업 창으로 돌아온 후, Shift + Ctrl + V 를 눌러 선택 영역 안에 복사한 이미지를 붙여넣기한 다음, 이동 툴 ▶️⊕ 을 이용하여 위치를 적절하게 조절합니다.

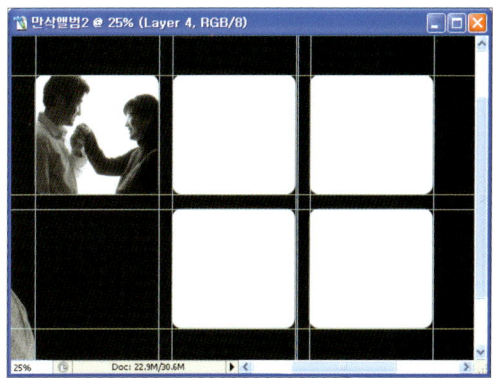

**08** 같은 방법으로 나머지 부분에도 사진을 넣습니다.

만삭을 기념하는 앨범이니만큼 배 부분을 클로즈업해서 넣는 것은 어떨까요?

**09** Group 1 앞에 있는 삼각형 버튼을 클릭하여 내용이 보이지 않도록 닫아 준 후, 눈 아이콘 👁️ 을 클릭하여 이미지가 보이지 않도록 합니다.

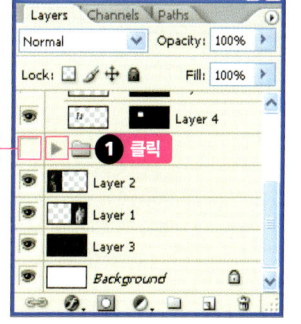

## 테두리와 점선을 그려요

**01** Layer 8이 선택된 상태에서 [레이어] 팔레트 아래쪽의 [Add a layer style] 버튼 🎨. 을 클릭한 후, [Stroke]를 선택합니다. [Layer Style] 대화상자가 나타나면 다음과 같이 설정하고 [OK] 버튼을 클릭합니다.

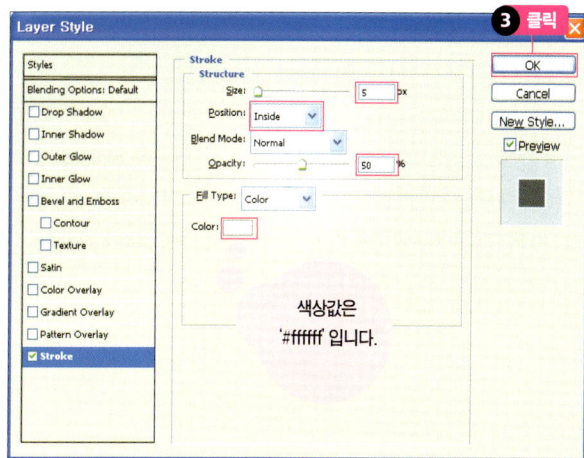

색상값은 '#ffffff' 입니다.

**02** 회색의 테두리가 생긴 것을 알 수 있습니다.

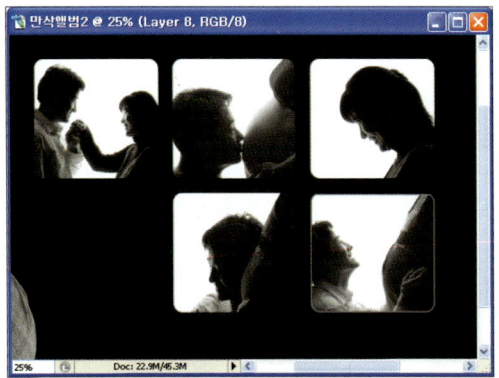

**03** 나머지 레이어에도 같은 스타일을 적용합니다.

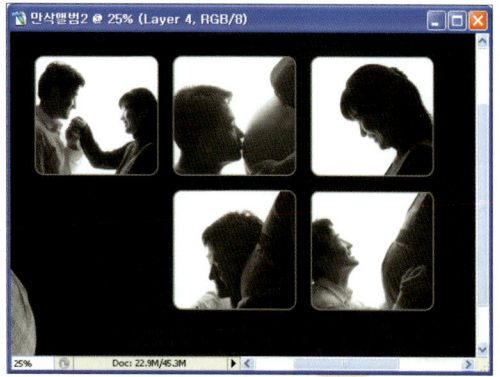

**04** Ctrl + R 을 눌러 눈금자를 나타나게 한 후, 위쪽 눈금자를 드래그하여 5.1cm, 20.6cm 지점에 가로 가이 드라인을 만듭니다.

좀 복잡해 보이지요?그렇지만 브러시로 라인을 그릴 때 에는 가이드라인이 있는 것이 편리합니다.

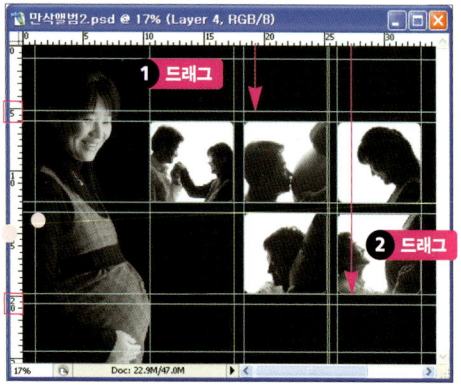

**05** [레이어] 팔레트에서 [Create a new layer] 버튼 을 클릭하여 새 레이어를 만듭니다.

**TIP** 새 레이어를 만들지 않고 브러시를 칠하면 사진 레이어에 그 대로 포함이 되기 때문에 나중에 수정을 할 때에 매우 불편합니다. 그 러므로 반드시 새 레이어를 만든 후에 브러시를 칠해 주어야 합니다.

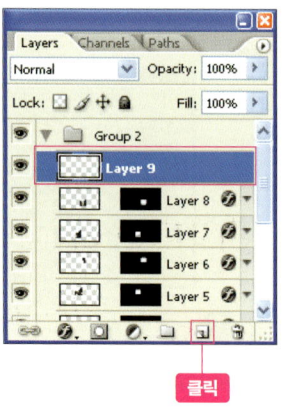

**06** 툴박스에서 브러시 툴 ✎을 클릭합니다. 옵션바에서 모서리가 딱딱한 둥근 브러시를 선택한 후, 다음과 같이 설정합니다.

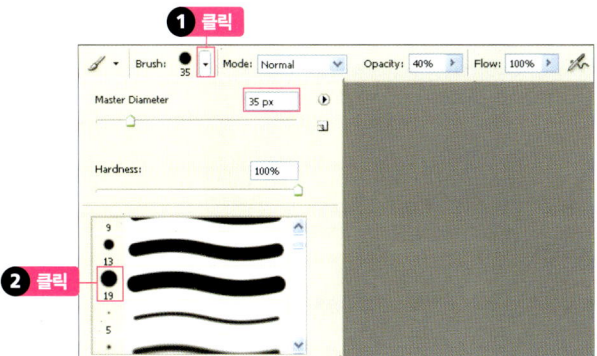

**07** [브러시] 팔레트 버튼 📇을 클릭하여 [Brush Tip Shape]에서 Spacing을 '170'으로 설정합니다.

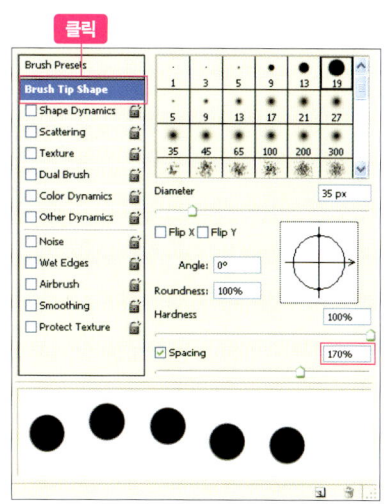

**08** [Texture]를 선택하고 패턴 선택 상자의 세 번째에 있는 'Buralp' 패턴을 클릭합니다.

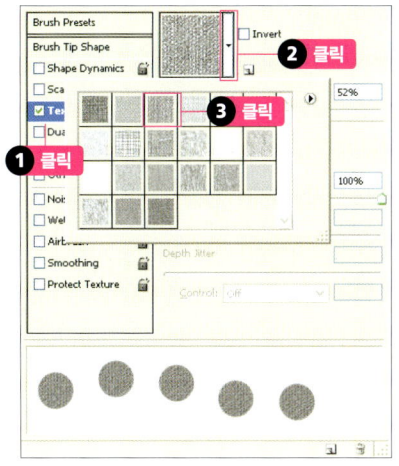

TIP 만약, 패턴 선택 상자에 그림과 같은 패턴이 없다면 메뉴 버튼 ▶을 클릭하여 패턴을 [Artist Surfaces]로 변경합니다.

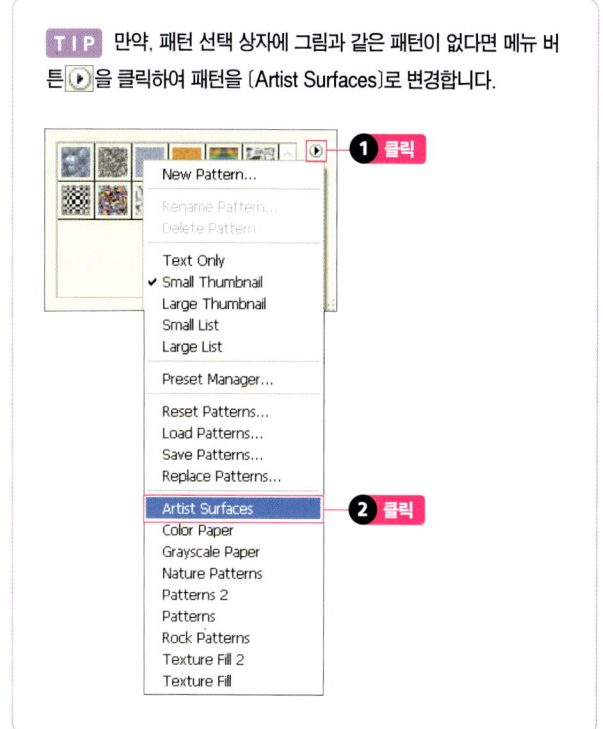

**09** Mode를 'Multiply'로 설정합니다.

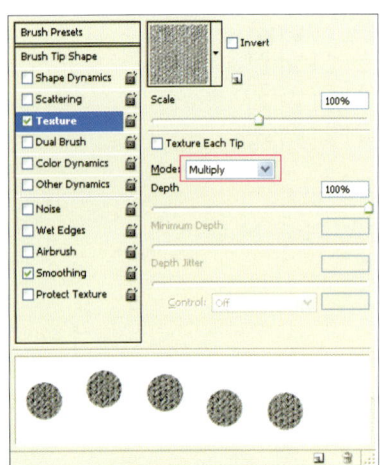

**11** 완성되었습니다.

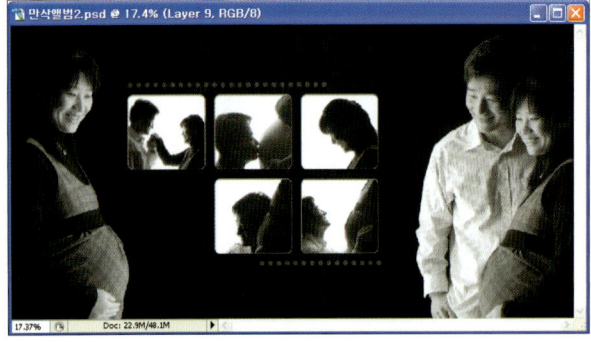

**10** 이제 전에 그려 놓은 가이드라인을 따라 드래그하여 윗부분과 아랫부분에 점선을 그립니다. 대충만 드래그해도 가이드라인을 따라 직선이 그려집니다.

TIP 아가의 이름을 영문으로 만들 때 헷갈린 적이 많지요? 영문표기사전 사이트에서 한글 이름을 치면 영문으로 변환시켜 줍니다.

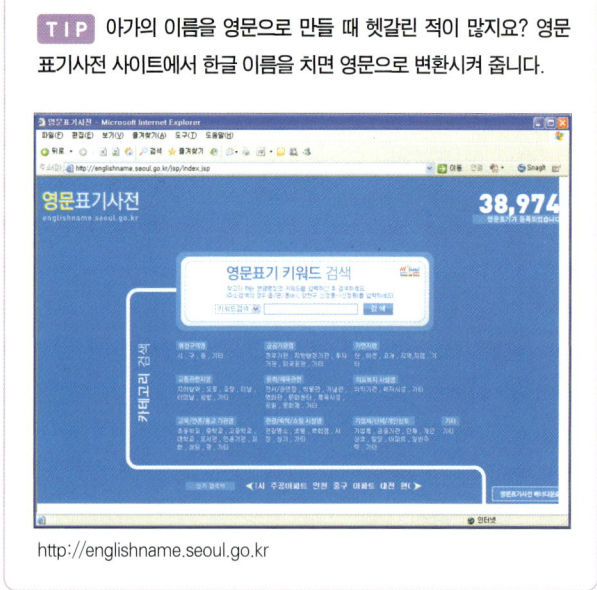

http://englishname.seoul.go.kr

 **브러시 툴** 🖌 **옵션바**

브러시 툴을 이용하면 도화지에 물감과 붓으로 그림을 그리듯 다양한 느낌과 질감으로 표현할 수 있습니다. 또한 이미 저장되어 있거나 새로 저장한 여러 종류와 모양을 이용하여 무늬를 꾸밀 수도 있습니다.

**1** **Brush** : 브러시의 크기와 모양을 선택합니다.

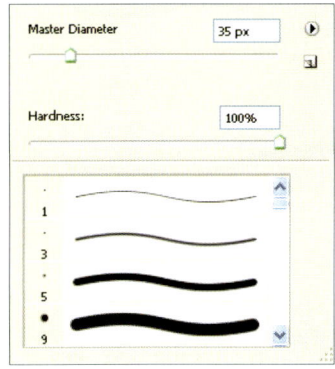

**2** **Mode** : 브러시가 이미지에 적용되는 방식을 결정합니다.

**3** **Opacity** : 불투명도를 조절합니다. 100%를 적용하면, 색을 정확하게 표현하며 수치가 낮을수록 색이 투명하게 적용됩니다.

**4** **Flow** : 브러시 크기와 압력이 적용되는 경계선의 불투명도를 나타냅니다. 수치가 낮을수록 브러시에 투명도가 많이 적용되어 브러시 주변이 번진 것 같이 나타나고, 수치가 높을수록 불투명도가 높아져 브러시의 경계선이 분명하게 나타납니다.

**5** **Set to enable airbrush capabilities** : 클릭을 하면, 에어브러시를 사용하는 것처럼 붓의 압력을 감지합니다.

**〔브러시〕 팔레트**

〔Toggle the Blushes Palette〕 버튼 🖻 을 클릭하거나 〔Palette Well〕의 〔브러시〕 탭 [Brushes ⊕ resets ·Comps] 을 클릭하면 〔브러시〕 팔레트가 나타납니다. 왼쪽의 체크 박스에 체크 표시를 하고 각 옵션을 클릭하면 오른쪽에 세부 선택 사항이 나타납니다.

**①** Brush Presets : 포토샵에 기본적으로 저장되어 있는 브러시 세트가 나타납니다.

**②** 브러시 크기를 선택한 모양입니다.

**③** Master Diameter : 클릭하여 선택한 브러시의 지름을 조절합니다.

**④** 모든 선택 옵션이 적용된 브러시의 모습을 미리 볼 수 있습니다.

**⑤** Brush Tip Shape : 기본적인 브러시 옵션을 결정합니다.

   **ⓐ** Diameter : 브러시의 크기를 결정합니다.

   **ⓑ** Angle : 브러시의 기울기를 결정합니다.

   0도         45도

   **ⓒ** Roundness : 브러시의 원형 폭을 비율로 결정합니다. 100%는 정원형이며, 수치가 낮을수록 타원형이 됩니다.

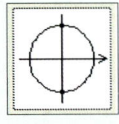  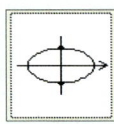

   100%         50%

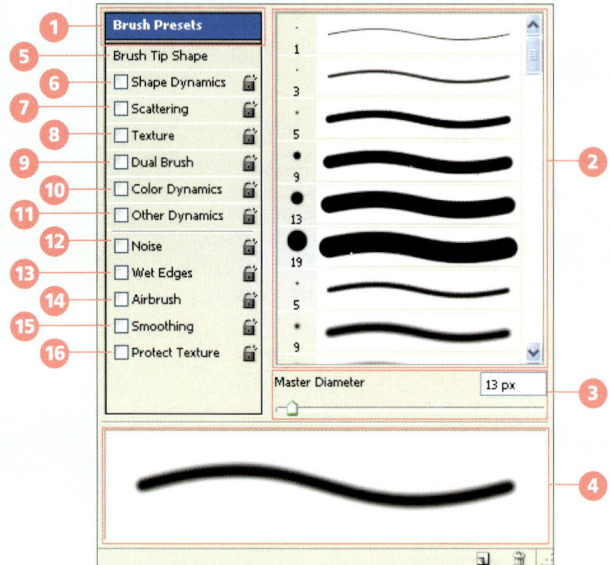

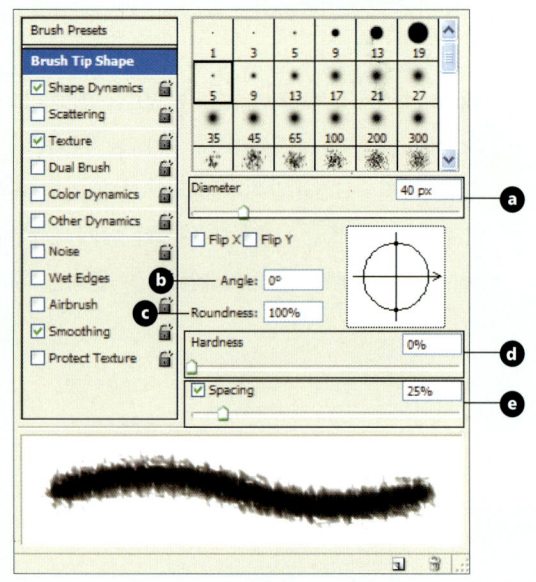

**d** Hardness : 브러시의 딱딱함을 표현합니다. 수치가 높을수록 브러시의 모양이 그대로 적용되며, 수치가 낮을수록 브러시의 경계선이 부드럽게 적용됩니다.

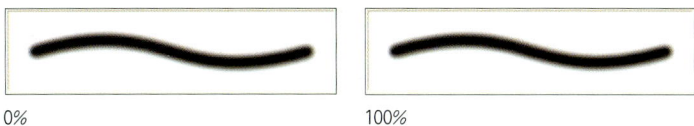

0%                                    100%

**e** Spacing : 브러시가 겹치는 정도를 수치로 나타냅니다. 25%가 기본값이며, 수치가 높아질수록 브러시가 띄엄띄엄 나타납니다.

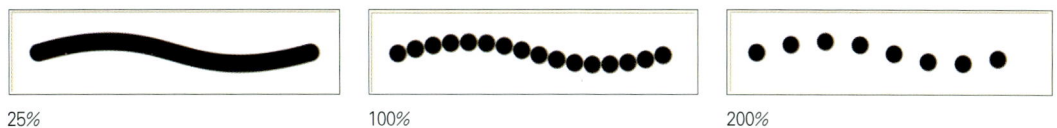

25%                        100%                        200%

**6** Shape Dynamics : 입력 장치의 종류에 따라 브러시의 압력이 바뀐 모양으로 적용됩니다.

**a** Size Jitter : 브러시의 경계선이 흐트러지는 정도를 나타냅니다. 수치가 높을수록 많이 흐트러집니다.

0%

100%

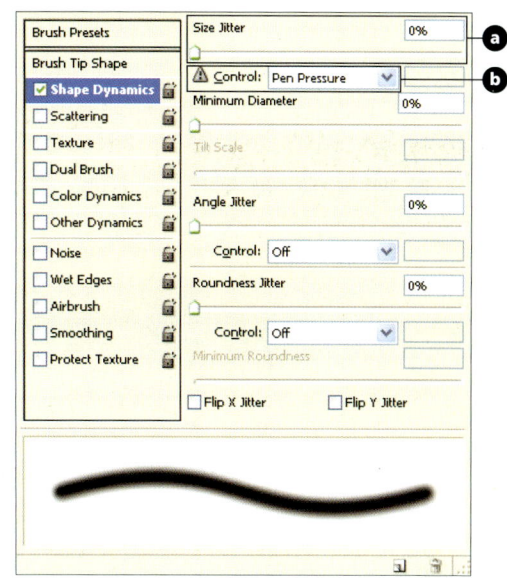

**b** Control : 템플릿과 같이 압력을 감지하는 입력 장치가 있을 때에만 활성화됩니다. 일반적인 마우스를 사용할 때에는 OFF 상태이며, 템플릿이 없을 때에 세부 옵션을 설정하면 경고 표시가 나타납니다.

**7** Scattering : 옵션에 따라 브러시로 흩뿌리는 효과를 적용합니다.

**a** Scatter : 수치에 따라 브러시로 흩뿌리는 효과를 적용합니다. 수치가 높을수록 흩뿌리는 면이 더 넓어집니다.

**b** Both Axes : 체크 표시를 하면, 중심선을 중심으로 흩뿌리는 효과를 적용합니다.

**c** Control : 흩뿌리는 효과를 브러시에 적용하는 방법을 선택합니다.

**d** Count : 같은 자리에 흩뿌리는 효과가 중복되는 횟수를 조절합니다. 수치가 높을수록 흩뿌리는 붓의 질감을 살리기보다는 농도가 진해지고 브러시가 굵게 표현됩니다.

ⓔ **Count Jitter** : 수치에 따라 Count를 적용한 브러시의 경계선을 불규칙적으로 흐트러지게 표현합니다.

ⓕ **Control** : Count Jitter 효과를 브러시에 적용하는 방법을 선택합니다.

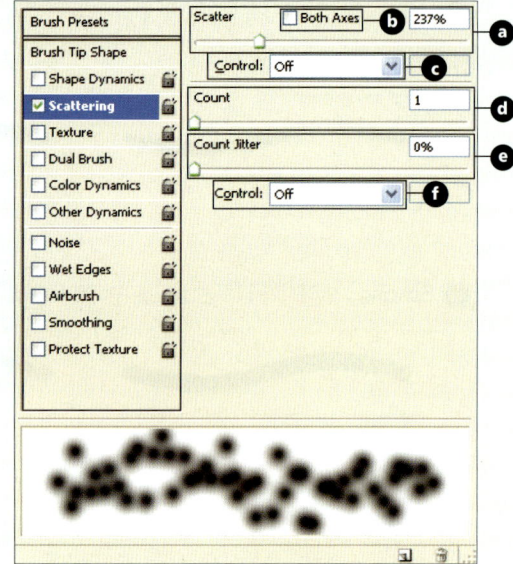

⑧ **Texture** : 선택한 패턴을 브러시에 적용하여 나타냅니다.

ⓐ **패턴 브러시 선택 상자** : 등록된 패턴 브러시를 브러시에 적용합니다.

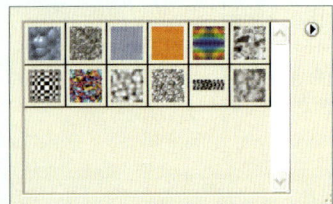

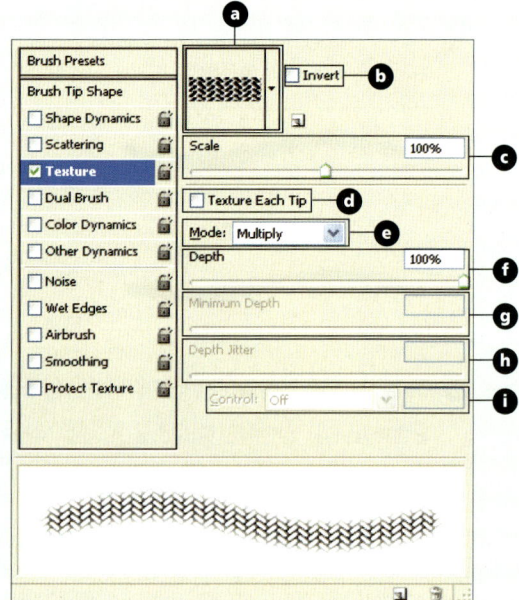

ⓑ **Invert** : 체크 표시를 하면 패턴 색상을 반전합니다.

ⓒ **Scale** : 브러시에 적용하는 패턴의 크기를 결정합니다.

ⓓ **Texture Each Tip** : 체크 표시를 하면 브러시에 적용되는 패턴의 모양을 조절할 수 있는 옵션들이 활성화됩니다.

ⓔ **Mode** : 브러시를 사용했을 때에 파일의 이미지에 적용하는 방법을 선택합니다.

ⓕ **Depth** : 선택한 기본 브러시와 패턴의 크기를 수치에 따라 선택합니다.

ⓖ **Minimum Depth** : Texture Each Tip을 체크했을 때에만 활성화되며, 브러시와 함께 적용되는 브러시의 최소 크기를 결정합니다.

ⓗ **Depth Jitter** : 브러시의 패턴 경계선을 수치에 따라 불규칙적으로 나타냅니다.

ⓘ **Control** : Depth Jitter가 브러시에 적용되는 방법을 선택합니다.

**9** **Dual Brush** : 선택한 브러시에 또 다른 브러시를 선택하여 이중 브러시의 효과를 적용합니다.

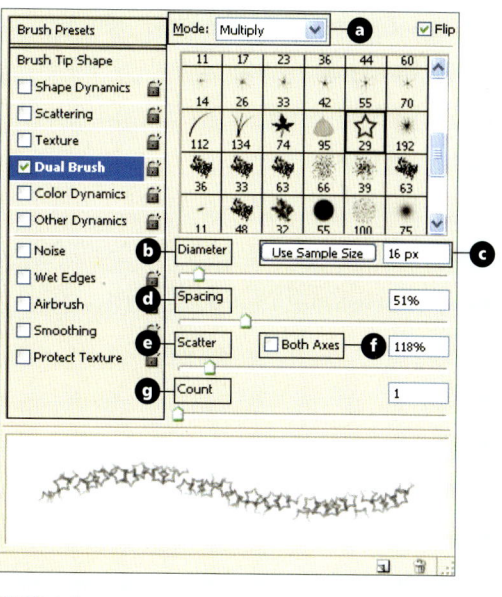

**ⓐ Mode** : Dual Brush를 사용했을 때에 파일 이미지에 적용하는 방법을 선택합니다.

**ⓑ Use Sample Size** : 선택한 브러시 모양의 기본 크기를 적용합니다.

**ⓒ Diameter** : 선택한 브러시의 지름을 수치로 입력하여 크기를 결정합니다.

**ⓓ Spacing** : 브러시가 겹치는 정도를 수치로 나타냅니다. 25%가 기본값이며, 수치가 높아질수록 브러시가 띄엄띄엄 나타납니다.

**ⓔ Scatter** : 수치에 따라 브러시가 흩뿌리는 효과를 적용합니다. 수치가 높을수록 흩뿌리는 면이 더 넓어집니다.

**ⓕ Box Axes** : 체크 표시를 하면 중심선을 중심으로 흩뿌리는 효과를 적용합니다.

**ⓖ Count** : 같은 자리에 흩뿌리는 효과가 중복되는 횟수를 조절합니다. 수치가 높을수록 흩뿌리는 붓의 질감을 살리기보다는 농도가 진해지고 브러시가 굵게 표현됩니다.

**10** **Color Dynamics** : 단색의 브러시 색상을 변화시키는 옵션입니다.

**ⓐ Foreground/Background Jitter** : 드래그하면, 툴 박스의 전경색에서 배경색으로 브러시의 색상이 변합니다. 수치가 높을수록 배경색이 뚜렷하게 표현되며, 낮을수록 전경색에 가까운 색상만 표현됩니다.

**ⓑ Hue Jitter** : 수치에 따라 전경색의 색상을 불규칙적으로 나타냅니다. 수치가 높을수록 다양한 색상을 나타내며, 낮을수록 전경색에 가까운 색상만을 나타냅니다.

**ⓒ Saturation Jitter** : 수치에 따라 전경색의 맑고 탁한 정도를 나타내는 채도를 불규칙적으로 적용하여 나타냅니다. 수치가 높을수록 다양한 채도를 나타내며, 낮을수록 전경색에 가까운 채도만을 나타냅니다.

**ⓓ Brightness Jitter** : 수치에 따라 색상의 밝고 어두움을 나타내는 명도를 불규칙적으로 적용하여 나타냅니다. 수치가 높을수록 다양한 명도를 나타내며, 수치가 낮을수록 전경색에 가까운 명도만을 나타냅니다.

**ⓔ Purity** : 수치에 따라 채도를 감소하거나 증가시키는 옵션입니다.

**11** Other Dynamics : 브러시에 적용하는 추가 옵션들입니다.

　**ⓐ** Opacity Jitter : 브러시의 투명도를 불규칙적으로 적용합니다. 수치가 높을수록 투명도가 높고, 낮을수록 브러시가 불투명합니다.

　**ⓑ** Flow Jitter : 브러시의 경계선이 수치에 따라 투명하게 나타납니다. 수치가 높을수록 경계 부분의 투명도가 높아지고, 낮을수록 불투명도가 높아집니다.

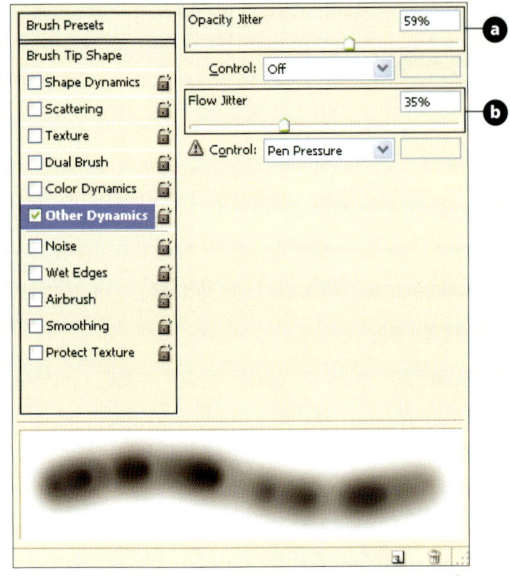

**12** Noise : 체크 표시를 하면 브러시 경계선에 노이즈가 나타납니다.

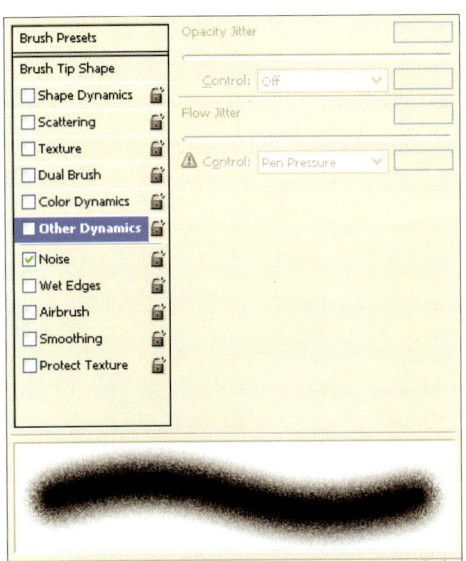

**13** Wet Edges : 체크 표시를 하면 브러시가 수채화 붓처럼 물에 젖은 효과를 나타냅니다.

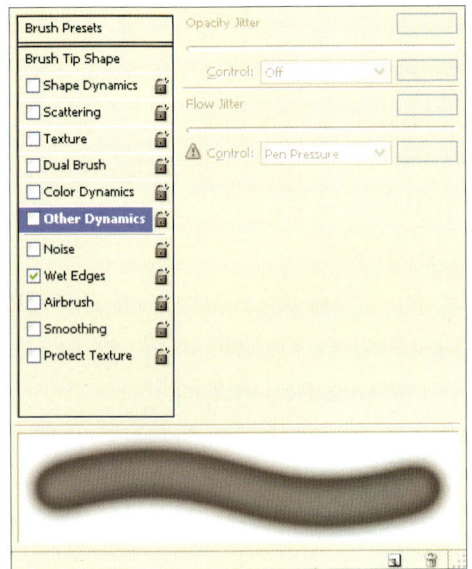

**14** Airbrush : 체크 표시를 하면 에어브러시와 같이 압력을 감지하고 압력에 따른 붓의 터치가 나타납니다.

**15** Smoothing : 체크 표시를 하면 브러시가 부드럽게 나타납니다.

**16** Protect Texture : 체크 표시를 하면 브러시 내에서 패턴의 크기와 모양을 일정하게 유지해 줍니다.

# 아가야,
# 어디만큼 왔니?

이번에는 컬러 사진으로 밝게 표현해 보겠습니다. 아이를 기다리는 엄마, 아빠의 표정
과 엄마의 부른 배를 부각시켜 아가를 기다리는 마음을 나타내 볼게요. 앞에 레슨에서
쓰였던 기능들이 반복해서 들어가므로 어렵지 않게 만들 수 있을 겁니다.

● **결과 파일 경로** | **부록** CD\Sample\Part06\After\0603.jpg

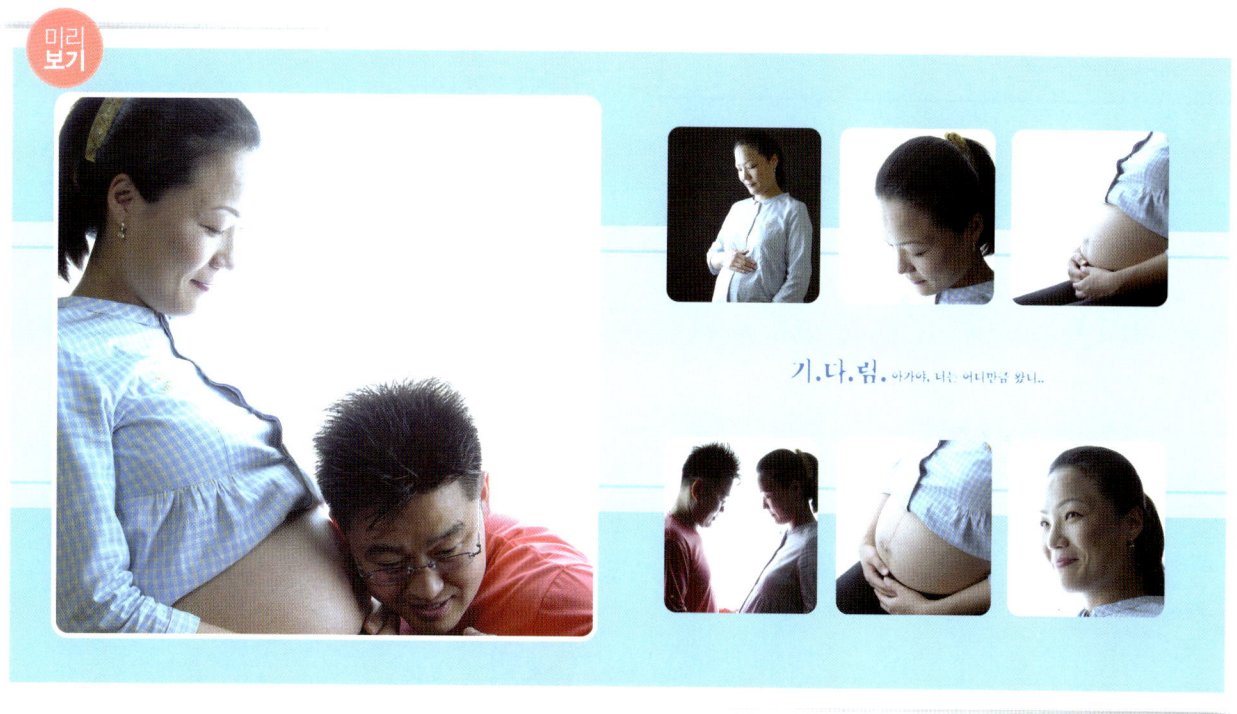

기.다.림. 아가야, 너는 어디만큼 왔니..

## 새 파일을 만들고, 사각형을 그려요

**01** Ctrl + N 을 눌러 [New] 대화상자가 나타나면, 다음과 같이 설정하고 [OK] 버튼을 클릭합니다.

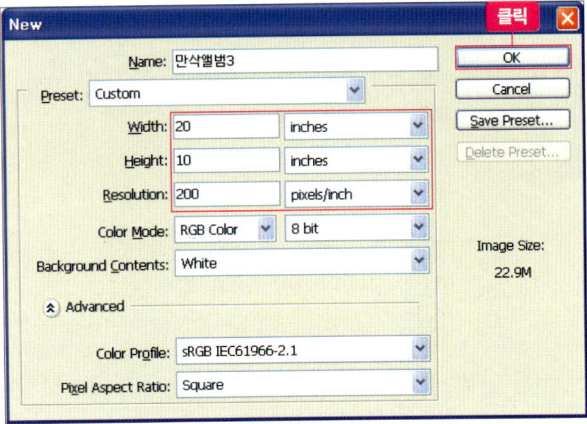

**02** Ctrl + R 을 눌러 눈금자를 나타나게 한 후, 다음과 같이 가이드라인을 만듭니다.

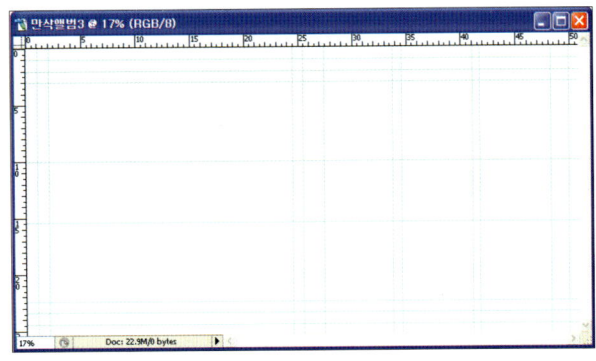

가로 가이드라인 : 1cm, 2cm, 3cm, 10cm, 15.4cm, 22.4cm, 23.4cm, 24.4cm

세로 가이드라인 : 1cm, 2cm, 24.4cm, 27.3cm, 33.8cm, 34.5cm, 41cm, 41.7cm, 48.2cm, 49.8cm

**03** [레이어] 팔레트에서 [Create a new layer] 버튼 🔲 을 클릭하여 새 레이어를 만듭니다.

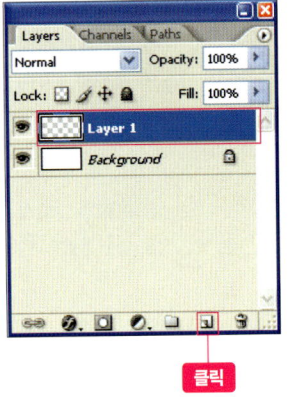

**04** 전경색을 클릭하여 색상을 '#91d1fe' 로 변경한 후, [OK] 버튼을 클릭합니다.

**TIP** 넣으려고 하는 사진에 하늘색이 많아 배경을 하늘색으로 한 것입니다. 여러분은 다른 색깔로 하셔도 됩니다. 옷 색깔에 맞추어 비슷한 톤으로 칠해 주면 좀 더 통일된 분위기를 낼 수 있습니다.

**05** Alt + Delete 를 눌러 전경색으로 칠합니다.

**06** [레이어] 팔레트에서 [Create a new group] 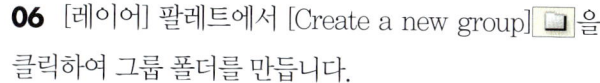 을 클릭하여 그룹 폴더를 만듭니다.

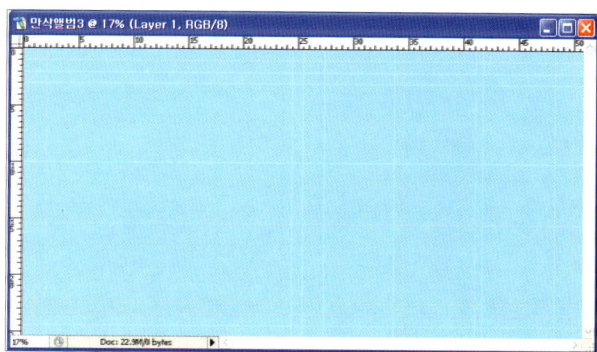

**07** 툴박스에서 모서리가 둥근 사각형 도형 툴 을 선택한 후, 옵션바에서 Radius를 '40' 으로 설정하고 색상은 방금 칠한 파란색을 제외한 다른 색을 선택합니다

여기에서는
흰색으로
설정했습니다.

**08** 가이드라인에 맞추어 다음과 같이 사각형을 그립니다.

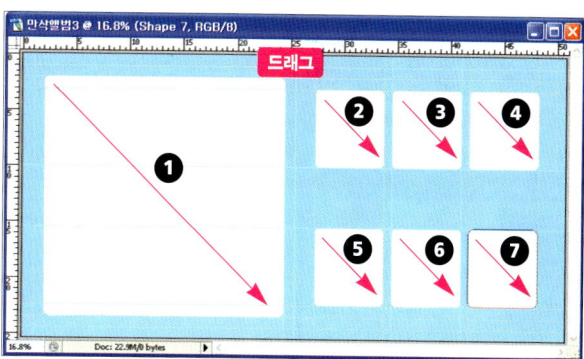

## 사진을 넣어요

**01** [레이어] 팔레트에서 Group 1 레이어를 선택한 후, [Create a new group] 버튼 을 클릭하여 Group 2 폴더를 만듭니다.

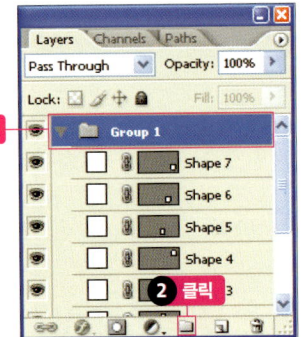 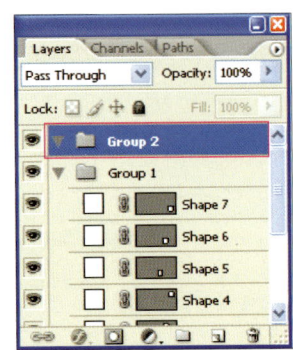

**02** Group 2가 선택된 채로 Shape 1의 회색 벡터 마스크 부분을 Ctrl 을 누른 채 클릭하여 선택 영역으로 설정합니다.

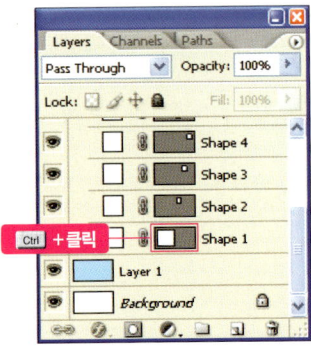 

**03** Ctrl + O 를 눌러 부록 CD\Sample\Part06\0603_01.jpg을 불러 온 후, Ctrl + A 를 눌러 전체 선택을 하고 Ctrl + C 를 눌러 복사합니다.

**04** 앨범 작업 창으로 돌아온 후, Shift + Ctrl + V 를 눌러 선택 영역 안에 복사한 이미지를 붙여넣기하고 이동 툴 을 이용하여 위치를 적절하게 조절합니다.

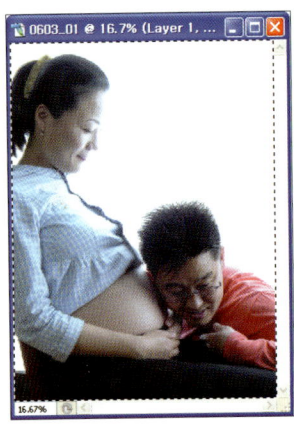 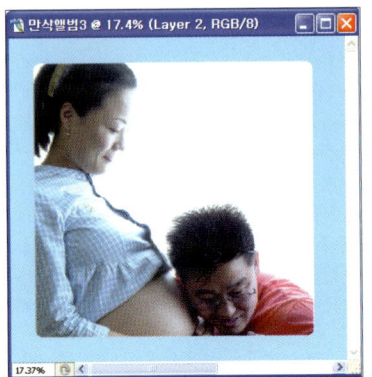

**05** [레이어] 팔레트에서 Shape 2의 회색 벡터 마스크 부분을 Ctrl 을 누른 채 클릭하여 선택 영역으로 설정합니다.

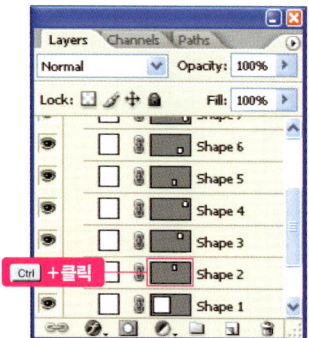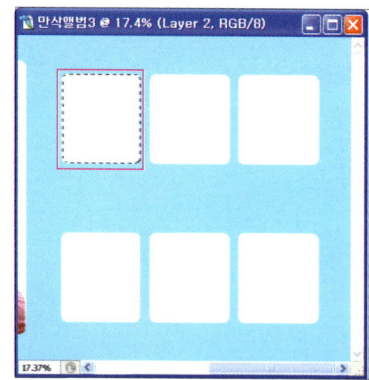

**06** Ctrl + 이를 눌러 부록 CD\Sample\Part06\0603_ 02.jpg을 불러 온 후, Ctrl + A 를 눌러 전체 선택을 하고 Ctrl + C 를 눌러 복사합니다.

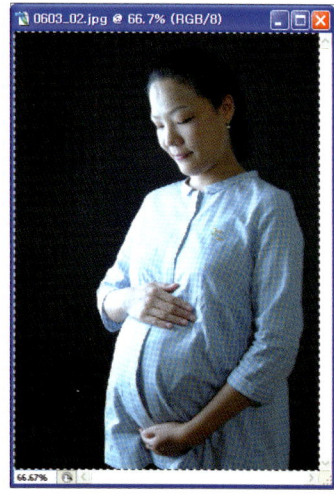

**07** 앨범 작업 창으로 돌아온 후, Shift + Ctrl + V 를 눌러 선택 영역 안에 복사한 이미지를 붙여넣기하고 이동툴 ⊕을 이용하여 위치를 적절하게 조절합니다.

**08** 마찬가지 방법으로 나머지 부분에도 사진을 넣습니다.

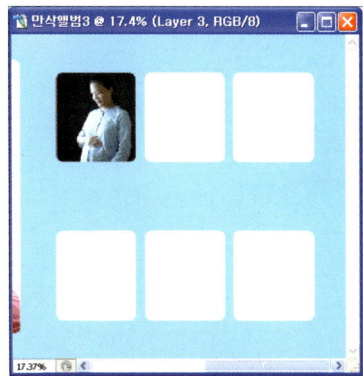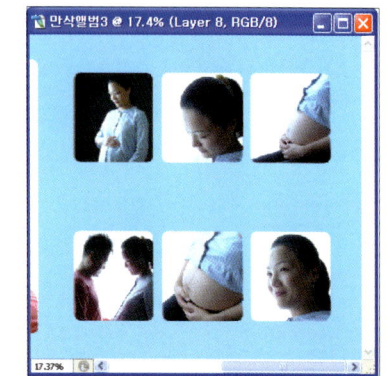

**09** Group 1 앞에 있는 삼각형 버튼을 클릭하여 내용
이 보이지 않도록 닫아 준 후, 눈 아이콘 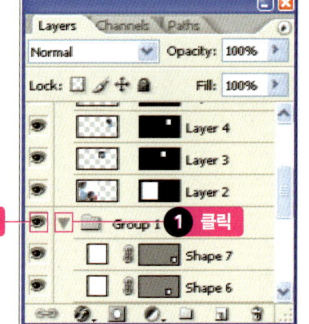 을 클릭하여
이미지가 보이지 않도록 합니다.

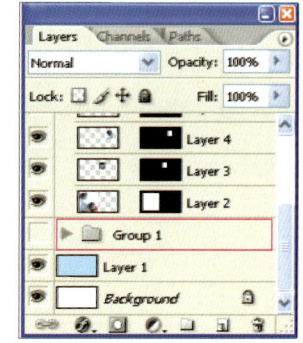

**10** 이번에는 메인 사진에만
레이어 스타일을 적용하겠습
니다. [레이어] 팔레트에서
Layer 2를 선택합니다. 아래
쪽의 [Add a layer style] 버
튼  을 클릭한 후 [Stroke]
를 선택합니다. [Layer
Style] 대화상자가 나타나면
다음과 같이 설정하고 [OK]
버튼을 클릭합니다.

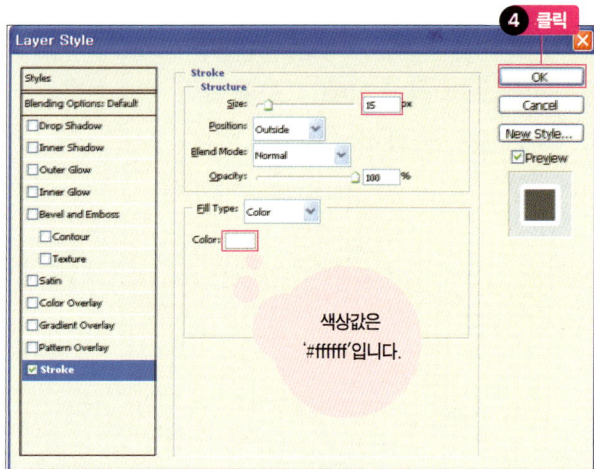

**11** 하얀색 테두리가 생긴 것을 알 수 있습니다.

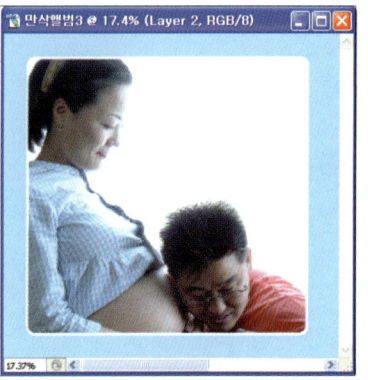

## 사각형을 그리고, 글자를 입력해요

**01** 위쪽 눈금자를 드래그하여 7cm, 8cm, 17.4cm, 18.4cm 지점에 가이드라인을 만듭니다.

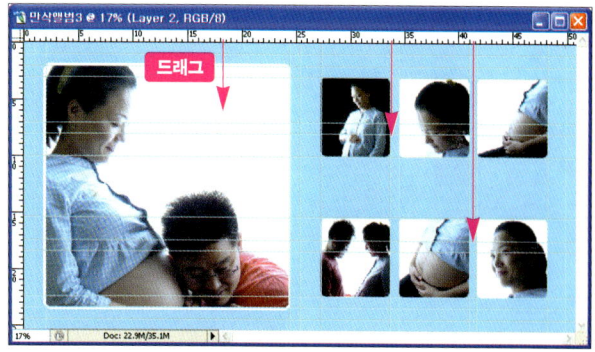

**02** 전경색을 클릭하여 색상을 '#cee9ff'로 변경합니다.

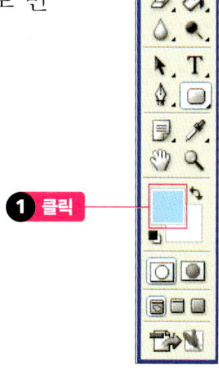
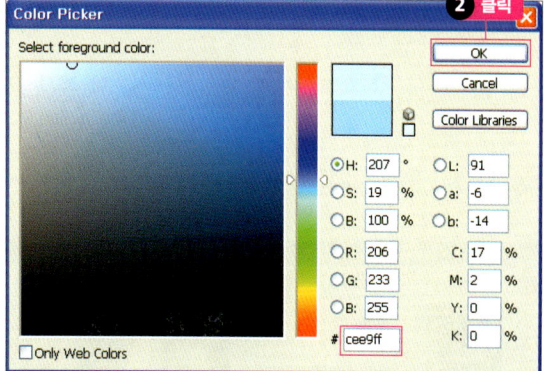

**03** 툴박스에서 사각형 도형 툴 을 클릭한 후, 방금 그린 바깥쪽 가이드라인을 따라 드래그하여 다음과 같이 사각형을 그립니다.

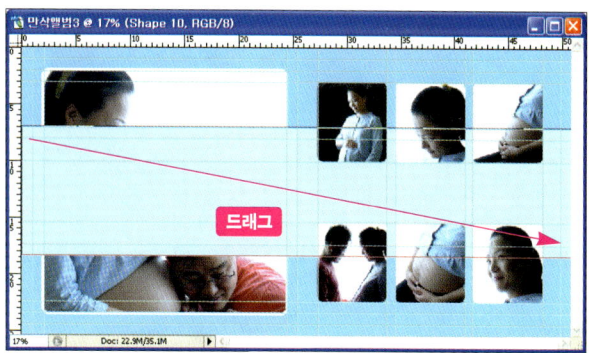

**04** 사진 위에 사각형이 그려졌네요..[레이어] 팔레트에서 방금 그린 Shape 8 레이어를 드래그하여 사진 레이어 밑으로 옮깁니다. 사각형이 사진 밑으로 옮겨졌지요?

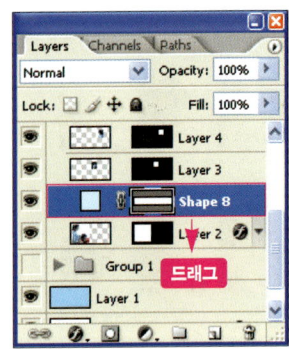 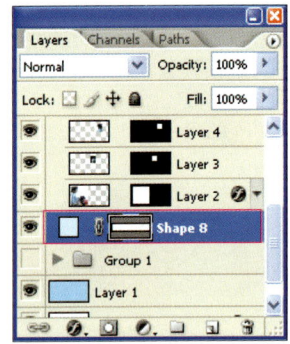 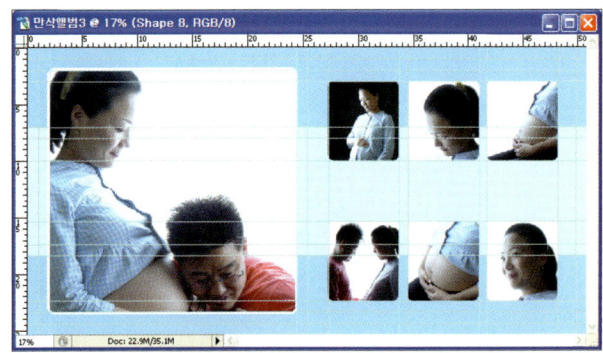

**05** 툴박스에서 선 툴 을 클릭한 후, 옵션바에서 크기를 '10', 색상값을 '#91d1fe' 로 설정합니다.

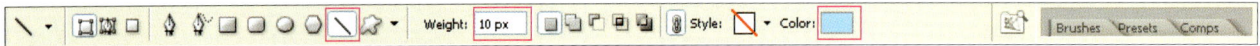

**06** 안쪽 가이드라인에 맞추어 위아래 선을 그립니다.

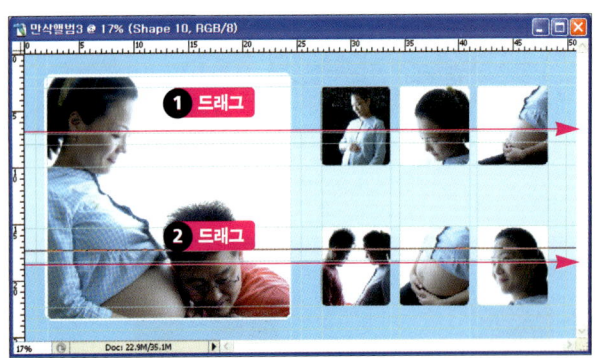 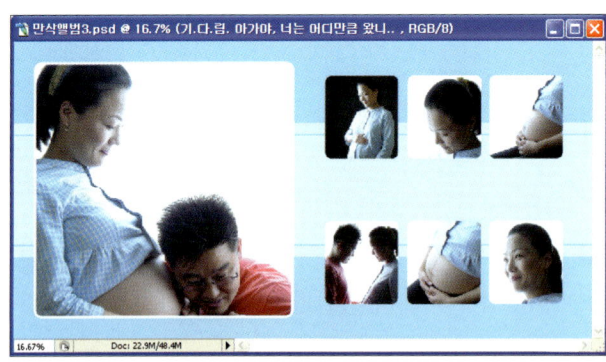

글자체는
'잊혀진 사람체',
색상은 '#1177cc'
입니다.

**07** 툴박스에서 문자 툴 을 클릭한 후, 옵션바에서 다음과 같이 설정합니다.

**08** 작업 창을 클릭한 후, 다음과 같이 입력합니다. '기
다림'을 블록으로 설정하고, 옵션바에서 글자 크기를
'30'으로 변경합니다. Ctrl + Enter 를 눌러 적용한 다음,
이동 툴 을 이용하여 위치를 적절하게 조절합니다.

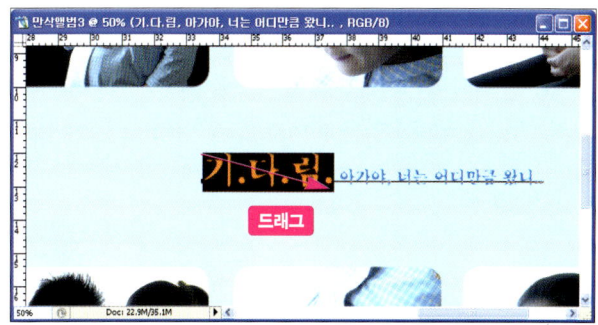

**09** 다음과 같이 완성되었습니다.

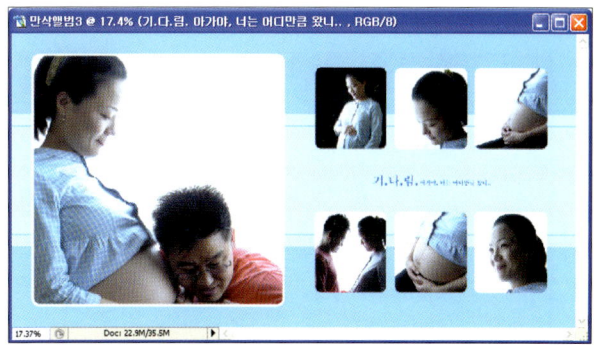

TIP 폰트를 인터넷에서 다운 받아 사용할 수 있는 것처럼 브러시도 기본으로 제공하는 브러시 외에 브러시를 다운 받아 사용할 수 있습니다. 다운 받은 브
러시를 C:/Program files/Adobe/Adobephotoshop CS2/Presets/Brushes에 복사해 넣으면 포토샵에서 사용할 수 있습니다. 브러시는 파일명이 *.abr로
되어 있습니다.
기본 설정된 브러시 외에 다른 브러시를 사용하려면 툴박스에서 브러시 툴을 선택한 후 메뉴버튼을 클릭합니다. 그런 다음 원하는 브러시를 선택하면 나타나
는 대화상자에서 〔OK〕 버튼을 클릭하면 선택한 브러시로 변경됩니다.

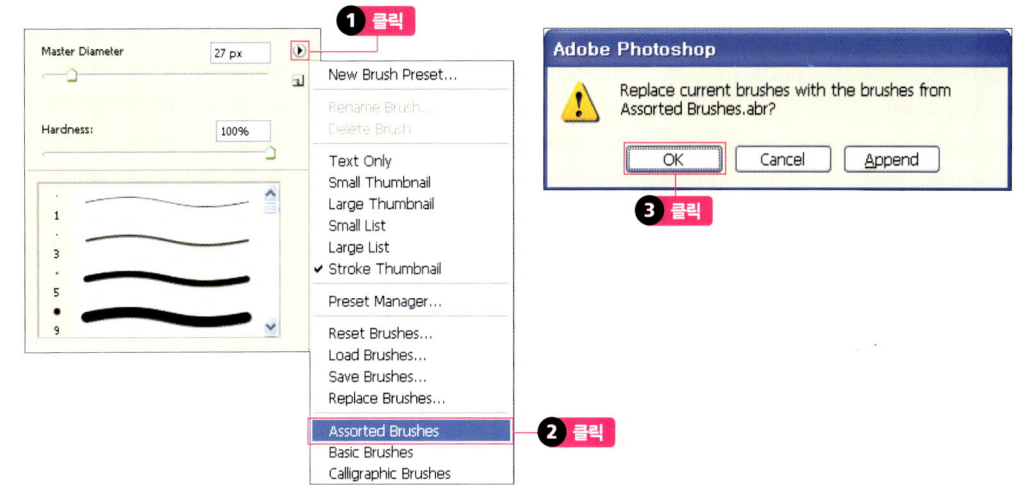

**TIP** 다운받은 폰트의 내 컴퓨터에 설치하기

많은 폰트를 가지고 있다면 그때그때마다 유용하게 쓰일 수가 있답니다. 단, 너무 많은 폰트는 포토샵 속도를 느리게 하니 사용할 만큼만 설치하는 것이 좋아요. 저작권 문제로 상용폰트를 불법으로 다운 받는 것은 위험하답니다. 무료 폰트도 많이 있으니 무료 폰트를 받는 것이 좋습니다. 그럼 폰트를 다운받아 어디에 저장하는지 알아볼까요? 폰트의 확장자는 *.ttf 로 되어 있습니다. 뒤의 확장자가 *.alz, *.zip, *rar로 되어 있는 것은 압축된 것이니 다운 받은 후 압축을 풀고 저장합니다.

**01** C드라이브에서 마우스 오른쪽 버튼을 눌러 새 폴더를 만듭니다. 그 뒤 폴더명을 '폰트방' 으로 변경합니다.

**02** 폰트방이라는 폴더를 만든 후 다운 받은 폰트를 그곳에 저장시킵니다. 다운받은 폰트를 복사하고 관리하는데 있어 폴더를 만들어 놓는 것이 편리합니다.

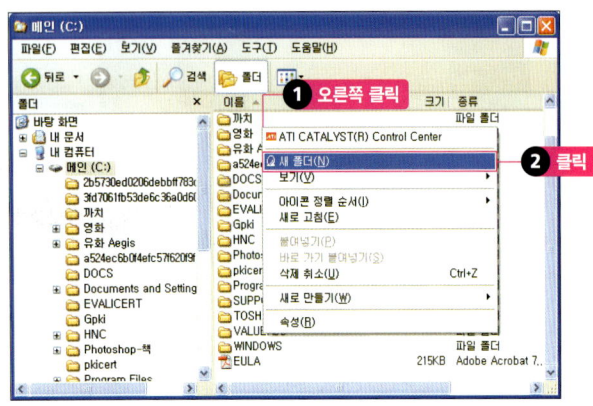

**03** 다운 받은 폰트에 마우스를 대고 오른쪽 버튼을 클릭하여 폰트를 복사합니다.

**04** C드라이브의 WINDOWS 폴더의 Fonts 폴더를 더블클릭하여 마우스 오른쪽 버튼을 눌러 붙여넣기를 클릭합니다. 이제 다운 받은 폰트를 사용할 수 있습니다.

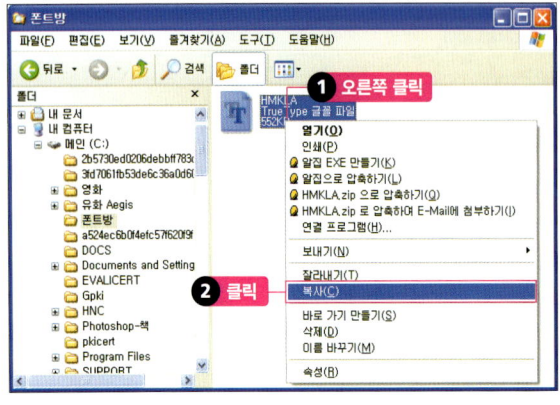
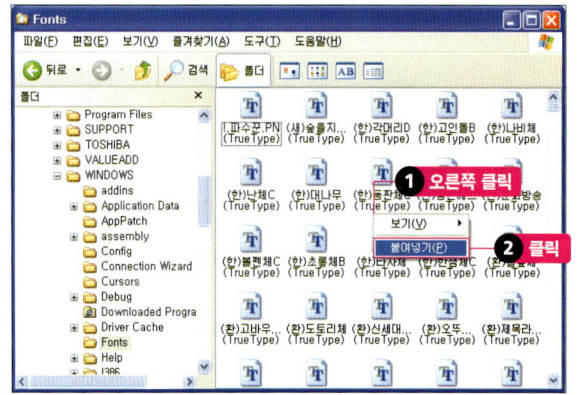

# 너를 기다리는 이 순간

여러분의 만삭 사진을 이용하여 다음 앨범을 완성해 보세요.

● **결과 파일 경로** | 부록 CD\Sample\Part06\After\0605.jpg

글자체 : 구름체
색상값 : #91c0c4
크기 : 18 pt
테두리 : 강하게
정렬 : 가운데

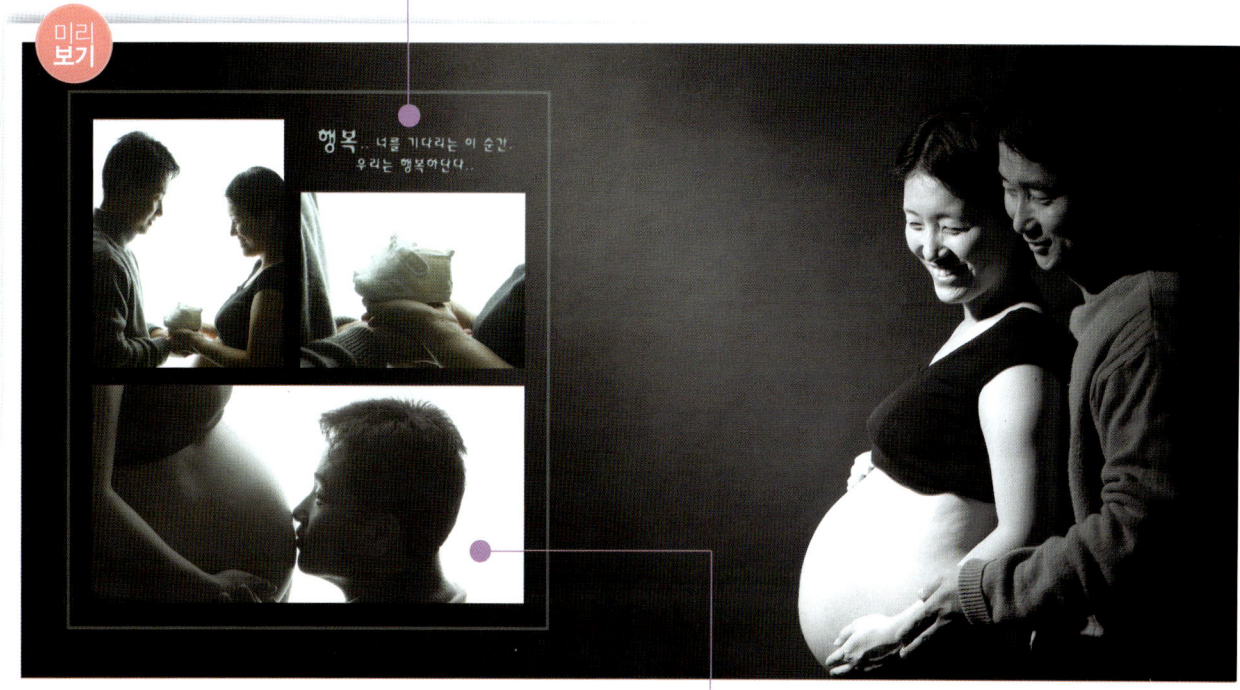

레이어 스타일 : Stroke
Width : 10
Color : #74aaaa
Opacity : 40

# 엄마와 함께
# 기지개를 펴보자

혼자해 보세요

여러분의 만삭 사진을 이용하여 다음 앨범을 완성해 보세요.

● **결과 파일 경로** | 부록 CD\Sample\Part06\After\0604.jpg

레이어 스타일 : Stroke
Size : 5
Opacity : 50
색상값 : #ffffff

레이어스타일 : Drop
Shadow
Opacity : 50
Distance : 12
Size : 20

미리
보기

〔Edit〕메뉴의 〔Transform - Flip Horizontal〕를 이용하여 사진을 좌우 대칭으로 놓습니다.

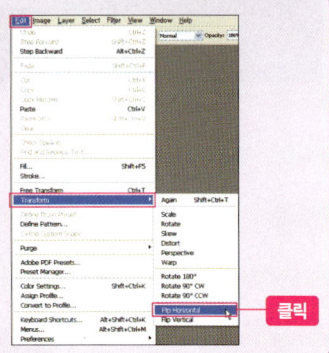

클릭

# 엄마 목소리가 들리니?

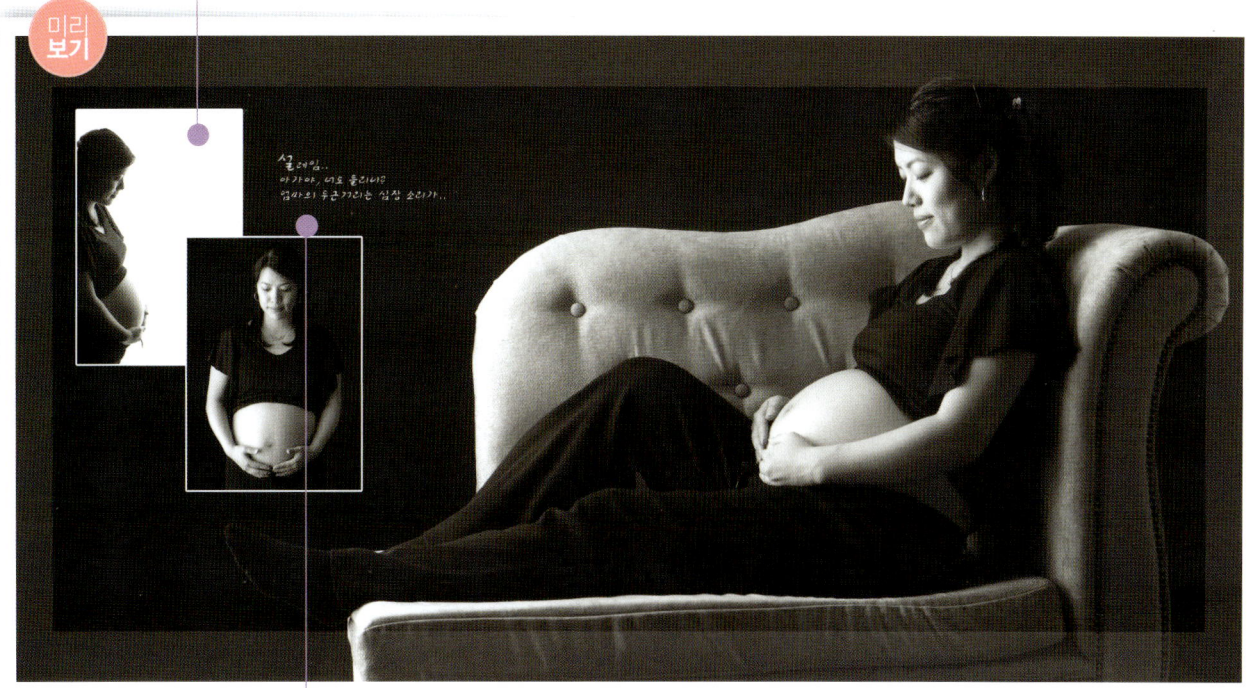

여러분의 만삭 사진을 이용하여 다음 앨범을 완성해 보세요.

● **결과 파일 경로** | 부록 CD\Sample\Part06\After\0601.jpg

레이어 스타일 : Stroke
Size : 5
색상값 : #ffffff

글자체 : 미드란
크기 : 14
테두리 : 강하게
정렬 : 왼쪽
색상값 : #d4d3d3

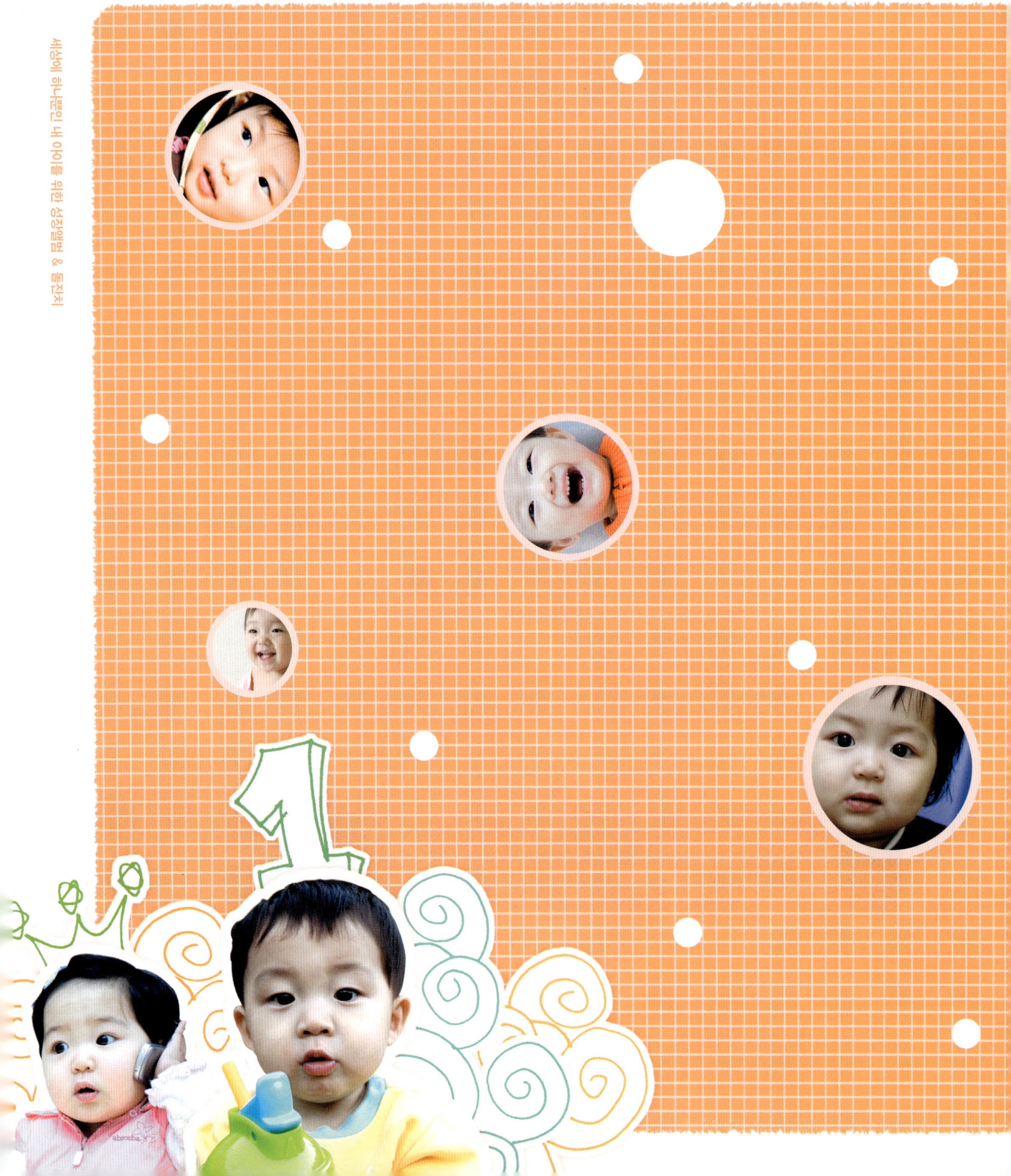

## Part 07

# 정성이 묻어나는
# 돌잔치 소품

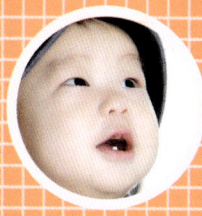

# 두근두근 초대장

돌잔치를 할 때에 가장 먼저 준비해야 하는 것이 바로 초대장입니다. 요즘에는 이메일이 보편화되어 있어서 초대장을 이메일용으로 만들기도 합니다. 하지만 친지 어른들께는 우편 초대장을 보내는 것이 어떨까요? 초대장은 늦어도 2주 전에 발송하는 것이 좋습니다. 완성된 초대장은 해상도만 조금 낮추면 이메일용으로도 사용할 수 있습니다.

● **결과 파일 경로** | 부록 CD\Sample\Part07\After\0201.jpg

**미리보기**

## INVITATION

사랑하는 저희 딸 지윤이의 첫번째 생일잔치에 초대합니다.
철없는 저희에게 부모란 이름을 선물하고 사랑과 감사를 알게
해 준 지윤이가 어느새 첫돌을 맞았습니다. 바쁘시더라도
부디 오셔서 지윤이가 밝고 건강하게
잘 자랄 수 있도록 축복해주세요.

아빠 *** 엄마 ***

♥ 2007. 3. 8 오후 6시 첫돌하우스
♥ 아빠 000-123-1234   엄마 000-123-1235
♥ 지하철 2호선 서울대입구역 0번출구

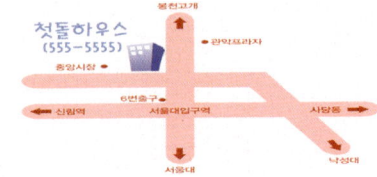

## 새 파일을 만들고, 패턴을 채워요

**01** 패턴을 이용하여 초대장을 만들어 보겠습니다. `Ctrl` + `O`를 눌러 부록 CD\Sample\Part07\0201_01.jpg를 불러 온 다음, `Ctrl` + `A`를 눌러 전체 선택을 합니다.

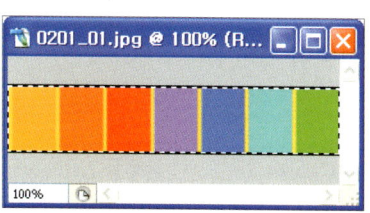

**02** [Edit] 메뉴의 [Define Pattern]을 클릭하여 [Pattern Name] 대화상자가 나타나면 '줄무늬' 라고 입력한 후, [OK] 버튼을 클릭합니다.

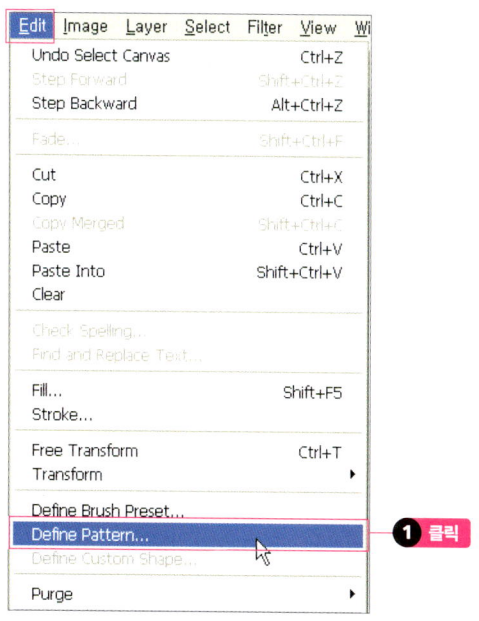

**03** `Ctrl` + `N`을 눌러 [New] 대화상자가 나타나면, 다음과 같이 설정하고 [OK] 버튼을 클릭합니다.

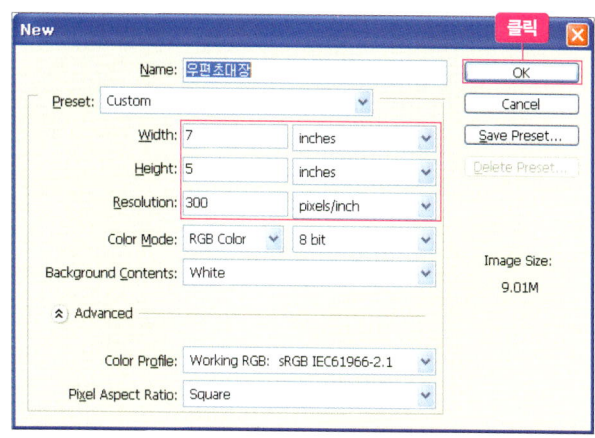

> **TIP** 5×7 사이즈로 인화하기 위해 해상도를 300dpi로 지정했습니다. 사진으로 인화하려면 200~300dpi 정도로 프린터로 출력하는 것보다 조금 높게 해상도를 지정하는 것이 좋습니다.

**04** [레이어] 팔레트에서 [Create a new layer] 버튼 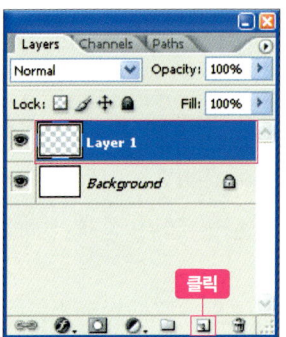 을 클릭하여 새로운 레이어를 만듭니다.

**05** Ctrl + R 을 클릭한 후, 위쪽의 눈금자를 아래로 드래그하여 6mm 지점에 가이드라인을 만듭니다. 그런 다음, 위쪽의 눈금자를 드래그하여 아래쪽에서 6mm 떨어진 지점에 가이드라인을 만듭니다.

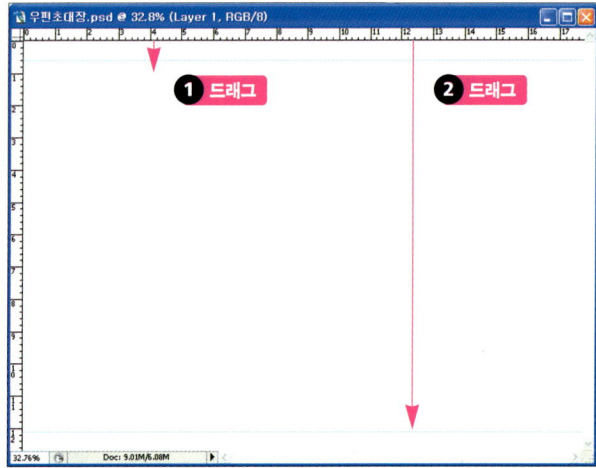

**06** 툴박스에서 사각형 선택 툴 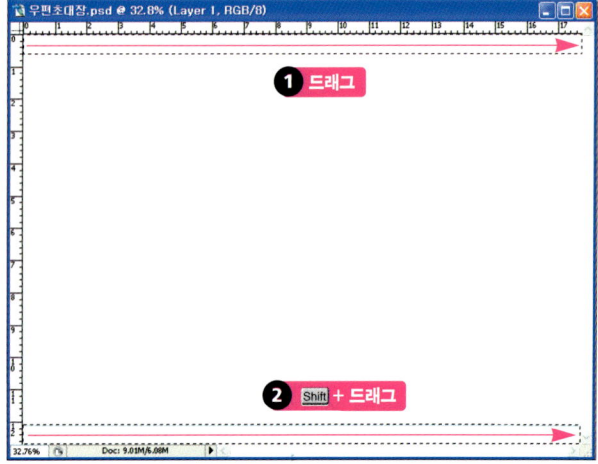 을 클릭합니다. 그런 다음, 위쪽 가이드라인에 맞추어 선택 영역을 만듭니다. Shift 를 누른 상태에서 작업 창의 아랫 부분도 가이드라인에 맞추어 드래그하여 선택 영역으로 만듭니다.

**07** 이제 패턴을 채워 넣기 위해 [Edit] 메뉴의 [Fill]을 클릭한 후, [Fill] 대화상자가 나타나면, Use는 'Pattern', Custom Pattern은 앞에서 등록한 '줄무늬' 패턴을 선택한 후 [OK] 버튼을 클릭합니다.

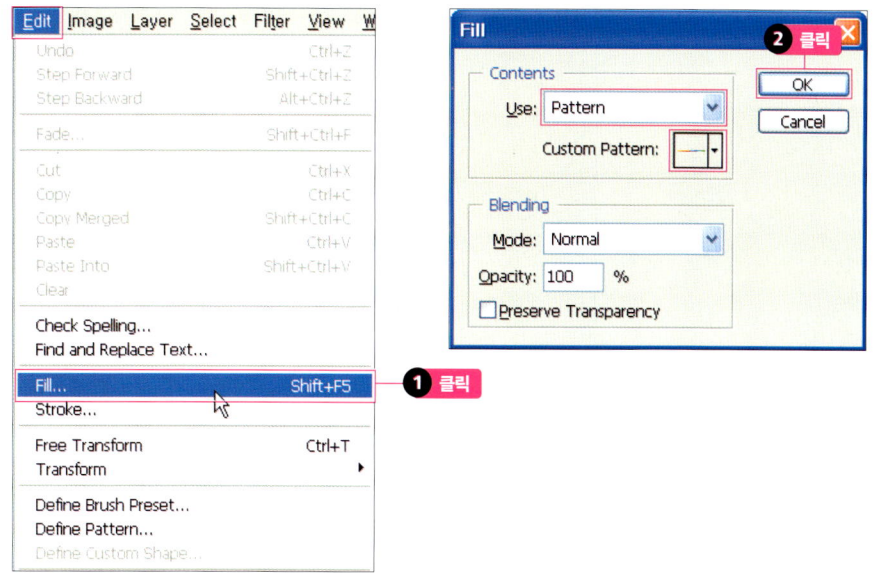

**08** 선택한 부분들이 패턴으로 채워진 것을 알 수 있습니다. Ctrl + D 를 눌러 선택 영역을 해제합니다.

## 사진을 넣어요

**01** 먼저 아기 사진 넣을 부분을 가이드라인을 설정합니다. 눈금자를 드래그하여 다음과 같이 가이드라인을 만듭니다.

**02** 툴박스에서 모서리가 둥근 사각형 도형 툴 ▢을 클릭한 후, 옵션바에서 Radius값을 '40'으로 설정합니다.

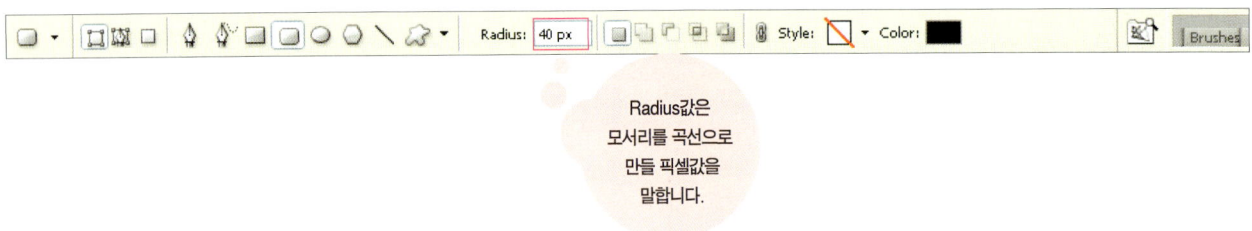

Radius값은
모서리를 곡선으로
만들 픽셀값을
말합니다.

**03** 작업 창에서 가이드라인에 맞추어 사각형을 그립니다.

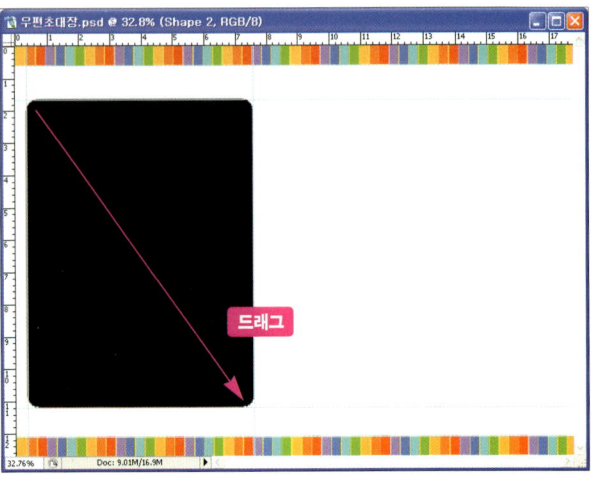

**04** 레이어 팔레트에서 방금 그린 사각형 레이어 마스크를 Ctrl 을 누른 채 클릭하면 선택 영역으로 지정됩니다.

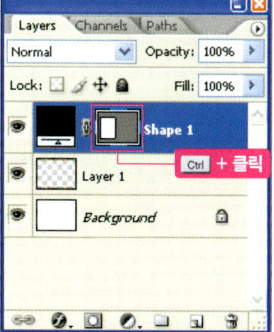

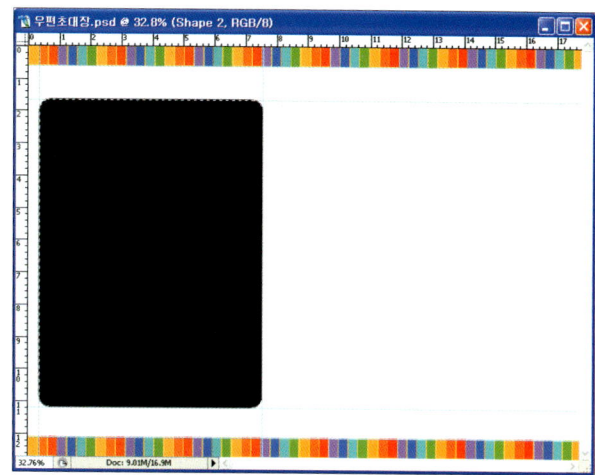

**05** Ctrl + O 를 눌러 부록 CD\Sample\Part07\0201_02.jpg을 불러 온 후, Ctrl + A 를 눌러 전체 선택을 한 다음, Ctrl + C 를 눌러 복사합니다.

**06** 다시 초대장 작업 창으로 돌아온 후, Shift + Ctrl + V 를 눌러 선택 영역 안에 복사한 이미지를 붙여넣기 합니다. 이동 툴을 이용하여 아기 사진의 위치를 적절하게 조절합니다.

**07** 레이어 팔레트에서 Shape 1 레이어의 눈을 클릭하여 보이지 않도록 합니다.

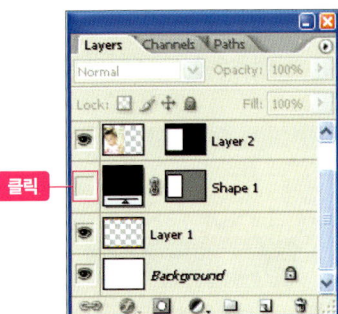

클릭

## 글자를 입력해요

**01** 툴박스에서 문자 도구 T를 선택한 후, 옵션바에서 다음과 같이 입력합니다.

색상값은
'#f90f3b'
입니다.

**02** 문자를 입력할 곳을 클릭하면 커서가 깜박거리면서 글자를 입력할 수 있는 상태가 되며, 동시에 레이어 팔레트에 문자 레이어가 자동으로 만들어집니다.

클릭

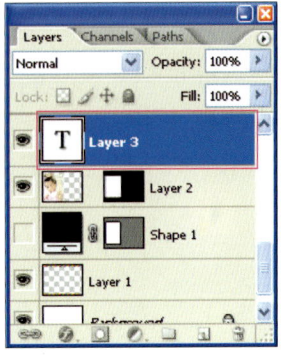

**03** 'INVITATION'을 입력하고 옵션바의 [적용] 버튼 ✔을 클릭합니다.

**04** [레이어] 팔레트의 [Add a layer style] 버튼 ☑를 클릭한 후, [Bavel and Emboss]를 클릭합니다. [Layer Style] 대화상자가 나타나면 기본 설정을 그대로 유지한 채 [OK] 버튼을 클릭합니다.

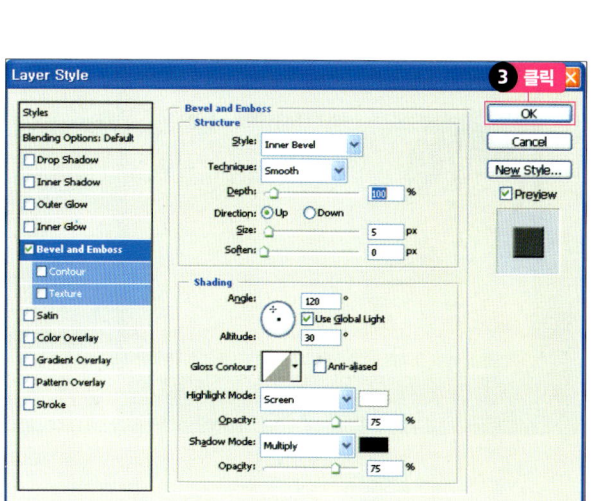

**05** 툴박스에서 문자 툴 [T]이 선택되어 있는지 확인한 후 옵션바에서 다음과 같이 설정합니다.

글자체는
가을체
입니다.

색상값은
'#000000'
입니다.

**06** 작업 창을 클릭하여 초대 문구를 입력한 후, [Ctrl] + [Enter] 를 눌러 적용합니다.

사랑하는 저희 딸 지윤이의 첫번째 생일잔치에 초대합니다.

철없는 저희에게 부모란 이름을 선물하고 사랑과 감사를 알게

해 준 지윤이가 어느새 첫돌을 맞았습니다. 바쁘시더라도

부디 오셔서 지윤이가 밝고 건강하게

잘 자랄 수 있도록 축복해 주세요.

아빠 ○○○  엄마 ○○○

**07** 강조하고 싶은 문장을 드래그하여 블록으로 설정한 후, 옵션바의 색상 버튼을 클릭합니다.

**08** [Color Picker] 대화상자에서 원하는 색상을 선택한 후, [OK] 버튼을 클릭합니다. 여기에서는 '#fe3bb7'을 적용해 보겠습니다.

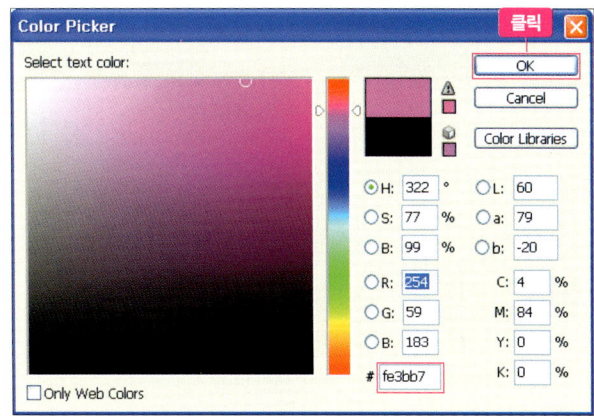

**09** 문구의 아무 곳이나 클릭하여 블록을 해제합니다. 이와 같은 방법으로 다른 글자들의 색깔도 바꾸어 보세요.

**10** 장소와 시간 등의 정보를 입력해 보겠습니다. 중요한 사항이므로 글자 크기를 좀 더 크게 해서 눈에 잘 띄게 하는 것이 좋겠지요. 옵션바에 다음과 같이 입력합니다.

글자체는
'가을체'
입니다.

색상값은
'#Fe194a'
입니다.

**11** 작업 창을 클릭하여 정보를 입력한 후, [Ctrl] + [Enter] 를 눌러 적용합니다.

♥ 2007. 3. 8 오후 6시 첫돌하우스

♥ 아빠 000-123-1234 엄마 000-123-1235

♥ 지하철 2호선 서울대입구역 ○번 출구

**TIP** 문구 앞에 있는 ♥는 [ㅁ]을 누른 후 키보드의 [한자]를 누르면 나타나는 목록 상자에서 선택하면 됩니다.

# 약도를 넣어요

**01** [Ctrl] + [O]를 눌러 부록 CD\Sample\Part07\0201_03.jpg를 불러 옵니다. [Ctrl] + [A]를 눌러 전체 선택한 다음, [Ctrl] + [C]를 눌러 복사합니다.

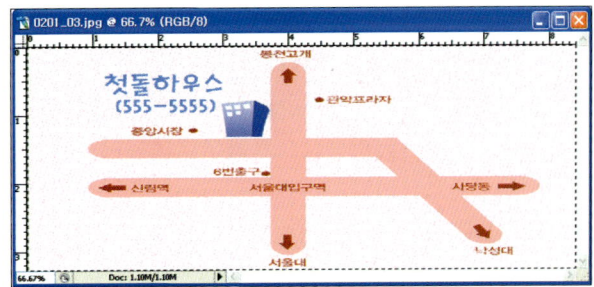

**TIP** 돌잔치 장소의 약도 파일은 홈페이지에서 다운받거나, 돌잔치 관련 사이트(키키세상 http://cafe.daum.net/ happydolparty, 소중한첫돌잔치 http://www.sojunghan.co.kr)를 통해 쉽게 얻을 수 있습니다. 인쇄된 약도를 스캔해서 쓸 수는 있으나 인쇄 품질이 별로 좋지 않습니다.

**02** 다시 초대장 작업 창으로 돌아온 후, [Ctrl]+[V]를 눌러 약도 이미지를 붙여넣기합니다. 그런 다음, 이동 툴⊕을 이용하여 위치를 적절하게 조절합니다.

**03** 툴박스에서 선 툴◥을 클릭한 후 옵션바에서 다음과 같이 설정합니다.

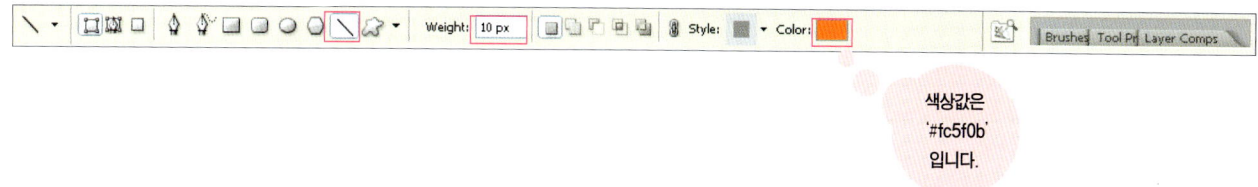

색상값은 '#fc5f0b' 입니다.

**04** INVITATION 아랫 부분에서 오른쪽으로 드래그하여 선을 그립니다.

**05** 완성되었습니다. 이제 이 초대장을 응용하여 여러
분만의 초대장을 만들어 보세요.

**TIP** Ctrl + S 를 눌러 PSD 파일로 저장한 후에 Shift + Ctrl +
S 를 눌러 JPG 파일로 저장하는 것을 잊지 마세요. 이메일로 초대장
을 보내거나 인화 또는 출력할 때에는 JPG 파일로 보내야 합니다.

**TIP** 해상도를 줄이는 방법

4×6 사이즈로 초대장을 만들 경우에는 약도가 잘 보이지 않습니다. 약도를 넣으려고 한다면 5×7 사이즈 이상이 좋습니다. 또한 이메일이나 인터넷 게시판
에 올릴 때에는 해상도를 줄여 주는 것이 좋습니다.

**01** 완성된 jpg 파일을 불러 온 후, [Image]
메뉴의 [Image size]를 클릭하여 [Image
Size] 대화상자가 나타나면 Resolution을
'100'으로 수정하고 [OK] 버튼을 클릭합니
다. 대부분 웹용은 용량 때문에 해상도를 '72'
로 하지만 약도가 잘 안 보일 수 있으므로
'100'으로 설정하는 것이 좋습니다.

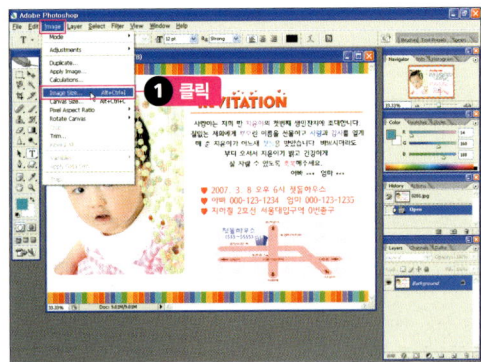
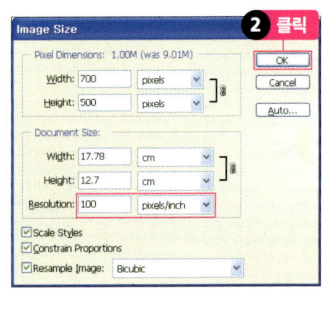

**02** Shift + Ctrl + S 를 누른 후, 파일 이름은 '메일초대장', Format은 'JPEG'로 설정하고
[OK] 버튼을 클릭하여 다른 이름으로 저장합니다. [JPEG Options] 대화상자가 나타나면
Quallity는 '12'로 설정합니다.

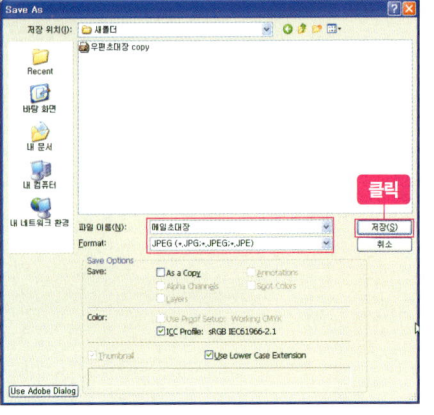

# 감동이 밀려오는
# 부모님 감사장

아이를 기르면서 나를 키워 주신 부모님
의 마음을 누구나 한 번쯤 생각하게 되지
요. 평소에는 쑥스러워 잘 표현하지 못했
던 부모님에 대한 감사의 마음을 아이의
돌잔치를 빌어 표현해 보면 어떨까요? 친
정 부모님께는 철이 든 딸로, 시부모님께
는 기특한 며느리로 인정받을 거예요. 돌
잔치 때 친가에 드리는 감사장은 엄마가,
외가에 드리는 감사장은 아빠가 드리면
더욱 좋겠지요. 거기다 용돈까지 살짝 넣
어서 드리면 더욱 기뻐하시겠지요?

🔴 **결과 파일 경로** | 부록 CD\Sample\Part07\After\0202.jpg

## 글자를 입력해요

**01** `Ctrl` + `N` 을 눌러 [New] 대화상자가 나타나면 다음과 같이 설정한 후, [OK] 버튼을 클릭합니다.

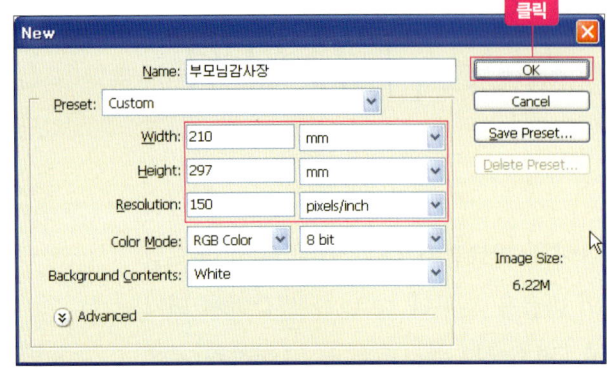

> **TIP** 감사장은 보통 프린터로 출력하거나 출력업체에 맡기므로 해상도를 150~200dpi 정도로 지정합니다.

**02** 감사 문구를 입력하기 위해 툴박스의 글자 툴 T 을 클릭한 후 옵션바에서 다음과 같이 설정합니다.

글자체는 '산돌 단아체' 입니다.

색상값은 '#000000' 입니다.

**03** 작업창 윗부분을 클릭하여 '감사장' 이라고 입력한 후, 옵션바의 [적용] ✔ 버튼을 클릭합니다.

**04** 감사장이라고 쓴 밑 부분을 클릭하여 새 문자 레이어를 만듭니다. 옵션바에서 글자 크기를 '18' 로 수정하고, '최고의 외할아버지 외할머니상' 이라고 입력한 후 적용 버튼 ✔ 을 클릭합니다.

**05** 이번에는 감사 문구를 입력해 보겠습니다. 작업 창을 클릭하여 새 문자 레이어를 만든 후, 옵션바에서 글자 크기를 '17'로 설정하고 내용을 입력한 후 적용 버튼 ✔을 클릭합니다.

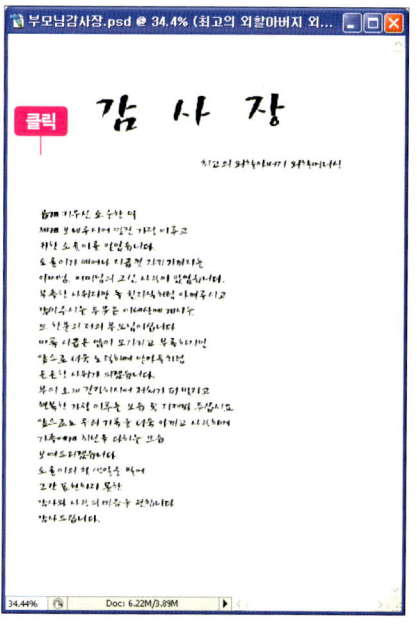

곱게 키우신 소중한 딸
제게 보내주시어 멋진 가정 이루고
귀한 소윤이를 얻었습니다.
소윤이가 태어나 지금껏 자라기까지는
아버님, 어머님의 크신 사랑이 있었습니다.
부족한 사위지만 늘 친자식처럼 아껴주시고
감싸주시는 두 분은 이 세상에 계시는
또 한분의 저의 부모님이십니다.
비록 지금은 많이 모자라고 부족하지만
앞으로 더욱 노력하여 맏아들처럼
든든한 사위가 되겠습니다.
부디 오래 건강하시어 저희가 더 멋지고
행복한 가정 이루는 모습 꼭 지켜봐 주십시오.
앞으로도 우리 가족을 더욱 아끼고 사랑하며
가족에게 최선을 다하는 모습
보여드리겠습니다.
소윤이의 첫 생일을 빌어
그간 표현하지 못한
감사와 사랑의 마음을 전합니다.
감사드립니다.

▶ 오른쪽에 아기 사진 넣을 것을 고려하여 Enter 를 눌러 적절하게 줄을 바꾸어 주세요.

**06** 옵션바에서 글자 크기는 '18', 문장 정렬은 '오른쪽'으로 설정한 후, 작업창 아랫부분을 클릭하여 날짜와 이름을 입력한 후 Ctrl + Enter 를 눌러 적용합니다.

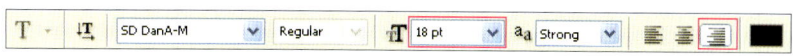

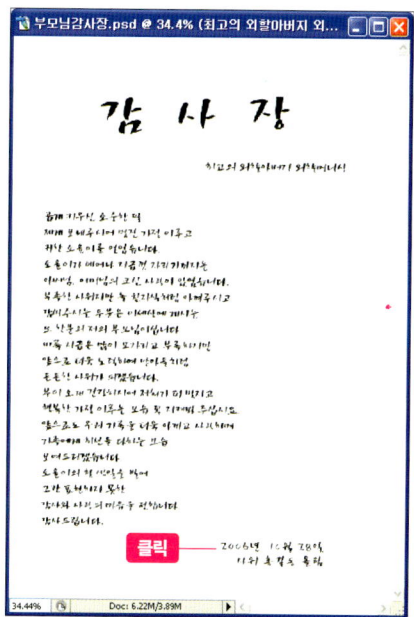

## 무늬를 넣어요

**01** Ctrl + O를 눌러 부록 CD\Sample\Part07\0202_ 01.jpg를 불러 옵니다. 그런 다음, 이동 툴로 드래그하여 이미지를 옮긴 후, 윗부분으로 위치를 적절히 조절합니다.

**02** 아래에도 똑같은 이미지를 한번 넣어 볼까요? [레이어] 팔레트에서 Layer 1을 클릭한 상태에서 [Create a new layer] 버튼으로 드래그하여 복사합니다.

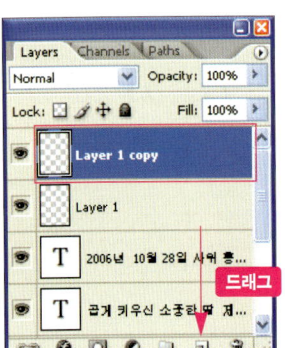

**03** 이동 툴이 선택한 후, 복사한 이미지를 드래그하여 아래쪽으로 옮깁니다.

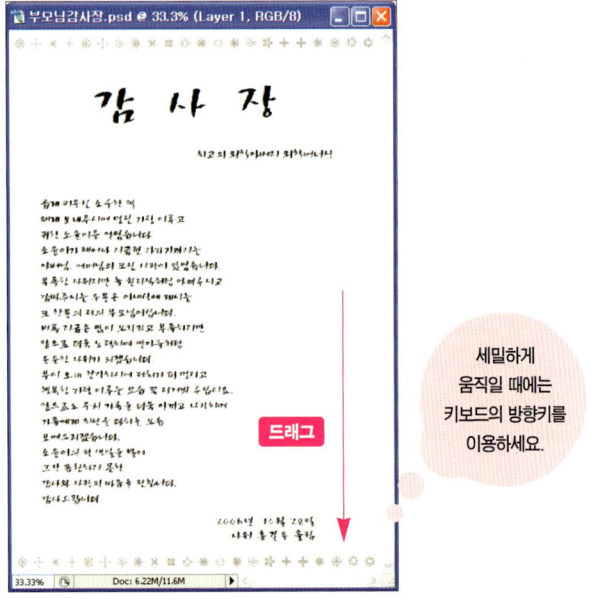

세밀하게 움직일 때에는 키보드의 방향키를 이용하세요.

**04** 감사장도 상이니 메달 하나쯤은 있는 것이 좋겠지요? Ctrl + O 를 눌러 부록 CD\ Sample\Part07\0202_02.psd를 불러 옵니다.

**05** 메달 이미지를 감사장이 있는 창으로 드래그하여 이동한 후, 위치를 적절합니다.

## 도장을 넣어요

**01** Ctrl + O 를 눌러 부록 CD\Sample\Part07\0202_03.psd를 불러 옵니다.

> **TIP** 이 도장 파일에 쓰인 글자체은 'HJ한전서B' 입니다. 도장 내용을 여러분의 아가 이름으로 수정하려면 문자 툴을 선택한 후 '소윤사랑' 부분을 클릭하여 커서가 깜박이면 Delete 를 누릅니다. 그런 다음 아가 이름을 입력하고 Ctrl + Enter 를 누릅니다.

**02** [레이어] 팔레트에서 테두리 레이어를 클릭한 후 Ctrl 를 누른 상태에서 소윤 사랑 레이어를 클릭하여 두 개의 레이어를 선택합니다. 그런 다음, 레이어 링크 적용 버튼을 클릭하여 두 개의 레이어를 묶습니다.

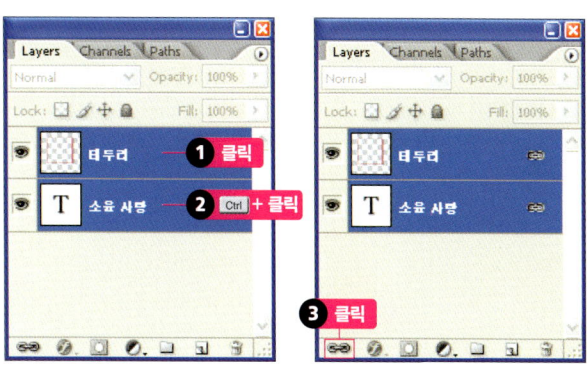

**03** 도장 이미지를 감사장 창에 드래그하여 이동한 후, 아랫부분 날짜 옆으로 위치를 적절히 조절합니다.

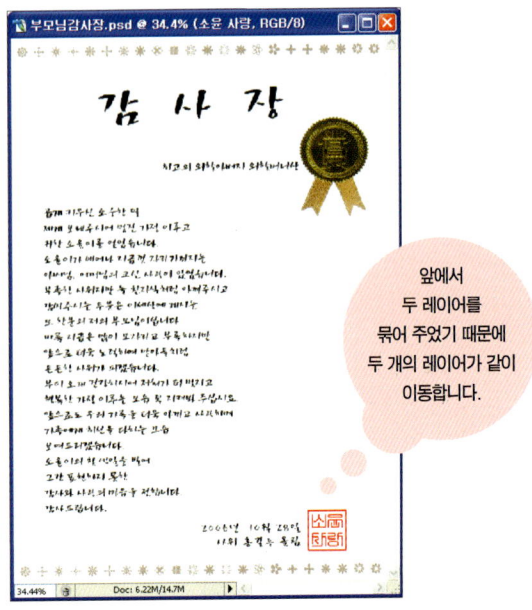

앞에서 두 레이어를 묶어 주었기 때문에 두 개의 레이어가 같이 이동합니다.

**04** Ctrl + T 를 누르면 크기와 회전을 조절할 수 있는 조절점이 나옵니다. 사각형 모서리 부분에서 왼쪽 위로 조금만 드래그한 후, Ctrl + Enter 를 눌러 적용합니다.

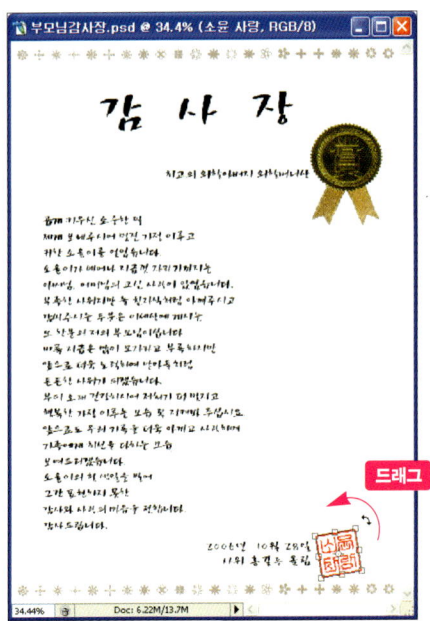

드래그

## 사진을 넣어요

**01** Ctrl + O 를 눌러 부록 CD\ Sample\Part07\ 0202_04.jpg를 불러 온 후, 감사장 창에 드래그하여 옮깁니다.

**02** 툴박스에서 사각형 선택 툴 을 클릭한 후 옵션바에서 Feather값을 '50'으로 설정합니다. Feather값이 높을수록 가장자리가 부드러워집니다.

클릭

**03** 사진에서 남아 있기를 원하는 부분을 대각선으로 드래그한 후, 손을 떼면 선택 영역이 사각형 점선으로 나타납니다.

**04** 나머지 부분을 지우려면 선택 영역을 반전해야 합니다. Shift + Ctrl + I 를 누르면 선택 영역이 반전되어 점선으로 나타납니다. 이제 Delete 를 눌러 선택 부분을 지운 후, Ctrl + D 를 눌러 선택 영역을 해제합니다.

드래그

**05** 글자가 아기 사진에 가려 보이지 않네요. [레이어] 팔레트에서 아기 사진 레이어를 글자 레이어 밑으로 드래그하여 옮깁니다.

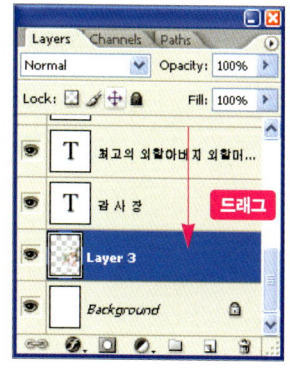

드래그

**06** 이동 툴 을 이용하여 아기 사진을 오른쪽으로 이동합니다. 이제 완성되었습니다. 감사장을 드리면 부모님께서 무척이나 흐뭇하시겠지요?

**TIP** 부모님께 드리는 감사장도 좋지만 형제가 있는 경우, 멋진 언니 오빠 상을 주는 것은 어떨까요? 동생에게만 시선이 집중되는 잔치에서 언니나 오빠에게 상을 준다면 아주 기뻐할 것입니다. 또한 건강하게 잘 자라 준 아기에게 멋진 아기 상을 주는 것도 뜻 깊을 것입니다.

## 공부 합시다  사각형 선택 툴 옵션바

포토샵에서의 선택 툴은 모든 작업의 기초라고 할 수 있습니다. 그 중 사각형 선택 툴이 가장 많이 쓰입니다. 마우스로 원하는 크기만큼 대각선으로 드래그하면 선택영역으로 지정됩니다.

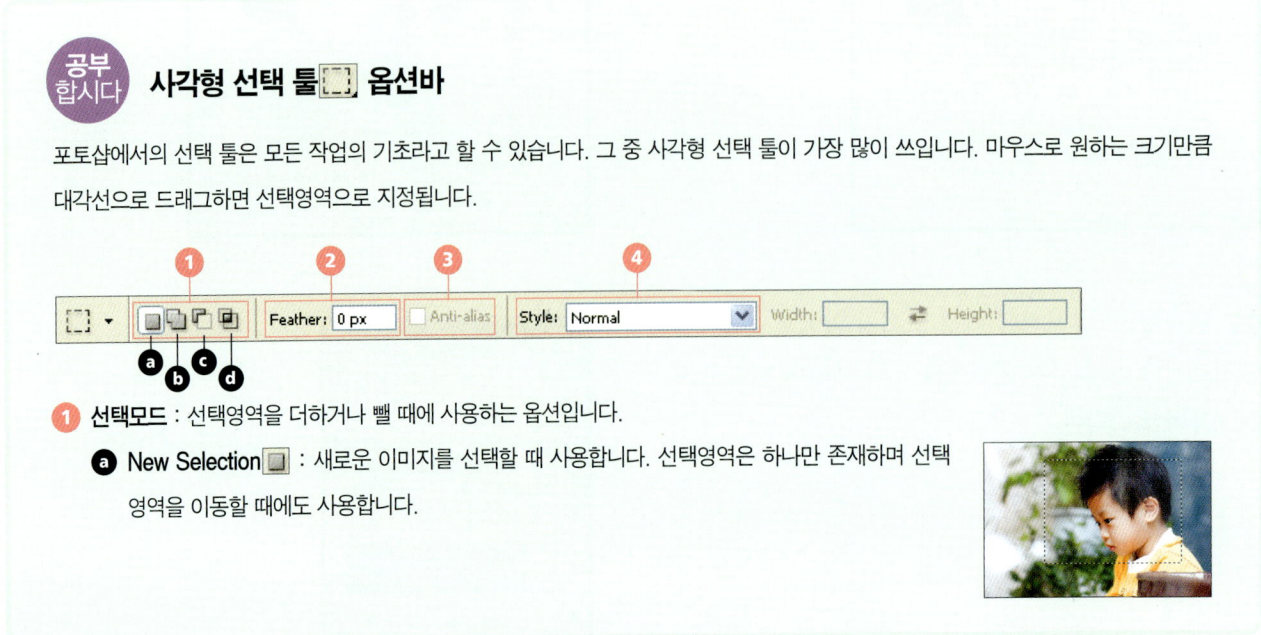

**1 선택모드** : 선택영역을 더하거나 뺄 때에 사용하는 옵션입니다.

　**ⓐ New Selection** : 새로운 이미지를 선택할 때 사용합니다. 선택영역은 하나만 존재하며 선택 영역을 이동할 때에도 사용합니다.

**ⓑ Add Selection** : 선택영역을 추가할 때 사용하며 마우스 포인터가 +로 나타납니다.

**ⓒ Subtract from Selection** : 현재 선택영역에서 새로 선택한 영역을 뺄 때에 사용하며 마우스 포인터에 – 라고 나타납니다.

**ⓓ Intersect with Selection** : 현재 선택한 영역과 새로 선택한 영역의 공통부분만 남길 때 사용합니다.

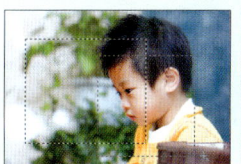

**2 Feather** : 선택영역의 가장자리를 픽셀 수치만큼 번지는 듯한 느낌을 주는 옵션입니다. 수치는 0~250 픽셀까지 지정할 수 있으며 수치가 높을수록 부드럽게 번집니다. 반드시 영역을 지정하기 전에 먼저 수치를 입력해야 합니다. 영역을 지정한 후 수치를 입력하면 적용되지 않습니다.

Feather 값을 '0' 으로 설정한 경우 　Feather 값을 '15' 로 설정한 경우

Feather 값을 '30' 으로 설정한 경우

**3 Anti-alias** : 원형 선택 툴에서만 활성화되는 옵션으로 체크하면 선택영역의 경계부분이 중간색으로 채워져 곡선으로 부드럽게 표현됩니다.

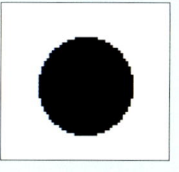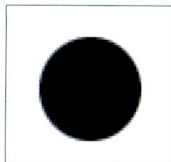

Anti-alias가 적용되지 않은 이미지 　Anti-alias가 적용된 이미지

**4 Style** : 선택 툴을 사용하는 방법을 결정하는 옵션으로 가로 선택 툴과 세로 선택 툴에서는 사용할 수 없습니다.

**ⓐ Normal** : 자유롭게 마우스로 드래그하면서 선택 영역을 결정합니다.

**ⓑ Fixed Aspect Ratio** : 가로 세로 입력한 수치 비율대로만 선택 영역을 결정할 수 있습니다.

**ⓒ Fixed Size** : 가로 세로에 입력한 수치의 크기만큼 선택 영역이 고정됩니다.

# 깜찍하고 귀여운
# 실물 스탠딩

미리
보기

요즘 돌잔치에서는 실물 스탠딩이나 미니 실물 스탠딩이 빠지지 않습니다. 입구에 실제 아기 크기만한 사진이 서 있으면 손님들이 잔치 장소를 보다 쉽게 찾을 수 있답니다. 또 미니 실물 스탠딩을 포토 테이블에 올려 놓거나 식사하는 테이블에 올려놓으면 손님들이 몇 개씩 들고 갑니다. 후식 안내 문구나 덕담 안내 문구, 감사 문구 등을 함께 써 놓으면 더욱 보기 좋습니다.

● 결과 파일 경로 │ 부록 CD\Sample\Part 07\After\0203.jpg

# 아기 모양대로 사진을 오려요

**01** Ctrl + 의를 눌러 부록 CD\Sample\Part07\0203_01.jpg를 불러 온 다음, 툴박스에서 돋보기 툴 🔍 을 더블 클릭하여 실제 크기인 100%로 만듭니다.

> **TIP** 아기 모양대로 오려 놓은 이미지는 매우 요긴하게 쓰입니다. 이것만 알면 사진 보드, 포스터, 이벤트 보드 등이 전혀 어렵지 않답니다. 보통은 펜 툴을 이용하여 많이 작업을 하지만 초보자들은 자석 올가미 툴을 이용하는 것이 더 쉽습니다. 아기 사진을 오릴 때에는 모자 쓴 사진이나 배경이 복잡하지 않은 사진이 적합합니다.

**02** 툴박스에서 자석 올가미 툴 🔲 을 선택합니다.

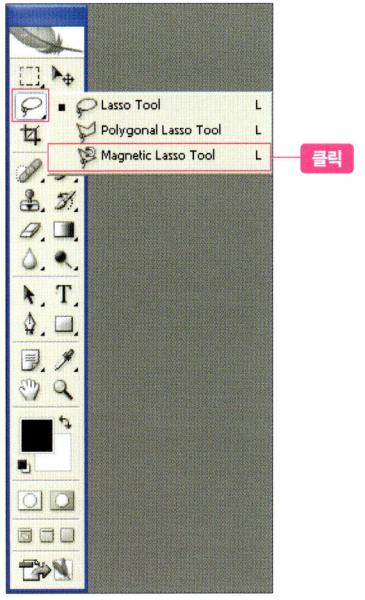

**03** 아기 외곽선의 한 부분을 클릭한 후, 아이 형태를 따라 천천히 드래그하면 자동으로 꼭짓점이 만들어지면서 경계선을 따라 선이 생깁니다. 선택이 잘 안 된다고 실망하지 마세요. ⏎를 누르면 전 단계로 되돌아갑니다.

> **TIP** 선을 그리는 도중에 Esc 를 누르면 지금까지 그린 선이 모두 취소되고 처음부터 다시 시작합니다.

**04** 급하게 꺾어지는 부분이나 배경과 비슷한 색상이 있는 곳은 제대로 선택되지 않으므로 마우스를 일일이 클릭하여 꼭짓점을 만들어야 합니다.

**05** 외곽선을 따라 움직이다가 처음 시작했던 곳으로 오면 마우스 포인터에 원 표시가 생깁니다. 이때 클릭하면 아기 사진이 모양대로 선택되어 점선으로 나타납니다.

**06** 다리 부분에 있는 배경이 같이 선택되었으므로 이를 제외하여 보겠습니다. 옵션바에서 [Subtract from Selection] 버튼을 클릭한 후, 자석 올가미 툴로 형태에 따라 움직이면 선택한 부분에서 제외됩니다.

TIP 중간에 빠뜨리고 선택하지 않은 부분이 있다면 옵션바에서 [Add to Selection] 버튼을 클릭한 후, 자석 올가미 툴로 선택하거나 기본 모드에서 Shift 를 누르면서 선택하면 됩니다.

**07** 좀 더 섬세하게 외곽선을 정리하기 위해 툴박스에서 퀵 마스크 모드 를 클릭합니다. 그러면 선택 영역을 제외한 나머지 부분들이 빨간색으로 변합니다. 사진 원본 색상이 변한 것이 아니므로 놀라지 마세요.

**08** 퀵 마스크 모드 를 더블클릭하면 [Quick Mask Options] 대화상자가 나타납니다. 여기에서 [Selected Areas]를 선택한 후 [OK] 버튼을 클릭합니다.

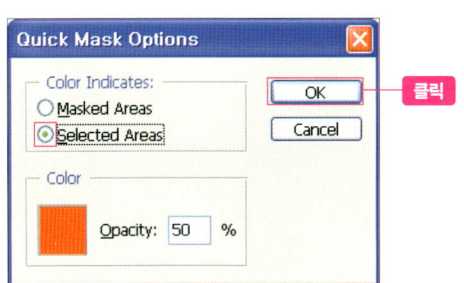

**09** 선택했던 아기 사진이 빨간 마스크 영역이 되고, 다른 배경은 표준 모드로 돌아갑니다.

**10** 보다 세밀한 작업을 위해 [네비게이터] 팔레트에서 500%로 확대한 후, 아기 사진 창 크기를 확대합니다.

**TIP** 작업창을 확대하는 다른 방법은 Ctrl + +를 여러 번 누르거나 돋보기 툴로 선택영역을 지정하면 됩니다.

**11** 툴박스에서 브러시 툴 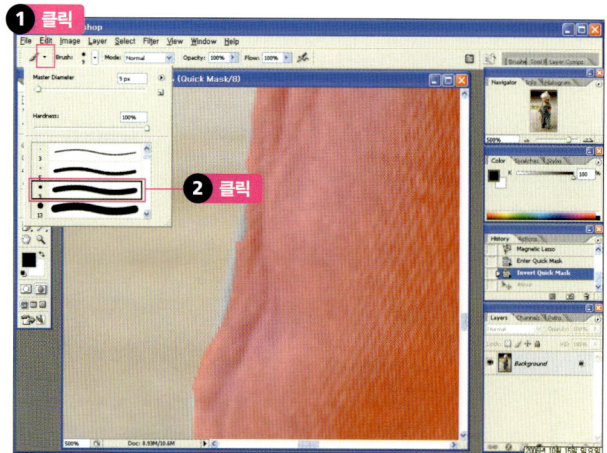을 클릭한 후, 옵션바에서 브러시를 다음과 같이 설정합니다. 이 때 전경색이 검은 색(#000000)인지 반드시 확인하세요. 검은색이어야만 이미지가 채워지기 때문입니다.

**12** 아기 사진 중에 빨간색이 아닌 부분에 마우스를 드래그하여 색을 칠합니다. 선택되지 못했던 부분이 추가로 선택됩니다.

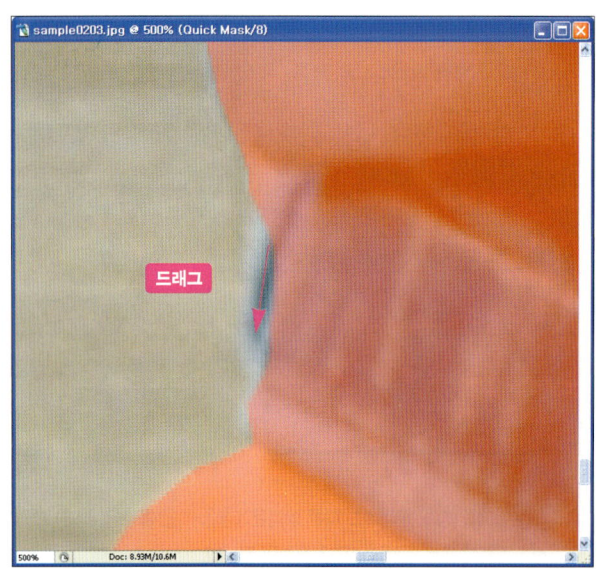

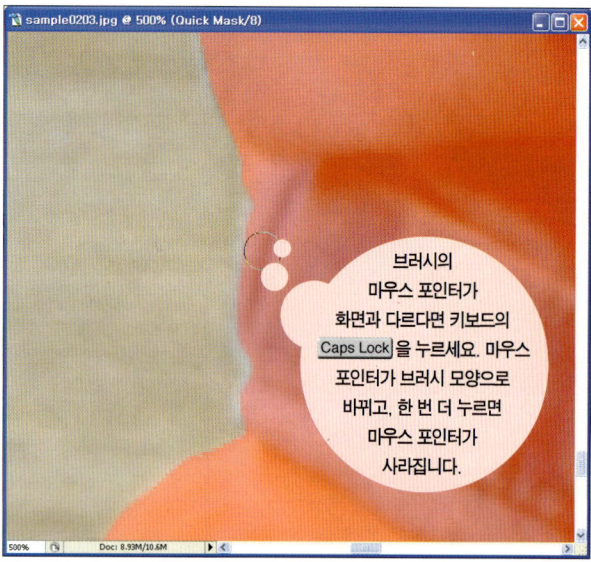

> 브러시의 마우스 포인터가 화면과 다르다면 키보드의 Caps Lock 을 누르세요. 마우스 포인터가 브러시 모양으로 바뀌고, 한 번 더 누르면 마우스 포인터가 사라집니다.

---

**TIP** Spacebar 를 누르면 마우스 포인터가 손바닥 모양으로 바뀌면서 손 툴과 같은 역할을 합니다. Spacebar 를 누른 상태에서 마우스로 이미지를 이동하면 정밀 작업을 할 때에 아주 편리합니다.

**13** 이번에는 튀어나온 부분을 지워보겠습니다. 툴박스에서 지우개 툴 을 선택한 후 브러시 크기를 '5'로 설정합니다.

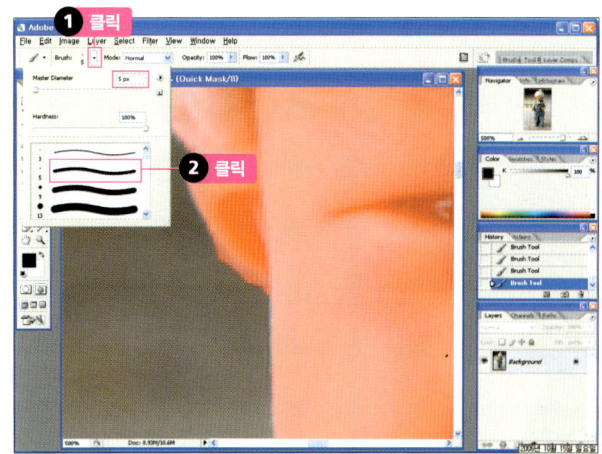

**14** 아기 사진에서 튀어나온 빨간색 부분을 마우스로 드래그하여 지웁니다.

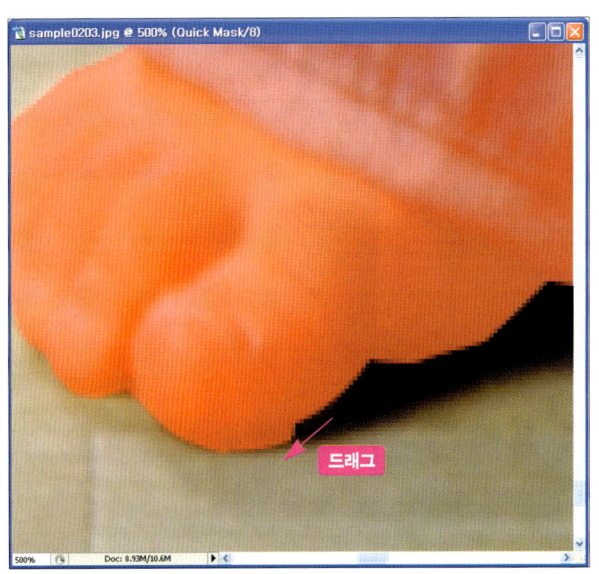

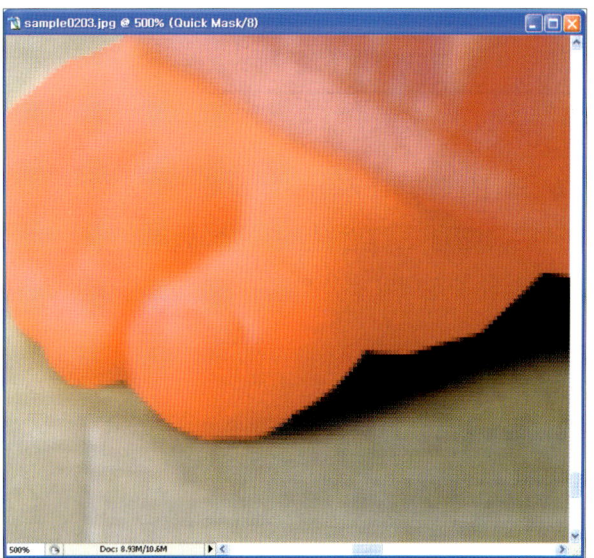

**TIP** 잘못 칠했다고 해서 처음부터 다시 할 필요는 없습니다. [히스토리] 팔레트에서 바로 전 단계를 클릭하면 됩니다. [히스토리] 팔레트는 작업 과정을 기본적으로 20개까지 저장하고 있어서 언제든 원하는 단계로 되돌아갈 수 있고, 원하는 순간을 저장할 수도 있습니다. 단, 작업 후 포토샵 프로그램을 닫고 파일을 다시 열었을 때는 깨끗하게 비워져 있습니다. 작업하는 과정에서만 되돌릴 수 있다는 점을 명심하세요.

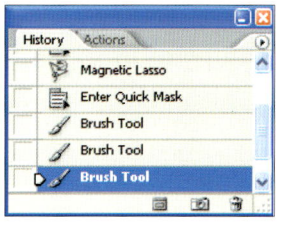

**15** 머리카락이나 모자의 방울 등의 이미지는 털을 일일이 선택하는 것보다 지우개 툴 을 이용하여 어느 정도 지우면서 형태를 만들어 주는 것이 더 깔끔합니다.

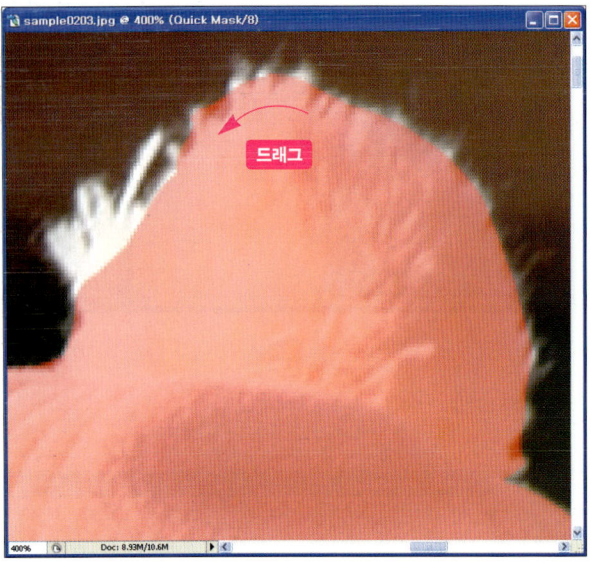
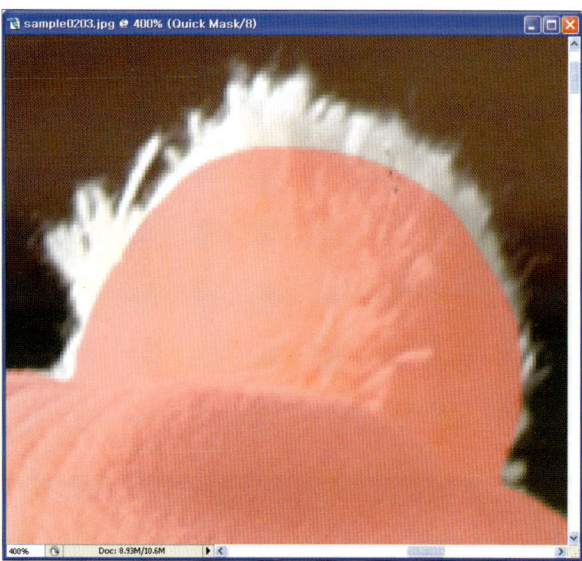

**16** 브러시 툴 과 지우개 툴 을 사용하면서 아기 이미지에 꼭 맞게 빨간색을 칠합니다. 그런 다음, 툴박스의 표준 모드 를 클릭하면 아기 사진이 깔끔하게 선택된 것을 알 수 있습니다.

**TIP** 수시로 표준 모드 를 클릭하여 선택 부분을 확인하는 것이 좋습니다. 정리가 잘 안 된 것이 있다면 다시 퀵 마스크 모드 로 돌아가서 처리합니다. 지저분한 이미지들은 과감히 지우면서 선택합니다. 정리를 다 한 후에는 돋보기 툴 을 더블클릭하여 100%인 상태에서 이미지를 확인하세요.

## 새 파일을 만들고, 사진을 넣어요

**01** 이제 선택된 아기 사진을 `Ctrl`+`C`를 눌러 복사한 후, `Ctrl`+`N`을 눌러 다음과 같이 설정하여 새 파일을 만듭니다.

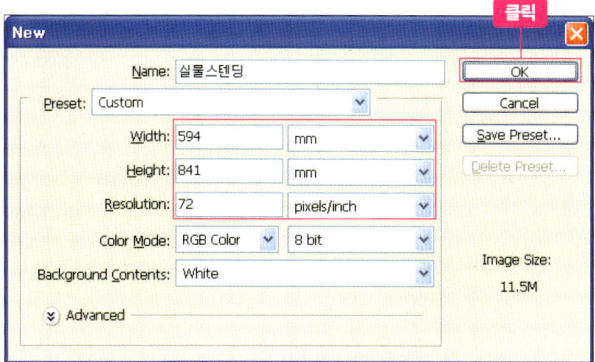

> **주의하세요** 원래 실물 스탠딩의 크기는 A1 사이즈로 '594× 841mm', 해상도는 '150'이지만 여기에서는 용량과 작업의 원활한 진행을 위해 해상도를 '72'로 낮추었습니다. 이 상태로 출력을 하면 이미지가 흐리기 때문에 사용할 수 없습니다. 아기들의 실물 스탠딩을 만들 경우에는 꼭 해상도를 '150'으로 설정한 후에 작업을 하도록 하세요.

**03** [레이어] 팔레트 아래쪽의 [Add a layer style] 버튼 을 클릭하면 나타나는 단축 메뉴에서 [Inner Glow]를 클릭합니다.

> **TIP** '사각박스'의 레이어 창을 더블클릭해도 [Layer Style] 대화 상자가 나타납니다.

**02** `Ctrl`+`V`를 눌러 모양대로 오린 아기 사진을 새 파일에 붙여넣기합니다.

> 만약 여러분의 아기 사진을 넣었는데 크기가 작다면 `Ctrl`+`T`를 눌러 확대하면 됩니다. 이때 두 배 이상 확대하는 것은 바람직하지 않습니다.

**04** [Layer Style] 대화상자가 나타나면 [Inner Glow]의 옵션에서 색상을 '#ffffff'로 변경한 후 [OK] 버튼을 클릭합니다.

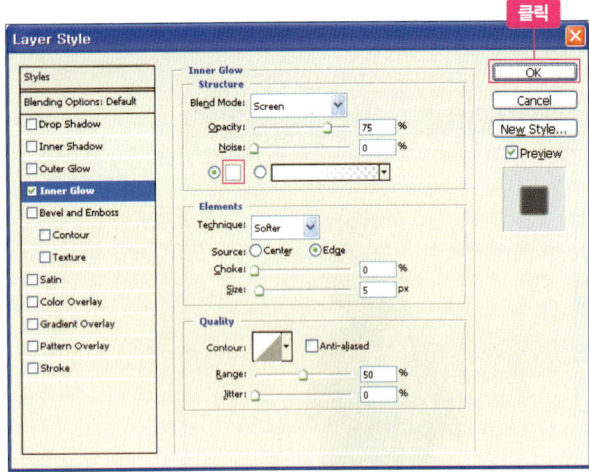

TIP Inner Glow는 오린 사진의 경계 부분을 자연스럽게 표현할 때 사용합니다. 특히 배경이 흰색일 때 사용하면 편리합니다.

**05** 효과를 주기 전보다 경계 부분이 보다 자연스럽게 된 것을 알 수 있지요?

## 하트 이미지를 넣고, 글자를 입력해요

**01** 이제 인사말을 쓰기 위해 이미지를 넣어 볼까요. 예전에는 간단한 말풍선을 주로 사용했지만 요즘에는 예쁜 이미지들을 사용합니다. 아기자기한 이미지를 아기 사진과 같이 넣으면 더욱 귀엽겠지요. `Ctrl` + `O`를 눌러 부록 CD\Sample\Part07\0203_02.psd를 불러 옵니다.

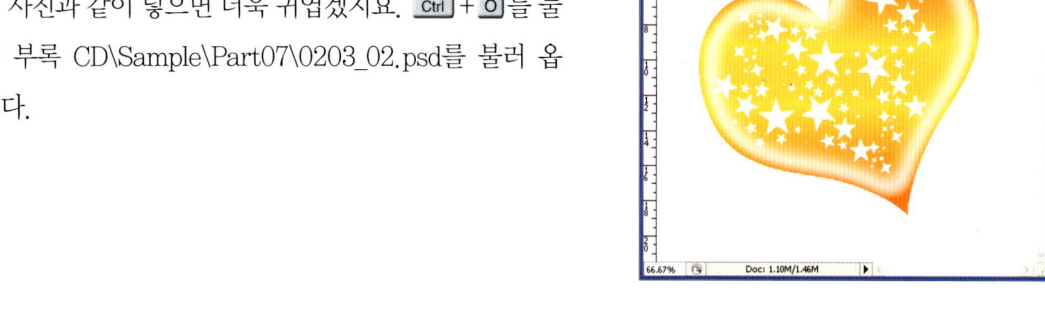

**02** 이동 툴 을 이용하여 실물 스탠딩 창으로 옮긴 후, 위치를 적절하게 조절합니다.

**03** 문자 도구 T를 클릭한 후 [캐릭터] 팔레트에서 글자체는 '산돌광수체', 색상은 '#f73f6e'으로 설정합니다.

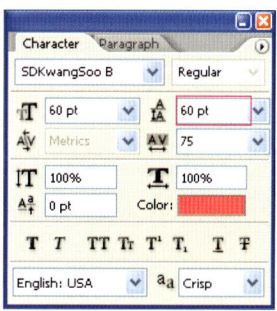

> **TIP** 산돌광수체는 글씨가 귀여워서 돌잔치용으로 많이 사용하는 글자체 중의 하나입니다. 산돌광수체가 없으면 다른 글자체를 사용해도 됩니다.

**04** 작업창의 하트 부분을 클릭하여 문자 레이어를 활성화 시킨 후 '제 생일을 축하해 주셔서 감사합니다' 라고 입력합니다.

**05** [레이어] 팔레트 아래쪽의 [Add a layer style] 버튼 을 클릭한 후, [Stroke]를 클릭합니다.

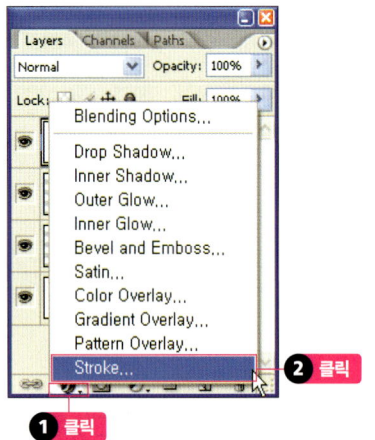

**06** [Layer Style] 대화상자가 나타나면 [Stroke]의 옵션을 다음과 같이 변경한 후 [Drop Shadow]를 클릭합니다.

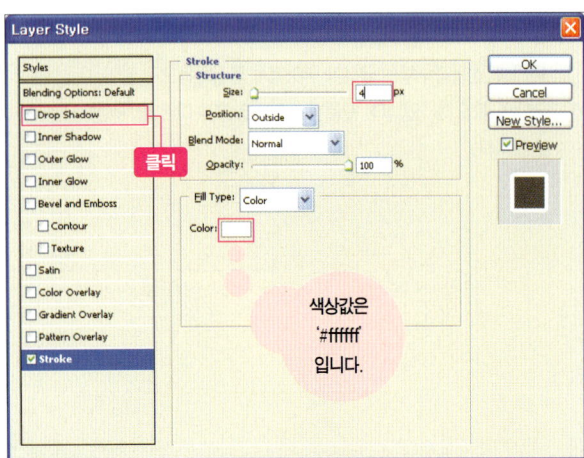

**07** [Drop Shadow]의 옵션에서 Distance를 '7'로 설정한 후, [OK] 버튼을 클릭합니다.

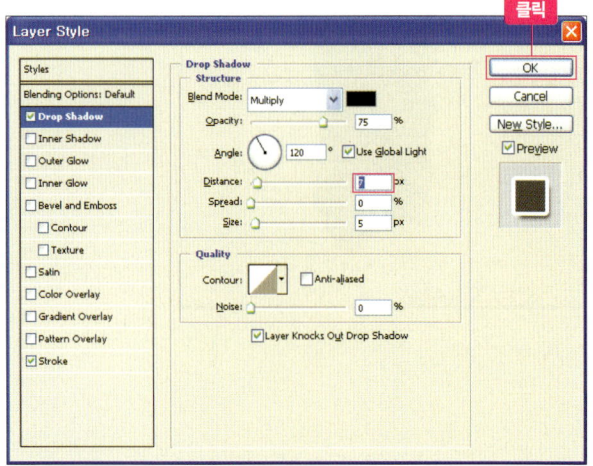

**08** 첫째 줄 '제 생일을' 부분을 드래그하여 블록으로 설정한 후, 옵션바에서 색상을 '#d55bfd' 로 변경합니다.

**10** 이제 하트 모양대로 글자를 약간 기울여 보겠습니다. Ctrl + T 를 눌러 조절점이 나타나면 사각형 모서리 부분에서 약간만 왼쪽 위로 드래그한 후, Enter 를 누릅니다.

**09** 이번에는 마지막 줄 '감사합니다' 를 블록으로 설정한 후, 옵션바에서 색상을 '#55bdfc' 로 변경합니다.

**11** 이제, 툴박스에서 이동 툴을 클릭하고 글자를 적절한 위치로 옮깁니다. 오리기 쉽게 하기 위해서는 테두리를 주는 것이 좋습니다. 테두리를 주려면 레이어를 병합해야 하므로 반드시 지금 Ctrl + S 를 눌러 지금까지의 작업을 저장합니다.

## 테두리를 그려요

**01** [레이어] 팔레트에서 노랑하트 레이어를 선택한 후 `Ctrl`을 누른 채 Layer 1을 클릭합니다.

**02** `Ctrl` + `E`를 눌러 레이어를 합칩니다.

문구 레이어는 후에 수정 가능하게 하기 위해 레이어를 합치지 않았습니다.

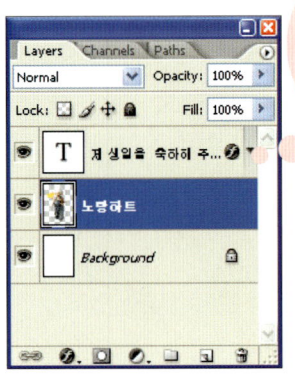

> **TIP** Merge Layer한 뒤에는 레이어 수정이 불가능하다고 말씀드렸지요? 또한 이전 레이어에 주어진 레이어 스타일이나 셰이프의 속성도 사라집니다. 레이어를 필요 이상으로 많이 만들면 작업 속도가 느려지기 때문에 종종 레이어를 합쳐 주는 것이 좋습니다. 다만, 수정할 경우를 대비해서 원본 파일은 따로 저장을 해 두어야 합니다.

**03** 아기 사진과 노랑하트는 하나의 레이어가 되었습니다. `Ctrl`을 누른 채 노랑하트 레이어의 사각 박스 레이어 창을 클릭합니다. 아기 모양과 하트가 점선으로 선택됩니다.

**04** [Select] 메뉴의 [Modify – Expand]를 클릭합니다.

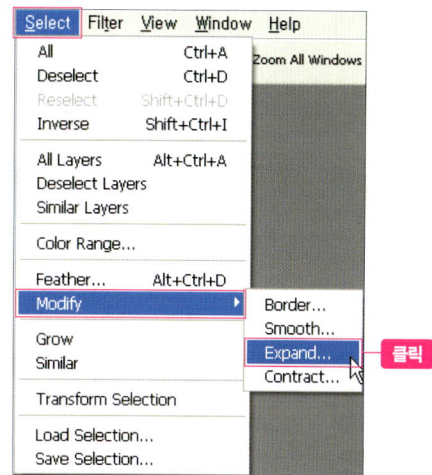

**05** [Expand Selection] 대화상자가 나타나면, Expand By를 '20' 으로 설정하고 [OK] 버튼을 클릭합니다.

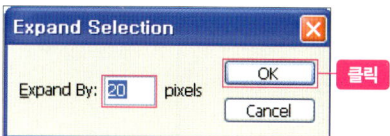

**06** 선택 영역이 밖으로 조금 확대된 것을 볼 수 있습니다.

**07** [Edit] 메뉴의 [Stroke]를 클릭하여 선을 넣어 보겠습니다.

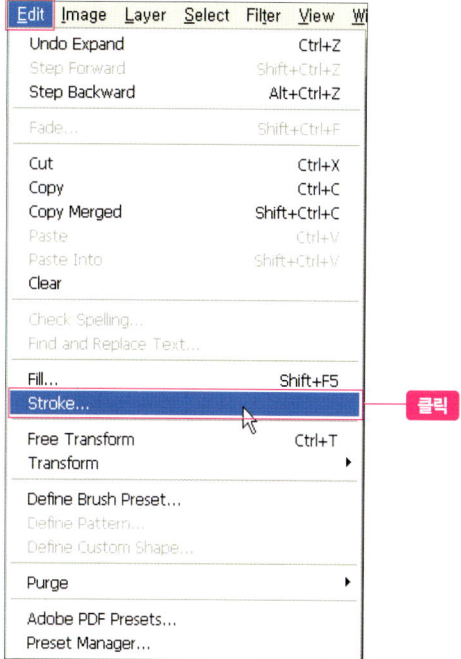

**08** [Stroke] 대화상자가 나타나면 Width는 '2', 색상은 '#a5a5a5'로 설정한 후, [OK] 버튼을 클릭합니다. 아기 모양대로 테두리가 생겼지요? 이제 Ctrl + D 를 눌러 선택을 해제합니다.

**09** 하트 이미지와 아기 사이에 있는 테두리가 보기에 안 좋네요. 지우개 툴 🖉 를 선택하여 옵션바에서 브러시 크기를 '14'로 설정하여 지웁니다.

정확한 작업을 위해 돋보기 툴 🔍 을 더블클릭하여 100%로 놓고 작업하세요.

**10** Shift + Ctrl + S 를 눌러 '실물스텐딩-합침.psd' 파일로 저장합니다. 다음과 같이 완성되었습니다.

혹시 모를 수정에 대비하여 레이어를 합치기 전과는 다른 이름으로 저장하는 것입니다.

미니 실물 스탠딩 크기 정하기

요즘에는 실물 스탠딩 보다는 미니 실물 스탠딩을 많이 사용하는 추세입니다. 미니 실물 스탠딩의 크기는 엄마가 정하기 나름이지만 대부분 4×6inch 사이즈 나 5×7inch 사이즈를 많이 사용합니다. 포토 테이블에 장식할거라면 5×7inch 사이즈가 적당하고, 테이블마다 놓을 거라면 테이블 크기에 따라 정하면 되겠 지요.

미니 실물을 인화할 것인지, 프린터로 출력할 것인지를 미리 정해서 처음부터 그에 맞게 새 파일의 크기를 정합니다. 인화할 것이라면 새 파일의 크기를 4×6inch 또는 5×7inch, 해상도 300dpi로 설정하여 한 파일에 아기 사진이 한 개씩 들어가게 합니다.

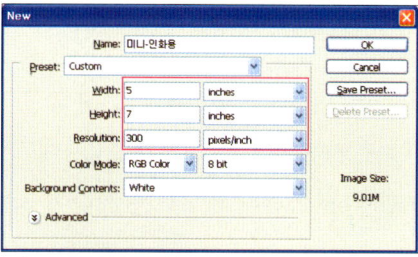

A4에 한 개가 들어가는 경우

출력할 것이라면 A4 사이즈로 설정하여 아기 사진이 두 개 또는 네 개씩 들어가도록 작업합니다. 두 개가 들어가는 것은 5×7inch 사이즈와 비슷하고 네 개가 들어가는 것은 4×6inch 사이즈와 비슷합니다. 네 개가 들어갈 때에는 21×29.7cm 가 되어야 하겠지요. 만약, 아기 원본 사진이 흐리거나 해상도가 낮다면 프린터로 출력하는 것이 더 낫습니다.

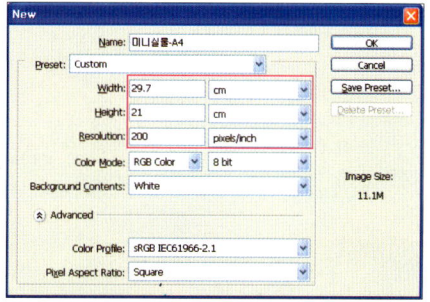

A4에 두 개가 들어가는 경우

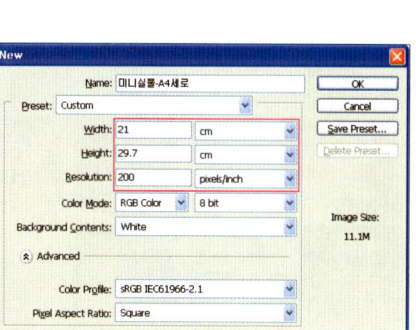

A4에 네 개가 들어가는 경우

# 일 년을 한눈에 보는
# 사진 보드

사진 보드란 아기가 지금까지 자라온 과정을 한눈에 볼 수 있도록 편집해 놓은 것을 말합니다. 돌잔치 소품 중 대표라고 할 수 있어요. 사진 보드는 대부분 A1 사이즈로 만들어서 액자에 넣거나 폼보드에 붙여 전시를 합니다. 그러나 폼보드는 시간이 지나면 휘기 때문에 액자에 넣는 것이 좋습니다.
사진 보드를 만들 때 아이 사진을 너무 많이 넣으면 복잡해 보일 수 있어요. 또 웃는 표정만 넣으면 심심해 보이기 때문에 아이의 다양한 표정들을 살려서 넣어주세요.

● **결과 파일 경로** | **부록** CD\Sample\Part02\After\0210.jpg

# 새 파일을 만들고, 배경을 칠해요

**01** `Ctrl` + `N` 을 눌러 다음과 같이 지정한 후, [OK] 버튼을 클릭하여 새 파일을 만듭니다.

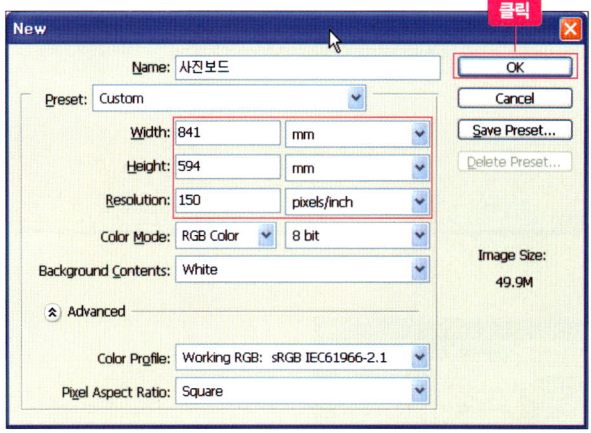

> **TIP** 아크릴액자에 넣어 전시할 것이라면 사이즈를 조금 줄여서 만들어야 합니다. 아크릴액자는 네 귀퉁이에 다보가 있기 때문에 A1보다 작게, Width는 '780', Height는 '530'으로 지정합니다.

**02** [레이어] 팔레트에서 [Create a new layers] 버튼 을 클릭하여 새 레이어를 만듭니다.

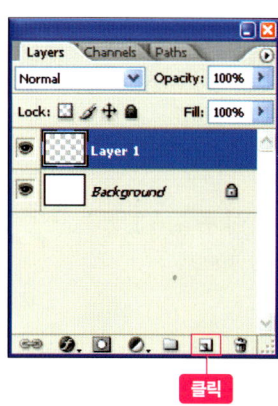

**03** 툴박스에서 전경색을 '#5ecee9'으로 설정하고 그레이디언트 툴 을 클릭합니다. 옵션바에서 드롭다운 버튼을 클릭하여 그레이디언트의 종류를 두 번째에 있는 'Foreground to Transparent'로 설정합니다.

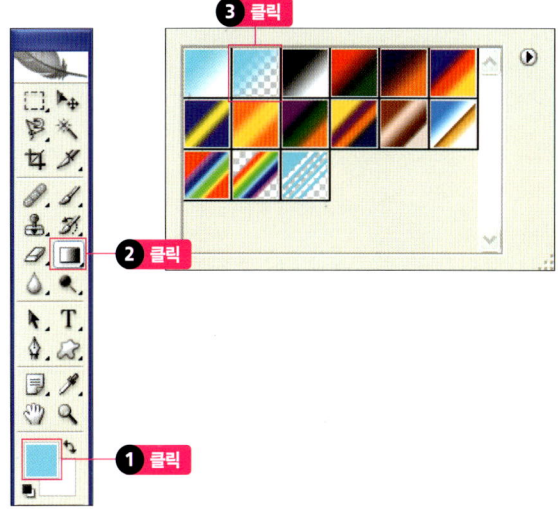

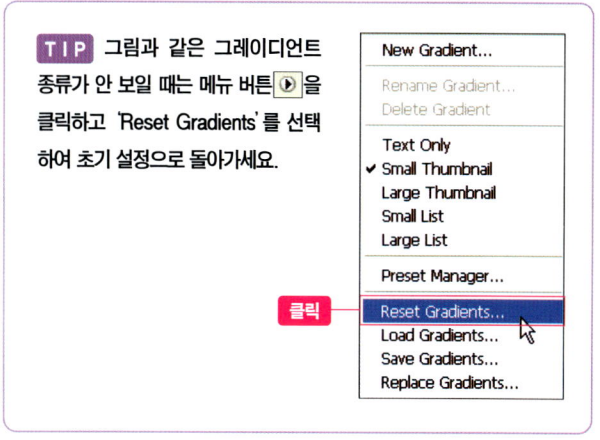

> **TIP** 그림과 같은 그레이디언트 종류가 안 보일 때는 메뉴 버튼 을 클릭하고 'Reset Gradients'를 선택하여 초기 설정으로 돌아가세요.

**04** 위에서 아래 방향으로 3분의 2 지점까지 드래그하여 색상을 채웁니다.

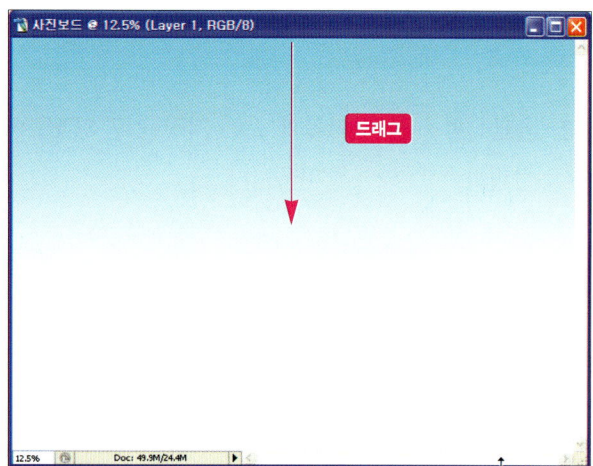

**05** [레이어] 팔레트에서 [Create a new layers] 버튼 을 클릭하여 새 레이어를 만듭니다.

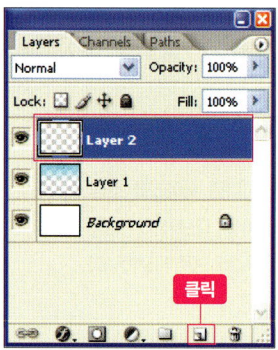

**06** 전경색을 '#c8f192'로 변경한 후, 작업창의 아래에서 위로 드래그하여 색상을 채웁니다.

## 사각형을 그려요

**01** `Ctrl` + `R` 을 눌러 눈금자를 나타낸 후, 다음과 같이 가이드라인을 그립니다.

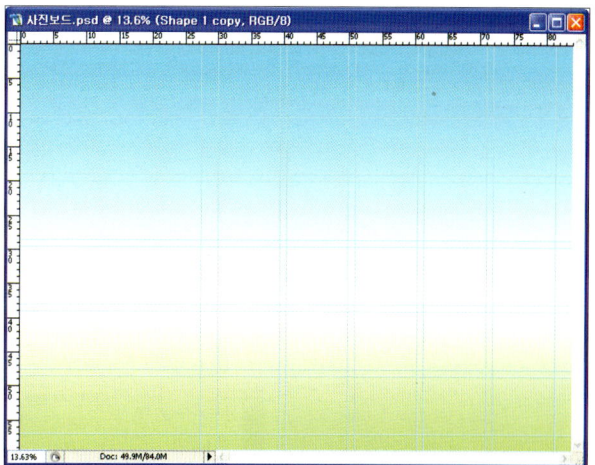

> **세로 가이드라인** : 27.5cm, 30cm, 39.5cm, 40.5cm, 50cm, 51cm, 60.5cm, 61.5cm, 71cm, 72cm, 81.5cm
>
> **가로 가이드라인** : 10.5cm, 19cm, 20cm, 28.5cm, 29.5cm, 38cm, 39cm, 47.5cm, 48.5cm, 57cm

**02** 툴박스에서 모서리가 둥근 사각형 도형 툴 을 선택한 후, 옵션바에서 Radius는 '40', 색상은 '#fedfb1'로 지정 합니다.

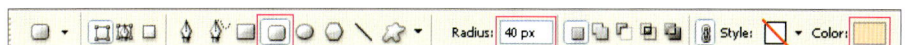

**03** [레이어] 팔레트에서 [Create a new group] 버튼 을 클릭하여 새 그룹 폴더를 만든 후 가이드 라인에 맞춰 사각형을 그림과 같이 그립니다.

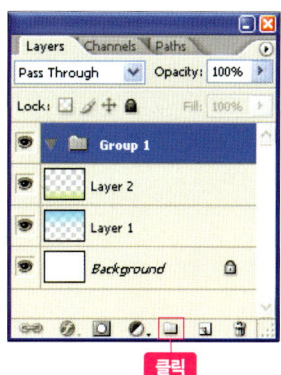

클릭

**04** [레이어] 팔레트에서 첫 번째 줄 마지막에 있는 사각형 도형 레이어의 색상창을 더블클릭하여 [Color Picker]가 나타나면 색상을 '#d6e594'로 변경한 후 [OK] 버튼을 클릭합니다.

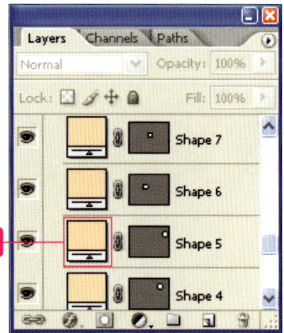

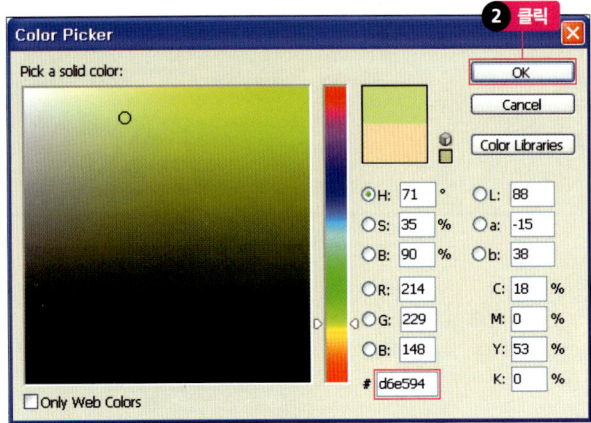

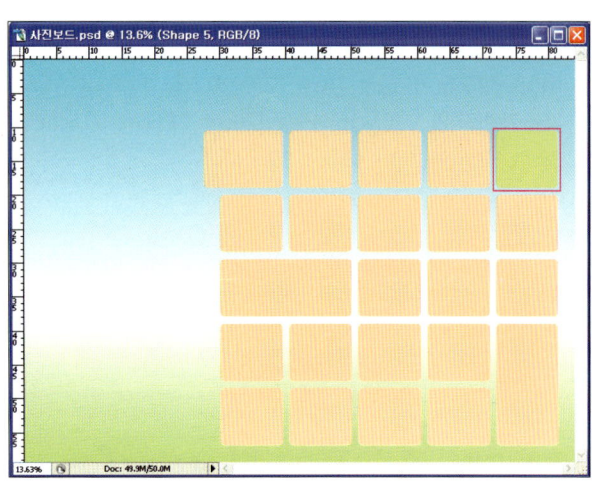

**05** 같은 방법으로 마지막 줄 두 번째 사각형도 '#f7f9b9'로 색상을 변경합니다.

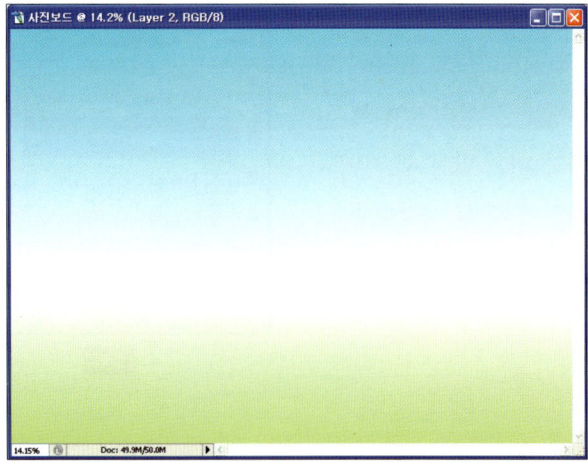

**06** [레이어] 팔레트에서
마지막 줄 첫 번째 사각형
레이어를 클릭합니다.
Ctrl + T를 눌러 조절점이
나타나면 위쪽으로 약간
드래그하여 사각형을 조금
기울인 후 Ctrl + Enter 를
눌러 적용합니다.

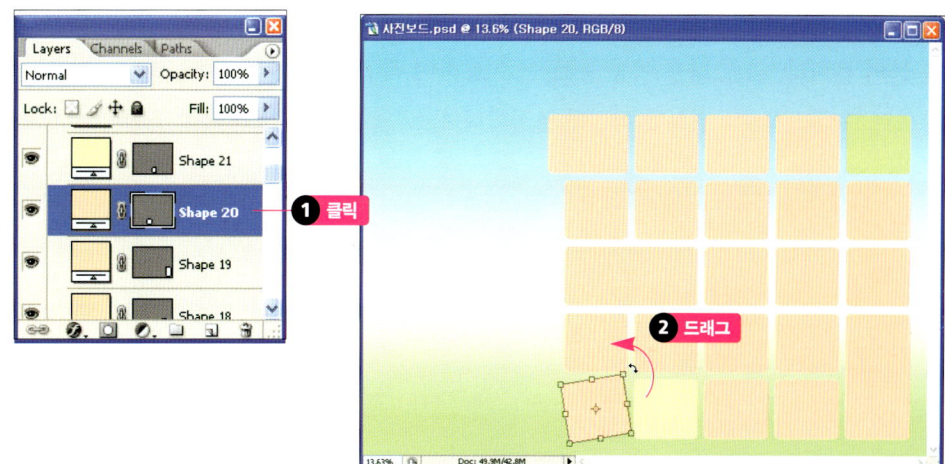

**07** [레이어] 팔레트에서 Group 1 폴더를 클릭한 후,
Ctrl + E를 눌러 레이어를 병합합니다.

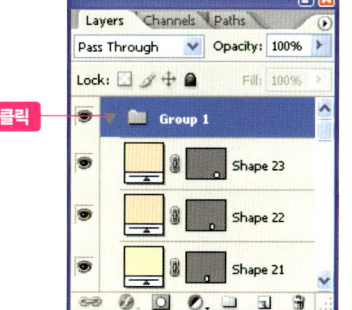
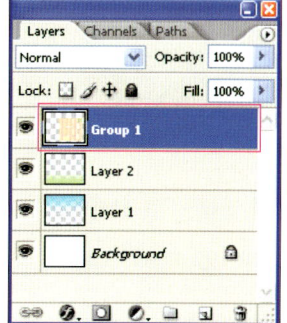

## 예쁜 이미지를 넣어요

**01** 부록 CD에서 '0210_01.psd' 파일을 열어 구름 이
미지를 불러 옵니다. 이동 툴을 이용하여 작업창으
로 드래그한 후, 위치를 적절히 조절합니다.

**02** 같은 방법으로 부록 CD에서 '0210_02.psd' 파일을 불러 옵니다. 그런 다음 이동 툴  을 이용하여 작업창으로 드래그 한 후, 위치를 적절히 조절합니다.

**03** 부록 CD에서 '0210_03.psd' 파일을 불러 옵니다. 이동 툴 을 이용하여 작업창으로 드래그한 후, 위치를 적절히 조절합니다.

**04** [레이어] 팔레트에서 작은구름 레이어를 [Create a new layer] 버튼 으로 드래그하여 복사합니다.

**05** 이동 툴 을 이용하여 이미지를 오른쪽으로 옮깁니다. Ctrl + T 를 눌러 나타나는 조절점의 모서리에 마우스를 대고 Shift 를 누르면서 바깥쪽으로 드래그하여 크기를 약간 키웁니다. 적절한 크기가 되면 Ctrl + Enter 를 눌러 적용합니다.

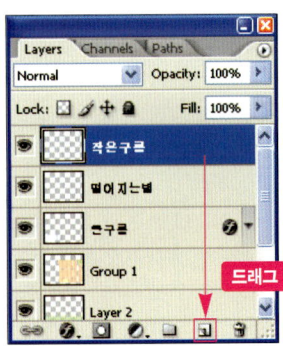

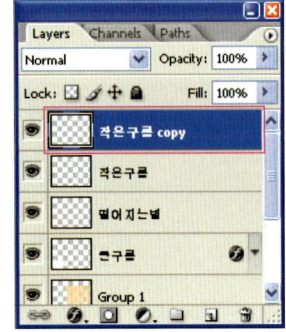

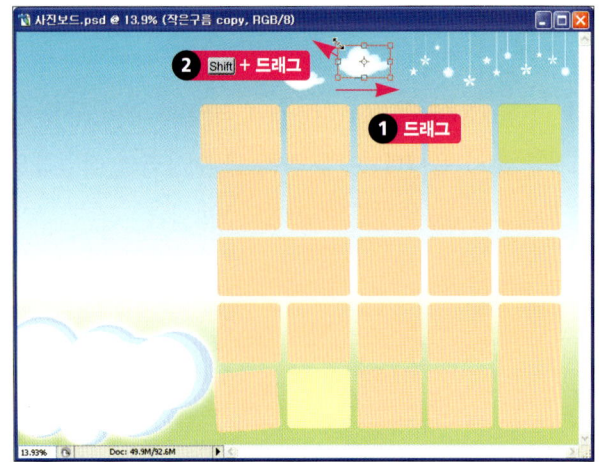

**06** 툴박스에서 선 툴 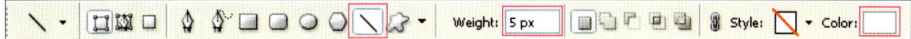 을 클릭하고, 옵션바에서 굵기를 '5', 색상은 '#ffffff'로 지정합니다.

**07** 그림과 같이 Shift 를 누르면서 선을 위에서 아래로 여러 개 그립니다.

**08** 부록 CD에서 '0210_04.psd'를 불러 와 Ctrl + A 를 눌러 전체 선택을 한 다음, Ctrl + C 를 눌러 복사합니다.

**09** Ctrl + V 를 눌러 작업창에 복사한 이미지를 붙입니다. Ctrl + V 를 네 번 눌러 네 개의 이미지를 붙여넣고, 그림과 같이 위치를 적절히 조절합니다.

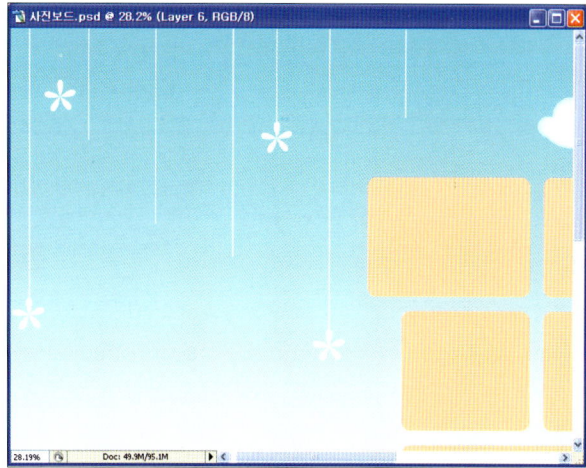

**10** 사용자 정의 도형 툴 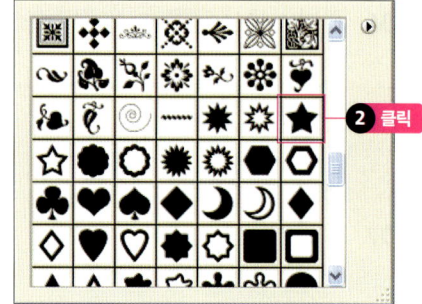 을 클릭하고, Shape의 드롭다운 버튼을 눌러 별
모양을 선택합니다. 색상은 '#ffffff' 로 설정합니다.

**11** 작업창에서 드래그하여 그림과 같이 별모양을 그
린 다음, 이동 툴 을 이용하여 위치를 조절합니다.

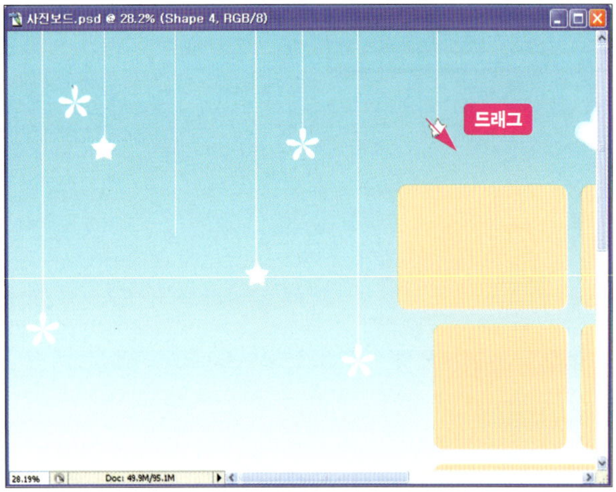

**12** [레이어] 팔레트가 복잡하니 이미지들을 그룹 폴더
로 묶겠습니다. 방금 그린 Shape 5 레이어가 선택된 상
태에서 Shift 를 누른 채 떨어지는별 레이어를 클릭합니
다. 두 레이어 사이에 있는 모든 레이어가 선택됩니다.

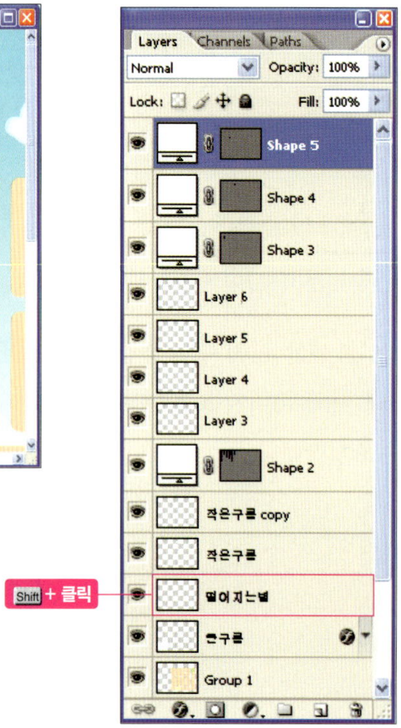

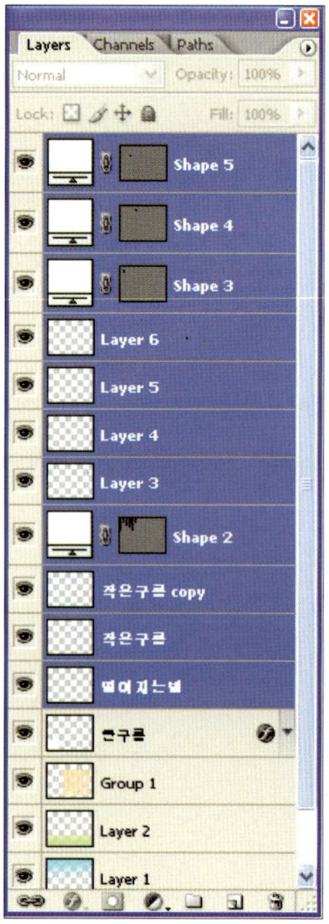

**13** 메뉴 버튼 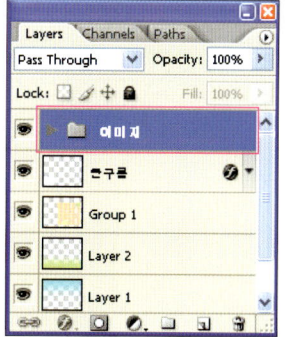을 클릭한 후, [New group from layers]를 선택합니다. [New group from layers] 대화상자가 나타나면 Name에 '이미지' 라고 입력한 다음, [OK] 버튼을 클릭합니다. 선택한 레이어들이 이미지 폴더 안에 정리됩니다.

## 메인 사진을 넣어요

**01** 부록 CD에서 '0210_05.psd'를 불러 와 이동 툴 로 드래그하여 작업창으로 옮긴 후, 큰 구름 위로 위치를 적절히 조절합니다.

**02** [Add a layer style] 버튼 을 클릭하여 [Inner Glow]를 선택합니다. 색상은 '#ffffff', Size는 '27'로 지정한 후, [Outer Glow]를 클릭합니다.

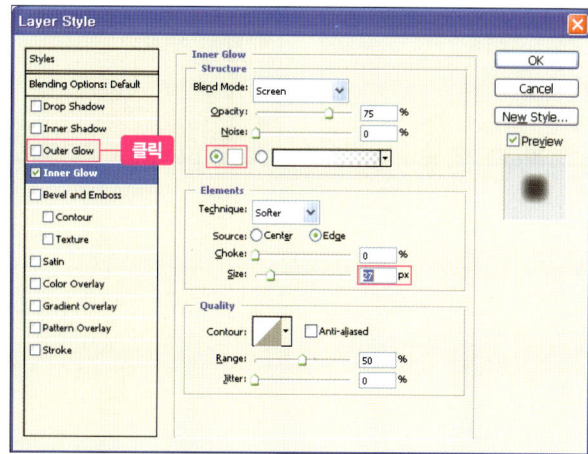

**03** [Outer Glow]에서 색상은 '#ffffff', Spread는 '10', Size는 '114' 로 지정한 후, [OK] 버튼을 클릭합니다.

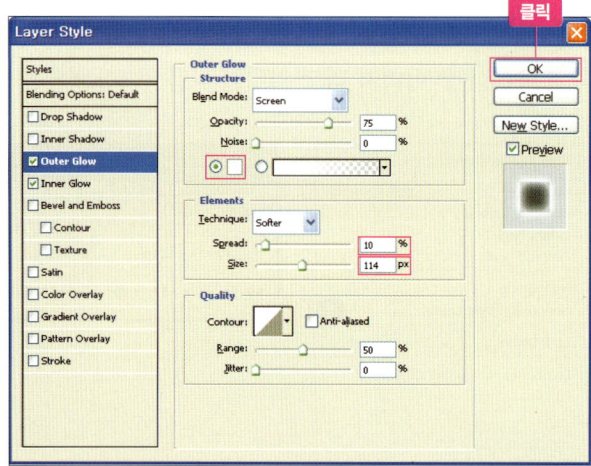

**04** [레이어] 팔레트에서 큰구름 레이어를 메인사진 위로 드래그합니다. 그럼 메인 사진의 아랫부분이 깔끔하게 구름에 가려집니다.

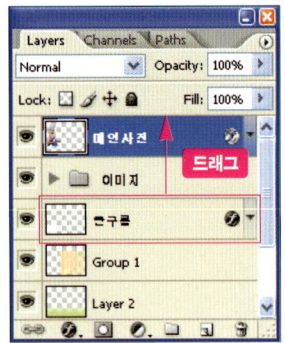

## 작은 사진을 넣어요

**01** [레이어] 팔레트에서 Group 1 레이어를 클릭한 후, 툴박스에서 마술봉 툴을 선택합니다. 그런 다음 작업창에서 첫 번째 줄의 첫 번째 사각형을 클릭하여 선택 영역으로 설정합니다.

**02** 부록 CD에서 '0210_06.jpg'를 불러 옵니다. Ctrl +A 를 눌러 전체 선택을 한 후, Ctrl +C 를 눌러 복사합니다.

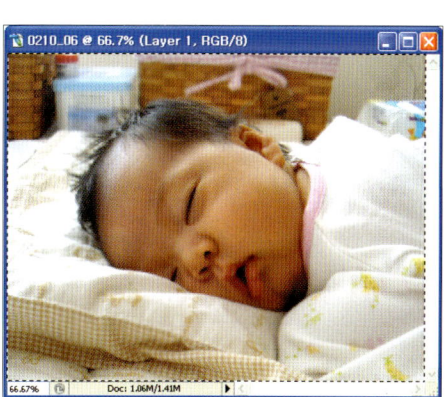

**03** 작업창으로 돌아와 Shift + Ctrl + V 를 눌러 선택영역 안에 복사한 이미지를 붙여넣기 합니다.

**04** [레이어] 팔레트에서 다시 Group 1 레이어를 클릭한 후, 툴박스에서 마술봉 툴 을 선택합니다. 작업창에서 첫 번째 줄의 두 번째 사각형을 클릭하여 선택영역으로 지정합니다.

주의하세요 Group 1 레이어를 다시 선택해서 마술봉 툴 로 클릭해야만 선택영역이 제대로 지정됩니다.

**05** 부록 CD에서 '0210_07.jpg'를 불러 옵니다. Ctrl +A 를 눌러 전체선택을 한 후, Ctrl + C 를 눌러 복사합니다.

**06** 작업창으로 돌아와 Shift + Ctrl + V 를 눌러 선택영역 안에 복사한 이미지를 붙여넣기 합니다.

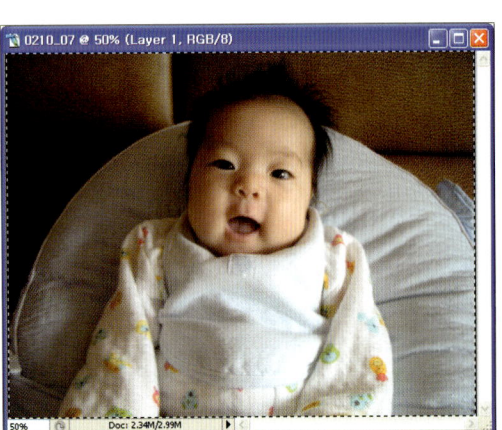

**07** 같은 방법으로 사진을 차례대로 넣어줍니다.

**08** [레이어] 팔레트에서 마지막으로 넣은 사진 레이어가 선택된 상태로 Shift를 누른 채 Layer 7을 클릭하면 두 레이어 사이의 레이어가 전체 선택됩니다.

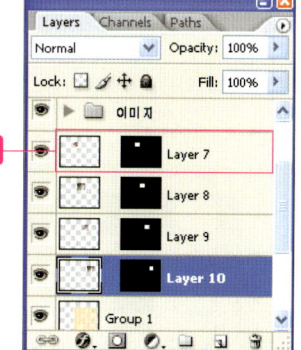
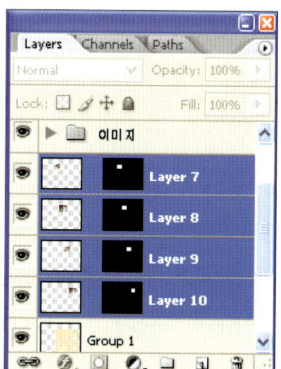

**09** 메뉴 버튼 ▶을 클릭하여 [New Group from Layers]를 선택합니다. [New Group from Layers] 대화상자가 나타나면 Name에 '사진1'을 입력하고 [OK] 버튼을 클릭합니다. 그럼 선택한 레이어들이 사진1 폴더 안에 정리됩니다.

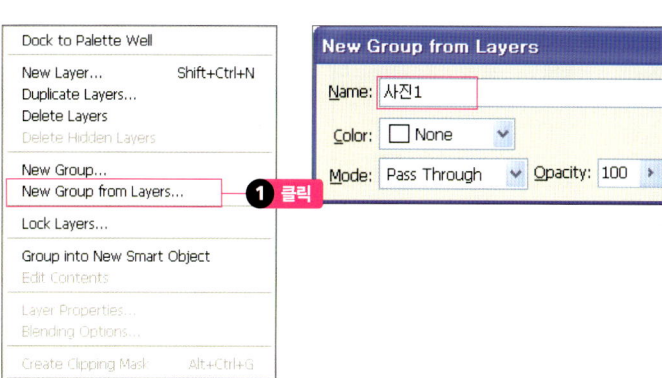
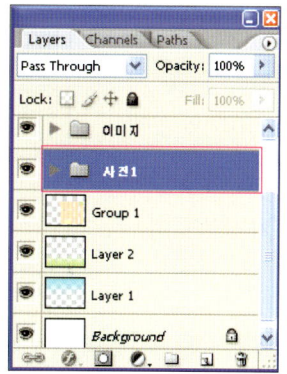

**10** 위와 같은 방법으로 사진을 사각형 안에 넣은 다음 폴더로 정리합니다.

**11** [레이어] 팔레트에서 첫 번째 줄의 첫 번째 사진 레이어를 클릭하고 [Add a layer style] 버튼을 선택한 후, [Stroke]을 클릭합니다. 색상은 '#ffffff', Size는 '8'을 지정하고 [Drop Shadow]를 클릭합니다.

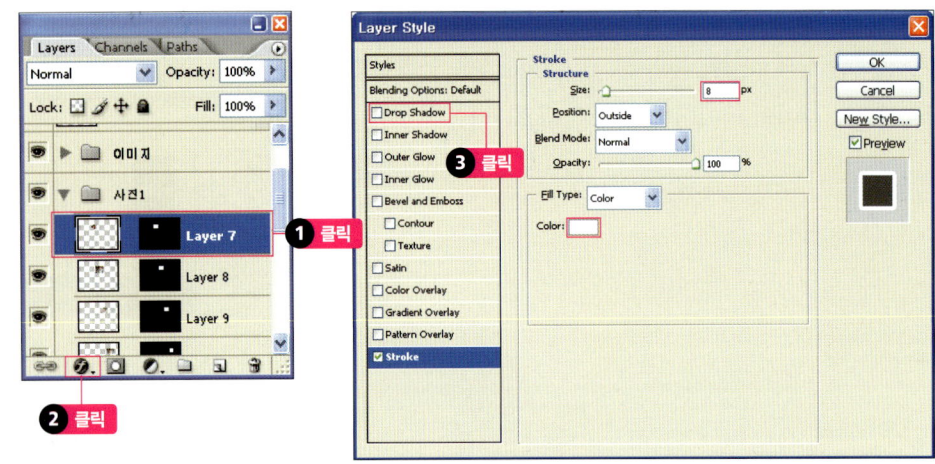

**12** [Drop Shadow]에서 Opacity는 '50', Distance는 '10', Size는 '13'을 지정하고 [OK] 버튼을 클릭합니다. 사진에 흰색 테두리와 그림자가 생깁니다.

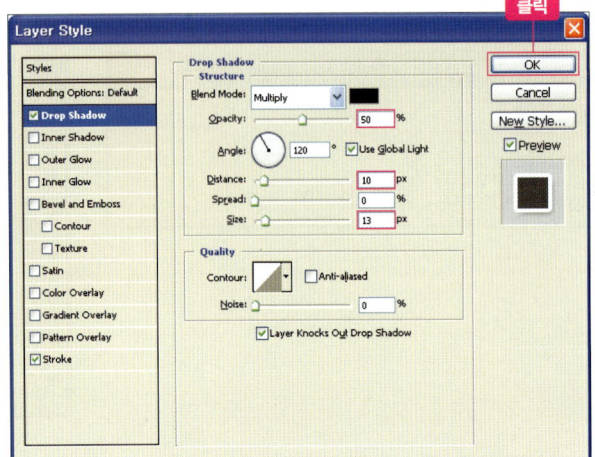

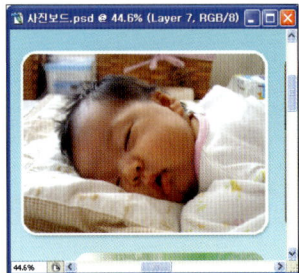

**13** 나머지 사진에도 같은 레이어 스타일을 적용합니다.

주의하세요 첫째 줄 마지막 사각형과 셋째 줄 두 번째 사각형, 마지막 줄 두 번째 사각형에는 레이어 스타일을 적용하지 마세요. 사진을 넣은 사각형에만 레이어 스타일을 적용하세요.

## 그림을 그려요

**01** 사용자 정의 도형 툴 을 선택한 후, 옵션바의 Shape의 드롭다운 버튼을 클릭합니다. 별 모양을 클릭하고 색상은 '#e5f1b3' 으로 지정합니다.

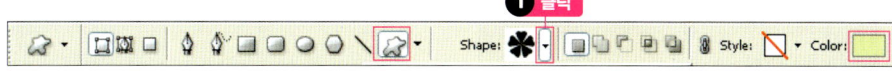

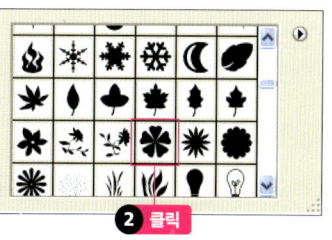

**02** 드래그하여 다음과 같이 그립니다.

**03** Ctrl + T 를 눌러 조절점이 나타나면 모서리 부분에 마우스를 대고 약간 위로 드래그하여 기울입니다. 적절히 기울인 다음 Ctrl + Enter 를 눌러 적용합니다.

**04** [레이어] 팔레트에서 방금 그린 Shape 레이어를 [Create a new layer] 버튼 으로 드래그하여 복사합니다.

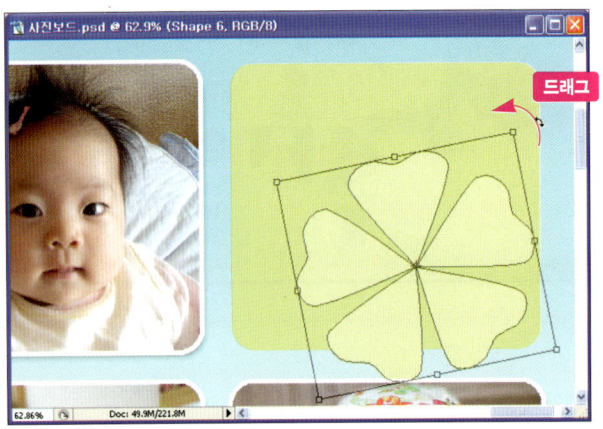

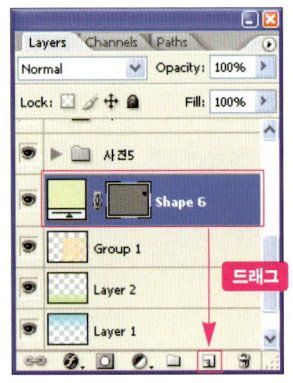

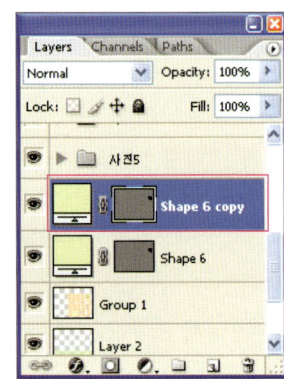

**05** 이동 툴 을 이용하여 위쪽으로 옮깁니다. 그런 다음 Ctrl + T 를 눌러 조절점이 나타나면 모서리 부분을 Shift 를 누르면서 안쪽으로 드래그하여 크기를 줄입니다.

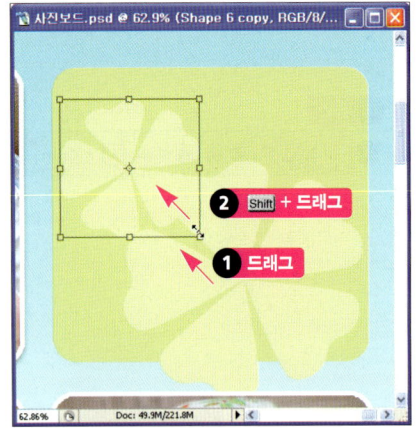

**06** [레이어] 팔레트에서 방금 그린 Shape 6 copy 레이어가 선택된 상태에서 Ctrl 을 누른 채 Shape 6 레이어를 클릭한 후, Ctrl + E 를 눌러 레이어를 합칩니다.

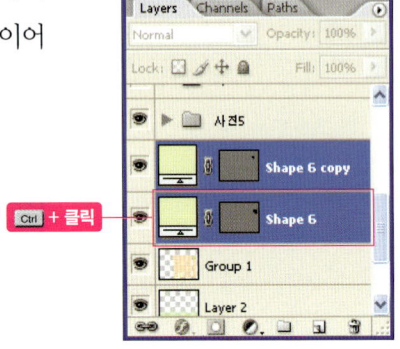

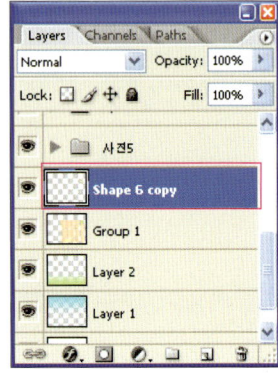

**07** Shape 6 copy 레이어에서 마우스 오른쪽 버튼을 클릭하여 [Layer Properties]를 선택합니다. [Layer Properties] 대화상자가 나타나면 Name에 '꽃'을 입력한 후 [OK] 버튼을 클릭합니다.

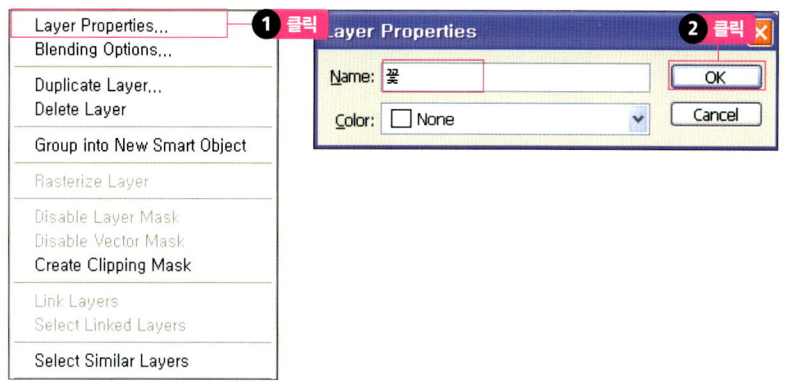
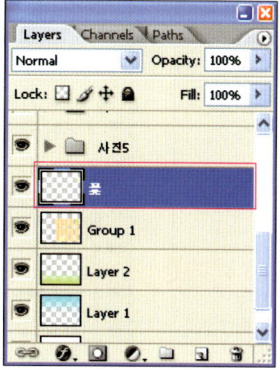

**08** [레이어] 팔레트에서 꽃 레이어가 선택된 상태에서 Ctrl 을 누른 채 Group 1 레이어의 사각 레이어 창을 클릭하여 선택영역으로 지정합니다.

**09** Shift + Ctrl + I 를 눌러 선택영역을 반전시킨 후, Delete 를 눌러 튀어나온 이미지를 지우고 Ctrl + D 를 눌러 선택을 해제합니다.

**10** 꽃 레이어를 [Create a new layer] 버튼 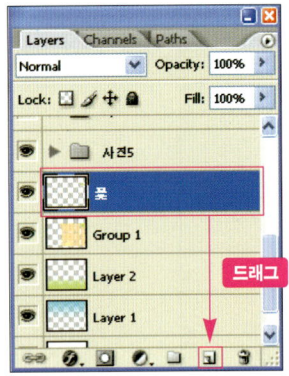 으로 드래그하여 복사한 후 이동 툴 을 이용하여 작업창의 가운데로 옮깁니다.

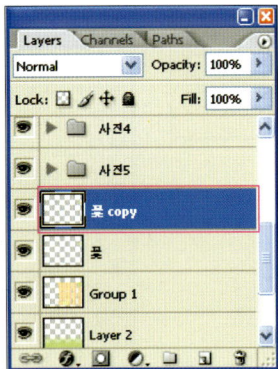

**11** Ctrl + U 를 눌러 다음과 같이 지정하고, [OK] 버튼을 클릭합니다.

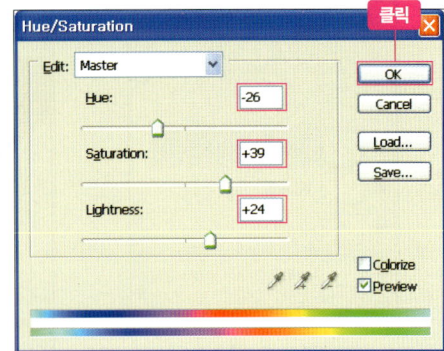

**12** 같은 방법으로 꽃 레이어를 복사하여 맨 아랫줄로 이동시킨 다음, Ctrl + U 를 눌러 다음과 같이 지정하고 [OK] 버튼을 클릭합니다.

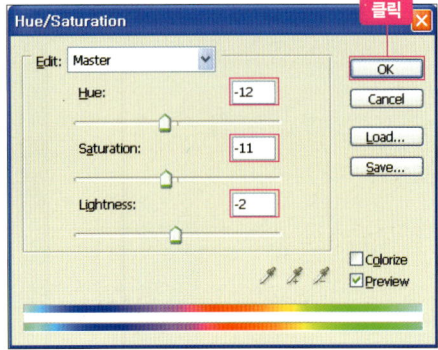

# 글자를 입력해요

**01** [레이어] 팔레트에서 큰구름 레이어를 선택하고 문자 툴 **T** 을 클릭한 다음 옵션바에서 다음과 같이 지정합니다.

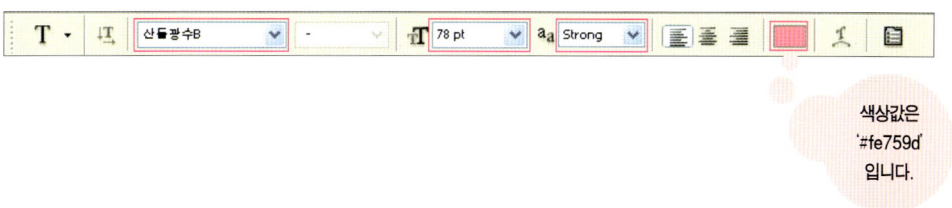

색상값은
'#fe759d'
입니다.

**02** 작업창의 큰 구름 부분을 클릭한 후 다음과 같이 입력합니다.

**03** '하는' 과 '의' 를 각각 블록으로 지정하여 글자 크기를 '47' 로 변경한 후, `Ctrl` + `Enter` 를 눌러 적용합니다.

**04** 작업창을 클릭하여 문자 레이어를 활성화하고 옵션바에서 글자 크기는 '140', 글자색은 '#fc5989' 로 변경한 후 다음과 같이 입력합니다.

**05** 글자 하나하나씩 드래그하여 블록으로 지정한 후 색상을 다음과 같이 변경하고 `Ctrl` + `Enter` 를 눌러 적용합니다. 이동 툴 로 위치를 적절히 잡아주세요.

> **살** : #e488fe  **이** : #fde07c  **야** : #6ad1fd  **기** : #9ca9fb

**06** [레이어] 팔레트에서 [Create a new layer] 버튼 을 눌러 새 레이어를 만든 후, 드래그하여 '한 살 이야기' 레이어 밑으로 옮깁니다.

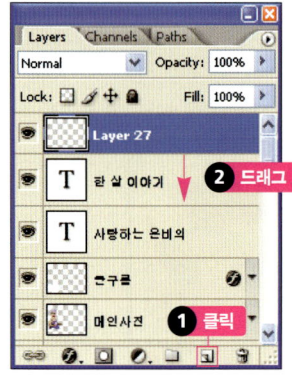
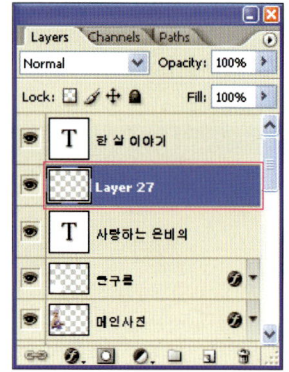

**07** 새 레이어가 선택된 상태에서 `Ctrl` 을 누른 채 '한 살 이야기' 레이어의 사각 레이어 창을 클릭하면 글자 모양대로 선택영역이 지정됩니다.

> **주의하세요** 반드시 사각 레이어 창 부분을 클릭해야 글자 모양대로 선택됩니다.

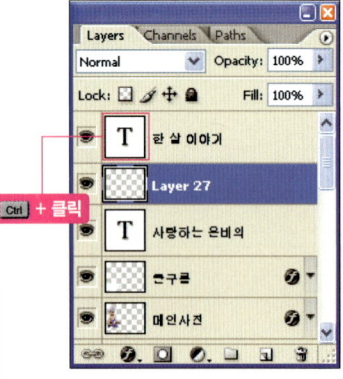

**08** [Select] 메뉴의 [Modify − Expand]를 클릭하여 대화상자가 나타나면 크기를 '20'으로 지정하고 [OK] 버튼을 클릭합니다.

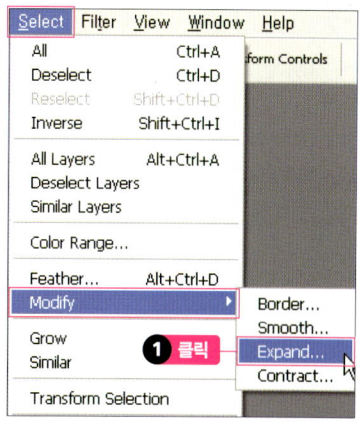

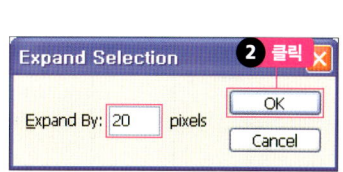

**09** 선택영역이 확대된 것을 볼 수 있습니다.

**10** Shift + F5 를 눌러 [Fill] 대화상자가 나타나면 Use를 'White'로 변경한 후 [OK] 버튼을 클릭합니다.

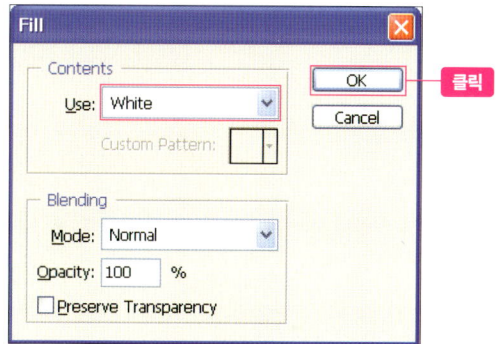

**11** 바탕이 흰색이라 아무 변화도 없는 것처럼 보이지만 사실 흰색으로 칠해진 것입니다. Ctrl + D 를 눌러 선택을 해제한 후 [Add a layer style] 버튼 을 클릭하여 [Outer Glow]를 선택합니다.

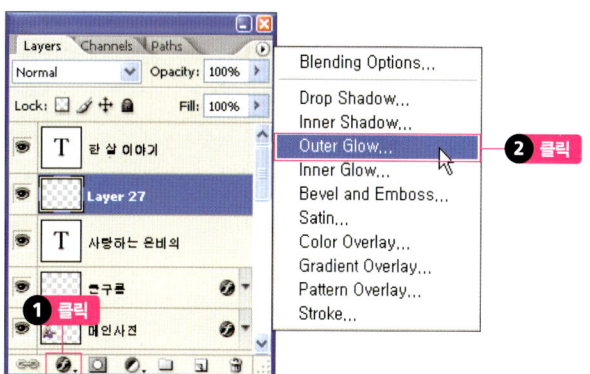

**12** [Layer Style] 대화상자가 나타나면 다음과 같이 지정한 다음 [OK] 버튼을 클릭합니다.

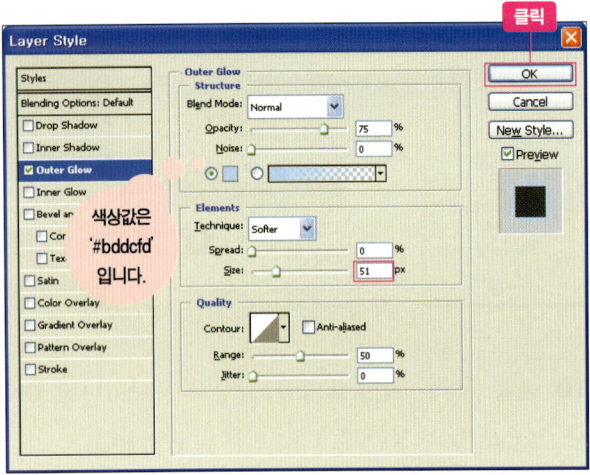

**13** 이제 방금 칠한 흰색 테두리가 보이죠?

## 작은 이미지를 넣어요

**01** 부록 CD에서 '0210_04.psd' 파일을 불러온 후, 이동 툴로 드래그하여 작업창의 구름 위로 옮깁니다. 역시 흰색이라 잘 보이지 않네요.

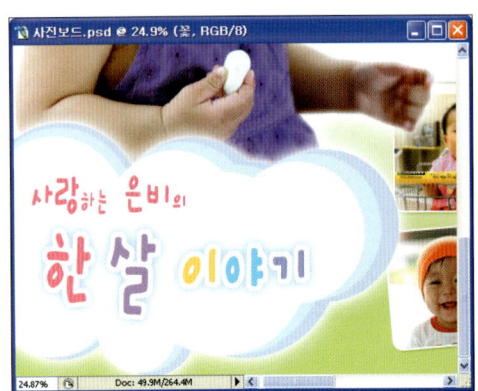

**02** [Add a layer style] 버튼을 클릭하여 [Color Overlay]를 선택합니다.

**03** [Layer Style] 대화상자가 나타나면 색상값을 '#e0f2ff'로 변경한 다음 [OK] 버튼을 클릭하세요. 이제 꽃이 파란 색으로 보입니다.

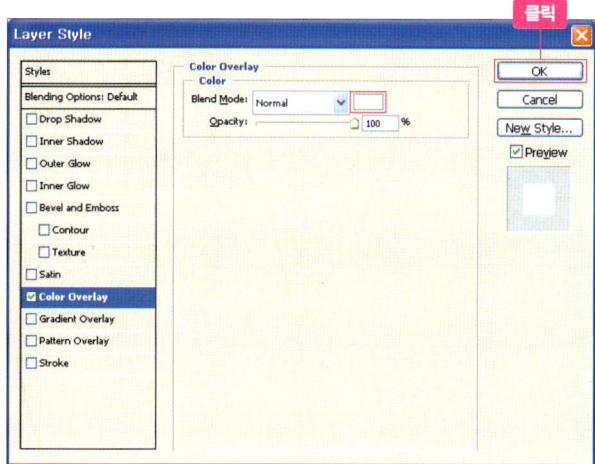 

**04** 꽃 레이어를 [Create a new layer] 버튼 으로 드래그하여 복사한 후 이동 툴 로 위치를 적절히 조절합니다.

 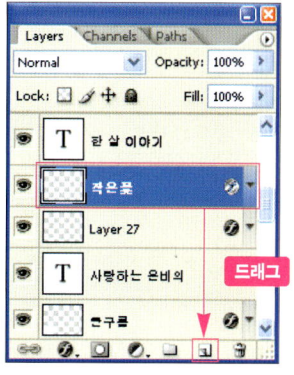 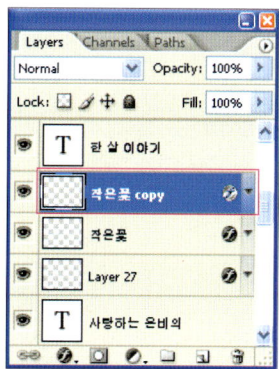

**05** Ctrl + T를 눌러 조절점이 나타나면 모서리 부분에 마우스를 대고 Shift를 누른 채 안쪽으로 드래그하여 크기를 약간 줄입니다. 적당한 크기로 줄인 다음 Ctrl + Enter를 눌러 적용합니다.

**06** 같은 방법으로 꽃 하나를 더 복사하여 위치를 적절히 옮깁니다.

## 글자를 입력해요

**01** 문자 툴  을 선택하고 옵션바에서 다음과 같이 지정합니다.

색상값은
'#fb9cb8'
입니다.

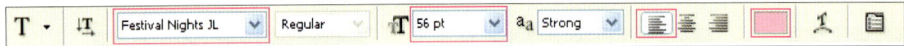

**02** 사진 윗부분을 클릭하여 'THE 1ST anniversary EUN BI BIRTH' 라고 입력합니다.

**03** 각 글자를 드래그하여 블록으로 지정한 후, 색상을 다음과 같이 변경합니다.

> 1ST : #b1dc02          anniversary : #f4bd02
>
> EUN BI : #02b1fc        BIRTH : #ff6098

**04** 각 글자를 드래그하여 블록으로 지정한 후 크기를 다음과 같이 변경합니다.

> T : 66      1 : 100      E : 100      U : 48
>
> B : 84      B : 60      IRTH : 48

**05** 'anniversary'를 블록으로 지정하고, [캐릭터] 팔레트 📖 를 클릭한 후 다음과 같이 설정합니다. [Ctrl] + [Enter]를 눌러 적용합니다.

**06** [레이어] 팔레트에서 [Add a layer style] 버튼 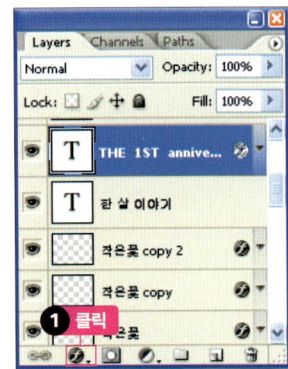을 클릭하여 [Stroke]을 선택합니다. [Layer style] 대화상자가 나타나면 Size는 '8', 색상값은 '#ffffff' 로 지정한 후 [OK] 버튼을 클릭합니다.

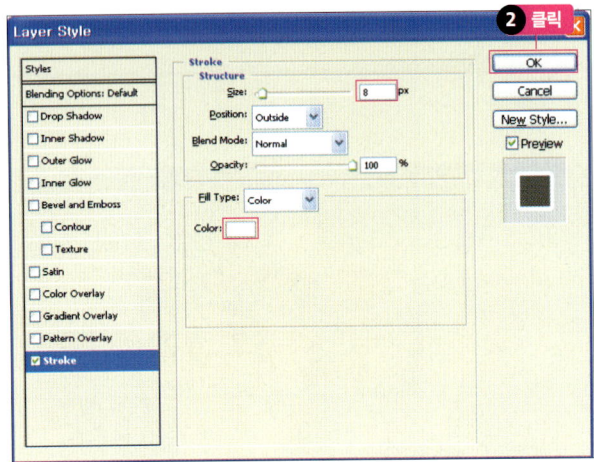

**07** 사진틀과 크기를 맞추기 위해 글자 간격을 조금 넓혀보겠습니다. [캐릭터] 팔레트 를 클릭하여 글자 간격을 '25' 로 지정하고, Ctrl + Enter 를 눌러 적용합니다.

**08** 문자 툴 **T**을 선택하고 옵션바에서 다음과 같이 지정합니다.

색상값은
'#adca2e'
입니다.

글자체는
'ActionIs Wide
Diagonal JL'
입니다.

**09** 작업창을 클릭하여 다음과 같이 입력한 다음 `Ctrl`
+ `Enter` 를 눌러 적용합니다.

**10** 사진 보드 중간을 클릭하여 다음의 문구를 입력한 후 색상을 변경합니다.

PRETTY BABY EUNBI : #edb25a
HAPPY BIRTHDAY PARTY : #c3c660

---

**TIP** 작업한 전시물을 출력을 할 때

큰 사이즈 출력물 : 사진보드와 이벤트보드와 같은 큰 사이즈 출력물은 집에서 분할출력을 할 수도 있지만 전문 출력업체를 이용하는 것이 좋습니다. 특히 사진보드는 작은 사진들이 많기 때문에 꼭 전문 출력업체에서 출력하세요.

A4 사이즈 출력물 : 포스터, 엘리베이터 안내문, 테이블 안내문, 초대장과 같은 A4 사이즈의 출력물은 집에서 프린터 출력을 할 수 있지만, 분량이 많다면 전문 업체에 의뢰하는 것이 오히려 저렴합니다. 집에서 출력할 때 용지는 최소 잉크젯 전용지에 하고, 보다 좋은 품질을 원한다면 인화지에 출력합니다.

그 외 작은 사이즈 출력물 : 덕담엽서나 초대장은 인화사이트를 선택해도 좋습니다. 인화사이트에서 출력할 때는 '이미지풀', '무테', '무광 또는 유광' 을 선택합니다. 무광은 고급스럽고 유광은 색감이 좋습니다.

**11** 완성입니다. 사진이 많이 들어가 힘들었지만 뿌듯하죠?

**TIP** A4에 맞게 프린터 출력을 하고 싶을 때는 [File] 메뉴의 [Print with Preview]를 클릭하여 [Print] 대화상자가 나타나면 'Scale to Fit Media'에 체크 표시합니다.

용지를 가로로 설정할 때는 [File] 메뉴의 [Page Setup]을 클릭하여 [페이지설정] 대화상자가 나타나면 방향의 '가로'를 선택한 다음 [확인] 버튼을 클릭합니다.

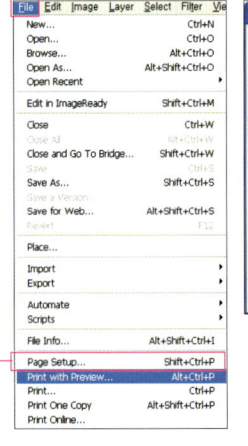

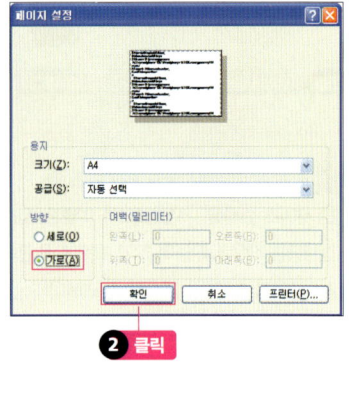

# 영화 속 주인공 포스터

내 아이를 영화 속 주인공으로 만드는 패러디 포스터! 손님들이 가장 재미있게 보는 부분 중 하나입니다. 약간의 코믹한 문구를 넣어 만들면, 돌잔치 때 손님들을 미소 짓게 할 거예요. 특히 어르신들은 아이가 진짜 영화에 출연한 줄 아시는 경우도 있답니다. 일반 포스터보다 애니메이션 포스터를 이용하면 비교적 쉽고 자연스럽게 합성할 수 있습니다. 여기에서는 최근 개봉한 '플래쉬' 포스터를 이용하여 합성해 보겠습니다.

● **결과 파일 경로** | 부록 CD\Sample\Part07\After\0209.jpg

## 포스터 사이즈를 줄여요

**01** Ctrl + 0 를 눌러 부록 CD\Sample\Part07\0209_
01.jpg을 불러 옵니다.

**02** [Image] 메뉴의 [Image Size]를 클릭합니다.

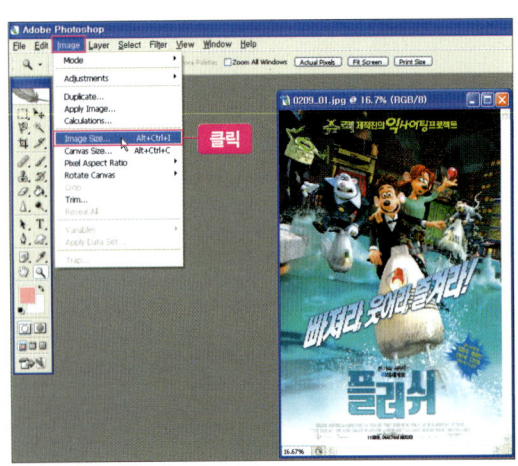

TIP 단축키 Alt + Ctrl + I 를 누
르거나 제목 표시줄에서 마우스 오른쪽 버
튼을 클릭하면 나타나는 단축 메뉴에서
[Image Size]를 클릭해도 됩니다.

**03** [Image Size] 대화상자가 나타나면 Width는 '21', Resolution은 '150'으로 변경한 후 [OK] 버튼을 클릭합니다.

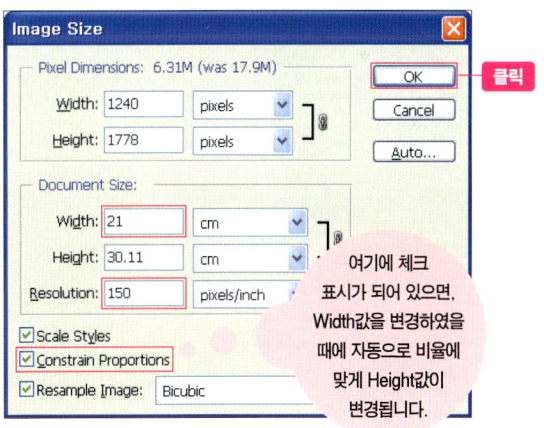

> **TIP** 포스터는 대부분 A4 사이즈로 많이 만들기 때문에 처음부터 A4 사이즈에 맞추어 작업하는 것이 좋습니다. 원본 포스터의 사이즈에 따라 다르겠지만 가능한 해상도를 150dpi 정도로 설정해야 출력할 때에 문제가 없습니다. 만약, 원본 포스터가 작다면 A4 사이즈에 해상도 100dpi까지는 출력할 수 있습니다. 그 이하는 이미지가 흐리거나 깨져 보입니다.

**05** [Canvas Size] 대화상자에서 Height값을 '29.7'로 설정한 후, [OK] 버튼을 클릭합니다.

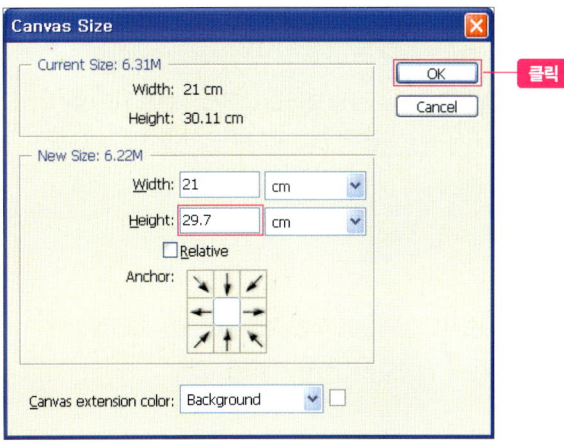

**04** 아직 세로가 A4 사이즈보다 크므로 캔버스 사이즈를 줄여 A4에 맞게 합니다. [Image] 메뉴의 [Canvas Size]를 클릭합니다.

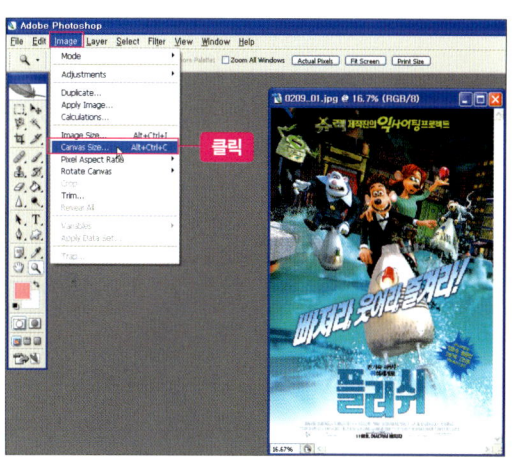

> **TIP** 〔Image Size〕는 사진의 해상도와 픽셀의 크기를 변경하여 사진의 크기를 정확하게 바꾸는 기능이고 〔Canvas Size〕는 해상도의 변화 없이 이미지 바탕의 크기를 변경하는 기능입니다. 원본보다 캔버스가 작아지면 이미지는 잘려 나가고, 원본보다 캔버스 크기가 커지면 늘어나는 부분이 배경색으로 채워집니다.

**06** 다음과 같은 경고문이 나타납니다. 이 경고문은 설정한 이미지가 원본보다 작을 경우에 나타나는데, 작아지는 부분의 이미지는 잘려 나간다는 것을 알리는 것입니다. [Proceed] 버튼을 클릭합니다.

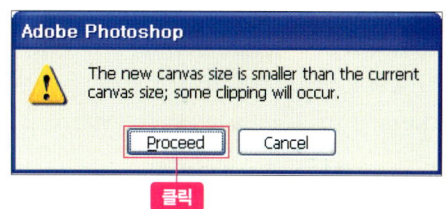

**07** 위와 아래 이미지가 약간씩 잘려 나간 것을 알 수 있습니다.

 **〔Image Size〕 대화상자**

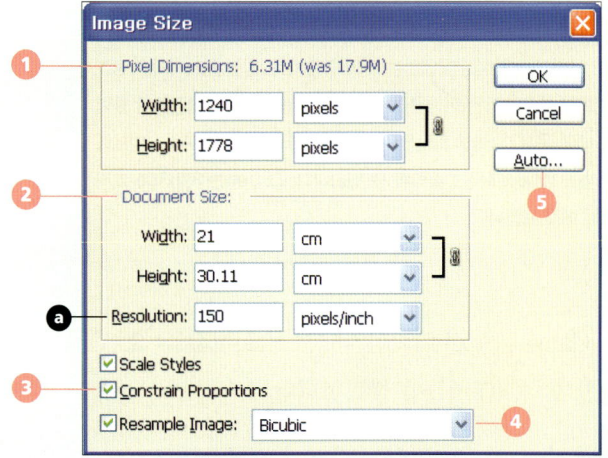

**1** **Pixel Dimensions** : 현재 이미지의 가로와 세로의 픽셀 수를 나타냅니다.

**2** **Document Size** : 출력되는 이미지의 가로, 세로, 해상도를 나타냅니다.

　**a** **Resolution(해상도)** : 해상도 값을 줄이면 전체 픽셀 수가 줄어들게 되어 이미지의 용량은 줄지만 전체 Documents Size는 변함이 없습니다. 따라서, 해상도만 줄이거나 늘리게 되면 이미지의 품질이 떨어집니다.

**3** **Constrain Proportions** : 캔버스의 가로와 세로의 비율과 관계된 명령입니다. 선택을 해제하면 Document Size 옆에 있는 〔〕그림이 사라지고 가로와 세로의 크기를 원하는 대로 바꿀 수 있습니다. 체크 표시가 되어 있는 상태로 Document Size의 Width값을 바꾸면 Heigth값이 비율에 맞게 자동으로 바뀝니다.

**4** **Resample Image** : 현재 보이는 이미지의 변화 없이 출력될 이미지의 해상도와 크기를 설정할 수 있습니다. 특별한 경우가 아니라면 이미지 해상도를 변경할 때에는 반드시 Resample Image에 체크 표시를 한 후 변경하는 것이 좋습니다.

**5** **Auto** : 출력할 결과물의 라인 수를 사용자가 미리 설정하면, 자동으로 해상도를 설정할 수 있습니다.

## 배경을 지워요

**01** [레이어] 팔레트에서 Background 레이어를 [Create a new layers] 버튼 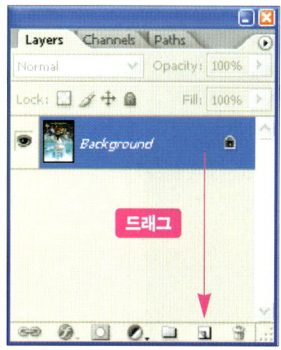 로 드래그하여 복사합니다.

**02** 툴박스의 돋보기 툴 을 더블클릭하여 작업 창의 이미지를 100% 상태로 만듭니다.

도장 툴 로 이미지를 지울 때는 꼭 100% 이상 놓고 작업하세요.

**03** 툴박스에서 도장 툴 을 클릭한 후, 옵션바에서 드롭다운 버튼을 클릭하여 브러시를 '모서리가 둥근 27'로 설정합니다.

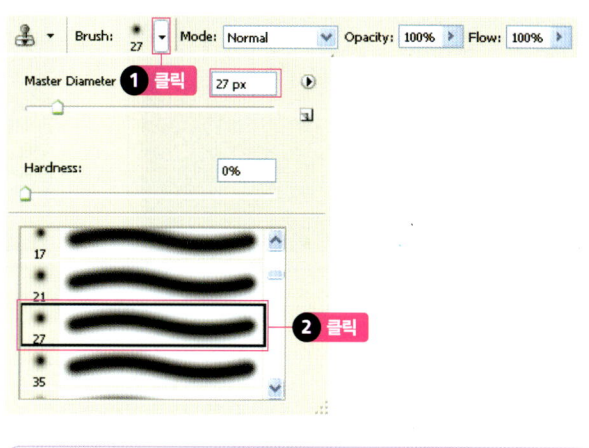

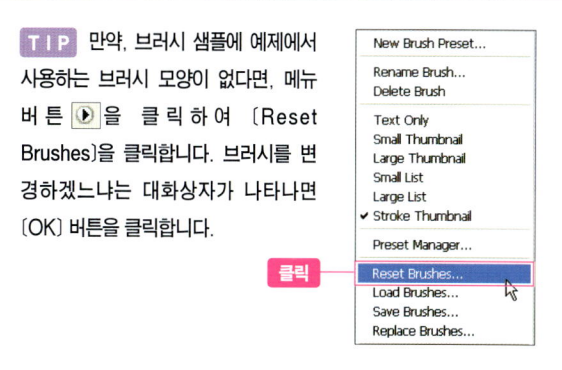

TIP 만약, 브러시 샘플에 예제에서 사용하는 브러시 모양이 없다면, 메뉴 버튼 을 클릭하여 [Reset Brushes]을 클릭합니다. 브러시를 변경하겠느냐는 대화상자가 나타나면 [OK] 버튼을 클릭합니다.

**04** '슈렉' 옆에 있는 배경 부분을 [Alt] 를 누른 채 클릭합니다.

**05** '슈렉' 부분을 마우스로 드래그하면, [Alt] 를 눌렀던 배경 부분이 복사되어 나타납니다.

복사되는 부분에 + 포인터가 나타나 현재 복사되고 있는 위치를 알려줍니다.

**06** 만약, 어색하게 지워진다면 다시 비슷한 색상의 배경 부분을 [Alt] 를 누른 채 클릭하고 글자 부분에 와서 드래그합니다.

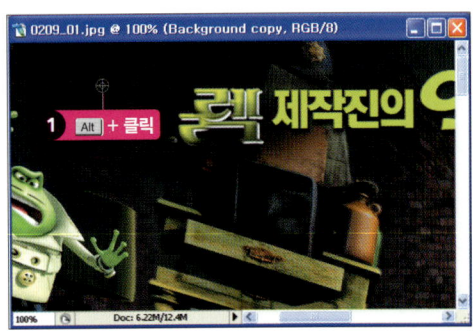

**07** '제작진의' 글자의 아랫부분을 [Alt] 를 누른 채 클릭하고 글자 위를 드래그하여 글자를 지웁니다.

지우고자 하는 부분과 비슷한 이미지를 기준점으로 잡아야 어색하지 않습니다. 어색하다면 기준점을 새로 잡은 후에 복사하세요.

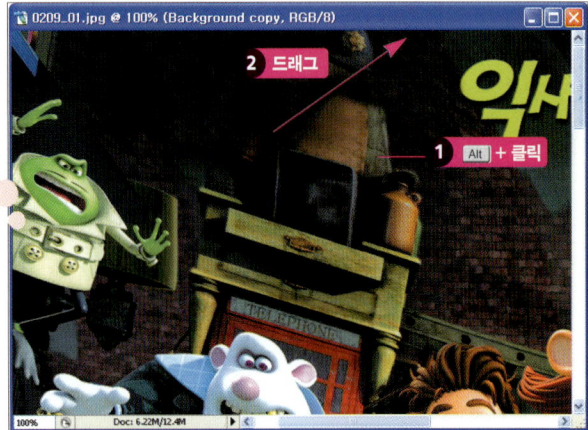

**08** 마찬가지 방법으로 '플러쉬' 와 밑의 문구도 지웁니다.

**09** 얼굴 부분을 지워야하므로 브러시 크기를 조금 줄입니다. 옵션바에서 브러시를 '모서리가 둥근 13' 으로 선택합니다.

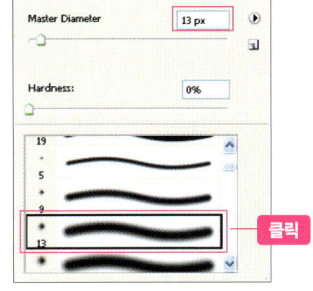

TIP 모서리가 딱딱한 브러시보다 모서리가 둥근 브러시로 배경을 지워주는 것이 보다 부드럽게 지워집니다.

**10** 귀와 머리 부분을 도장 툴 을 이용하여 지웁니다.

좀 더 정교한 위해 Ctrl + + 를 눌러 화면을 200%로 설정한 후 작업하세요.

**11** 루비 이미지도 도장 툴 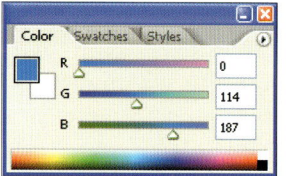을 이용하여 테두리 부분을 지웁니다.

**12** 툴박스에서 스포이트 툴 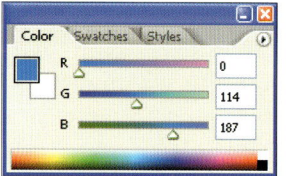을 클릭한 후, 포스터에서 오른쪽 파란 말풍선 부분을 클릭합니다.

클릭

**13** 툴박스와 [컬러] 팔레트의 전경색이 스포이트 툴 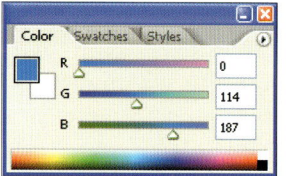로 선택한 파란색으로 바뀐 것을 알 수 있습니다.

**14** 툴박스에서 브러시 툴 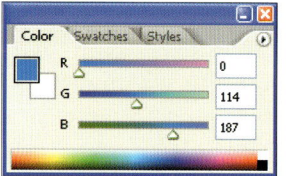을 선택하고 '브러시를 모서리가 딱딱한 19'로 설정합니다.

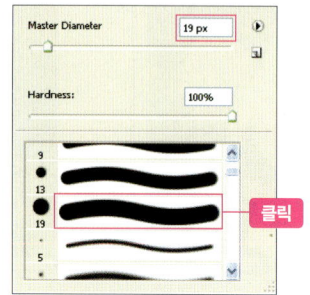

클릭

**15** 글자 부분을 드래그하여 파란색을 색칠한 후, 글자를 지웁니다.

## 사진을 넣고, 색깔을 맞춰요

**01** Ctrl + O을 눌러 부록 CD\Sample\Part07\0209_ 02.psd를 불러 옵니다. Ctrl + A를 눌러 전체 선택을 한 후, Ctrl + C를 눌러 복사합니다.

> 빠른 진행을 위해 미리 아기 얼굴만 오려 두었습니다.

**02** 포스터 작업 창으로 돌아온 후, Ctrl + V를 눌러 아기 얼굴 이미지를 붙여넣기하고 이동 툴을 이용하여 위치를 적절하게 조절합니다.

**03** 얼굴이 좀 크게 들어갔네요. 이미지를 줄이기 위해 Ctrl + T 를 눌러 조절점이 나타나면 Shift 를 누른 채 안쪽으로 드래그하여 이미지를 줄입니다.

**04** 조절점 모서리에 마우스를 올려놓고 위쪽으로 약간 드래그하여 이미지를 적절하게 기울입니다.

**05** 이제 아기 얼굴을 좀 더 밝게 해 보겠습니다. Ctrl + L 을 눌러 [Levels] 대화상자가 나타나면 Input levels 의 수치를 '9, 1.07, 223' 으로 입력한 후, [OK] 버튼을 클릭합니다.

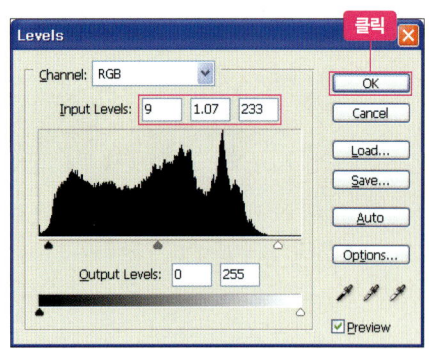

Input Levels의 수치는 이미지마다 달라집니다. 여러분의 아기 사진을 가지고 작업할 때에는 작업 창을 보고 자연스럽게 조절해 주세요.

**06** 아기 사진이 조금 붉어 약간 어색하지요? Ctrl + B 를 눌러 [Color Balance] 대화상자가 나타나면 슬라이 더 바를 움직여 Color Levels이 '-13, 0, -15'가 되도록 합니다. 수치를 직접 입력해도 됩니다.

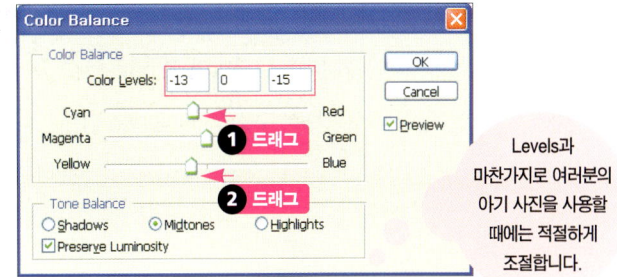

Levels과 마찬가지로 여러분의 아기 사진을 사용할 때에는 적절하게 조절합니다.

**07** Tone Balance의 'Highlights'를 선택한 후 Color Levels의 수치를 '-4, 0, 0'으로 변경합니다. 그런 다음, [OK] 버튼을 클릭합니다.

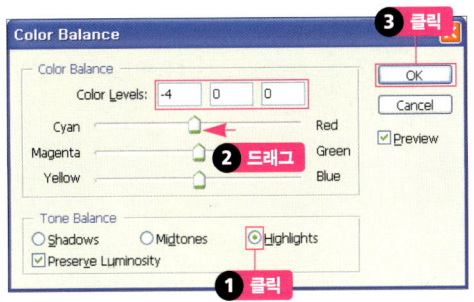

**08** [Image] 메뉴의 [Adjustments – Brightness/ Contrast]를 클릭하여 [Brightness/Contrast] 대화상 자가 나타나면, 슬라이더 바를 움직여 Contrast를 '+7' 로 설정한 후, [OK] 버튼을 클릭합니다.

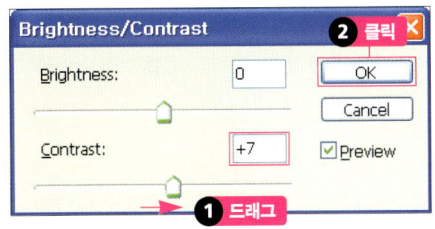

**09** 경계 부분이 좀 어색하므로 툴박스에서 블러 툴 을 선택하여 뭉개 보겠습니다. 옵션바에서 브러시를 '모서리가 둥근 9' 로, Strength을 '30' 으로 설정합니다.

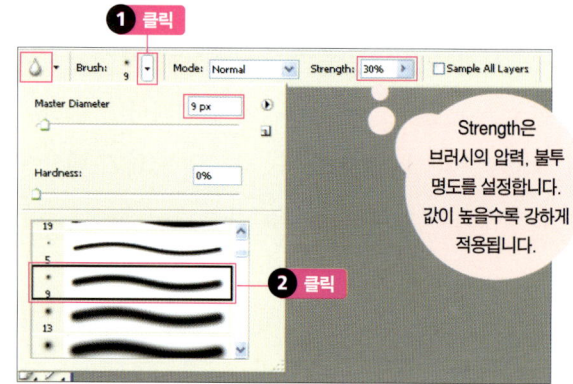

**10** 아기 얼굴 테두리를 따라 드래그하여 이미지를 약간씩 뭉개 줍니다.

> **TIP** 포스터 합성을 잘하려면 먼저 사진이 좋아야 합니다. 표정이 포스터에 잘 어울려야 하고, 얼굴의 각도 또한 맞아야 합니다. 대개 무표정의 사진보다는 활짝 웃는 사진이 잘 어울립니다. Color Balance로 색상 톤도 잘 맞춰야 하고, Level이나 Curves, Brightness/Contrast 등으로 밝기와 대비를 조정해야 합니다. 애니메이션 포스터가 비교적 쉬운 이유는 이미지의 톤 조절만 하면 되기 때문입니다. 애니메이션 포스터는 밝게 하고 대비만 좀 강하게, 선명하게 하면 대부분 잘 어울립니다.

> **TIP** 사진 보정 알짜 팁
>
> 아이의 눈동자를 보다 또렷이 하고 싶을 때 : 툴박스에서 샤픈 툴 을 클릭한 후 옵션바에서 적절한 브러시 크기를 선택하고 Strength를 '50' 으로 설정한 다음 눈동자 부분을 드래그합니다. 너무 많이 하면 오히려 어색하니 주의하세요.
>
>
>
> 아이 피부가 거칠게 촬영된 사진의 경우 : 툴박스에서 블러 툴 을 선택하고 옵션바에서 약간 크게 브러시 크기를 선택하고 Strength를 '20' 으로 설정한 다음 눈과 입 부분을 피해 얼굴 전체를 살짝살짝 드래그합니다.
>
>

# 이미지를 넣어요

**01** `Ctrl` + `의`을 눌러 부록 CD\Sample\Part07\0209_03.psd를 불러 옵니다. 이동 툴 을 선택하여 포스터 작업 창의 루비가 있는 곳으로 옮깁니다.

**02** `Ctrl` + `의`을 눌러 부록 CD\Sample\Part07\0209_04.psd를 불러 와서 포스터 아랫부분으로 옮깁니다.

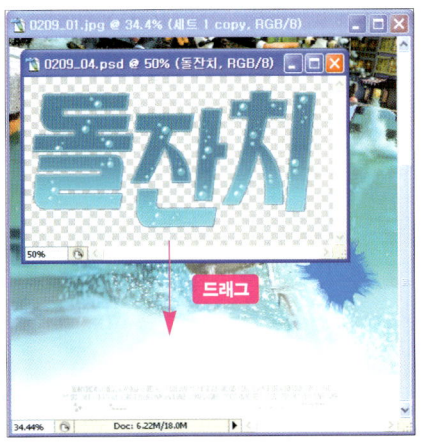

# 글자를 입력해요

**01** 툴박스에서 스포이트 툴 ✎을 클릭한 후, 포스터에서 '익사이팅' 문구 색상을 클릭합니다. 전경색이 바뀐 것을 알 수 있습니다.

**02** 툴박스에서 글자 툴 T을 선택한 후, [캐릭터] 팔레트 ▤의 옵션을 다음과 같이 설정합니다.

**03** '범준이네의' 라고 입력한 후, Ctrl + Enter를 눌러 적용합니다.

**04** [레이어] 팔레트 아래쪽의 [Add a layer style] 버튼 을 클릭한 후, [Drop Shadow]를 클릭합니다. [Layer Style] 대화상자가 나타나면, 다음과 같이 설정하고 [OK] 버튼을 클릭합니다.

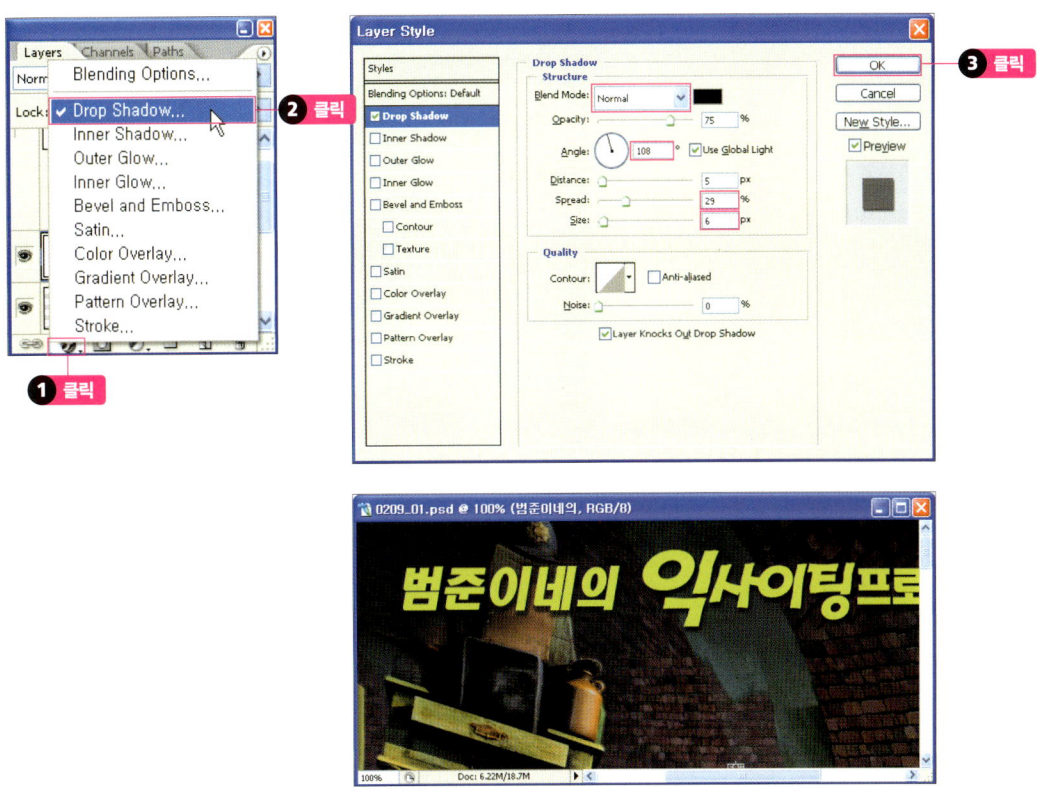

**05** 작업 창을 클릭하여 커서를 활성화한 후, 옵션바에서 다음과 같이 설정합니다. 내용을 입력하고 Ctrl + Enter 를 눌러 적용합니다.

글자체는
'가시나무B체'
입니다.

색상값은
'#bfe132'
입니다.

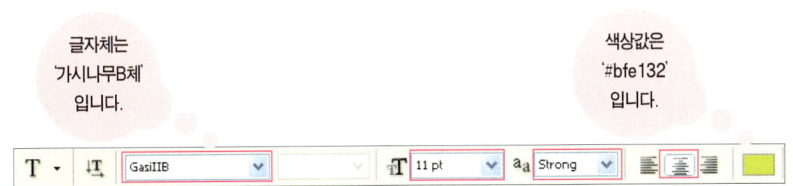

**06** Ctrl + T 를 눌러 조절점이 나타나면 모서리 부분에 마우스를 올려놓고 아래쪽으로 약간 드래그하여 글자를 기울인 후, Enter 를 눌러 적용합니다.

**07** 이동 툴 ⊕ 을 클릭한 후, 위치를 적절하게 조절합니다.

**08** 작업 창 아랫부분을 클릭하여 커서를 활성화한 후, 옵션바에서 다음과 같이 설정합니다.

색상값은 '#000000' 입니다.

**09** '2월 14일, 어서가서 빠지자!' 라고 입력한 후, Ctrl + Enter 를 눌러 적용합니다.

**10** 작업 창을 클릭하여 커서를 활성화한 후 '의 짜릿한' 이라고 입력하고 Ctrl + Enter 를 눌러 적용합니다.

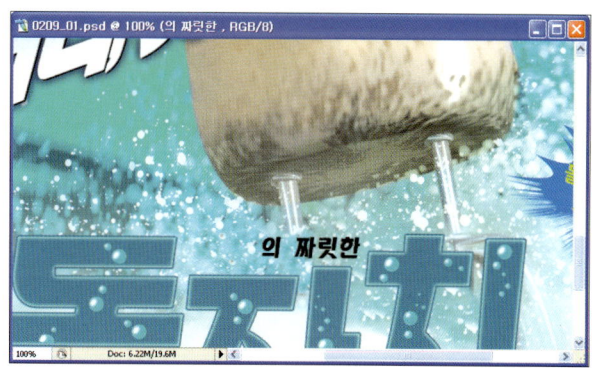

**11** 작업 창을 클릭하여 커서를 활성화한 후, 옵션바에서 색상을 '#1195ea'로 변경합니다. '범준이'라고 입력한 후, Ctrl + Enter 를 눌러 적용합니다.

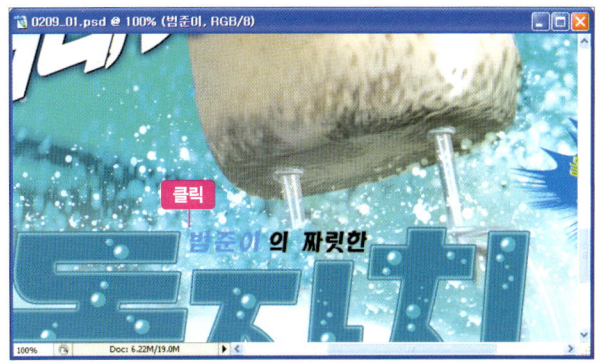

**12** [레이어] 팔레트 아래쪽의 [Add a layer style] 버튼 을 클릭한 후 [Stroke]을 선택합니다. [Layer Style] 대화상자에서 Color를 '#000000'으로 설정하고 [OK] 버튼을 클릭합니다.

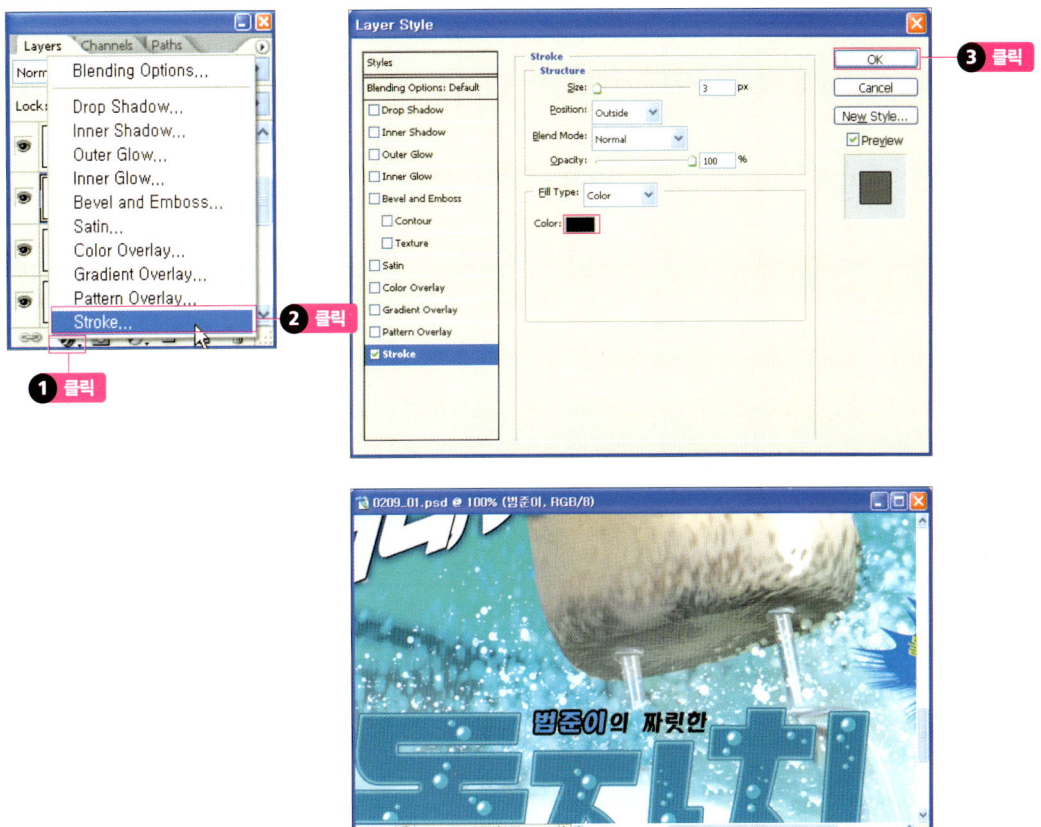

**13** 여러분의 아기가 영화 속 주인공이 된 패러디 포스터를 완성했습니다.

**TIP** 포스터는 어떻게 전시할까?

유머러스한 패러디 포스터는 손님들에게 재미를 줄 뿐만 아니라 작업 과정도 매우 재미있습니다. 대부분 포스터를 시작으로 돌잔치 포토샵의 세계에 빠져들지요. 하다 보면 자꾸자꾸 늘어나 어떤 것을 전시할지 고민도 한답니다.

포스터는 대부분 A1 사이즈의 우드락에 붙여 포스터 보드를 만듭니다. A1 사이즈에는 A4 사이즈의 포스터가 8장 들어갑니다. 낱장으로 붙이지 않고 아예 A1 사이즈로 출력해서 전시하는 경우도 있습니다. A4로 출력한 포스터에 손 코팅지를 살짝 붙이면 오염도 안 되고, 오래 보관할 수도 있습니다. 손 코팅지는 대형 문구점이나 마트에서 구입할 수 있습니다.

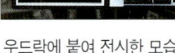

우드락에 붙여 전시한 모습                                                    A1 사이즈로 출력한 포스터 보드

〔Canvas Size〕 대화상자

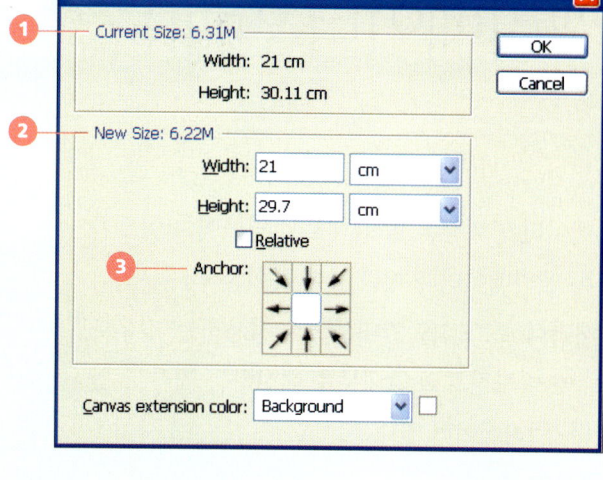

1 **Current Size** : 현재 이미지의 파일 용량과 가로, 세로의 크기를 나타냅니다.

2 **New Size** : 사용자가 원하는 크기로 입력할 수 있으며, 변경된 이미지의 용량이 표시됩니다.

3 **Anchor** : 기준을 어디에 두고 이미지 크기를 늘리고 줄일 것인지를 선택할 수 있습니다. 흰색 사각형이 현재 이미지의 위치를 나타냅니다.

• 앵커 위치에 따른 캔버스의 변화

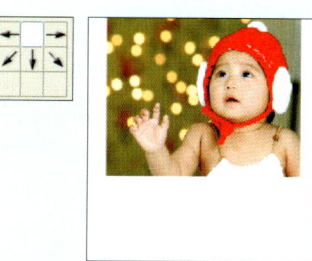

# 엘리베이터 안내문

엘리베이터 안내문은 말 그대로 손님들이 찾아오기 쉽도록 엘리베이터나 계단 등에 붙이는 안내문입니다. 패러디 포스터를 안내문으로 사용하는 경우도 있고, 아기 사진으로 안내문을 대신하는 경우도 있습니다. 엘리베이터 안내문은 A4보다는 A3 사이즈가 더 보기 좋습니다.

이번에는 예제 파일을 이용하여 엘리베이터 안내문을 완성해 보세요.

● **예제 파일 경로** | **부록 CD\Sample\Part07\0204_02.psd**

**결과 파일 경로** | **부록 CD\Sample\Part07\After\0204.jpg**

미리 보기

은별이의 첫돌잔치에 오신 것을 환영합니다.

글자체 : FB 페스티발
글자 크기 : 67

작업사이즈 : A3
Width : 297mm
Height : 420mm
Resolution : 150

◉ 아빠 : 백아빠
◉ 엄마 : 이엄마
◉ 아가 : 백은별
◉ 에메랄드 B동
◉ 6:00 - 9:00

3층으로 오세요

글자체 : HYpop M(HY피오피 M)
글자 크기 : 24
색상값 : #5f061b

글자체 : HYpop M(HY피오피 M)
글자 크기 : 34
색상값 : #ce4726

# 손님을 배려하는 테이블 안내문

테이블 안내문은 각각 테이블마다 놓는 돌잔치에 대한 안내문이에요. 이벤트 내용과 아기의 소개, 감사 인사 등이 들어가지요. 엄마가 준비한 것들을 간단하게 테이블 안내 문에 적어준다면 손님들이 보다 즐겁게 잔치를 즐길 수 있을 거예요.

**예제 파일 경로** | 부록 CD\Sample\Part07\0205_04.psd | 부록 CD\Sample\Part07\0205_05.psd

**결과 파일 경로** | 부록 CD\Sample\Part07\After\0205.jpg

바탕 색상값 : #feb6bd, #a1c4fe, #c4abfc

작업사이즈 : A4  Height : 21cm
Width : 29.7cm  Resolution : 200

글자체 : 서울송이체
글자크기 : 27
색상값 : #db2964, #2557f9, #600fdb

글자체 : 산돌광수B
색상값 : #fc4492

글자체 : MD 개성체  줄간격 : 20
글자 크기 : 14  글자간격 : -50

# 미소가 번지는 덕담 엽서

03 혼자해 보세요

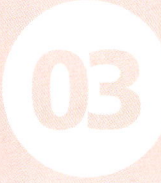

내 아이의 첫 생일을 축하해 주기 위해 오신 손님들께 덕담을 받는다면 아이에게 소중한 추억이 될 거예요. 덕담 책을 만드는 경우도 있지만 요즘에는 아기 사진을 넣은 엽서도 많이 사용합니다. 기본 스타일을 응용하여 다양한 스타일로 만들어 보세요.

결과 파일 경로 | 부록 CD\Sample\Part07\After\0206.jpg

미리 보기

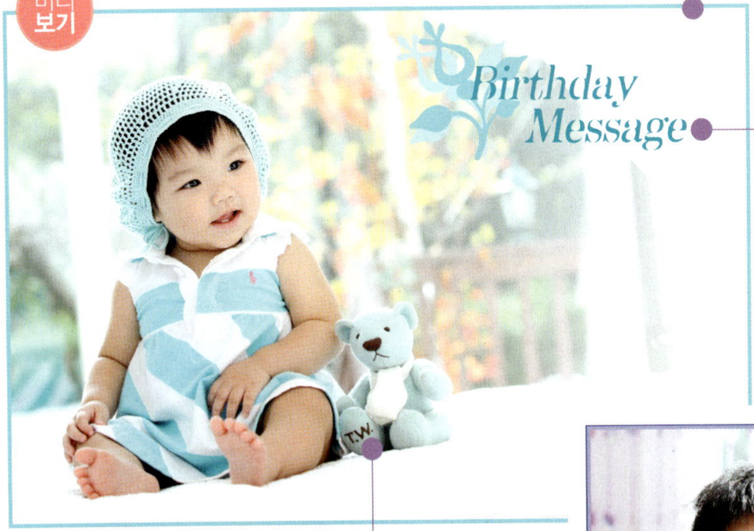


레이어 스타일 : Sroke
Width : 10
색상값 : #81d5e5
Location : Inside

글자체 : 잊혀진사람체
글자 크기 : 24
글자색 : #0ea0bc

작업사이즈 : 4×6inch
Width : 6inch
Height : 4inch
Resolution : 300

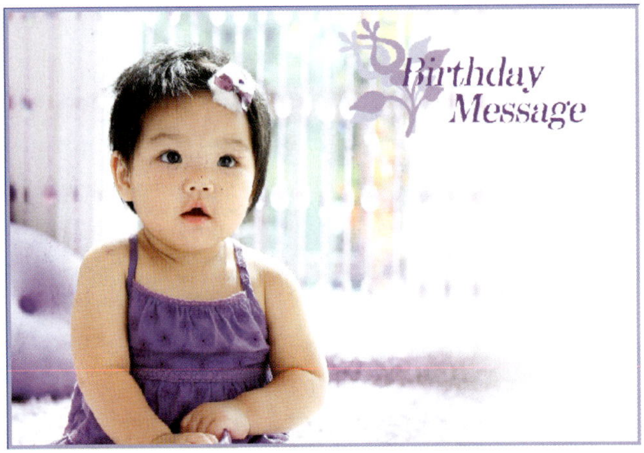

# 돌잡이 이벤트 보드

04 혼자해 보세요

옛날부터 첫돌이 되면 아기가 장차 무엇이 될 것인지 재미삼아 예상해 보는 돌잡이를 합니다. 요즘에는 그냥 돌잡이만 하는 것이 아니라 이벤트도 함께 합니다. 손님들에게 응모권을 나눠 준 후, 아기가 무엇을 잡을지 예상되는 곳에 번호표를 넣게 하여 돌잡이가 끝난 후 정답을 맞춘 분께 조그만 선물을 드리는 것이지요. 밥만 먹고 가는 밋밋할 수 있는 돌잔치에 중요한 포인트가 되는 돌잡이 이벤트, 귀여운 이미지를 넣어 이벤트 보드를 완성해 보세요.

**예제 파일 경로** | 부록 CD\Sample\Part07\0207_01.psd | 부록 CD\Sample\Part07\0207_02.psd

**결과 파일 경로** | 부록 CD\Sample\Part07\After\0207.jpg

작업사이즈 : A2
Width : 59.4cm
Height : 42cm
Resolution : 150

색상값 : #fbdfb2, #fae661,
#fac961, #fbfab2

미리 보기

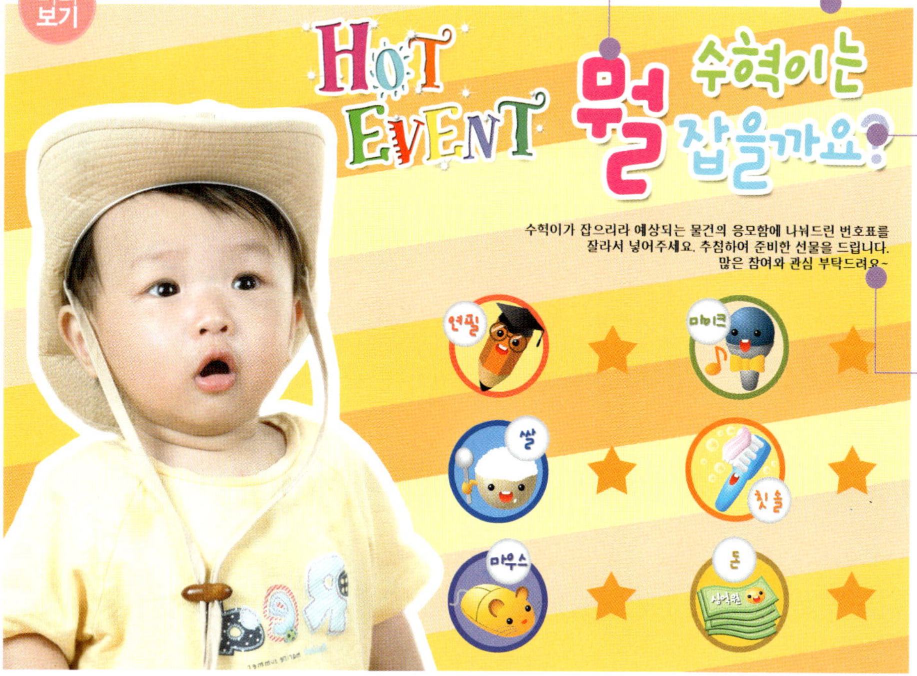
HOT EVENT
뭘
수혁이는
잡을까요?
수혁이가 잡으리라 예상되는 물건의 응모함에 나눠드린 번호표를
잘라서 넣어주세요. 추첨하여 준비한 선물을 드립니다.
많은 참여와 관심 부탁드려요~
연필
마이크
쌀
칫솔
마우스
돈

글자체 : 산돌광수B
글자크기 : 142

글자체 : 미드명조
글자크기 : 24
정렬방식 : 오른쪽

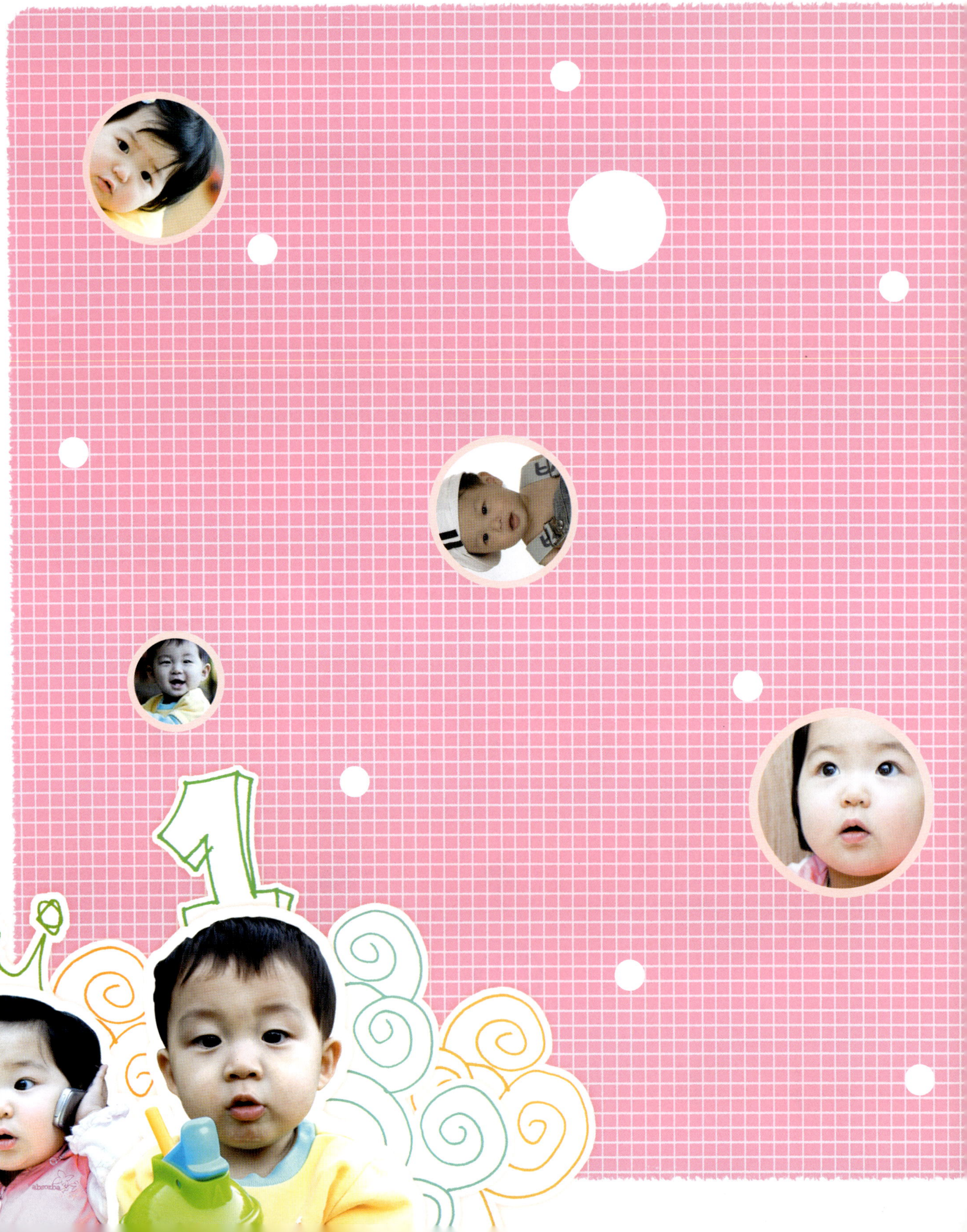

Guide

# 한눈에 보는
# 돌잔치 가이드

# 돌잔치 계획하기

## 돌잔치 D-100일

### ● 돌잔치 행사 날짜를 정합니다

행사 날짜가 정해져야 장소 및 기타 예약을 할 수 있으므로 가족들과 상의하여 미리 정해야 합니다. 보통 돌잔치는 생일 전 주말에 합니다. 요즘은 주 5일제라 토요일 휴무이므로 금요일 저녁에 하는 경우도 있습니다.

### ● 초대 손님 명단작성 및 예산을 짭니다

초대 손님을 양가 가족만 할 것인지 가까운 친척과 직장동료, 친구들까지 할 것인지 정해 명단을 작성합니다. 명단을 작성할 때에는 초대하는 사람의 가족과 애인 등도 고려해야 합니다. 장소에 보증인원 예약을 하게 되면 손님이 다 오지 않아도 보증인원만큼의 돈은 내야 합니다. 그러므로 최소 인원으로 예약을 하되 추가식사가 가능한지 여부를 확인하여 인원이 초과되는 상황을 대비합니다.

### ● 돌잔치 장소를 정합니다

돌잔치 장소 선정은 잔치 준비의 반이라고 할 수 있을 만큼 매우 중요합니다. 교통이 편리하고 음식 맛이 좋은 곳으로 손님 층과 예산을 감안하여 정하도록 합니다. 장소 선정이 돌잔치 성공과 실패를 좌우할 수 있으므로 답사하고 시식한 후, 신중하게 결정해야합니다. 다른 돌잔치가 진행될 때 답사를 가면 현장 분위기를 볼 수 있습니다. 3~4개월 전에 예약하고 2주 전 예약을 확인합니다. 인기 있는 장소는 빨리 마감되므로 예약을 서둘러야 합니다. 식대는 인당 17,000원에서 35,000원 선이고, 음료수와 부가가치세는 별도입니다.

잔치장소 선정 시 유의할 점

- 교통이 편리한 곳이어야 합니다. 너무 집에서 먼 곳은 피하세요.

- 음식 맛이 좋아야 합니다. 입소문 난 곳을 찾아 시식하고 결정하세요. 손님들은 대부분 음식 맛만 기억한답니다.

- 단독 홀이 좋습니다. 여러 팀이 같이 사용하면 매우 복잡하여 이벤트 진행 및 식사 분위기가 어수선합니다. 만약 공동 홀이라면 다른 팀과 어떻게 나뉘는지도 알아보세요.

- 돌상과 풍선 외부 반입이 가능한지 알아보세요. 아닌 경우도 있으나 돌상과 풍선이 필수인 곳은 좀 부실한 것이 일반적입니다. 돌상이 필수인 곳은 엄마가 추가로 디스플레이 가능한지도 알아보세요. 외부반입이 된다면 엄마가 알아봐서 업체를 정하는 것이 같은 가격으로 보다 풍성하게 꾸밀 수 있습니다.

- 성장 동영상을 계획했다면 빔 사용이 가능한지와 빔과 스크린 대여가 가능한지도 체크합니다. 일반적으로 빔 대여비가 10만원 이상 되므로 장소에 빔이 설치되어 있다면 훨씬 저렴하게 준비할 수 있습니다. 음향시설도 꼭 확인하세요.

- 현금 할인이나 평일 할인이 되는지 알아보세요. 일반적으로 현금으로 낼 때나 평일에 잔치를 하는 경우에는 할인을 해 줍니다. 패밀리 레스토랑의 경우 할인카드도 있으니 꼼꼼히 따져보세요.

- 보증인원이 몇 명부터인지 확인하세요. 대부분 작은 홀은 보증인원에 몇 명 이상이라는 제한을 두지 않지만 단독 홀이나 큰 홀은 보증인원 몇 명 이상이어야 대실되는 경우가 있으니 손님수를 생각해서 결정해야 합니다.

- 이젤과 포토 테이블, 답례용 테이블을 설치해 주는지 알아보세요. 이젤은 사진 보드 등의 전시물을 놓을 때 필요합니다. 몇 개까지 대여가 되는지 확인하고 준비한 것이 많다면 추가로 대여하세요. 무료로 대여해 줍니다. 포토 테이블과 답례품 놓는 자리도 미리 확인하세요.

- 이벤트 진행은 어떻게 하는 지 알아보세요. 사회자가 필수인지 진행시간은 어떻게 되는지 확인하세요. 대부분의 업체에서 사회는 삼만원에서 오만원 정도 받고 진행하나 그리 성실하지 않습니다. 엄마가 준비한 것이 많다면 전문 사회자를 부르는 것이 좋지만 비용이 20만원 이상으로 비쌉니다. 사회자에게 이벤트에 대해 미리 설명하고 부탁드리는 것이 좋습니다.

- 원판사진 필수여부를 확인하세요. 대부분 스냅사진을 하기 때문에 원판사진은 안하시는 것이 좋아요.

- 홀 대여시간과 미리 와서 장식할 수 있는지 확인하세요. 간혹 앞 팀이 늦게 끝나 장식이 늦어지는 경우가 있습니다.

- 모든 계약사항은 반드시 계약서에 명기하세요. 그래야 만약의 상황에 대비할 수 있답니다. 구두상의 약속은 효력이 없답니다. 가끔 불성실한 업체는 약속을 하고 이행하지 않는 경우가 있거든요.

● **돌잔치 준비 사이트와 까페에 가입합니다**

요즘은 돌잔치 관련 정보를 나누는 사이트가 많기 때문에 이런 사이트나 까페에 가입하여 정보를 얻는 것이 중요합니다. 선배 엄마들의 귀중한 체험을 들을 수 있고, 무료 이벤트가 많기 때문입니다. 가입만 하는 것이 아니라 전체를 둘러본 후 몇 군데의 주력 까페를 결정하여 열심히 활동하면 도움주는 분들도 많이 생기고 무료 이벤트에 당첨될 확률이 더 높아집니다. 돌잔치 후기를 열심히 읽고 중요한 것은 메모해 가면서 정보를 얻습니다.

---

**TIP** 꼭 가입해야하는 사이트

해오름 http://www.haeorum.com
남양아이 http://www.namyangi.com/baby/party
소중한첫돌잔치 http://www.sojunghan.co.kr
키키세상 http://cafe.daum.net/happydolparty

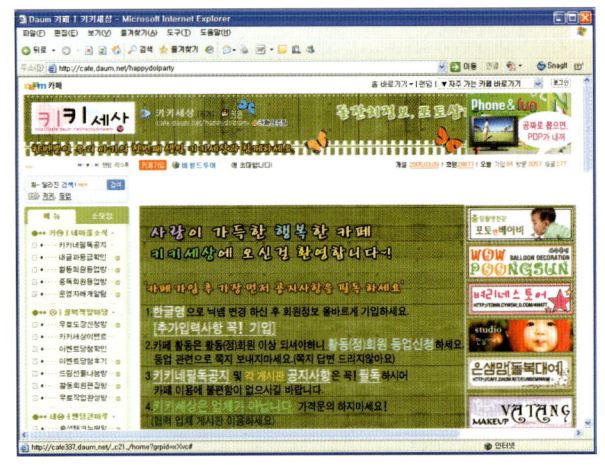

키키세상

---

## 돌잔치 D-80일

● **스냅 사진을 결정합니다**

대부분 잔치 스냅을 할 것인가 말 것인가 고민하는데 잔치 스냅은 꼭 하는 것이 좋습니다. 주변 사람에게 맡기면 사진을 취미로 하는 분들을 제외하고는 건질만한 사진이 별로 없습니다. 스냅은 잔치의 이모저모를 촬영하고 아이의 순간순간 표정과 전체 분위기를 담아야 하는데 일반인이 그렇게 촬영하기란 쉬운 일이 아닙니다.

구성과 스냅기사가 누구냐에 따라 다르긴 하지만 대부분 10만원에서 30만원 정도 합니다. 유명한 분들은 조금 더 주셔야 하고요. 경제적으로 부담이 된다면 다른 부분을 조금 줄이더라도 스냅 사진은 전문가에게 맡기는 것이 좋습니다. 유명한 스냅기사들은 5~6개월 전에 마감이 되므로 서둘러 예약을 해야 합니다.

**TIP** 스냅 사진 결정시 주의할 점

• 경륜이 있는 곳을 선택합니다. 스냅 사진은 타이밍을 잡아야 하기 때문에 노하우가 있는 분이 좋습니다. 사진이 취미가 아닌 본업인 기사를 선택해야 합니다.

• 홈페이지에서 샘플사진을 확인할 때 기교나 선명한 색상에 현혹되지 마시고 전체적인 구도와 아기들의 표정을 보세요. 아웃포커싱이나 선명한 사진(일명 쨍한 사진)은 포토샵으로도 얼마든지 만들 수 있으나 전체적인 구도나 아기 표정은 전문가가 아니면 잡기 어렵습니다.

• 많은 사진을 보고 본인의 스타일에 맞는 곳을 선택하세요. 같은 장소에서 찍은 사진을 서로 비교한다면 보다 나은 선택을 할 수 있습니다. 한 두 곳만 보지 말고 여러 곳을 보면서 사진보는 눈을 높이세요.

• 아르바이트생을 쓰는 곳은 삼가세요. 아르바이트생은 아무래도 미숙한 면이 많습니다.

● **돌 사진을 결정합니다**

돌 사진은 보통 11개월 때 촬영하여 그 원본을 가지고 전시물을 작업하게 됩니다. 그러려면 미리 스튜디오를 정해야 하겠지요. 아기가 사물을 잡고 설 수 있을 때 찍는 것이 제일 수월하고 이쁜 사진을 찍을 수 있습니다. 스튜디오는 워낙 여러 업체가 있고 스튜디오마다 각자의 스타일이 있으므로 홈페이지에 가서 사진 스타일이 본인의 취향에 맞는 곳을 고르시는 것이 좋아요. 돌 사진을 찍는 방법으로는 스튜디오, 홈 방문 촬영, 차량 스튜디오, 야외촬영, 셀프 스튜디오 등이 있습니다. 구성과 가격 등에서 큰 차이가 나므로 비교 검색을 통해 우리 가족 상황에 맞는 촬영과 상품을 꼼꼼히 체크하세요.

성장 앨범의 경우 대부분 100만원을 호가하고 일반 돌 앨범 촬영의 경우 구성에 따라 다르긴 하지만 25만원에서 60만원 정도 합니다. 홈 방문 촬영은 보다 저렴하지만 아무래도 단조로운 면이 있습니다.

예전에는 교복이나 독특한 옷을 입고 전체 컷을 살리는 경향이 있었지만 요즘 유행은 아이 표정을 살리는 밝고 자연스러운 스타일입니다. 또 야외촬영을 못하는 경우 야외 분위기를 내는 컷을 넣습니다. 스튜디오 사진 촬영 비용이 부담스럽다면 엄마 아빠가 스튜디오 분위기를 내며 찍어주거나 셀프 스튜디오를 이용해도 좋습니다. 화창한 날 야외에 나가서 사진을 찍고 앨범을 만들어 준다면 비싼 스튜디오 사진에 비할 수 없는 의미가 있겠지요.

TIP 스튜디오 결정 시 유의할 점

- 단독으로 진행하는 것보다 공동구매를 하면 가격이 저렴해지거나 액자 같은 것을 더 받을 수 있으므로 맘에 드는 스튜디오를 정했다면 공동구매가 있나 알아보세요. 대부분의 스튜디오는 공동구매가 진행되므로 돌잔치 사이트를 찾아보세요.

- 원본시디를 꼭 받으세요. 원본은 엄마가 전시물 작업할 때 매우 중요하고 우리 아가의 다양한 표정들이 담겨 있으므로 꼭 받는 것이 좋습니다. 만약 판매를 한다면 구매를 하는 것도 좋습니다. 일반적으로 5만원에서 10만원선으로 판매를 합니다. 구매하는 것이 부담스럽다면 사은품으로 주는 실용성 없는 열쇠고리 등의 액세서리 대신 원본 시디를 달라고 잘 얘기해 보세요.

- 재촬영 가능 여부를 확인하세요. 스튜디오 사진은 아기 컨디션에 좌우되기 때문에 아이가 컨디션이 좋으면 수월하게 끝낼 수 있지만 아이가 컨디션이 안 좋다면 사진 찍기가 어렵습니다. 아기가 계속 울고 좋은 표정이 나오지 않는다면 다른 날 촬영하는 것이 좋습니다. 낯선 곳에서 사진 찍는 일이 아이들에게는 매우 힘든 경험이므로 언제나 아이를 최우선으로 하세요.

- 다양한 의상과 소품들이 구비되었는지 확인하세요. 요즘 유행은 밝고 자연스러운 것입니다. 멋스러운 소품 하나가 사진 분위기를 확 살려주는 경우도 많습니다.

## ● 돌상을 결정합니다

예전에는 모조고임을 놓고 하는 전통적인 돌상을 했으나 요즘엔 그렇게 하는 분들은 거의 없지요. 생과일을 쌓아놓거나 머핀이나 쿠키를 놓는 등 독창적이고 개성 만점인 돌상을 합니다. 돌상은 업체에 맡기거나 엄마가 직접 준비할 수 있습니다. 간혹 장소에 따라서 돌상이 필수인 경우가 있으니 잘 알아봐야 합니다. 돌상은 20만원에서 50만원 선입니다. 돌상을 하는 업체는 대부분 풍선도 같이 하니 돌상과 풍선을 한 업체에 맡기면 약간의 할인을 받을 수 있습니다.

엄마가 직접 돌상을 차린다면 당일 시간이 매우 빠듯하므로 장소에 일찍 가서 준비해야 하고 돌상을 차릴 때 도와줄 도우미가 필요합니다. 돌상소품들을 빌려주는 업체가 많으므로 여러 돌상들을 보고 컨셉을 잡은 다음 소품을 대여하면 저렴하게 할 수 있습니다. 단, 대여업체를 여러 곳 선정하면 자칫 택배비가 더 많아 배보다 배꼽이 클 수 있으므로 신중히 결정해야 합니다. 업체에 돌상을 맡기면 포토 테이블과 전체적인 코디도 함께 해 주니 엄마가 신경 쓸 부분이 줄어듭니다. 업체에 맡기는 경우 담당 플래너와 상의해서 전체적인 컨셉을 정해 마음에 맞는 돌상을 만드세요.

**TIP** 업체에 돌상을 의뢰할 때 점검할 점

- 떡과 과일의 신선도와 종류를 알아보세요. 전체 생과일로 할 경우 단가가 높고 모조과일을 섞을 경우에는 단가가 좀 내려갑니다. 후기를 통해 과일과 떡이 몇 종류인지, 신선한 과일을 쓰는지, 맛은 어떤지 알아보세요.
- 세팅 방법을 알아보세요. 어떤 장식 소품을 쓰며 어떤 그릇을 쓰는지도 알아보세요. 돌상에 인형을 놓는 곳도 있고 생화장식을 해주는 곳도 있습니다.
- 포토 테이블은 어떻게 꾸며 주는지 알아보세요. 대부분의 돌상 업체에서 포토 테이블을 꾸며 줍니다. 어떻게 꾸밀지 플래너와 상의하세요.
- 손님들과 사진 찍을 수 있게 아기자기한 공간을 만들어 주는지 알아보세요.
- 잔치 후 떡과 과일 포장은 몇 개가 나오며 어떤 식으로 포장되는지 알아보세요.
- 케익과 샴페인이 포함되는지 알아보세요.

**엄마가 돌상을 준비할 때 주의할 점**

- 미리 구상도를 그려 놓아야 합니다. 어떤 과일과 떡을 준비할 것이며 어떻게 세팅할지 정합니다.
- 과일은 제철과일로 이틀 전에 구입하고 잔치 전날 씻어 포장까지 해 놓습니다.
- 돌떡은 3~4가지가 좋으며 잔치 일주일 전에 미리 주문해야 합니다.
- 바구니 안을 과일로 다 채우지 말로 신문지를 구겨 넣어 밑에 부분을 채우고 윗부분을 과일로 장식합니다.
- 소품을 대여할 때는 보증금과 택배비까지 고려해야 하고 반송할 때 깨지지 않도록 꼼꼼히 포장해서 보내야 합니다. 케익 트레이는 깨지기 쉬워 허술하게 포장하면 깨지거나 금이 가서 물건 값을 물어줘야 하는 경우도 생깁니다.
- 세팅 도우미가 반드시 필요합니다. 잔치 당일 날 혼자서 세팅하는 건 무리입니다. 가까운 친구나 친척에게 미리 도와 달라고 말씀하세요.
- 가까운 친지 분들에게는 돌상에 있는 떡을 싸 드리므로 미리 쿠키상자와 위생비닐, 위생장갑을 준비해 가는 것이 좋습니다.

## ● 풍선을 결정합니다

풍선은 일회성이므로 비용 면에서 아까운 점이 있지만 막상 풍선이 빠지면 잔치 분위기가 썰렁해집니다. 또 풍선이 있어야 스냅도 예쁘게 나오고 돌상도 풍성해 보이므로 메인장식만이라도 하는 것이 좋습니다.

풍선 역시 외부반입이 안 되는 곳도 있고 기본적인 풍선장식을 무료로 해주는 곳도 있으니 꼼꼼히 알아보고 결정해야 합니다. 요즘에는 풍선 대신 인형으로 꾸미는 경우도 있으나 비용은 비슷한 편입니다. 전체 장식의 경우 15만원에서 30만원 선입니다. 메인만 할 경우에는 10만원 안팎으로 할 수 있습니다.

**업체에 풍선을 맡길 경우 고려할 점**

- 업체에 맡기더라도 컨셉은 엄마가 정하세요. '알아서 해주세요' 라고 말하는 것은 곤란합니다. 다른 후기 사진들을 참고해서 풍선장식가에게 정확히 요구하고, 의논하세요. 돌상과 전체적인 컨셉을 맞추는 것도 잊지 마세요.
- 추가비용이 있는지 알아보세요. 헬륨가스가 비싸기 때문에 헬륨풍선은 비싼 편입니다. 헬륨풍선을 몇 개 띄우는가에 따라 단가가 달라질 수 있습니다. 전구장식도 추가비용이 있을 수 있으니 확인하세요.
- 메인 외의 장식도 정해야 합니다. 입구 장식, 벽 장식, 보드 장식, 테이블 장식, 포토존, 아기 손님을 위한 풍선 등이 있으니 미리 의논해서 정해야 합니다. 일반적으로 전체장식을 하면 다 포함되기는 하나 업체마다 다를 수 있습니다.
- 행사 몇 시간 전에 와서 준비하는지 확인하세요. 적어도 두 시간 전에는 세팅해야 합니다.

좀 더 저렴하게 하기 위해 풍선을 물려받는 경우도 있는데 이 방법은 추천하고 싶지 않습니다. 잔치 때 풍선장식은 손님들이 떼어 가져가기 때문에 메인만 겨우 물려받을 수 있습니다. 헬륨풍선의 경우 수명이 12시간 정도여서 하루가 지나기도 전에 가라앉고 펄 풍선은 펄이 날라가 색감이 살아나지 않습니다.

완성품을 사서 엄마가 설치하는 경우도 있는데 콜밴비는 별도이므로 이를 고려해야 합니다. 엄마가 직접 풍선을 준비하는 경우 전날 만들어놓고 당일에 옮기는데 역시 부피가 커 밴으로 옮겨야 합니다. 풍선과 돌상을 혼자서 세팅하는 것은 도우미가 있다 해도 매우 벅찹니다. 돌잔치 당일엔 매우 바빠 정신이 없으므로 돌상과 풍선 모두 엄마표로 하려는 욕심은 살짝 내려 놓으세요.

**TIP** 엄마표 풍선을 준비할 때 유의할 점

- 이곳 저곳 사진을 많이 보셔서 미리 구상도를 그려 놓으세요. 메인 장식뿐만 아니라 벽장식, 테이블 장식, 보드 장식 모두 무엇을 할지 준비하세요. 전체적인 색감도 맞춰야 합니다.
- 잔치 전날 미리 다 만들어야 합니다. 잔치날 아침에 풍선을 만든다면 정말 정신 없습니다.
- 헬륨 풍선을 직접 만들 수 없으니 대신 낚시 줄로 위에서 매달아 장식해 보세요.
- 잔치 장소에 어떻게 옮길 것인지 운송수단을 정해 놓으세요.

## ● 가족의상을 결정합니다

예전에는 아기만 돌복을 사주고 엄마 아빠는 결혼할 때 마련한 한복을 입었는데 요즘에는 가족 모두 대여해서 많이 입습니다. 아무래도 특별한 날이기에 가족끼리 옷을 맞춰 입으면 더욱 눈에 띄고 잔치 분위기가 살아납니다. 꼭 한복을 입지 않아도 괜찮습니다. 정장도 가족끼리 맞춰 입는다면 좋겠지요. 아무래도 전통적인 한복은 아기들이 불편해하므로 개량 한복을 입는 경우도 있습니다.

**TIP** 의상 대여 시 고려할 점

- 정확한 사이즈로 대여하세요. 한복은 사이즈가 양장과 다르기 때문에 치수를 재어 정확한 사이즈로 대여하세요. 간혹 너무 커서 낭패 보는 일이 있답니다.
- 후기 사진을 참고해서 대여하세요. 그냥 봐서 이쁜 옷이 있고 사진이 잘 받는 옷이 있습니다. 또 단독으로 봤을 때는 예쁜데 여러 옷들과 섞여 있으면 색상이 눈에 안띄는 옷이 있습니다. 밝고 화사한 색이 잔치 분위기를 더욱 살려줍니다.
- 대여 상품이다보니 여러 사람이 입어 후줄근 할 수 있으므로 가격이 좀 있더라도 신상품으로 대여해 깔끔하게 입으세요.
- 물건을 받으면 미리 입어 보세요. 몸에 잘 맞는지, 오염된 곳은 없는지 꼼꼼히 살펴보세요
- 셋트 구성을 꼼꼼히 확인해 중복되지 않도록 하세요.
- 신발은 돈 주고 대여하지 마세요. 아기와 엄마는 가장 편한 신발을 신고 있어야 합니다. 엄마는 세 시간 내내 서 있어야 하니 신발이 불편하면 잔치 내내 피곤합니다. 아기는 옷도 불편한데 신발까지 불편하면 당연히 컨디션이 나빠집니다. 서비스로 아기 신발을 받았다면 돌상 사진 찍을 때만 잠깐 신기고 편안한 신발을 신겨주세요.
- 잔치 날 심한 오염이 묻지 않도록 주의하세요. 심한 오염이 묻을 경우에는 의상비를 물어줘야 하는 경우도 있답니다. 업체로 보내기 전에 꼼꼼히 확인하고 보내세요. 오염이 묻었을 경우에는 세탁하지 않고 보내야 합니다. 세탁할 경우 오염이 더 번지는 수가 있습니다.
- 대여기간을 확인하고 반송 일정을 꼭 지킵니다.

# 돌잔치 D-60

● **헤어, 회장을 결정합니다**

돌잔치의 주인공은 아가이기도 하지만 엄마 아빠이기도 합니다. 특별한 날 특별한 연출을 하기 위해 화장을 업체에 의뢰하는 건 어떨까요? 그동안 아이 키우느라 제대로 화장 한 번 못해봤잖아요. 준비한 의상에 맞게 화장과 헤어를 연출하면 멋진 모습으로 손님들을 맞을 수 있을 거예요.

화장은 집에서 받는 출장 메이크업과 샵으로 방문하는 메이크업이 있는데 잔치 당일에는 여유가 없으므로 출장 메이크업을 권해 드립니다. 출장 메이크업이 샵을 방문할 때보다 조금 더 비싼 편인데, 보통 7만원에서 15만원 선입니다.

간혹 아기들이 잔치 날 화장한 엄마를 몰라보고 우는 경우가 있으니 평소에도 종종 화장한 얼굴을 보여주어야 합니다. 또 안경을 쓰는 분들은 잔치 날만은 렌즈를 끼는 것이 좋습니다. 하루만 쓸 수 있는 렌즈가 있으니 그걸 사용하시면 됩니다. 예쁘게 화장한 얼굴에 안경을 쓰면 화장한 의미가 없어지겠지요.

> **TIP** 화장을 받을 시 유의사항
> - 원하는 헤어스타일과 화장 스타일을 충분히 상의하세요.
> - 받기 전날 충분히 잠을 잡니다. 준비해서 잔치 전날 밤새는 경우가 없어야 합니다. 밤을 새면 당연히 화장이 안받겠지요.
> - 잔치시작 4~5시간 전에 받으세요. 너무 일찍 받으면 화장이 번들거리게 된답니다.
> - 벗기 편한 남방을 입고 화장을 받으세요.
> - 일주일 전부터 팩으로 피부 관리를 해주세요.

● **사회자를 섭외합니다**

대부분 돌 행사 장소에서 사회를 봐주나 그리 매끄러운 진행은 아닙니다. 또 시간이 정해져있기 때문에 엄마가 준비한 이벤트가 많다면 전문 사회자를 부르는 것이 좋습니다. 그러나 가격 면에서 부담이 되지요. 또 전문 사회자에게 맡기더라도 경험이 적은 분이 온다면 오히려 진행이 안 될 수 있습니다. 엄마가 이벤트 진행 순서를 꼼꼼히 정리해서 충분히 의견을 나누는 것이 좋습니다. 엄마가 많은 것을 준비했고, 경제적 여건이 허락된다면 전문 사회자를 부르는 것이 이벤트를 더욱 빛나게 해 줄 것입니다.

## ● 성장 동영상을 결정합니다

아기가 지금까지 자라온 모습을 한 편의 동영상으로 제작하여 보여주는 것은 또 다른 감동을 줍니다. 성장 동영상을 제작하기 전에 잔치 장소에 빔이 설치되어 있는지 확인해야 합니다. 단독 홀이 아닌 경우에는 성장 동영상을 상영하기가 어렵습니다. 불을 꺼야 하는데 여러 팀이 있으니까요. 성장 동영상은 잔치 내내 자연스럽게 틀어주는 것과 돌잡이 이벤트 전에 틀어주는 것이 있습니다. 이것 역시 엄마 아빠가 직접 준비해도 좋고 업체에 의뢰해도 좋습니다. 업체에 의뢰할 시 어떤 구성이며 몇 분 짜리인지에 따라 가격이 다르지만 일반적으로 5만원에서 15만원 선입니다.

> **TIP** 성장 동영상 상영 시 주의할 점
> - 돌잡이 전에 보여주는 성장 동영상은 5~8분 정도가 좋습니다. 내겐 너무 이쁜 아가의 모습이지만 너무 길면 손님들이 지루해 할 수 있습니다.
> - 단순 사진 나열보다는 동영상이 들어가는 것이 좋습니다.
> - 아이의 성장 과정이 담긴 하나의 스토리가 있는 동영상을 만드세요. 사진만 반복적으로 보여주는 것은 식상합니다.
> - 음악 선정에 신중을 가하세요. 음악이 중요한 몫을 합니다.
> - 잔치 장소의 음향시설을 확인하세요. 음향시설이 없어 컴퓨터에 마이크를 대게 되면 음향 효과가 떨어집니다.

## ● 잔치 동영상을 결정합니다

잔치 동영상을 촬영하게 되면 돌잔치 행사를 동영상으로 만들어 비디오, CD, DVD로 간직할 수 있으며 사진에 담지 못하는 아기의 행동 하나까지 담을 수 있는 장점이 있습니다. 또 손님들이 덕담을 해주는 모습도 촬영할 수 있어 최근에는 잔치 동영상을 촬영하는 엄마, 아빠들이 많아졌습니다. 전문가에게 맡기면 더욱 좋겠지만 전문가에게 맡기지 못한다면 아기의 돌잡이 순간만이라도 비디오로 촬영하여 남겨주면 좋습니다.

# 돌잔치 D-30

## ● 답례품을 결정합니다

아이의 첫 생일을 축하하러 오신 분들께 조그마한 성의로 답례품을 준비합니다. 예전에는 떡을 많이 드렸지만 요즘엔 실용적인 것을 드리는 추세입니다. 경제적으로 부담이 된다면 답례품을 하지 않고, 돌상에 올려진 떡을 가까운 친지 분들께 드리는 정도만 해도 괜찮습니다. 모든 답례품에는 각각 장단점이 있으므로 가격과 손님들의 연령대를 고려하여 결정하세요. 근래엔 천연비누나 산세베리아 등 웰빙 용품을 드리는 경우가 많아졌습니다. 개당 천원에서 사천원 사이의 답례품이 적당합니다.

> **TIP** 답례품 선정 시 고려해야할 사항
> - 먼저 예산을 세웁니다. 그런 다음 예산에 맞게 가격대를 결정합니다.
> - 결정된 가격대에서 맘에 드는 품목을 몇 개 정한 후 장단점을 비교하고, 오는 손님들의 연령층과 취향을 고려합니다.
> - 업체별로 가격비교를 합니다. 가격 비교할 때는 포장도 포함되는지 확인합니다.
> - 주문개수는 예상인원에 10개 정도 추가로 시킵니다. 답례품이 남으면 봉투만 보내고 참석하지 못한 분들께 보내 드리는 것이 좋습니다.
> - 물론 포장되어 발송되는 경우는 확인이 불가능하지만, 그렇지 않은 경우, 일일이 상품 상태를 확인하는 것이 좋습니다. 깨진 것은 없는지 상태는 괜찮은지 확인해야 합니다.

## ● 이벤트 선물을 준비합니다

돌잡이 이벤트는 돌잔치의 하이라이트라고 할 수 있습니다. 아이가 무엇을 잡을지 미리 응모하게 한 후 추첨하여 선물을 주는 것입니다. 비싼 선물이 아니더라도 저렴한 것을 여러 개 준비한다면 잔치 분위기가 살아나겠지요. 별도로 구입해도 좋고 집에 모아둔 생활용품들을 활용해도 좋습니다. 이벤트 상의 종류는 정하기 나름이지만 쪽집게상, 아차상, 행운상 등이 있으며 답례품을 구매한 곳에서 같이 구매하기도 합니다.

## ● 돌 앨범을 촬영합니다

잔치 한 달 전에 돌 앨범을 촬영합니다. 스튜디오에서 날짜를 정해 아기 컨디션을 잘 유지해 촬영을 합니다. 스튜디오 촬영이 아니더라도 한 달 전에는 촬영해 그 원본을 가지고 포토샵 작업을 해야 합니다.

## ● 돌잔치 초대장 및 전시물을 제작합니다

▶ **초대(메일용 &우편용)** : 돌 행사 2주 전 초대장을 발송하며 가까운 친구, 동료는 메일도 괜찮지만 어르신께는 우편용 초대장을 준비합니다. 초대장 크기는 A4 반 크기 정도가 적당합니다.

▶ **사진 보드** : 아기의 365일 동안의 성장모습을 담은 사진보드로 크기는 A1 크기 정도가 적당합니다.

▶ **실물 스탠딩** : 아기 키 정도의 A1 크기로 입구에 환영멘트와 함께 전시하면 잔치 장소를 한눈에 찾기 쉽지요. 아기만 있는 실물 스탠딩에 키재기 자를 응용하여 키재기 실물 스탠딩을 만들면 잔치 후에도 활용할 수 있습니다.

▶ **미니(테이블) 실물 스탠딩** : 테이블에 하나씩 두거나 포토테이블에 옹기, 종기 진열합니다. 아주 앙증맞지요. 크기는 A5 크기로 아기의 전체모습이 있는 다양한 표정의 사진이 좋습니다.

▶ **돌잡이 이벤트 보드** : 돌잡이로 아기의 미래를 점치며 돌 행사의 재미를 줄 수 있는 내용으로 꾸밉니다. 실(무병장수), 쌀(부유), 또는 돈(부자), 연필(학자, 박사) 등과 함께 갖가지 독특한 용품으로 준비합니다.

▶ **덕담 메세지** : 덕담보드, 노트, 엽서, 인형, 볼 등으로 오시는 분들께 덕담을 받아 둘 수 있는 전시물입니다. 덕담 메세지는 후에 아기에게 좋은 선물이 되겠지요.

▶ **롤스크린** : 돌상 메인 뒷 배경으로 전시하는 롤스크린과 족자, 현수막이 있습니다. 돌 사진에 포함되어 있거나 장소에서 제공되는 현수막 등이 있으므로 꼼꼼히 체크하여 중복되게 준비하는 일이 없도록 해야 합니다.

▶ **브로슈어** : 아기에 관한 모든 이야기를 담을 수 있는 잡지 스타일의 전시물입니다. 낱장으로 보드류에 부착하여 전시해도 되나 제본하거나 클리어 화일에 넣어 책처럼 전시하면 더욱 고급스럽지요.

▶ **감사장** : 양가 부모님께 하는 감사장과 오신 손님들께 드리는 답례용 감사장 등이 있으며 부모님에게 감사와 사랑의 표현을 할 수 있는 기회입니다.

▶ **테이블 안내문** : 간단한 아기의 프로필과 돌 행사 식순, 이벤트 내용, 감사인사로 손님용 테이블에 전시합니다.

▶ **이벤트 번호표** : 돌잡이 이벤트 행사 추첨방식에 사용되는 응모권으로 예상 인원보다 넉넉히 준비하세요.

▶ **돌잡이 이벤트 상 아이콘** : 돌잡이 이벤트 상품에 붙이는 상장 라벨로 상황에 따라 재미있는 상 이름으로 준비합니다.

# 돌잔치 D-14

## ● 초대장을 발송합니다

어른께는 우편 초대장을, 친구들에게는 이메일 초대장을 보냅니다. 초대장만 발송하는 것이 아니라 전화로 미리 초청의 말씀을 드리는 것이 좋습니다.

## ● 돌잔치 도우미를 섭외합니다

엄마 아빠는 손님 맞느라 정신이 없기 때문에 여러 도우미들이 필요합니다. 미리 섭외를 해서 여유로운 돌잔치가 되도록 준비하세요.

▶ **아기 돌보는 도우미** : 손님 접대를 하다보면 아이와 늘 같이 있을 수 없습니다. 아기가 평소에 잘 따르는 분으로 도우미를 섭외하세요. 대부분 할머니들이 해주시지요.

▶ **축의금 도우미** : 한복에는 주머니가 없기 때문에 축의금을 받으면 넣을 곳이 없습니다. 또한 정신이 없어 분실하는 불상사가 생기기도 합니다. 넉넉하게 큰 가방을 준비하여 믿을만한 사람에게 가방을 맡긴 후 반지와 봉투를 받으면 바로 가방 안에 넣으세요. 들고 다니면 분실 위험이 있습니다. 받은 후 누가 주었는지 이름 쓰는 것도 잊지 마세요.

▶ **전시물 세팅 도우미** : 준비한 전시물이 많다면 세팅하는 것도 만만치 않습니다. 전시물 세팅 도우미에게는 잔치 전에 일찍 와 달라고 부탁하셔서 함께 준비하는 것이 좋습니다.

▶ **비디오와 사진 도우미** : 물론 전문가에게도 맡기고 가까운 지인에게도 사진을 찍어달라고 부탁합니다. 사진은 많을수록 좋습니다. 비록 전문적인 사진은 나오지 못하겠지만 잔치 분위기를 잘 나타낼 수 있답니다.

▶ **이벤트와 덕담 도우미** : 이벤트 번호표를 나눠주고 이벤트에 대해 설명해주는 도우미가 필요합니다. 대부분 업체에서 해주거나 돌상과 풍선을 한 경우 담당 플래너가 해줍니다. 그래도 미리 확인하는 일이 필요합니다. 덕담 도우미는 돌아다니면서 덕담을 받아주는 역할을 합니다. 어른들은 대부분 덕담을 잘 써주지 않으시기 때문에 덕담을 많이 받으려면 도우미가 필요합니다. 사회자를 외부에서 섭외한 경우 사회자가 이 역할

을 대신합니다.

▶ **뒷정리 도우미** : 잔치가 모두 끝난 후 뒷정리하는 일도 만만치 않습니다. 담긴 전시물을 수거해 오는 것도 그렇고요. 풍선을 가져온다면 그것도 일입니다. 함께 정리를 도와줄 수 있는 도우미를 섭외하세요. 동생들이나 친한 친구에게 부탁하면 됩니다.

● **전시물들을 출력합니다**

업체에 맡기거나 집에서 출력합니다. 출력물은 용지가 어떤 것인가에 따라 결과물이 달라지므로 출력하기 전에 일회성인지 계속 보관할 것인지 결정하고, 계속 보관할 것이라면 좋은 용지에 출력하는 것이 좋습니다. 집에서 출력할 때에는 최소 잉크젯 전용지에 출력해야 하고 보다 좋은 품질을 위해서는 인화지에 출력합니다.

● **배경 음악을 준비합니다**

잔치 장소에서 배경음악을 틀어주는지 알아보고 준비합니다. 음향시설도 미리 파악해야 합니다.

---

**TIP** 배경음악으로 좋은 노래들

그녀의 생일 / 뱅크
그대와 함께라면 / 자전거 탄 풍경
기분 좋은 상상 / 여행 스케치
너의 생일 / 이기찬
당신은 사랑받기위해 태어난 사람 / 러브
마법의 성
방귀대장 뿡뿡이
쁘띠쁘띠 / 샹송
사랑의 인사 / 엘가(정경화 바이얼린 협주곡)
생일 축하해요 / 이소라
생일 축하해요 / 비쥬
생일맞은친구 / 김동률
생일선물 / 솔리드
생일선물 / 차태현
생일축하곡 / 디제이덕
생일축하곡 / 정지영의 Sweet Music Box
생일축하곡 / 졸라맨
생일축하곡 / 클리프리차드
생일축하송 / 마릴린몬로

아에이오우 / 예민
아이사랑송
올챙이송
우유송
웃어요 / 유리상자
이 시간 너의 맘 속에 / 김수지
일년만에 돌아왔네 / 자두
생일 축하합니다 / 동요
축하해요 / 이문세
축하해요 / 자화상
축하해요 / 푸른하늘
축하해줄까 / 컬트트리플
키커 체조
해피버스데이 / 엔싱크
해피버스데이 / 컨츄리꼬꼬
Congratulations
Happy Birthday / 스티비 원더
happy birthday to me / 불독맨션
happy birthday to you / 권진원
happy birthday to you / 코요테

---

| | |
|---|---|
| happy birthday to you / 터보 | Pinocchio / Daniele Vidal |
| happy birthday to you / 포지션 | Pretty Boy / M2M |
| happy day / 비쥬 | Rico vacilon / karl zero |
| happy happy birthday / 소리엘 | Solomom Burke / 째즈 |
| I Will / 심혜원, 강윤도, 정다빈 | TV 유치원 딩동댕송 |
| If / 시슬(Sissel) | WeeSing for baby series |
| Longer / Dan Fogelberg | You Are The Sunshine Of My Life / 리사 오노 |
| Oh Champs-Elysees / Daniele Vidal | |

## 돌잔치 D-7

### ● 아기 컨디션을 조절합니다

돌 행사에서 가장 중요한 것은 아기의 컨디션입니다. 아파서 힘든 모습이면 안되겠지요. 일주일 정도 전부터 아기의 낮잠 시간과 컨디션을 조절해 주어야 합니다. 낯선 장소에서 많은 사람들과 부딪히는 돌잔치는 아기에게도 힘든 경험입니다. 아기에게 안정감을 주는 것이 필요합니다. 일주일 전부터 감기 걸리지 않게 조절하여 최상의 컨디션으로 잔치를 치룰 수 있게 해주세요.

### ● 예약한 사항들을 확인합니다

장소, 풍선, 사진, 메이크업 등 예약한 사항들을 점검하여 다시 확인합니다. 업체에 변동사항이 있는지 알아보고 중요한 점들은 다시 얘기하여 잊지 않도록 준비합니다.

## 돌잔치 D-1

모든 준비물을 미리 점검하고 포장해 놓으세요. 스냅 사진과 풍선은 당일 잔금을 드려야 하므로 봉투를 따로 준비해 가세요. 미리 준비해서 밤을 새고 잔치에 가는 일이 없도록 해야 합니다. 밤새고 잔치를 치루려면 힘듭니다. 아이를 위한 넓은 유모차, 간식, 장난감 등도 미리 챙겨놓아야 합니다. 체크리스트를 만들어서 하나하나 체크해가며 준비를 완료합니다.

# 추천 업체 리스트

### ● 돌사진(스튜디오)

| | |
|---|---|
| 한살이야기 | http://www.doldolstory.com |
| 사과나무 | http://www.iappletree.com |
| 베이비유 | http://www.babyu.co.kr |
| 노블하우스 | http://www.nbhouse.co.kr |
| 맘스튜디오 | http://bb.mamstudio.co.kr |

### ● 돌사진(야외촬영 &스냅)

| | |
|---|---|
| 포토앤베이비 | http://www.photonbaby.com |
| 포토베베 | http://www.photobebe.com |
| 남영우 | http://cafe.daum.net/snapclub |
| 진원아빠 | http://www.232.or.kr |
| 올리브인 | http://www.olivein.co.kr |
| 승우아빠 | http://www.streamstudio.co.kr |
| 김요한 | http://luxmodel.co.kr |
| 민솔파 | http://www.minsol1004.co.kr |
| 셀프스튜디오 화이트밸런스 | http://www.wbdica.com |

### ● 돌상

| | |
|---|---|
| 예가원 | http://www.yegawon.com |
| 호가연 | http://www.hogayon.co.kr |
| 사랑모아 | http://www.lovemore.co.kr |
| 재롱둥이 | http://www.dolsang.com |
| 꾸러기돌상 | http://www.dolsang.co.kr |

### ● 답례품

| | |
|---|---|
| 땡스샵 | http://www.thankshop.co.kr |
| 아기마을 | http://www.agi-mall.com |
| 예다움 | http://www.yedaum.net |
| 신우맘 | http://cafe.daum.net/shinwoomom |
| 짜잔닷컴 | http://www.jjajan.com |
| 아이러브스토리 | http://www.ilovestory.co.kr |

### ● 돌복 대여

| | |
|---|---|
| 은샘맘 | http://cafe.daum.net/eunsemmam |
| 유민맘 | http://cafe.daum.net/yuminmom |
| 지훈맘 | http://cafe.daum.net/jihoonwow |
| 베베퀸 | http://cafe.daum.net/BeBeQueen |
| 알럽베베 | http://cafe.daum.net/ilovebebe2006 |

### ● 헤어 & 메이크업

| | |
|---|---|
| 메이크업바탕 | http://www.makeupvatang.com |
| 카라메이크업 | http://www.calamakeup.com |
| 유진메이크업 | http://yjmakeup.com |
| 네이버바디앤스킨 | http://cafe.naver.com/bodynskin.cafe |
| 포시즌메이크컵 | http://cafe.daum.net/gytlsl0321 |

### ● 풍선 장식

| | |
|---|---|
| 와우풍선 | http://www.wowpoongsun.com |
| 하늘그네 | http://skyswing.wo.to |
| 딸기와자두 | http://www.balloondream.net |
| 조나단이벤트 | http://www.jonadanevent.com |

### ● 돌잔치 사회

| | |
|---|---|
| 동호아빠 | http://www.donghoabba.com |
| 호호아줌마 | http://home.naver.com/hohoazumma68 |
| 이유경(찬이송이맘) | 018-281-4837 / 메일 yuk0923@hanmail.net |
| 돌엠씨닷컴 | http://www.dolmc.com |
| 즐거운세상 | http://www.joy-world.com |
| 노블엠씨 | http://www.noblemc.com |

● 성장동영상, 돌잔치동영상, 상영장비대여

| | |
|---|---|
| 사랑일기 | http://cafe.daum.net/love4bebe |
| 아짐영상 | http://sstidy.hihome.com |
| 기분좋은영상 | http://www.joeunmovie.co.kr |
| 6밀리아트 | http://www.6mmart.co.kr |

● 돌잔치 소품

| | |
|---|---|
| 애플트리(돌상소품) | http://cafe.daum.net/balloonstory777 |
| 탱이네펠트창고(펠트) | http://cafe.daum.net/tangifelt |
| 현진맘(돌상소품) | http://cafe.naver.com /hyunjinsmom.cafe |
| 프라나(돌상 소품) | http://cafe.naver.com /mamdolparty.cafe |
| 핑크돼지(돌상 소품) | http://cafe.daum.net/binigyuni |
| 셀프마미(돌상 소품) | http://cafe.daum.net/selfmommy |
| 천사들의합창(돌상 소품) | http://cafe.daum.net/angeldolsang |
| 아기랑파티랑(돌상 소품) | http://cafe.daum.net/partyforbaby |
| 핸디몰(종이 수공예, 재료) | http://www.handimall.co.kr |
| 아이솜씨 (수공예선물,소품재료) | http://www.i-somssi.com |

● 출력

| | |
|---|---|
| 베베맘(전시물 출력) | http://cafe.daum.net/yangbebe |
| 이젠크게뽑자(전시물 출력) | http://cafe.daum.net/yedesign |
| 키키돌잔치세상(전시물 출력) | http://cafe.daum.net/kikiparty |
| 빅포(앨범, 액자) | http://bigpho.com |
| 헬로북(앨범) | http://www.hellobook.net/new |
| 이지프린트(앨범, 인화, 액자) | http://www.ezprint.net/main.asp |
| 폴리오(앨범, 인화) | http://www.folio.co.kr |

● 돌잔치 정보

| | |
|---|---|
| 해오름 | http://www.haeorum.com |
| 첫돌닷컴 | http://www.babytable.com |
| 남양아이 | http://www.namyangi.com/ baby/party |
| 아이큐베이비 | http://babytable.iqbaby.co.kr/ shopping/default.asp |
| 베베하우스 | http://www.bebehouse.com/ Community/FirstYear |
| 소중한첫돌잔치 | http://www.sojunghan.co.kr |
| 맘스다이어리 | http://dol.momsdiary.co.kr |
| 키키세상 | http://cafe.daum.net/happydolparty |

# 찾아보기

# 디지털 사진 No. 1 브랜드 SKOPI

## 온라인, 오프라인, 모바일이 결합된 국내 최초 포토 이미지 No. 1 브랜드

SK에서 운영하는 Skopi는 skopi.com과 Skopi매장을 통하여 고품격 디지털 인화, 포토 특화상품(자켓앨범, 기념일달력, 팬시상품 등), 패션스티커 서비스를 제공하고 있으며 디지털 포토 No.1 브랜드로 자리 잡고 있습니다. Skopi는 고객님의 성원에 보답하는 마음으로 새로운 사진문화를 이끌어가는 기업으로 더욱 성장해 가겠습니다.

2000년 디지털 카메라가 보급되기 시작한 이후 전세계적으로 급속히 확산함에 따라 디지털 인화 수요 증가에 맞춰 Skopi는 2001년 7월 사업을 시작하여 현재까지 이르고 있습니다.

Skopi사업은 현재 On-Line, Digital Photo, Kiosk, Mobile Channel을 통해 인화, 포토 상품 등을 판매함으로써 포토 이미징 기반을 확보하고 있으며, 향후에는 모바일 이미지 콘텐츠, 포토 특화상품 등 포토 이미징 주변 분야로 사업영역을 확장할 계획입니다.

Skopi에서는 다양한 이벤트, 나만의 고품격 특화상품, 편리한 인화주문, 놀라운 가격할인 행사를 매월 만나보실 수 있습니다.

Skopi 사이트(http://www.skopi.com)

### ● 온라인 인화

업계 최초로 '세계 최고 인화품질 보증제도'를 운영하고 있으며, 고객이 선택할 수 있도록 다양한 인화 프로그램을 자체 개발 운영하고 있습니다.

### ● 디지털 포토점

기존 DPE 점 + 디지털 이미지 콘텐츠의 새로운 개념의 21세기형 토탈 포토 서비스를 제공하는 디지털 포토 숍입니다.

### ● Kiosk/Mobile

폰 카메라 또는 디지털카메라로 촬영한 이미지를 무선 Kiosk 장비를 통해 장소에 상관없이 즉석해서 다양하게 인화할 수 있으며, 온라인, 오프라인과 더불어 또 하나의 인화 솔루션이 될 것입니다.

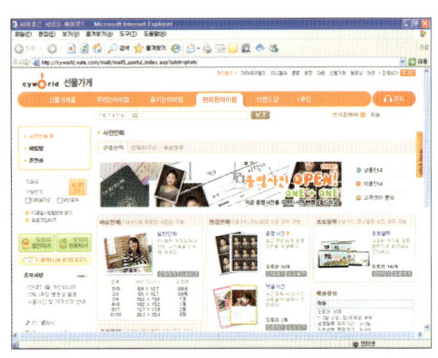

Skopi 싸이월드 미니홈피(http://town.cyworld.com/skopi)

# Skopi에서 압축 앨범 만들기

최근 들어 아이들이나 애인, 친구들에게 압축 앨범을 많이 선물하고 있습니다. 지금부터 Skopi 사이트를 이용해서 특별한 편집 없이 간단하게 압축 앨범을 만드는 방법에 대해 알아보겠습니다.

**01** Skopi 사이트(http://www.skopi.com)에 접속한 후, 회원가입을 위해 [회원가입] 버튼을 클릭합니다.

**02** 약관을 확인한 후 [동의함] 버튼을 클릭합니다.

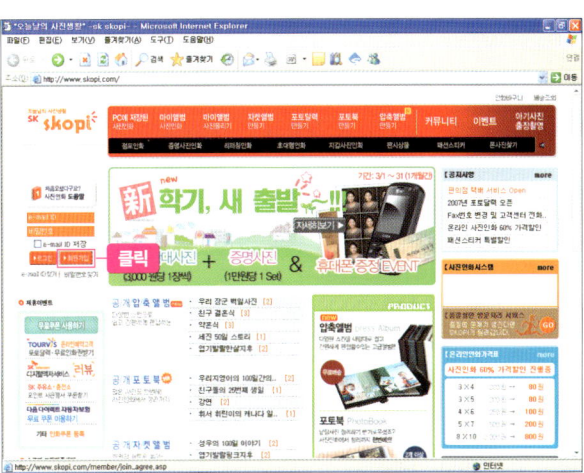

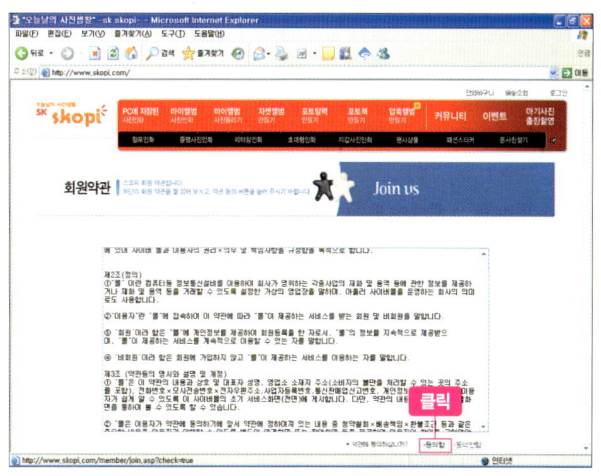

**03** 회원가입 정보가 나타나면 자신의 정보를 입력한 후 [가입] 버튼을 클릭합니다.

**04** 가입 요청이 처리되었다는 페이지가 나오면 개인 정보를 다시 확인한 후 [확인] 버튼을 클릭합니다.

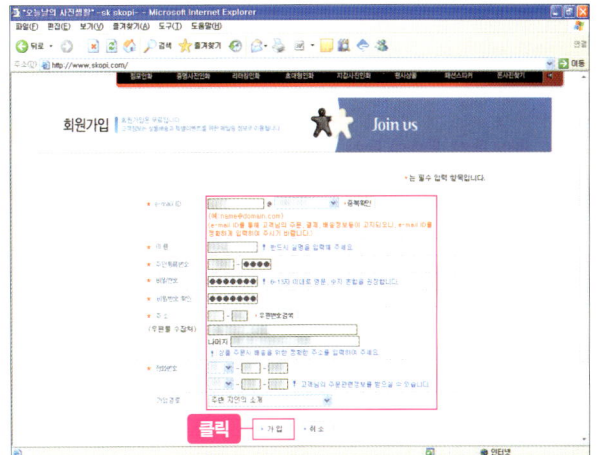

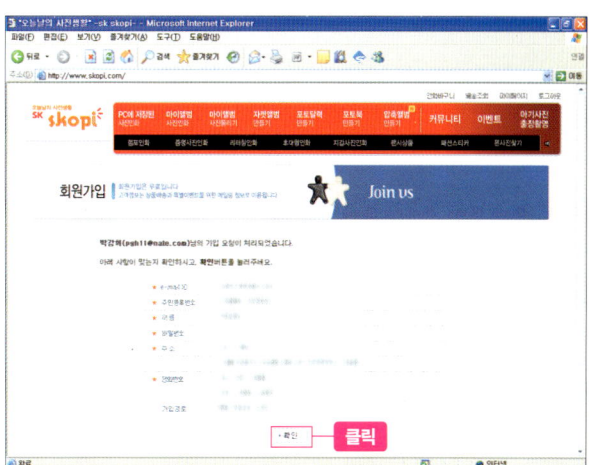

**05** 회원가입이 완료되고 자동으로 로그인 됩니다. 이제 본격적으로 압축앨범을 만들기 위해 [압축앨범 만들기] 메뉴를 클릭합니다.

**06** 압축앨범 모던(6×6)과 압축앨범 클래식(8×10) 이렇게 두 가지 종류의 앨범이 나오는데 여기에서는 압축앨범 모던을 만들어 보겠습니다. [자세히 보러가기]를 클릭합니다.

**07** 압축앨범 모던의 특징이 나타납니다. 꼼꼼히 확인한 후에 오른쪽 아래에 있는 [앨범만들기] 버튼을 클릭합니다.

**08** 압축앨범 제작을 위해 가장 먼저 표지를 선택합니다. 여기에서는 'I Love Story'를 선택하고 [스코피 압축앨범 만들기] 버튼을 클릭합니다.

TIP 프로그램 설치가 나오면 [확인] 버튼을 클릭하여 프로그램을 설치합니다.

**09** [사진 불러오기] 버튼을 클릭하면 나타나는 [열기] 대화상자에서 사진이 들어 있는 폴더로 이동하여 작업할 사진을 선택한 후 [열기] 버튼을 클릭합니다.

**10** 오른쪽에 사진이 불러와 지면 사진을 넣을 위치를 클릭한 다음 집어넣을 사진을 클릭하여 예쁜 사진틀에 사진을 집어넣습니다.

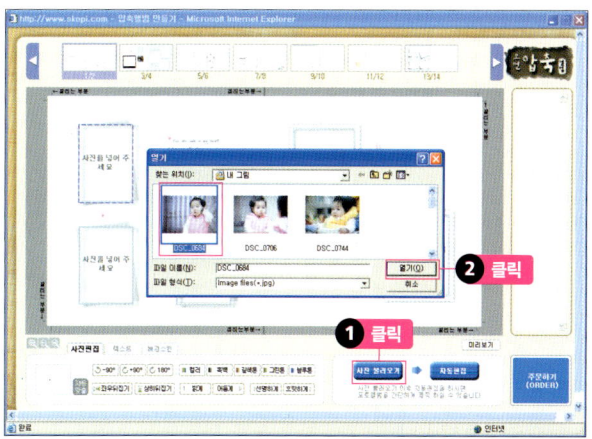

TIP 왼쪽 아래의 여러 가지 편집 기능을 이용하면 다양한 편집을 할 수 있습니다. [사진편집], [텍스트], [배경스킨] 탭을 클릭하여 다양한 편집을 해 보시기 바랍니다.

**11** 이렇게 모든 페이지에 사진을 집어넣어 편집이 끝나면 [주문하기(ORDER)] 버튼을 클릭합니다.

**12** 사진 전송되고 대화상자에서 [확인]을 클릭하면 압축앨범 장바구니에 압축앨범이 담겨 있는 것을 확인할 수 있습니다. [결제하기] 버튼을 클릭하고 이후 배송지 정보 확인과 결제 방법을 선택한 후 결제를 하면 7~10일 후에 예쁜 압축앨범을 받아 볼 수 있습니다.

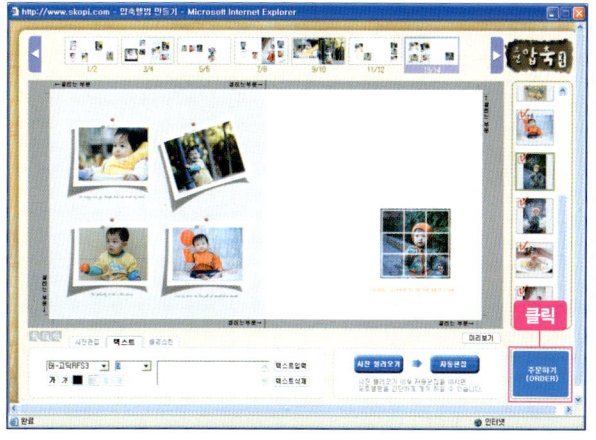

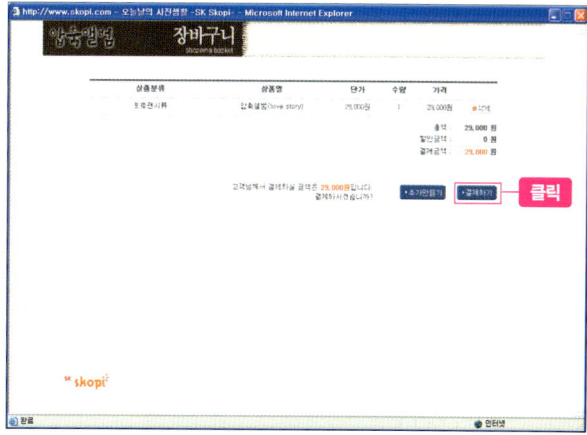

DVD MASTER(완제품)

1st Birthday

Front(앞)   Back(뒤)

Detail(6cut snap pic.)

IN(안)

# 꿈꾸는파티풍선&꿈돌상

Photo Gallery

풍선장식과 돌상, 포토테이블 장식

아직도 궁금하세요.

꿈돌상은 100% 생과일돌상 입니다.

저렴한 가격만이 아닙니다.

푸짐한 떡과 싱싱한 과일의 양과 구성에 놀라고

맘껏 제공하는 다양한 서비스에 놀라고,

비교해 보시면 그 차이가 분명합니다.

매력 만점, 실속 돌잔치는 꿈돌상이

우리아이에게 주는 첫번째 선물입니다.

## 다음카페 [http://cafe.daum.net/wine77]

# [바탕] 메이크업&헤어+화장잘받는 스킨케어

**메이크업 기본 패키지: 돌잔치&결혼참여&가족행사 메이크업&헤어**
**<u>샵으로 방문시 10만원 / 서울,경기지역 동일 12만원</u>**

## ▶바탕에서 드리는 서비스

1. 아가와 아빠 드라이 무료 서비스
2. 업스타일시 부분가발 무료 진행

※ 그외 특별 서비스
- 네일케어 : 핸드맛사지와 매니큐어
- 스킨케어 : 행사당일 화장 잘받는 스킨케어(30분 소요)

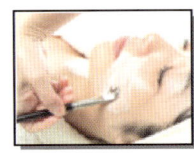

***네일케어, 스킨케어는 선착순으로 한정인원에게만 제공되오니
　　특별서비스를 받고저 하시는 분은 샵으로 전화 주세요~
　　정성껏 상담해 드리겠습니다..

**문의 연락처**
**국번없이 1544-5688**
**[직통] 02)548-1933**

**서울특별시 신사동 586번지**
**명광B/D 2층**
**압구정역 4번출구 인접**

♣ 신부화장보다 더 예뻐서 소문난 샵 [바탕]에서 마음껏 젊어지세요 *^^*

---

## 메이크업 전문샵 바탕과 함께하는 반영구화장
### 이런분들께 권장합니다.

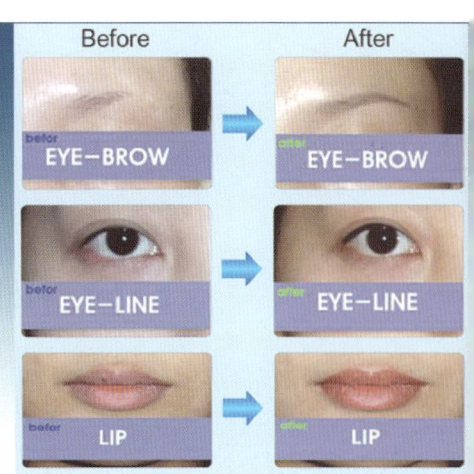

**눈썹**
눈썹숱이 없고 반쪽이거나, 많아도 라인이 예쁘지 않은 경우
눈썹 그리는데 시간이 많이 걸리는 경우
눈썹 부부의 유분이 많아 화장을 해도 잘 지워지는 경우

**아이라인**
속눈썹 숱이 짧거나 양이 적은 경우
눈이 아주 동그랗게 작은 경우
뽀류지나 다래끼 등으로 눈썹이 군데군데 빠져있는 경우

돌잔치 전시물을 한곳에서
끝낼 수 있는 곳...

# *키키돌잔치세상

다음카페 HTTP://CAFE.DAUM.NET/KIKIPARTY
032.665.9690 KIKI(키키)

우리 아기 첫 돌잔치 전시물 준비를 함께 해 드립니다.
한번뿐인 소중한 우리아기 첫번째 생일날~
행복과 기쁨이 가득한 첫돌을 축하하며
키키 돌잔치 세상에서 만족스런 돌잔치 준비되세요.

    ◁부모님감사장

▽덕담엽서

▽사진보드

테이블안내문▷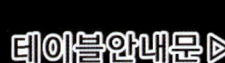

 입구안내문▷

design by kiki